师道师说

中国文化书院八秩导师文集

名誉主编 汤一介
主　　编 王守常

杨　辛 卷

杨辛 著　皮巍 编

人民东方出版传媒
东方出版社

图书在版编目（CIP）数据

师道师说. 杨辛卷/杨辛 著；皮巍 编. —北京：东方出版社，2016.9
（中国文化书院八秩导师文集）
ISBN 978－7－5060－9255－5

Ⅰ.①师… Ⅱ.①杨… ②皮… Ⅲ.①社会科学—文集 ②自然科学—文集 ③美学—文集 Ⅳ.①Z427 ②B83－53

中国版本图书馆 CIP 数据核字（2016）第 240401 号

师道师说：杨辛卷
（SHIDAO SHISHUO：YANG XIN JUAN）

作　　者：杨 辛
编　　者：皮 巍
责任编辑：王 艳　李 森　黄 佩
出　　版：东方出版社
发　　行：人民东方出版传媒有限公司
地　　址：北京市东城区东四十条 113 号
邮政编码：100007
印　　刷：三河市金泰源印务有限公司
版　　次：2017 年 3 月第 1 版
印　　次：2017 年 3 月第 1 次印刷
开　　本：700 毫米×960 毫米　1/16
印　　张：27.25
字　　数：399 千字
书　　号：ISBN 978－7－5060－9255－5
定　　价：59.00 元
发行电话：(010) 85924663　85924644　85924641

中国文化书院简介

　　中国文化书院由著名学者梁漱溟、冯友兰、张岱年、季羡林、朱伯昆、汤一介、庞朴、李泽厚、乐黛云、李中华、魏常海、王守常等共同发起，以及杜维明、傅伟勋、陈鼓应等港台及海外著名学者共同创建，于 1984 年 10 月在北京正式成立。

　　中国文化书院的宗旨：通过对中国传统文化的研究和教学活动，继承和阐扬中国的优秀文化遗产；通过对海外文化的介绍、研究以及国际性学术交流活动，提高对中国传统文化的研究水平，并促进中国文化的现代化，为推动中国文化走向世界、世界文化走向中国作贡献。

为天地立心

为生民立命

为往圣继绝学

为万世开太平

汤一介
壬辰年冬 敬题

　　著名学者、北京大学资深教授、中国文化书院创院院长汤一介先生为《中国文化书院导师文集》题词：

　　北宋张载"横渠四句"——"为天地立心，为生民立命，为往圣继绝学，为万世开太平"。

返本开新

乙酉白 守常

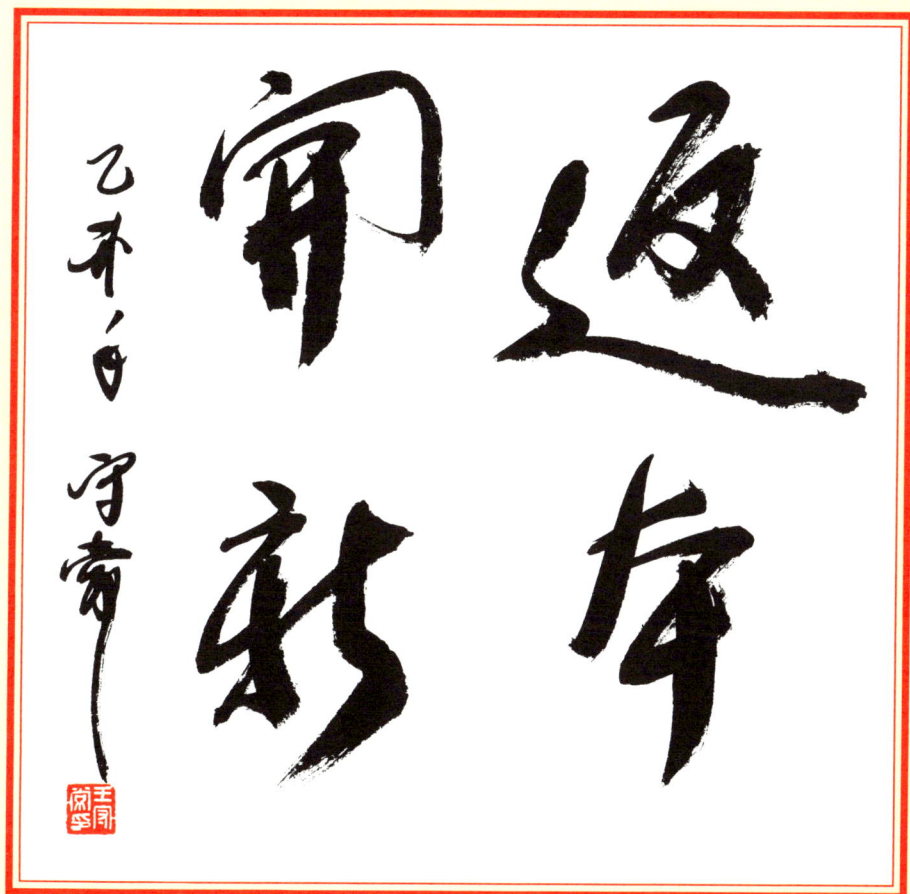

著名学者、北京大学教授、中国文化书院院长王守常先生为
《中国文化书院导师文集》题词：
"返本开新"。

总序一

中国文化书院创办于 1984 年，是一所在众多老一代著名学者梁漱溟、冯友兰、张岱年、邓广铭、周一良、任继愈等先生的支持下，由一批中青年学者办起来的民间学术文化团体。到今年（2011）已经有二十七年的历史，一个纯民间的学术团体在艰难的情况下，能坚持下来，而且对推动中国学术文化的建设多多少少出了点力，是可以感到欣慰的。

自 1949 年后，民办的书院在中国大陆逐渐消失了，1984 年中国文化书院的建立也可以算是一件新事物。据我所知，如果说中国文化书院不能算 1949 年后第一个颇有影响的纯民间学术文化团体，大概也是最早办起来的少数几个中的一个了。自中国文化书院建立后，全国各地出现了众多的新办书院，并恢复了多所在历史上有影响的书院。因此，说中国文化书院对民办书院起了个带头作用，大概也不为过吧！

我认为，对中国文化书院来说，也许最为宝贵的是，书院集合了一批有志发展和创新中国文化的老中青三代学者。老一代学者如梁漱溟、冯友兰、张岱年、邓广铭、周一良、任继愈等，他们的学术风范，无疑是当时维系书院的精神力量。1984 年底，文化书院在中国社会科学院近代史所开会，当时我们没有院址，也没有什么经费。任继愈先生说："草棚大学可以办，我们连草棚都没有也要办。"因此，1985 年 3 月中国文化书院借青年干部学院场地举办了第一期"中国传统文化讲习班"。这次讲习班是梁漱溟先生自 1953 年后的第一次公开演讲，当时梁先生已经 88 岁了。我们请他坐着讲，而梁先生一定要站着讲，他说这是一种规范。梁先生在演讲中高声地说："我是一个拼命干的人，我一生都是拼命干。"这对在场二百多名听众是极大的鼓舞，也给了中国文化书院在风风雨雨艰难的环境中得以支持下去的一种精神力量。

一个希望在中国发生良好作用的学术团体，应该是一个"思想自由、兼容并包"的开放型群体。中国文化书院在走过的二十多年中虽然存在过这样那样的问题，但它却是一个能容纳不同学术观点，无门户之见，有良好学术风气的团体。例如在中国文化书院中，对中国传统文化，既有持激进批判态度的青年学者，也有被视为致力复兴中国传统文化的大师，还有努力寻求使中国传统文化与西方文化接轨的中坚力量。这些在文化问题上具有不同认识的学者集合在一起，虽然对中国文化发展路向的考虑有所不同，但他们所抱有的一种推动中国文化从传统走向现代、走向世界的愿望则是一致的。在这一时期，中国文化书院也和国内外的许多学术团体和非学术团体建立了良好的合作关系。在中国文化书院导师队伍中不仅有众多的我国第一流学者，而且还聘请了一批美国、加拿大、日本、德国、澳大利亚、新加坡以及中国台湾和中国香港地区的著名学者作为导师。

中国文化书院的"宗旨"是："通过对中国文化的教学和研究，继承和发扬中国文化的优良传统；通过对海外文化的研究、介绍和学术交流，提高对中国文化的研究水平，促进中国文化的现代化。"我们有一个共同的认识：弘扬中国文化在世界走向全球化的时刻要有一个观照全球的眼光，我们一方面要坚持自身文化的主体性，另一方面我们也要有吸收和融化其他民族文化的开放性。根据这样的认识，中国文化书院一直在努力使它成为一个更加有主体精神、更加开放、能容纳多元趋向的有朝气的学术团体。

回顾中国文化书院二十多年的历史，在它将进入"而立"之年时，我们从 2010 年起开始筹备编辑出版一套已故去的和现仍在世的九十岁以上导师每人一册的"文集"。在这套"文集"中，收入他们有代表性的论文和他们的子女、学生的纪念文章。这套"文集"不仅为了表示对他们的怀念和尊敬，而且它也从一个侧面反映出现代中国文化走过的

师道师说

杨辛 卷

历程。

在我们编辑的过程中，江力同志出力颇多，东方出版社的同仁给予大力支持，并由东方出版社出版，特此致谢。

汤一介

2011 年 12 月 1 日

注：此序为汤一介先生为《中国文化书院九秩导师文集》所作。

总序二

星转斗移，历史沧桑，时间过得真快，去年编辑出版了《中国文化书院九秩文集》，而今年就着手编辑《八秩文集》。我们在编辑这两部丛书的时候，似乎在重新认识、理解二十世纪的"学人生活史"。

我曾经多次谈过，中国文化书院已逝去的 90 岁以上的导师，他们用生命写就了二十世纪中国学术史上最恢弘的著作，指引着后辈学者的学术前行。

我想，如没有这辈学者融会中学与西学，从而在二十世纪三十年代于人文、社会学科建构了中国学术范式，我不知道二十一世纪中国学术该如何发展？

十九世纪末或二十世纪初，在欧风浸荡下的国难中，他们以一己之学术良知与社会担当去拯救中国，他们有过幸福，有过迷茫，有过痛苦，有过期盼，相继于二十世纪的八十年代带着"这个世界还会好吗"的追问，离开了这个让他们梦牵不舍的祖国。

读其书，念其人，思其学，心会痛！

而今编辑《八秩文集》时，我熟悉的这代学者在这寒冷的深夜一一呈现眼前！

他们大多生于二十世纪的三十年代，又在二十一世纪前十年左右相继去世。今天，健在学者已是花果飘零。读这代学人的学术生活史，更令我有扼腕之叹！

他们在中学毕业时代满怀喜悦且自责的心态去迎接新中国的建设。尔后在"左倾"思潮的一浪接一浪中，不断否定自我价值，努力改造自己心中的"小资产阶级王国"。在那求新求变的荒诞年代，没有一座安静书房容纳了他们承接前辈父辈的学业，以便更好地投身于新中国的

师道师说

杨辛 卷

建设大潮中。纠结且痛苦，让他们在中年时代，荒废了他们的学识智慧。

好在充满"思想启蒙"、"文艺复兴"气象的梦幻般的八十年代，又燃起他们的文化自觉。

他们像孩子般似的夜以继日"补课"。他们在思考西方学术的理论与方法，并理性地批评扬弃；他们在各自的学术领域承继前贤学术成果，且又开创了新的研究课题方向。同时他们针对社会丧失文化的主体性及自我价值的根源，作出深刻反思并发出肺腑之言。

作为学生的我，在课堂、在各讲座中经常听到他们最爱张载的四句教："为天地立心，为生民立命，为往圣继绝学，为万世开太平。"我们深切地知道，他们矢志不渝地践行他们的人文关怀。

我不禁要问，如果没有这一辈学者，二十一世纪学术如何延续与发展？我开始思考，在今天全球化思潮的中国人，如何"返本开新"，如何做到文化自觉、自信、自强？

在中国文化书院成立三十周年之际，编辑八秩导师文集，每每想到这辈导师的声容与教诲，我不敢懈怠！

唯有坚持，唯有努力，唯有守正，让中国文化书院面向历史，立足现在，走向未来。

谢谢我敬爱的导师！谢谢你们带着我们，带着温暖的光明的信仰，找到自己，"找到了家"。

让我们可以告慰——"这个世界会好起来的！"

王守常

2014 年 12 月 10 日深夜谨识

目　录

高山仰止

谁言寸草心　报得三春晖

——怀念汤用彤先生

　　恩师汤用彤先生离开我们已经47年，师母离开我们也有31年了，但是在我心中，他们的音容笑貌、人格精神却是历久弥新的！古人曾说，"君子以玉比德"，汤先生的形象有如一块美玉，温润而坚实，精光内敛，是中国人追求的最理想的人格。初见汤先生给我最突出的印象是一位蔼然长者，和蔼、慈祥、亲切。接触汤先生时间长了，感到在和蔼、慈祥中还蕴藏着一种更为深刻的品质，那就是中国传统文化中的精髓——人格精神。汤先生的人格精神最集中地表现在对人的关爱上，不论是对家人、朋友、学生、社会都是充满关爱，处处都在为别人着想，没有私心。在汤先生身上，"关爱人"已成为一种精神境界、一种博大的胸怀，体现了仁者的风范，里面凝聚着中国传统文化的精华和对真善美人生价值的追求。

　　回忆往事，在我的人生道路上有几次重要转折点，都得到汤先生及师母的深切关爱。

　　第一次是我流落昆明时，生活处境十分困难。汤先生不仅在生活、学习上对我无微不至地关怀，而且使我有机会投身学生运动，开拓了我的政治视野。

　　我最早见到汤用彤先生和汤师母是在1945年的8月，已临近日本投降，那时，我是在印缅远征军学生大队充当下士，随辎重营回国，从缅甸密支那出发，一人牵一匹骡马，历时两个月，步行两千里回到长途行军的终点站——云南的曲靖。当时有一种传说，远征军回国后可能被调到东北对付共产党，后来在解放战争中证实了这一点。这完全违背我们当初参加远征军打日本的志愿，加上我们也急切地盼望复学，几位南开中学的同学商量就在部队到达曲靖的当天晚上，趁部队还处于忙乱时，天未亮就搭火车逃往昆明。但是我在昆明人地生疏，住到哪里去呢？听说南开中学的同班同学汤一介正好由重庆回到昆明，他的父亲汤用彤教授，在西南联大任哲学系的系主任，不仅是著名的学者，而且为人正直。经一介向他父母说明我们的情况，汤先生很同情我们的遭遇，同意我们在汤家住下。汤先生的家就在西南联大附近，青云路20号，是一套陈旧狭窄的瓦房小院。院里住了汤用彤教授和数学系的程毓淮教授两家人。这时汤先生已满头白发，身着旧布衫，待人很和蔼，汤师母也很慈祥。一介还有一个弟弟叫一玄，当时大约七岁。那时汤先生虽是西南联大的教授，但生活很清苦。

有一件小事至今给我留下深刻的印象，就是汤先生呼唤汤师母从来不叫她的名字，都是学着孩子的语气，叫"姆妈"，而且常常把"妈"字拖得较长，让人感到一种亲切、温暖、和睦。后来我才逐渐地知道，就在1945年我住到汤家之前，一介的哥哥一雄于1939年因阑尾炎手术麻醉事故病故，年仅23岁。1943年汤先生最疼爱的女儿一平患肾脏病，最后因肾衰竭去世。直到最近从一玄那里我听说在一平、一雄去世前，汤先生还有两个女儿被疾病夺走生命。每当我回想汤先生呼唤"姆妈"声音的时候，就想到这里面深藏着汤先生对失去四个孩子的母亲——汤师母真挚的抚慰！在旧社会，中国知识分子家庭的命运是如此坎坷。但是使我震惊的是，汤先生在这种沉重的精神打击下，却从来未流露一点点自己的痛苦、悲伤。汤先生对家人是这样，对青年人的爱护更是这样。1945年我住到汤家后，汤先生、汤师母对我的学习和生活都很关心，汤先生为了让我更好地准备考大学，亲自写信介绍我去云南大姚中学免费上高中，我一边在大姚高中学习，一边教小学一年级英语，靠讲课维持生活费用，住宿没有床，都是在地板上铺床睡觉。不久，一介从昆明来信告诉我西南联大要复校，在北方恢复北大、清华、南开大学，我又从大姚回到昆明。12月初在昆明有四位进步青年遭受国民党反动派杀害，激起了社会各阶层的愤怒，爆发了"12·1"学生运动，郭沫若、冯至先生写的悼诗陈列在四位烈士的灵堂，我和一介都投入了学生运动，我们写诗、画讽刺漫画控诉刽子手，这些诗、画也都悬挂在灵堂。我还在街头卖进步的学生报，并参加四烈士的出殡游行，这些活动也得到汤先生的支持！

当时的西南联大被称为"民主堡垒"，这个时期我接触了一些思想进步的教授，在西南联大的课堂上听过闻一多先生的讲演，还到闻先生家里去拜访过他。另外，还去云南大学拜访过费孝通教授，当时，他担任进步报刊《自由论坛》的主编，我还写过一篇短文讲述我在街头卖《学生报》与《自由论坛》两种报纸的体会，后来在《自由论坛》上发表了。

记得在 1945 年 8 月到 1946 年春期间，我住在昆明汤家，曾为汤先生抄写书稿。最近，一介指导的博士后赵建永在整理汤先生在昆明西南联大时期的文稿时，发现其中有一部分是由他人抄写的。建永邀我去看看有没有我的笔迹。我很认真地看了几遍，终于发现汤先生一篇近万字的论文《魏晋玄学流别略论》，是我用毛笔抄写的，写的是小楷，很规整。这是我 23 岁时所写，距今已 66 年，使我一下子仿佛回到青年时代，回到汤先生的身边，一种历史的亲切感温暖了我的全身。当时我还是一名中学生，也不懂哲学，后来才知道汤先生这篇论文是我国对魏晋玄学研究的奠基之作。我能在青年时为汤先生抄写文稿也是一种幸运和缘分。在记忆中我除了为汤先生抄写文稿，还抄写过一些书信。

在汤先生家我还认识了邓仲先大姐和邓稼先，他们对汤先生、汤师母很敬重，可说是亲如一家。两家在抗日战争中结下了极为珍贵的情谊，就是在 1940 年，仲先和稼先的父亲邓以蛰先生（解放后在北京大学哲学系任美学教授），曾将他们托付给汤师母，由汤师母带着邓仲先、邓稼先、汤一介、汤一平、汤一玄从北平沦陷区经过天津、上海、香港，再转到越南的海防、河内，最后到内地。在转移过程中，为了避免关卡盘问，邓稼先曾化名汤一雄（汤一介哥哥的名字）。这次转移很辛苦，汤用彤先生亲自到海防去接他们。1941 年邓稼先考入西南联大物理系读研究生，那时他 21 岁。当时，邓稼先称呼汤师母也是称"姆妈"，对待汤先生、汤师母像对待自己的亲生父母一样。邓稼先的亲姐姐邓仲先和西南联大教师郑华炽结婚也是经过汤先生介绍的。汤师母对他们姐弟都很关爱，家里做什么好吃的东西，都请他们来一起吃。邓稼先还经常到一介住的小阁楼和我们聊天，一介叫他邓哥哥。邓稼先有很强的爱国心，对中国古典文学如诗词等有很好的素养。有一次，他给我们分析《西厢记》中的几段词，给我留下深刻印象。还有一次，他回忆北平的风土人情，说他最喜欢吃北平的冰糖葫芦，那时我听了也不知道冰糖葫芦是什么样子。在1940年前他生活在北平沦陷区，深感中国人受尽屈辱，决心要到大后方。他的父亲邓以蛰先生也是一位富有爱国热情的学者，曾勉励邓稼先学习科学，报效祖国。邓稼先没有辜负邓老的期望，1950年他从美国留学回国，在科学研究领域取得很高的成就，被誉为我国研制"两弹"的元勋。

在昆明还有一件事值得回忆，就是1945年在汤先生家度圣诞节。在苦难的岁月里能和汤先生、汤师母一起共度佳节，使我感受到一种亲人的温暖。我在12岁父母去世后成为孤儿，生活很坎坷。一介和我为了让老人高兴，举办了一次小小的家庭圣诞晚会，在低矮的小阁楼上，把一米来宽、两米来长的空间变成舞台，挂上两张床单作为幕布，舞台前面放了两排凳子作为观众席。参加这次晚会的有汤先生、汤师母、汤一玄、程毓淮教授和他的孩子乐乐，还有一位朋友是闻立鹤。演出中有一个节目是我与一介合演的圣诞老人。像曲艺中演双簧似的，在两块幕布夹缝中出现一个矮小的圣诞老人，我的脸上贴了白棉花化妆成圣诞老人的头，戴上一顶小红帽，一介在我身后伸出双手成为圣诞老人的双手，我的双手套上鞋成为圣诞老人的双脚，我们在表演中说了一些祝福和逗笑的话，大家都很开心。

第二个转折点是上北平求学，继续参加学生运动，后来到解放区参加革命。

我长期生活在山城重庆，一直对北平特别向往，想象北方茫茫雪野，甚至对北方人说话都觉得好听。如果有机会能在北方上学那该多好。在昆明时我就和一介商量好，我去北平仍希望寄住在汤家。1946年北大复校后，汤先生担任北京大学文学院院长，住在景山小石作的一所四合院，比昆明住的小院宽敞多了，我与一介住在一间书房里。后经友人帮助，一介和我插班到育英中学念高中。不久，遇上北平国立艺专建校后第一次招生，校长是著名画家徐悲鸿，我因为喜爱绘画就去报考西画系，发榜时我被第一名录取。后来就转到艺专学习，有一段时间因艺专没有学生宿舍，我仍住在汤家，早上步行到东总布胡同艺专上课。这段时间，汤先生虽然是北大文学院院长，但生活仍很清苦。我记忆中早上吃的常是窝窝头切片。进入艺专后在西画系学习，我的班主任是董希文老师（油画《开国大典》的作者）。入学后第一年，我的成绩也是第一名。这个时期除了接受董希文先生的经常指导外，我还有幸多次聆听徐悲鸿先生的教诲，还观看过齐白石老人在现场作画的示范表演，这些熏陶对我后来从事美学教育工作都很有帮助。到了1947年上半年，我积极参加学生运动，参加了北平大学生"5·20"反饥饿、反内战大游行。当时我是艺专学生美术研究会的副主席，艺专学生运动的负责人之一。后来，国民党把我们这些牵头的人列入黑名单，要逮捕我们。在这种情况下，地下党组织帮助我们转移到冀东解放区。

从1946年夏到1947年夏这一年，是我人生中走向光明的关键一年，如果没有汤先生、汤师母和一介的扶持和关怀，难以想象能实现这个转变。

第三个转折点是1956年我从东北调到北京大学做汤先生的助手，由于汤先生的教诲和北大优越学术环境的哺育，使我成为人民教师。

汤先生对我的培养，还有一件事情是我终生难忘的，就是1956年应汤用彤先生要求，组织上调一介和我到北大哲学系做汤先生的助手（一介原在北京市委党校任教，我原在吉林省委党校哲学组任教），当时党中央提出向科学进军，对老专家的工作十分重视。如果没有汤先生的要求，我要从外地调到北京工作是不可能的事情。从此，我很幸运在北大度过了五十多个春秋。初到北大，我的编制是在哲学系中国哲学史教研室，职称是教员。汤先生的科研项目是中国宗教史方面的课题，在这方面我完全是从头学起，面对那么多陌生的史料，使我感到任务很重。细心的汤先生可能察觉到我的心态，特别耐心地指导我，首先要我熟悉有关方面的资料，在熟悉资料的过程中启发我思考一些问题。有一次，汤先生为了鼓励我，曾提出与我合写一篇关于道家"养生论"的短文，这是我想都不敢想的问题。我作为一个初学者，怎么能和汤先生这样的大学者合写文章呢。我只能当作导师给学生布置的一次作业，到图书馆查《道藏》的资料。最后，虽然写成一篇短文，但只能是一篇粗浅的习作，这件事使我体会到前辈为了培养学生的一番苦心，使我深深感到一种温暖。还有一件事使我很感动也很惭愧，就是到北大后不久的体检中发现我的右肺有问题，是浸润性结核。有这种病，我感到应自觉地小心与人接触，当时我曾在汤先生家的客厅住过一段时间，后来搬到北大校医院，有几间屋子是供结核病人住的。我精神上负担很重，觉得很辜负汤先生的期望，调到北大，不但没能帮助汤先生，反而给汤先生增添这么多的麻烦。但在这期间汤先生和汤师母没有任何怨言，还是和以前一样关心我。有一次，校刊采访汤先生，还特地拍了一张照片，是汤先生在家中客厅对他的两个年轻助手（一介和我）进行学术指导的情景，年轻人正在聆听前辈的教诲，好似沐浴在春风中，这是我保存的中青年时期生活中最幸福的一张照片，拍摄的时间大约在1956年的下半年。

当时，汤先生的家住在燕南园58号，这是一所幽静的小院。汤先生、汤师母和汤一介夫妇住在一起，一介的夫人乐黛云是北大中文系一位很有才华的青年教师，他们有两个小孩，女孩叫丹丹，男孩叫双双，都很活泼可爱。祖孙三代生活在一起，是一个和睦、幸福，很有生气的家庭。

在1957年反右运动中，由于政策上出现"左"的严重错误，给汤先生家庭成员造成很大的伤害，两位老人和全家在精神上都受到沉重打击，汤先生的健康状况也急剧下降。这时，整理汤先生旧书稿这类工作的全部重担都压在一介的身上。而我由于自身专业水平的局限，无力参与这项工作，所以后来考虑调整我的工作，照顾到我原来曾学过艺术专业，最后确定调到北大哲学系辩证唯物主义教研室的美学组。

半个世纪以来，我心中深为愧疚的事情，就是到北大后我对恩师汤用彤先生没有能尽到做助手的责任。我只能在新的工作岗位上勤奋工作，报答恩师。五十多年来，我在美学的教学和科研方面努力工作，受

师道师说

杨辛　卷

到组织上的各种鼓励。1992 年国务院给我颁发对国家高等教育有突出贡献的奖励；我和甘霖合著的《美学原理》被国家教委评为优秀教材，至今已发行九十万册以上。在 1992 年离休后，我致力于弘扬中国传统文化的工作，从美学方面对泰山作了较为深入的研究，曾受到国家建设部的奖励。近三十年，我还勤奋钻研中国的书法，去年由北京大学主办在中国美术馆举办了我的书法展览，并于展览后将全部作品无偿捐赠给北京大学。近二十年来，我收藏了很多珍贵的荷花艺术品，曾在去年的"世界美学大会"期间展出，也将陆续捐赠给国家。

这些微小成绩的取得都是和汤先生对我的培养分不开的，汤先生崇高的人格精神、淡泊名利的人生境界、严谨的治学态度、朴素的生活作风都成为我一生中学习的榜样。

我带着"寸草春晖"的感恩心情回忆往事，这个回忆过程也是一个品味人生的过程，在苦难历史中才懂得人间的真情与温暖。回忆过程也是一个温故知新的过程，一些昔日看似寻常的生活小事，却蕴含着人性的光辉。汤先生在做人方面所表现的精神境界，可说是他的学术境界的"化境"。汤先生在对人的关爱中融入了儒家的"仁者爱人"，佛教的"慈悲为怀"，道家的"上善若水，水善利万物而不争"的思想。在汤先生身上，学术境界与人生境界的高度统一，成为晚辈学习的典范。汤先生和汤师母从未对我专门讲什么做人的大道理，而是通过他们的言行，像春风化雨滋润万物一样，让年轻人的心灵受到熏陶。

虽然我现在已是近九之年，我还应尽自己的努力为人民、为北大的教育事业做些有益的工作，不辜负汤先生和汤师母对我的培育和期望。

最后，用我在 2002 年含着眼泪写成的一首短诗奉献给我的恩师和师母：

　　春风化雨，绿草如茵，
　　燕南庭院，有我双亲。

2011 年 4 月 25 日于北京大学中关园寓所

（原载汤用彤著，汤一介、赵建永选编《会通中印西》，上海：东方出版中心 2012 年版，第 464—472 页。）

春蚕吐丝尽　织锦暖人间

——怀念朱光潜先生

一、对中国美学事业的卓越贡献

朱光潜先生，笔名梦实、盟石、蒙石、萌石等，1897 年生，安徽桐城人。他的祖父和父亲都是乡村私塾教师。19 世纪末，海禁大开，中国已卷入世界大潮。他的父亲朱黼卿感受到了新时代的气息，在自家厅堂上曾写过一副楹联："绿水青山任老夫逍遥岁月，欧风亚雨听诸儿扩展胸襟"。他有三个儿子，朱光潜居长，另两个一名朱光澄，一名朱光泽。这副楹联表达出他对新一代所怀抱的殷切期望。

光潜先生自幼聪颖好学，6 岁到 14 岁都是接受私塾教育，受到中国传统文化的熏陶，他读过而且大半背过四书五经、《古文观止》和《唐诗三百首》，还看过《史记》《通鉴辑览》。到 15 岁才入高小，后升入桐城中学。这所中学是桐城派古文家吴汝纶创办的，特别重视桐城派古文的传授。在中学期间，国文教师潘季野是一位宋诗派诗人，在他的熏陶下，光潜先生对中国旧诗词产生了浓厚的兴趣，在文学素养方面有进一步的提高。在 1918 年到 1922 年期间，经过考选到香港大学学教育，但实际上主要是学了英国语言和文学，以及生物学和心理学。光潜先生认为这个时期的学习奠定了他一生的教育活动和学术活动的方向。1922 年香港大学毕业后，曾在吴淞中国公学中学部和浙江上虞白马湖春晖中学教英文，和青年人有密切联系。后来到上海与叶圣陶、胡愈之等友人筹办了开明书店，并创办了一种刊物（先叫《一般》，后改名《中学生》），在上海这段生活是光潜先生一生中的一个主要转折点。光潜先生在新中国成立前的大部分著作都是为青年写的，而且是由开明书店出版的。1925 年夏出国留学，就读于英国爱丁堡大学，选修的课程有英国文学、哲学、心理学、欧洲古代史和艺术史。1929 年爱丁堡大学毕业后继续在伦敦大学、法国巴黎大学和斯特拉斯堡大学学习，先后获得硕士和博士学位。在英法留学共有八年之久，1933 年回国，先后在北京大学、四川大学、武汉大学任教。新中国成立以后，朱光潜先生一直是北京大学教授，历任全国政协委员、民盟中央委员、中华美学会会长、中华美学学会名誉会长、中国外国文学学会常务理事、中国社会科学院学部委员等职。1986 年 3 月 6 日朱先生病逝于北京，享年 89 岁。3 月 18 日，在北京八宝山革命公墓举行了盛大的朱光潜遗体告别仪式，包括党和国家、政协的一些领导人在内共 300 多人出席了这一仪式。报刊上发表了许多纪念文章，辑录为《朱光潜纪念集》，后来安徽教育出版社又陆续出版了 20 卷《朱光潜全集》，长达 700 多万字。

朱光潜先生毕生从事教育事业，他的学术成就和贡献是多方面的，尤以美学最为卓越。他是我国著名的美学家、文艺理论家、翻译家和教育家。他学贯中西，著译宏富，品格高尚，享誉中外。他不但翻译、介绍了大量西方美学名著，如柏拉图的《文艺对话集》、莱辛的《拉奥孔》、黑格尔的《美学》、爱克曼的《歌德谈话录》、克罗齐的《美学原理》以及维柯的《新科学》等等，在沟通中西美学方面起到了桥梁作用，而且在融合中西美学，探索中国传统美学现代化的过程中，创造了自己独具特色的美学体系。早在新中国成立前，他的《文艺心理学》《给青年的十二封信》《谈美》和《诗论》等著作，在广大青年中就很受欢迎，产生过巨大影响。当时，作为爱国的知识分子，他不满黑暗现实，幻想以文化教育救国兴邦，提倡"净化人心""美化人生"和"人生的艺术化"；就世界观来说，他受康德、尼采、克罗齐唯心主义哲学的影响很深，是一个唯心主义者。新中国成立后，他热爱社会主义祖国，拥护中国共产党，通过自我批判和艰苦的学术实践，终于转变为坚定的马克思主义者。他在 20 世纪 60 年代初撰写的两卷本《西方美学史》，是我国第一部以马克思主义为指导全面系统阐述西方美学思想发展的专著，代表了当时我国西方美学研究的水平。该书多次再版，长期在各高校使用，深受好评，被列为我国高校优秀美学教材，光潜先生在我国美学教学和研究领域作出了开拓性的贡献。他晚年的两本代表作《谈美书简》和《美学拾穗集》，都是在大量钻研马克思主义经典著作的基础上写出来的，成为他学术生涯中新的里程碑。从历史上看，他是自王国维、蔡元培等以来我国最重要最有成就的美学家之一，学术界亲切地称他为"美学老人"和"美学一代宗师"。

1960年，北大哲学系成立美学教研室，这是全国高校中最早成立的美学教研室，杨辛是主任，中青年教师有甘霖、于民、阎国忠和李醒尘四人，还有三位老教授朱光潜、宗白华和邓以蛰。后来北大美学教研室的发展和这三位先生的培养指导是分不开的。朱先生的编制在西语系，他调到哲学系主要担任西方美学史教学，同时对美学教研室的中青年教师进行指导，还专门给中青年美学教师开过小班讲授"西方美学史专题"。当时，我们也都是班上的学员，他对中青年教师要求很严格，上课时经常提出问题要学员回答。后来在给学生讲授西方美学史时，阎国忠和李醒尘还当过他的助教。直到1986年光潜先生89岁时去世，我们在一起工作了20多年。光潜先生给我们留下的最深刻印象，就是他的学者本色。光潜先生的一生就是诚实地做学问，视学术为生命，在学术领域中不断地求索，坚持真理，修正错误，把丰厚的学术成果奉献给中国的文化教育事业，鞠躬尽瘁，死而后已。

二、在漫长的学术道路上对真理的求索

1983年3月光潜先生曾去香港中文大学讲学，他在讲演一开始便声明自己的身份："我不是共产党员，但是一个马克思主义者。"细心地体会这句话，里面充满了一个学者的自豪感，表明了他在离开香港大学60年后学术上的深刻变化。

1986年3月光潜先生去世，胡乔木同志曾写过一篇短文缅怀光潜先生。短文的末尾写道："'我不是共产党员，但是一个马克思主义者。'这句话说得好极了，我想，这可以作为他后半生的定论。"

光潜先生的美学思想的发展经历了一个漫长而艰苦的过程。新中国成立前他以美感经验作为美学研究的对象。所谓美感经验指人们在欣赏自然美或艺术美时的心理活动。他认为："在近代美学中所侧重的问题是：'在美感经验中我们的心理活动是什么样的？'至于一般人所喜欢问的'什么样的事物才能算是美'的问题还在其次。"所以，他在英法学习期间所完成的著作大多涉及心理学。其中，在1932年完成的《文艺心理学》初稿很具有代表性。该书综合地介绍了克罗齐的直觉说、里普斯的移情说、布洛的心理距离说、谷鲁斯的内模仿说等理论。其中克罗齐的直觉说是核心。光潜先生曾在《自传》中说他的美学思想的最初来源是克罗齐的《美学原理》。克罗齐的直觉说认为，在美感经验中，心所以接物者只是直觉，物所以呈现于心者只是形象。因此美感不涉及概念、实用等，只是聚精会神对于一个孤立绝缘的意象的观赏。新中国成立后，光潜先生对克罗齐的美学思想的唯心主义实质曾多次给予批判，同时对其中若干合理因素仍保留自己的意见。

　　在20世纪50年代的美学讨论中，光潜先生提出了"主客观统一论"。他认为：美不在客观事物本身（物甲），而在物的形象（物乙）当中。这物的形象是客观条件加主观条件而产生的，因此，物的形象的美是"主客观的统一"。美必须是"客观方面某些事物、性质和形态适合主观方面意识形态，可以交融在一起，而成为一个完整形象的那种特质"①。

　　60年代他接受了马克思主义的实践观点。他认为，马克思主义的实践观点揭示了人与实践、主体（人）与客体（对象）、人与自然的辩证统一关系，从而对人的本质、历史（生活）的本质以及审美活动的本质都有了科学的理解，这为美学建立了新的哲学基础，使美学在历史上发生了天翻地覆的变化。我们今天应当以马克思主义的实践观点为指导，从实践中主体与客体的辩证统一的观点出发去探索美的理论。与实践观点相对应的是直观观点，历史上各种唯心主义和机械唯物主义都是

---

　　① 《美学批判论文集》，作家出版社1958年版，第93页。

直观观点，都是表面地、孤立地、静止地看问题，而不是从主客观统一的实践观点全面地、发展地看问题。这个变化标志着他的世界观和学术立场的根本改变，不再把主观仅仅看成是人的意识形态或情趣等，而是看成是实践的主体——人，从实践中主体与客体相统一的观点出发探索美的理论。这个变化在他的学术思想发展过程中是一个"质"的变化，是一次飞跃。

光潜先生学术思想的变化和国内1957年到1962年的美学讨论有密切的联系。早在1956年4—5月间党中央就提出了"百花齐放，百家争鸣"的"双百"方针，接着毛主席在《关于正确处理人民内部矛盾的问题》中谈到"双百"方针时又具体指出："利用行政力量，强制推行一种风格，一种学派，禁止另一种风格，另一种学派，我们认为会有害于艺术和科学的发展。艺术和科学中的是非问题，应当通过学术界科学界的自由讨论去解决，通过艺术和科学的实践去解决，而不应当采取简单的方法去解决。"[1]

据光潜先生回忆，在1957年美学讨论前，胡乔木、邓拓、周扬和邵荃麟等同志就分别向他打过招呼，说这次讨论是为澄清思想，不是要整人。光潜先生积极地投入这场论争，不隐瞒或回避他过去的美学观点，也不轻易地接纳他认为并不正确的批评。这次大讨论在社会上产生了积极的影响，大大提高了广大文艺工作者和一般青年研究美学的兴趣和热情。在讨论中也使光潜先生逐步加深了对自己过去美学研究中存在问题的认识，并从此开始认真钻研辩证唯物主义和历史唯物主义。根据我们长期相处所了解的情况，他在钻研马克思主义经典著作上所下的功夫，那么严谨、深入，使我们非常感动和敬佩。

光潜先生对马克思主义的经典著作《关于费尔巴哈的提纲》《1844年经济学—哲学手稿》（以下简称《提纲》《手稿》）等著作特别是《提纲》作了深入的钻研。因为哲学是美学的理论基础，他的美学思想转变是从哲学思想开始的。他认为《关于费尔巴哈的提纲》是马克思

----

[1] 《毛泽东文集》第7卷，人民出版社1999年版，第229页。

师道师说

杨辛 卷

主义哲学的核心。在学习《提纲》中，马克思主义的实践观开阔了他的视野。他为了准确地领会《提纲》的精神实质，不仅对照原文，而且重新翻译了原著，并写了一篇文章，题目是《对〈关于费尔巴哈的提纲〉译文的商榷》，其认真的程度可说是对《提纲》进行了逐字逐句精心推敲。此外对《1844年经济学—哲学手稿》的《异化劳动和私有财产》和《私有财产和共产主义》两大关键性章节也重新作了翻译。

早在20世纪60年代初，他就发表了《生产劳动与人对世界的艺术掌握》一文，系统地阐述了他对马克思主义美学实践观点的理解。他认为马克思主义的实践观使美学在历史上产生了一次翻天覆地的变化，使美学建立在新的哲学基础上。它要求从实践中主客体的关系去考察人类文化发展史。人在改造自然的过程中，"无论是劳动创造，还是艺术创造，基本原则都只有一个：'自然的人化'或'人的本质力量对象化'。基本的感受也只有一种：认识到对象是自己的'作品'，体现了人作为社会人的本质，见出了人的本质力量，因而感到喜悦和快慰。马克思把这种'在自己所创造的世界里观照自己'时的情感活动叫作'欣赏'。这欣赏正是我们一般人所说的'美感'"①。在实践中，人（主体）和他的认识和实践的对象（客体）既是相互对立又是相依为命的，客观世界（客体）靠人来改造和认识，而人在改造客观世界中既体现了自己，也改造了自己。因此物（客体）之中有人（主体），人之中也有物。

光潜先生对他美学思想的变化，在1980年《谈人》一文中，曾这样写道："在参加过50年代国内美学讨论的人们，都会记得多数人坚持'美是客观的'，我自己是从'美是主观的'转变到'主客观的统一'的。当时我是从对客观事实的粗浅理解达到这种转变的，还没有懂得马克思在《提纲》中关于主体和客体的统一的充满唯物辩证法的阐述的深刻意义。"② 1986年2月12日（距朱先生去世不到一个月），杨辛曾

---

① 《朱光潜全集》第10卷，安徽教育出版社1987年版，第196—197页。
② 《谈美书简》，上海文艺出版社1980年版，第28页。

去给朱先生拜年，他在谈话中提到蒋孔阳在《中国大百科全书》中写的"朱光潜美学思想"词条，其中讲到朱先生50年代说的美是主客观的统一，主观是指情绪、意识，60年代后讲实践中主客体的统一，不再把主观仅看成人的意识或情绪，而是看成实践的主体——人，美是主客体在实践基础上的统一。朱先生说："对，是这样。"表示同意蒋先生的观点。杨辛还问："是否能这样理解，实践观点要求从人类文化史的高度探索美的根源和发展。"朱先生说："你这样说是对的，就是像你这样理解。"

光潜先生60年代以后的这个思想转变，是经过长时间深思熟虑的，是从人类文化史发展的高度来考察美学问题的，而不是仅仅停留在心理学的层面。对美和美感根源的探索建立在新的哲学基础上。他不仅重视对《提纲》的研究，还重视恩格斯所著的《劳动在从猿到人转变过程中的作用》。他认为恩格斯在1876年写成的这篇论文是《1844年经济学—哲学手稿》的最透辟的阐明和进一步发挥。其中深刻地揭示了在实践中主体与客体的辩证关系，特别是揭示了人类通过生产劳动改造自然的同时，也创造了人本身，在人本身的各种器官中强调了人手、人脑和语言器官的特殊作用。人手在劳动中得到高度发展，愈来愈灵巧，不仅能创造各种高效能的生产工具，而且能创造艺术和美。在这个基础上，人手才能仿佛凭着魔力产生了拉斐尔的绘画、托尔瓦德森的雕刻以及帕格尼尼的音乐。

光潜先生认为人通过劳动实践对自然加工改造，创造出一个对象世界。实践观点既适用于物质生产，也适用于包括文艺在内的精神生产，二者的共性都体现了自然的人化、人的本质力量对象化。二者的区别在于人类文化发展中出现美与实用的分离。艺术作为精神产品，主要是满足人类审美需要。艺术是美的高级形态。

光潜先生在美学研究中比较集中地研究艺术美，但并不排斥对现实美的研究，他是用艺术的眼光去看待生活与自然。他认为美学的对象主要还是文艺实践这方面的现实，因为文艺是美的高级形态。他说马克思谈到科学方法时，曾指出，"人体的解剖使人有可能了解猴子的解剖"。

所以研究艺术美，有助于更好地了解现实美。

他认为艺术美的特质是："作者对于人生世相都必有一种独到的新鲜的观感，而这种感观都必有一种独到的新鲜的表现，这观感与表现即内容与形式，必须打成一片，融合无间，成为一种有生命的和谐的整体，能使观者由玩索而生欢喜。达到这种境界，作品才算是美。美是文学与其他艺术所必具的特质。"① 在艺术中，他特别强调文学，曾说文学是他的第一个嗜好。他认为文学是以语言文字为媒介的艺术，文学所运用的工具就是我们日常运思说话所用的工具，无待外求，不像形色之于图画雕刻，乐声之于音乐。文学是一般人接近艺术的一条最直接简便的路，也因为这个缘故，文学是一种与人生最密切相关的艺术。在文学中，光潜先生对"诗"的研究很专注，用功最多。他所著的《诗论》很有特色。他在《诗论》中，用西方诗论来解释中国古典诗歌，用中国诗论来印证西方著名诗论。他对中国诗的境界有深刻的理解，认为诗的境界是意象与情趣的契合。他把中国古代情景相生的理论与西方美学移情说、内模仿说中的合理因素融会贯通，使人们加深了对诗的理解。

光潜先生除文学外，对雕塑、绘画、建筑、书法也都有很好的素养。他初到英国爱丁堡大学学习时，除了选学心理学、哲学外，就选学了西方艺术史。他掌握了丰富的艺术史知识，这对他的美学研究，特别是后来的译著很有帮助。像黑格尔的《美学》和莱辛的《拉奥孔》都涉及大量艺术史实的分析，这些译著使人读后感到亲切、晓畅。他在欧洲对许多杰出的建筑、雕刻、绘画做过实地考察，还单独对西方艺术名作如达·芬奇的《蒙娜丽莎》、波提切利的《春》写过评论文章。

光潜先生在钻研马克思主义的过程中，一方面结合清理自己过去的学术思想，另一方面又结合亲身体验，从自己学术的变化中向青年讲述马克思主义对研究美学的重要意义。不论是在文章中、课堂上还是谈话中，都引导和鼓励青年要弄通马克思主义。

在 20 世纪 80 年代，光潜先生出版了《谈美书简》，这些书简是以

---

① 《朱光潜全集》第 4 卷，安徽教育出版社 1987 年版，第 157 页。

和青年朋友通信的形式发表的，都是他 82 岁以后写的，和新中国成立前发表的《给青年的十二封信》及《谈美》遥相呼应。但是作者的精神境界却绝然不同。他在《谈美书简》中写道："尽管我很晚才接触到马克思主义，近二十多年来一直还在摸索，但已感觉到这方面的学习已给我带来了新生。""深信广大的新生力量一定会同心协力沿着马克思主义的光明大道，把美学这把火炬传递下去，胜利终究是属于我们！"

还有一个现象很值得重视，就是在 20 世纪 60 年代以后，在我国高等学校的美学教学中较普遍地运用了马克思主义实践观。过去，在北大美学研究生教学中，都把《关于费尔巴哈的提纲》《1844 年经济学—哲学手稿》《劳动在从猿到人转变过程中的作用》等经典著作列为必读书目。

在 1980 年第一期全国美学教师进修班上，关于美的本质的专题是杨辛讲授，理论根据就是《关于费尔巴哈的提纲》中的实践观点。从"自然的人化""人的本质力量对象化"来探索美的根源。

1981 年在上海举办的第二期全国美学教师进修班上，冯契先生所作的"论真善美"专题，也是从马克思主义实践观点出发讲述全部历史就是一部化自在之物为为我之物的历史。它所要达到的目标就是真善美的统一。

新中国成立后第一部美学概论教材，是由王朝闻主编，全国部分高校美学教师和中国社会科学院哲学所的同志参加编写，历时数年完成。这本教材对美的本质问题没有回避，通过编写组反复集体讨论学习以及撰写过程中的多次修改，所采用的基本观点也是《提纲》和《手稿》中所提出的马克思主义实践观，从实践中主体与客体的辩证关系探索美的本质。

以上现象说明在 20 世纪 60 年代以后，在学术发展的多元化中，重视马克思主义实践观点是我国美学研究中较突出的一种趋向、一种潮流，展示了美学科学的生命力。

三、治学精神与学风

　　光潜先生有丰富的治学经验。青年学生经常向他请教怎样学习美学等各种问题，他总是热情耐心地接待，包括中学生也从不拒绝，并且总是结合自己的亲身经历谈他治学的经验教训，给以指导、鼓励和忠告。他在一些文章中也常谈及治学和学风，希望我们的学术研究能够走上正轨。

　　光潜先生是从研究文学、艺术、心理学、哲学而走向美学的，他在欧洲上大学很多年，虽然没有听过一次美学课，但是他把美学作为这几门学问的联络线。所以当年他感到研究文学艺术、心理学、哲学，如果忽略了美学，那是一个很大缺陷。到了 20 世纪 80 年代，他结合国内美学研究的实际情况又补充说："这些年我更进一步体会到，研究美学的人们，如果忽略文学、艺术、心理学、哲学和历史，那就会是一个更大的欠缺。"他经常勉励年轻人要认真刻苦学习，积蓄渊博的学识，不能把美学看作是一门独立自足的科学，把门关起来搞"自力更生"。他批评了美学研究中的一些不健康的现象。他曾语重心长地说："有些立志要搞美学的人既不学哲学，又不学历史，又没有文艺实践经验，连与美学密切相关的心理学、社会学、文学史、艺术史、语言学，乃至宗教神话之类也不想问津，甚至对当前文艺动态也漠不关心，而关起门来'深思默索'，玩弄概念游戏，像蜘蛛一样，只图把肚子里的丝吐出来，就结成一面包罗万象的大网。这是妄想！"①

　　朱先生十分重视学习外文。他说："生在现代，学任何科学都不能闭关自守，坐井观天，必须透过外文去掌握现代世界的最新的乃至最重大的资料。"②他在新中国成立前就已掌握了英语、法语和德语，俄语是新中国成立后自学的。他说："我在解放后快近六十岁了，才自学俄文。一面听广播，一面抓住《联共党史》、契诃夫的《樱桃园》和《三

---

① 《谈美书简》，上海文艺出版社 1980 年版，第 42—43 页。
② 《朱光潜全集》第 5 卷，安徽教育出版社 1987 年版，第 526 页。

姐妹》、屠格涅夫的《父与子》、高尔基的《母亲》这几本书硬啃。每本书都读上三四遍，第一遍只求粗通大意，第二遍就要求透读，抱着字典，一字一句都不肯放过，词义和语法都要弄通，这一遍费力最多，收效也较大，第三遍通读就侧重全书的布局和首尾呼应的脉络，以及叙事状物的一些巧妙手法，多少从文学角度去看它。较爱好的《母亲》还读过四遍。无论是哪本书，我有时还选出几段来反复朗读，到能背诵的程度。这些工作都是在业余抓时间做的，做了两年之后，我也可以捧着一部字典去翻译俄文书了。"他把这种学习方法叫作"集中力量打歼灭战"，也就是"守约"。他十分重视资料，注重从第一手资料出发。在写《西方美学史》的时候，他做的第一件事就是翻译和研读从古希腊以来的外文资料，编辑出几十万字的《资料附编》。在翻译每一本西方名著的时候，他都要找来不同的版本，认真地加以比较和研究。对流行的有关马克思主义美学和文艺理论的著作，他发现有翻译得不对的地方，就会写文章给以批评和矫正。例如，他的《关于马列原著译文的一封信》《对〈马克思恩格斯论文学和艺术〉编译的意见》《对〈关于费尔巴哈的提纲〉译文的商榷》等文章，都是这样做的。他说："不准确的理解和翻译就会歪曲原义，以讹传讹，害人不浅。"①

朱先生认为，治学要解放思想，要坚持科学的严谨态度。这首先是"做老实人，说老实话，办老实事"的人生态度问题。许多人做不到这一点，主要是因为自己的惰性和顽固性，老想走抵抗力最小的路，思想处于僵化状态。他说："老化和僵化都是生机贫弱化的表现。要恢复生机，就要身体上和精神上都保持健康状态。要增强生机，就要医治生机贫弱化的病根，而这个病根正是'坐井观天''画地为牢''故步自封'。"② 光潜先生最喜爱宋代朱熹的诗《观书有感》："半亩方塘一鉴开，天光云影共徘徊，问渠那得清如许，为有源头活水来。"他说："我在做人和做学问方面都经常把姓朱的一位老祖宗朱熹的话悬为座右

① 《朱光潜全集》第 5 卷，安徽教育出版社 1987 年版，第 526 页。
② 同上书，第 527 页。

铭。"他时常在文章中引用这首诗,并时常写下来赠人。这首诗一是指做人,胸中要多些"天光云影",要有高尚的精神境界,不可沉溺于个人名利追求;一是指做学问切忌空谈,要多实践,多接触社会,多接近群众,多读书看报,勤钻资料。他曾为杨辛书写此诗,并在诗后加了一句"生平爱此活水"。古人曾说:"流水不腐",流水就是"活水",它蕴藏着生机,所以不会腐臭。他说:"关键在这'源头活水',它就是生机的源泉,有了它就可以防环境污染,使头脑常醒和不断地更新。一句话,要'放眼世界',不断地吸收精神营养。"①

　　1980 年全国美学学会在北京举办第一期美学教师进修班时,光潜先生当时是全国美学学会的会长,他对办班的工作很支持,杨辛去请光潜先生给班上的学生讲课,他同意了,而且做了认真的准备。讲课前,他用诗的形式总结了他的治学经验,并念给杨辛听,这首诗的手稿杨辛至今还珍贵地保存着。这次讲课是在北京师范大学电化教室,听课的人很多,把整个教室挤得满满的。讲课前光潜先生让学生先把这首诗抄写在黑板上,作为他讲课的提纲。这首诗的原文是:

> 不通一艺莫谈艺,实践实感是真凭,
> 坚持马列第一义,古今中外须贯通。
> 勤钻资料忌空论,放眼世界需外文,
> 博学终须能守约,先打游击后攻城。
> 锲而不舍是诀窍,凡有志者事竟成。
> 老子决不是天下第一,要虚心接受批评,
> 也不做随风转的墙头草,挺起肩膀端正人品和学风。

　　这首十四行诗可以说是光潜先生一生中治学和为人的经验总结。特别是在治学方面,对美学研究的道路方向以及学风等问题都作了总结。在这首诗中他提出了"坚持马列第一义",这是他一生求索真理的体会。

---

① 《朱光潜全集》第 5 卷,安徽教育出版社 1987 年版,第 527 页。

光潜先生十分重视学风，他认为学风是人格和修养的表现，文品基于人品。早在青年时代他就为自己立下了一条座右铭："恒、恬、诚、勇"，他后来解释说，恒就是恒心，要有坚韧不拔、百折不挠的精神；恬就是恬淡，不贪图物质利欲；诚就是诚实，不自欺欺人；勇就是勇气，要敢于搏击进取。晚年他在《谈美书简》中说："我们干的是科学工作，是一项必须实事求是、玩弄不得一点虚假的艰苦工作，既要清醒的头脑和坚定的恒心，也要有排除一切阻碍和干扰的勇气。马克思在《〈政治经济学批判〉序言》末尾曾教导我们说：在科学的入口处，正像在地狱的入口处一样，必须提出这样的要求：到这里人们就应该排除一切疑虑，这个领域里不容许有丝毫畏惧。归根到底，这要涉及人生态度，是敷敷衍衍，绳营狗苟地混过一生呢？还是下定决心，做一点有益于人类文化的工作呢？立志要研究任何一门科学的人首先都要端正人生态度，要'做老实人，说老实话，办老实事'。一切不老实的人做任何需要实事求是的科学工作都不会走上正路的。"① 他深感我们的学风有问题，"希望我们的学术走上正轨。大家老老实实地下功夫，说真话，把过去的一些毛病能够改掉"②。在自己漫长的学术生涯中他正是这样做的。在治学上他不图名利，不拉帮结派，只问真理，敢于批判和自我批评，不论与他人争论还是对他人的批评给以答辩，他总是实事求是，摆事实讲道理。在谈到50年代他成为批判对象时，他说："我是认真对待这次批判的。有来必往，无批不辨。从此我开始动摇了我原来的唯心主义立场。当时是我的论敌而现在是我的好友的一位同志，看到我在答辩中表示决心要学马列主义，便公开宣布'朱某某不配学马列主义！'这就激发了我的自尊心，暗地里答复了他，'我就学给你看看！'于是我又开始了我的新的美学行程。这三十年来我学的主要是马列主义。译文读不懂的必对照德文、俄文、法文和英文的原文，并且对译文错误或欠妥处都做了笔记，提出了校改意见。"③ 朱先生这种勇于坚持真理，

---

① 《朱光潜全集》第5卷，安徽教育出版社1987年版，第531页。
② 《朱光潜全集》第6卷，安徽教育出版社1987年版，第670页。
③ 《朱光潜全集》第10卷，安徽教育出版社1987年版，第571页。

修正错误，为真理和学术献身的宝贵精神，是最令人钦佩的。罗大冈先生在光潜先生去世后写过一篇文章，称赞他的学风说："朱光潜先生的文章朴实、诚笃、直率、简练，有如其人。他为人毫无世故气，为文豪无江湖气。这种风格是值得我们学习的。"

朱先生很注重锻炼身体，北大大时常看到，他拄着拐杖在燕园的小路上散步，或是在北大未名湖畔做一套他自编的体操。他曾对李醒尘说，他非常喜欢散步，不论寒暑，一年四季都要坚持，一般每天下午四点以后他都要散步，要走到身上微微出汗。他认为健康的身体是治学和取得学术成就的根本保证。他总是劝告青年人要坚持锻炼身体。他说："从幼年起，我就虚弱多病，大半生都在和肠胃病、内痔、关节炎以及并发失眠症作斗争。勉强读书学习，效率总是很低的，不过早晨总比午后好，睡眠和休息后总比疲劳困倦时好。从此我体会到英国人说的'健康的精神寄托于健康的身体'那句至理名言，懂得劳逸结合的重要。所以我养成了不工作就外出散步的习惯。在'文化大革命'中我被'四人帮'关进牛棚，受尽精神上和肉体上的折磨，于是宿病齐发，又加上腰肌劳损，往往一站起来就不由自主地跌倒，一场大病几乎送了命。我对国家和个人的前途是乐观的，于是，下定决心坚持慢跑，打简易太极拳和做气功之类简单的锻炼，风雪寒暑无阻。这样，身体就逐渐恢复过来了。就现在说，我的健康情况比自己在青壮年时期较好，也比一般同年辈的同事们较好，因此精神也日渐振作起来了，工作量总是超过国家所规定的，例如去年除参加许多会议和指导两个研究生之外，还新写过一部八万字的《谈美书简》。校了近百万字的书稿清样，还写了五六万字的美学论文和翻译论文。关在牛棚里时，我天天疲于扫厕所、听训、受批斗、写检讨和外访资料，弄得脑筋麻木到白痴状态。等到1970年'第二次解放'后，医好了病，我又重理旧业，我发现脑筋也和身体一样，愈锻炼也就效率愈高，关在牛棚时那种麻木白痴的状态已根本消失了。这一点切身经验，一方面使我羡慕青壮年朋友们比我幸福，还有一大段光阴可以利用；另一方面也深感到劳逸结合的原则在各级学校，特别在小学里，没有受到足够的重视，课程排得满满的，家庭作业也太繁太重，认为这不是培养人才而是摧残人才。"① 朱先生的这些话是在 1979 年说的，当时他已 82 岁高龄了。从这些话里，我们不但可以看出朱先生对青年的大爱，也可以看到他顽强拼搏的敬业精神和治学精神。

四、人生哲学：生命在于奋斗，幸福来自奉献

光潜先生有一句名言，就是"以出世的精神做入世的事业"。这是光潜先生的人生哲学。这句名言体现了中国传统文化的精华，既有儒家面向现实的积极进取的精神，又有道、释的超脱精神。

儒家的精神就是要做入世的事业。光潜先生毕生在文化教育领域辛勤耕耘，老老实实，不计荣辱，只求奉献。在晚年出版的《美学拾穗集》中，他自比 19 世纪法国画家米勒名画中三个辛勤拾穗、劳作不息的农妇。在北大任教六十周年庆祝会上，他还自比春蚕，说："只要我还在世一日，就要做一天事，'春蚕到死丝方尽'，但愿我吐的丝加上旁人吐的丝，能替人间增加哪怕一丝丝的温暖，使春意更浓也好。"

这句名言也体现了佛教的精神，他曾经收藏有弘一法师所书写的一幅《大方广佛华严经》中的一段偈文，并以此作为自己的座右铭。他认为佛终生说法，都是为了救济众生，佛正是以出世的精神做入世的事业，佛家破我执，并不是灭生灭我，而是要慈悲救世，对生命取护持的态度。

所谓出世的精神也蕴涵着道家崇尚自然的思想。光潜先生认为人生过程中应"顺从自然"。"人最聪明的办法是与自然合拍，如草木在和风丽日中开着花叶，在严霜中枯谢，如流水行云自在运行无碍，如'鱼相与忘于江湖'。"

光潜先生的人生境界是以儒家思想为主导的，在一次答香港电台记者问时，他说："我当然接受了一部分道家影响，不过我接受中国传统，主要不是道家，而是儒家，所以我是移西方美学之花，接中国儒家传统

---

① 《朱光潜全集》第 5 卷，安徽教育出版社 1987 年版，第 522—523 页。

之木。"他为祖国留下的七百多万字的宝贵文化遗产就是最有力的论证。但是道、释的思想使他面对复杂的现实时能在精神上得以超脱。

他在工作中和生活中有两句格言，更具体地体现了上述人生哲理：

一、三此主义：此身、此地、此时；

二、朝抵抗力最大的方向走。

这是他在 1982 年 85 岁时书写的，手稿一直为杨辛所保存。

第一条，"三此主义"，光潜先生早在《论修养》一书《谈立志》一文中曾作如下解释：

一、此身应该做而且能够做的事，就得由此身担当起，不推诿给旁人。

二、此时应该做而且能够做的事，就得在此时做，不拖延到未来。

三、此地（我的地位，我的环境）应该做而且能够做的事，就得在此地做，不推诿到想象中另一地位去做。①

光潜先生这种不拖延、不推诿、脚踏实地的人生态度充满了积极的务实精神。

第二条，朝抵抗力最大的方向走。这是对第一个信条的补充，就是在脚踏实地做事的过程中总会遇到各种困难，人生过程中总免不了风浪，这就需要有一种奋斗精神。他认为"生命就是一种奋斗，不能奋斗，就失去了生命的意义与价值。能奋斗，则世间很少不能征服的困难"。又说："人之所以为人，就在能不为最大的抵抗力所屈服。我们如果要测量一个人有多少人性，最好的标准就是他对于抵抗力所拿出的抵抗力，换句话说，就是他对于环境困难所表现的意志力。""要有大成就，必定朝抵抗力最大的路径走。"②

---

① 《朱光潜全集》第 4 卷，安徽教育出版社 1987 年版，第 17—18 页。
② 同上书，第 20、24 页。

这使我们想起在十年浩劫时,他和季羡林先生关在"牛棚"中的情况。季先生回忆当时的处境,他们"由几十年前的师生变成了'同棚'"。季先生说光潜先生在牛棚里的一件小事是他始终忘不了的,这就是光潜先生在牛棚里还坚持锻炼身体。季先生在回忆中写道:"他锻炼身体有一套方术,大概是东西均备,佛道沟通。在那种阴森森的生活环境中,他居然还在锻炼身体,我实在非常吃惊,而且替他捏一把汗。晚上睡下以后,我发现他在被窝里胡折腾,不知道搞一些什么名堂。早晨他还偷跑到一个角落里去打太极拳一类的东西。有一次被'监改人员'发现了,大大地挨了一通批……这是一件微不足道的小事,然而它的意义却不小。从中可以看到,孟实先生对自己的前途没有绝望,对我们的事业也没有绝望,他执着于生命,坚决要活下去。"光潜先生在"牛棚"里的这件"小事",表现了他在困难环境中的意志力,表现了他对生命的信念。他很欣赏陶渊明所说的"纵浪大化中,不喜亦不惧"。

在学术研究中,他同样实践了"朝抵抗力最大的方向走"的信条,像翻译黑格尔的《美学》、维柯的《新科学》,明知困难很多,仍以坚强的意志克服重重困难,最后完成了这些译著。早在"文化大革命"前,朱先生就译完并出版了黑格尔《美学》第一卷,第二卷也译出了一部分,但在抄家时被人拿走了。1970年他从"牛棚"被放出来后,又被指派到北大校内联合国文件资料翻译组继续改造,每天只能在扫地和清洗厕所之余做一点翻译工作。有一天,他在打扫时从乱纸堆中偶然发现了自己译的黑格尔《美学》第二卷译稿,他想捡回来,但又不敢,不知如何是好,于是偷偷告诉了翻译组负责人马士沂。这是一位同情和理解朱先生的好同志,他捡回译稿交给朱先生,又找了一间有里外间的屋子,让朱先生躲在里间整理稿子,自己在外间工作。就这样,在马士沂的精心安排和掩护下,先生冒着批斗升级、罪名加重的危险,背着工宣队和军宣队,装作译联合国文件,秘密完成了黑格尔《美学》第二卷的定稿工作。后来他又译出了第三卷,全部完成了这项艰巨的任务。

维柯的《新科学》是一部近五十万字、内容和文字无比艰深的巨作。从 1980 年起，他不顾年已八十开外、体衰多病，以为科学献身的精神，投入了这项艰苦的科研工作。他曾对杨辛说，这是他一生中感到最难翻译的一本书，"翻译这部著作简直像身上脱了一层皮"。他不懂意大利文，便以英译本作底本，并参照其他文种的译本，虚心向懂意大利文的人请教。他对《新科学》一书十分重视，认为它对正确理解马克思主义的实践观点极为重要，他翻译和研究《新科学》是"为后来者搭桥铺路"。1983 年他已完成了全部翻译，但他精益求精，一再修改，同时又撰写有关维柯的研究论文。繁重的工作损害了他的健康，他曾多次住进医院，但仍不忘这项工作。1984 年，他因病住在友谊医院，身体逐渐恢复，大夫要求他每天写写字，并对他说："我给你治病不仅是为了你能活下去，而且为了你能恢复工作。"光潜听了很振奋。他写得很专注，对写过的字，觉得不满意，还要重写。他的女儿去看他，想要跟他说点事，他说："我的字还没有写完呢！"他后来出院了，身体虽有所好转，家人关心他，还是劝他不要工作，甚至把一些书藏起来。为了好照顾他，把他的卧室搬到楼下，书房仍在楼上。但是，他在去世前几天，趁家人不备，两手两脚顺着楼梯往楼上爬，摔倒在楼梯上，家人发现，赶紧把他扶下来，让他在床上躺下，问他为什么要上楼，他说还有一篇文章要写完（指《关于〈新科学〉中一些中译词的说明》）。《新科学》是在他逝世后两个月由人民出版社出版的，他一直工作到了生命的最后一息。

光潜先生在生活方面非常克己奉公。1980 年在昆明召开第一次全国美学会议，学校考虑他年老体弱，让去一位家属陪同，好在生活上进行照顾，朱先生不同意，他不愿意给国家增加开支，后来西语系想派一位青年教师陪同，他也没同意。他知道杨辛也去参加昆明会议，特地从燕南园走到蔚秀园，到杨辛家里，约他同行，说这样可以给国家省些钱。在开会期间，杨辛和光潜先生同住一个套间，也可以在生活上照顾他。还有一件小事是学校为他举行任教六十周年庆祝会，开始他表示最好不办，后来说即使要办，也要小办，美学界方面请几位同志就可以了。类似这样处处替国家节省的事，在他的工作和生活中是不胜枚举的。

光潜先生的生活很朴素，平时在校园里活动，都是穿一套旧的布中山装，理发都是在燕南园东侧学生理发店。有一次，杨辛在那里理发和理发师随便聊天，理发师傅也认识朱先生，笑着说："老先生常来这里理发，拄个拐棍，开始我们以为是学校哪个单位看门的老头，后来才知道他是一位老教授、大学者。"

据光潜先生女儿朱世嘉回忆，她父亲生前常去海淀澡堂洗澡，一次不慎摔倒，鼻血直流。浴池的李师傅看到这情况给以细心照顾。后因浴池离家远了，就由李师傅蹬三轮车接送。最后光潜先生因病不能去澡堂洗澡，李师傅就经常上门为老人修脚，一直到老人去世。

光潜先生在去世前居住在燕南园 66 号，他的工作室在二楼一间小屋，不到十平方米。"文化大革命"后胡乔木同志有两次去他家拜访，对光潜先生的简朴生活留下深刻印象，曾在一篇短文中写道："他的住宅是多么简陋破旧啊！周围确实像一个旧式的小农家，但绝没有任何'诗意'。"

五、人生价值的实现

光潜先生曾写过一篇文章《谈价值意识》，认为人生的目的在于对真善美的追求。真善美是人生的三种价值，人如果在这三方面达到了最高境界，也就是达到了最幸福的境界，实现了人生的价值。

光潜先生的一生正是按照他所说的去做的。前面所说的"做入世的事业"就是指对真善美人生的追求。他尽管在人生道路上有过曲折，有过教训，经过风风雨雨，最终还是实现了他的人生价值。

任何个人在实现他的人生价值的过程中都免不了受所处时代的影响。光潜先生生于 19 世纪末，在这一百年间，中国饱经内忧外患和剧烈的社会变革，中国人民是从惊涛骇浪中走过来的，中国的知识分子也不例外，光潜先生一生的经历正是旧中国知识分子的缩影。这里我们要介绍一件很有意义的史实。

新中国成立前，光潜先生虽然在政治上一度迷失方向，但有一件事过去可能鲜为人知，就是他曾经向往延安，曾在 1939 年 1 月写信给周扬，表示对国民党政客的憎恶和想去延安的愿望。1982 年纪念光潜先生任教六十周年活动时，周扬同志写来贺信，还特意把当年光潜先生给他的信的复印件寄来作为历史上友情的珍贵纪念。周扬同志的贺信原文如下：

光潜同志：

北大为您举行任教六十年庆祝会，特向您表示衷心的祝贺。

四十年前您曾给我一信，虽经"文化大革命"之难而犹未毁，信中亦足见您的思想发展的片鳞半爪，颇为珍贵，特复制一份，赠送您以志我们之间的友谊。

此致

敬礼

周扬

十月十六日

下面是当年光潜先生给周扬的信：

周扬先生：

你的十二月二十九日的信到本月十五日才由成都转到这里。假如它早到一个月，此刻我也许不在嘉定而到了延安和你们在一块了。

教育部于去年十二月中发表程天放做川大校长，我素来不高兴和政客们在一起，尤其厌恶与程氏那个小组织的政客在一起。他到了校，我就离开了成都。本来我早就有意思丢开学校行政职务，一则因为那种事太无聊，终日开会签杂货单吃应酬饭，什么事也做不出；二则因为我这一两年来思想经过很大的改变，觉得社会和我个人都须经过一番彻底的改革。延安回来的朋友我见过几位，关于叙述延安事业的书籍也看过几种，觉得那里还有一线生机。从去年秋天起，我就起了到延安的念头，所以写信给之琳、其芳说明这个意思。我预料十一月底，可以得到回信，不料等一天又是一天，渺无音息。我以为之琳和其芳也许觉得我去那里无用，所以离开川大后又应武大之约到嘉定教书。

你的信到了，你可想象到我的兴奋，但是也可想到我的懊丧。既然答应朋友们在这里帮忙，半途自然不好丢着走。同时，你知道我已是年过四十的人，暮气，已往那一套教育和习惯经验，以及家庭和朋友的关系都像一层又一层的重累压到肩上来，压得叫人不很容易翻身。你如果也已经过了中年，一定会了解我这种苦闷。我的朋友中间有这种苦闷而要挣扎求翻身的人还不少。这是目前智识阶级中一个颇严重的问题。

无论如何，我总要找一个机会到延安来看看，希望今年暑假中可以成行，行前当再奉闻。

谢谢你相邀的厚意。我对于你们的工作十分同情，你大概能明了。将来有晤见的机会，再深谈一切。匆此顺颂

时祺！

弟　朱光潜

一九三九年一月二十日

周扬同志通过这种形式来表达他对光潜先生任教六十周年的祝贺，含义很深，说明光潜先生在四十年前追求光明、向往延安的愿望，终于在新中国成立后的北京实现了。同时也说明他们之间的珍贵友谊。因为在"文化大革命"中保存这样的信件，如果被"造反派"发现，其政治后果不难想象。

季羡林先生对光潜先生曲折的人生道路，曾作过这样的评论："爱国无分少长，革命难免先后，这恐怕是一条规律。孟实先生同一大批旧社会来的知识分子一样，经过了几十年的观察与考验，前进与停滞，既走过阳关大道，也走过独木小桥，最终还是认识了真理，认为共产党指出的道路是唯一正确的。因而坚定不移地在这条道路上走下去。"

这里特别要提到的是光潜先生在历史关键时刻的抉择。抗战胜利后，蒋介石发动内战，人民解放战争节节胜利，爱国民主运动风起云涌，历史已到光明与黑暗一决胜负的严重关头。在革命浪潮的推动下，朱先生的政治态度日趋明朗，开始转向同情支持民主运动。他曾与其他47名教授联名抗议国民党政府无理解散民盟。1947年，蒋介石和蒋经国曾来北平宴请知名人士，他也在受邀之列，蒋介石大谈时局，希望在座的"党国栋梁"追随政府，"效忠党国"。1948年12月，解放军包围北平，国民党当局辟东单广场为临时机场，不时来接"知名人士"南逃，在名单中胡适居首，朱光潜名列第三，国民党要员陈雪屏还亲自出马，劝朱先生逃走。在这关键时刻，他终于辨明了历史方向，认清了历史潮流，断然拒绝了国民党的威胁利诱，毅然决定留在北京，与广大人民一起迎接解放。他曾深情地说："我像离家的孤儿，回到了母亲的怀抱，恢复了青春。"

光潜先生在1950年12月参加中共中央统战部组织的西北土地改革参观团，到陕西西安附近长安县东大村与当地干部、农民一起生活了将近一个月，深切地感受到中国农村所发生的革命变化。光潜先生在参加文联和全国政协后，还经常有机会到全国参观访问，拿新中国和旧中国对比，心悦诚服地认识到社会主义是中国所能走的唯一道路。他曾在《自传》中说，他在政治思想上的变化决定了他对1957年到1962年全国性美学问题讨论的态度。

在1974年1月19日，他还在《大公报》上发表了给在台湾的老朋友写的一首诗：

> 大陆和台湾，盈盈一水隔，
> 本是一家人，胡为久别离？
> 祖国好河山，红日东方起，
> 是你弃了它，不是它弃你，
> 金瓯不许缺，八亿人公誓，
> 团结力量大，欢迎你归队，
> 爱国无先后，革命是同志，

翘首望南天，归帆何日至。

这首诗表达了光潜先生对祖国统一大业的期盼热情。

1979 年新中国成立三十周年时，北大举办书画展，光潜先生也热情地写了一首诗表示祝贺：

琳琅满目诗书画，庆祝新华三十周，

行看大鸟垂天翼，扇起东风拂九州。

杨辛　李醒尘

纵浪大化中　不喜亦不惧

——怀念宗白华先生

　　1986年，89岁高龄的宗先生病重住院，我和守护在宗先生身边的亲属正低声交谈病情，闭着眼睛处于半昏睡状态的宗先生突然说了一句话："我有一个问题。"我们问他有什么问题，宗先生断断续续地说："长城……为什么在汉代……后来到了明代……"接着再无力说下去了。此情此景使我十分感动，一位从事美学研究六十多年的学者，在生命垂危之际，一心所系仍然是平日向往的美好事物，祖国的骄傲——伟大的长城。

　　自50年代起，我有幸和白华先生一起在北京大学哲学系工作，他那学者、诗人的气质，给我留下了深刻的印象。他的文章也写得很美，不仅有诗一般精炼的语言，而且包含着深刻的哲理，特别是在中西艺术的比较方面，表现出渊博的学识和敏锐的鉴赏力。记得他1957年写过一篇关于隋代展子虔《游春图》的短文，通篇不过七八百字，内容却很精彩。文中写道："如果我把隋唐丰富多彩、雄健有力的艺术和文化比作中国文化史上的浓春季节，展子虔的这幅《游春图》便是隋唐艺术发展里的第一声鸟鸣，带来了整个的春天气息和明媚动人的景态。这'春'支配了唐代艺术的基本调子。"时间过去了30年，每当我看到展子虔的《游春图》，就会不由得想起白华先生所说的"春天里第一声鸟鸣"，这是多么亲切而又深刻的审美评价啊！

　　在这样短小的一篇文章中，白华先生还把唐代的艺术文化和欧洲文艺复兴时期的艺术进行了比较，特别是对绘画中的意境作了具体分析。他说："如果我们把唐代艺术文化比拟欧洲16世纪的文艺复兴，那么展子虔这幅《游春图》就相当于15世纪意大利画家波提切利（Botticelli）

画的《春》和《爱神的诞生》。在意境内容和笔法风格上，两者都可作有趣的比较。展子虔这幅画里的'春漪吹鳞动轻澜'（原画后冯子振题诗），可以和《爱神的诞生》里两个风神在空际吹着春风、水上涟漪粼粼相通；《游春图》里的'桃蹊李径花未残'（冯题句），也可以和《春》里的满地落英缤纷相对应。展子虔用笔尚未脱尽六朝以来山水画的稚拙纤细的风味，波提切利也一样，正是这种稚拙味令人玩味不尽，给予后人深刻的感受。"白华先生进一步指出，展子虔和波提切利虽然同是在绘画中表现春，却具有不同特点，后者仍以人物（裸体女神）为主，而前者却以开阔的山水为主要对象了。这里不仅指出了我国山水画的悠久历史，而且揭示了我国文化发展史上的一个重要特征。白华先生这篇短文的可贵，正在于它包含了丰富的、深刻的创见。

宗先生在美学理论上有许多贡献，其中关于意境的分析对我启发最大。他从情与景、诗与画、虚与实等多方面分析意境的特点，认为艺术的意境是情与景的结晶，表现在艺术作品中是诗与画的统一。他强调诗不仅是绘画的灵魂，而且是一切艺术的灵魂。虚与实则是表明艺术意境的结构，不能处理好虚实关系，就难以表现深刻的意蕴。白华先生从多方面论述意境，在理论上融会贯通，使哲学的深度和审美的敏感达到高度统一。有一次他和我谈起庄子美学思想中关于虚实关系的问题，我请他谈谈庄子所说的"虚室生白"与意境的关系。宗先生说：过去儒家对庄子的一些深刻思想未注意去阐发，庄子的艺术观不是纯客观地去表现事物，而是强调在艺术中表现意蕴。他认为"虚室生白"可以用来解释艺术意境的结构，而理解这句话的关键在于这个"白"字。我问宗先生，从艺术美角度看，是否可以把"白"字理解为一种"清辉"，也就是艺术的"意蕴"和"美"。他说："我看可以这样理解。"还风趣地补充说："一间房子如果被杂乱的东西塞得满满的，那就没什么'清辉'了。"中国意境的表现方法、结构，就是要抟虚成实，要显得空灵、荡漾。他认为虚实问题是一个哲学宇宙观问题，客观现实就是一个虚实结合的世界，万物有生有灭，有虚有实，在虚实中流动、运化。所以反映为艺术，也应该是虚实结合。他认为："化景物为情思，这是对艺术中虚实结合的正确定义。也就是，艺术通过逼真的形象表现出内在的精神，即用可以描写的东西表达出不可描写的东西。"在这次谈话中，宗先生还很有兴致地为我书写了"虚室生白""意境是情与景的结晶"等题字，这些都是很珍贵的纪念。

宗先生对民间艺术家和文人画家的评价也很精到。1985年，我陪中央美术学院油画家钟涵同志去看宗先生，当时谈到中西绘画的比较，钟涵同志提出一个问题，就是西方的风景画作为独立画种的出现比中国要晚得多，而且西方风景画一开始就是着重于再现，而中国的山水画却很注意意境，这是什么原因？宗先生认为：中国山水画一开始就重视意境，其中的一个原因是和古代文人画家有关，因为古代文人画家，能画画又能写诗写字，这是一个优点。但是古代的文人有一个重要的弱点，就是对民间工匠往往看不起，认为民间工匠的雕塑、绘画是雕虫小技，不能登大雅之堂。宗先生认为这是一种偏见，他认为中国古代一些重要的艺术理论的形成，都离不开民间艺术的长期的实践经验，例如"气韵生动"的理论就不是凭空想出来的，而是总结了汉代雕塑、绘画的经验。宗先生认为艺术史上一种新的境界的产生往往和民间工匠的创造分不开，他曾在文章中写道："实践先于理论，工匠艺术家更要走在哲学家的前面，先在艺术实践上表现出一个新的境界。"他以春秋时期的莲鹤方壶为例，说明工匠艺术家在美术史上的贡献，指出莲鹤方壶表现了春秋之际造型艺术要从装饰艺术独立出来的倾向，尤其是顶上站着的那个张翅的仙鹤，象征着一个新的精神，一个自由解放的时代。宗先生还多次谈到云南昆明筇竹寺的五百罗汉像，认为这些民间艺人所创造的塑像"完全可以与欧洲文艺复兴时期的那些大雕塑家的作品相媲美"。

宗先生重视民间艺术家，也很推崇有创造性的知识分子艺术家。他和郭沫若、田汉、徐悲鸿、傅抱石等都有过密切的交往，这方面的情况过去已有不少同志作过介绍，这里我只谈一下他和胡小石先生的友谊。小石先生是宗先生在南京大学任教时的同事和好友，经常在一起切磋学术，情谊深厚。宗先生曾和我谈起他在书法美学研究方面从小石先生的论著中得到许多启发，并曾把自己所写的关于中国书法美学的文章寄给小石先生。后来，小石先生去世了，他的子女来京看望宗先生，说小石先生读了寄去的文章很赞赏，直到逝世前，在病榻旁还放着那篇文章。1985年，侯镜昶同志准备把小石先生的书法作品汇集出版，请白华先生写序，白华先生在序中谈到小石先生的书法受清末"碑学"的影响，并对其创新精神表示敬佩，同时谈到馆阁体没有生气，给书法艺术带来了死的程式化的弊病。当时白华先生年迈不能执笔作文，由我记录整理后寄给镜昶同志，不料未及两年，白华先生与镜昶同志均已作古，当时晤谈的情景，白华先生的音容笑貌，如在眼前，临窗凝想，倍增怀念。

宗先生在治学方面有一句格言，就是"多看、多听、多研究"。他认为研究美学不多接触艺术作品，特别是我们民族的珍贵遗产，对艺术的美没有深切的感受和体验，写出的东西就难免流于空洞。1984年，我们带美学研究生去敦煌考察，他听了很高兴，他说：不仅是搞美学需要很好地研究敦煌艺术，作为一个中国人也需要好好了解敦煌艺术，敦煌艺术在国外很有影响，作为一个中国人如果在这方面不了解，"那是一种耻辱"。宗先生自己也收藏了一些艺术品，其中有一件唐代佛头，面部丰腴，神态恬静、自然。由于白华先生很珍爱这尊佛头，朋友们开玩笑呼他为"佛头宗"。有位篆刻家为他刻了一方印章——"佛庵之玺"，蕴含着宗先生对所藏唐代佛头的珍爱。抗战时期，白华先生从南京转赴内地，曾把这尊佛头埋在地下，抗战胜利后，又从地下挖出，一直陈设在身边。宗先生对艺术的兴趣很广泛，他是很有修养的诗人，对绘画、雕刻、书法、篆刻、工艺、戏曲、建筑、音乐也都注意研究。前几年，宗先生已年逾八十，仍独自乘公共汽车进城看展览。有一次他独自去天安门广场历史博物馆看湖北随县曾侯乙墓出土的编钟展览，回来很高兴，要我们去看。他认为这些文物不仅体现了我们民族音乐艺术的悠久历史，而且文物本身也体现了一种美学思想，从当时的各种乐器上体现出音乐中以和谐为美的思想。

宗先生在美学研究中，能注意时代的要求。他认为新中国像一个巨人般站起来了，在美学研究中也应该用巨人的眼光来观察一切，歌颂人民群众所创造的美。1957年他曾写过一篇文章——《荷马史诗中突罗

师道师说

亚城的发现者对中国长城的惊赞》。宗先生在这篇文章中对19世纪德国大考古学家希里曼所写的《我到长城的旅行》一文作了详细的评述，同时表达了他自己的新的审美观。文章中写道："中国最伟大的美术、最壮丽的美莫过于长城，我们现在谈美应从壮美谈起，应从千万人集体所创的美谈起，所以我要从长城谈起。何况中国人民重新站了起来，又成为希里曼所说的巨人，我们应该用巨人的眼光来衡量一切，用巨人的双手来改造世界，我们要拿长城的壮观美作为我们的美的标准。"读了这段充满民族自豪感的话语，我们或许更能理解为什么宗先生在生命垂危之际仍一心向往着伟大的长城。宗白华先生平时生活朴素，我和他在一起工作三十来年，从未听他对待遇方面提出什么要求和意见。1984年11月，在他任教六十周年的庆祝会上，张岱年先生诙谐地说："宗先生思想上能'超然物外'，逍遥自在，有时我想学习他的逍遥自在，可是学不好。"引起会上一阵笑声，宗先生也笑起来，笑得那么自然，当时我抢拍了一张照片，这是我见到的宗先生生活中表现最愉快的一个场面。王朝闻同志也为宗先生任教六十周年写来贺信，信中写道："您在高等院校从事教学多年，为培养专门人才作出卓越贡献，您的美学著作促进了我国美学发展。"在这次庆祝会上，宗先生最后致辞，他说："今天是我最愉快、最光荣的日子。多年的老朋友和新朋友，聚在一起，感到很愉快……我看到新中国各方面事业的发展，看到党对中国文化艺术的重视，考古工作中不断的发现，特别使我感到愉快。"

宗先生对美学事业的发展十分关心，1986年，他为编撰中的《当代中国美学家》题词："美是中国文化史的一个重要组成部分。"在去世前的两个月，又扶病为《青年美育手册》题写了"移风"二字，表现了他对青年一代的关怀，写完后还让我把题字再给他看看，他仔细端详着，流露出比较满意的神情。没想到这"移风"二字竟成了白华先生最后的遗墨。白华先生虽然离开了我们，但是他的精神仍继续活在我们心中，鼓舞我们用巨人的双手去创造一个更加美好的世界。

妙属于美——创造是艺术美的生命
——徐悲鸿美学思想初探

艺术美是美的集中表现形式，也是审美意识的物化形态，一个真正杰出的艺术家总会在他的艺术实践和作品中闪射出进步的美学思想光辉。

徐悲鸿先生的一生不仅为我们留下了大量杰出的艺术作品，而且在他的艺术实践中继承和发扬了我国美学思想中的现实主义的优良传统。下面对徐悲鸿先生的美学思想作一些初步探索：

一、妙属于美——创造是艺术美的生命

徐悲鸿先生在艺术实践中很重视创造。他对中国美学中关于艺术美的一些重要范畴提出了自己深刻的见解，他认为"妙属于美，肖属于艺"。并对"妙"与"肖"作了具体的解释："作画必须凭实写，乃能惟肖，待心手相应之时，或无须凭实写，而下笔未尝违背真实景象，易以浑和生动逸雅之神致，而构成造化偶然一现之新景象，乃至惟妙。"意思是"肖"属于对自然的摹仿，是一种技艺，而"妙"是一种创造，"妙"不是机械地再现自然，而是心手相应的产物，既反映了对象的"神致"，又表现了艺术家的思想感情，是一种不同于生活原型的"新景象"。这种"新景象"体现了主观与客观的统一。接着他又分析了"妙"与"肖"二者的关系，他说："然肖或不妙，未有妙而不肖者也，妙之不肖者，乃至肖者也。故妙之肖为尤难。"又说："肖者象也，妙者美也，肖者未必美，而美者必定肖。"意思是说做到"肖"（意即形似），不等于"妙"，但是如果达到"妙"，里面便包含了"肖"，因为

师道师说

杨辛 卷

"妙"不同于生活原型，却更真实地反映了生活的本质特征，因此"妙之不肖者，乃至肖者也"。这里所说的"妙"与"肖"的关系，实际上指的是神似与形似的辩证关系。所谓"至肖"即神似。齐白石曾说："妙在似与不似之间。"黄宾虹也曾说："作画当以不似之似为真似。"但是"妙"并不排斥"肖"（形似），"肖"是"妙"的基础，"妙"是"肖"的升华，"妙"是对象内在精神的表现，这种内在精神的表现，仍离不开"肖"的基础。因此"妙在形似之外，而非遗其形似"（王若虚）。徐悲鸿还认为"妙"的特点在于艺术家对于生活的艺术概括，他说："中国画以黑墨写于白纸或绢，其精神在抽象。杰作中最现性格处在练。练则简，简则几乎华贵，为艺之极则矣。"这里所说的"抽象"，是指艺术概括。生活形象经过艺术家的提炼概括，去尽芜杂，使丰富的内容浓缩于简洁的形式之中。正如清代画家恽南田所说："画家以简洁为上。简者简于象，非简于意。简之至者缛之至也。""妙"的特点就是以最少的笔墨表现丰富的内容，也就是徐悲鸿先生所说的"简则几乎华贵，为艺之极则也"。

艺术家对生活的提炼加工，可以使生活中的美更美，对于一些有损于艺术形象的因素，则可以舍去，他幽默地说："对于'上帝的败笔'（主要指某些生理缺陷——笔者注），你要善于包涵。"

中国美学思想中，常常用"妙"来品评艺术的美，称赞艺术家的独创。例如谢赫在《古画品录序》中，评张墨、荀勖的绘画为"风范气候，极妙参神"，列为第一品。姚最在《续画品并序》中评梁元帝的绘画为"王于像人，特尽神妙"。唐彦惊评展子虔的绘画为"触物为情，备该绝妙"。唐朱景玄在《唐朝名画录》中评吴道子的绘画"穷丹青之妙"，还记述了周昉画章敬寺神像，时人"无不叹其神妙"。这里所说的"绝妙""神妙"，体现了欣赏者对艺术家的创造、智慧、才能所引起的惊赞，也就是对艺术美的肯定。徐悲鸿所说的"妙属于美"，其含义就在这里。徐悲鸿先生的许多作品不论在构思和技巧上都具有独创性，生动地体现了"妙"的境界。在《柳鹊》一画中，表现了早春的意境，柳枝上的一只喜鹊，它那鲜洁的羽毛，丰满的躯体，流露出一种春天的活跃气氛。背景是在春风中飘拂的柳条，这些柳条以柔和而流畅的线条，组成音乐般的旋律。画家对柳条的处理没有像一般作品中那样画出绿色的幼芽，而是在褐色的柳条中渗透进去一些绿色，这一点点绿色就很"妙"，它带来了春天的消息。这说明徐悲鸿先生对自然的观察和感受是多么深刻细腻。从这里使我们体会到艺术家的创造性劳动是贯穿在从构思到传达的整个过程中，妙的笔墨和妙的构思是紧密联系在一起的。正如黄庭坚所说："欲得妙于笔，当得妙于心。"罗丹也说过："所谓大师，就是这样的人：他用自己的眼睛去看别人见过的东西，在别人司空见惯的东西上能够发现出美来。"

徐悲鸿先生的另一幅画《抬举》，题词是"两只人抬一位猪：来自白云深处"。作者别开生面地在山水画中加进讽刺性喜剧的情节，画的上方在淡淡的烟云中隐约出现重叠的远山；下方是一段山路，两名轿夫吃力地抬着一口"肥猪"，这当然不是真的肥猪，而是象征旧社会里的那些富翁，画家把富人的享乐和穷人的艰辛作了鲜明的对比。在旧社会富翁坐轿子游览风景这是很平常的事，但是经过画家妙眼的观察，却在这平常的生活现象中看出了世间的不平，产生了对富人的嘲笑和对劳动者的同情。从富翁联想到肥猪，这就是构思的"妙"，正如金圣叹所说："妙手所写，纯是妙眼所见。"这幅画表现了画家对生活中美丑的独特感受和评价，同时用精练的笔墨把大自然的美和旧社会现实的丑加以对照，使我们体会到作品中构思的妙和笔墨的妙。

徐悲鸿先生对民间艺术中所体现的创造和智慧给予高度评价。如称赞泥人张的艺术传神微妙："其观察之精到与作法之敏妙，足颉颃今日世界最大塑师。"他对一些有创造性的艺术作品总是给予热情的赞扬，例如他对李桦的《天桥人物》组画，曾题词："几个南腔北调人，各呈薄技度余生，无端落入画家眼，便有千秋不朽情。"这说明一些平凡的生活现象，一经画家妙眼观察，妙手传达，人物的性格、神态便活跃纸上，而具有永久的魅力。他对绘画史上那些一味抄袭古人、拾人牙慧的作品则表示鄙薄。

徐悲鸿先生提出"妙属于美"，因为"妙"体现了艺术家的创造和智慧。他认为真正的艺术家必须立志于创造。他说："故创造乃一可贵之事，不能责之人人。人而不以独立自期，便云无志。"

二、师法造化——尽精微，致广大

师法造化是中国美学思想的优良传统，一切有创造性的文学艺术家都重视这个问题。诗人陆游提出："村村有画本，处处有诗材"；书法家怀素说："观夏云多奇峰尝师之"；画家石涛提出"搜尽奇峰打草稿"；齐白石也说过，"为百鸟传神，为万虫写照"。

徐悲鸿先生对师法造化也提出了自己深刻的见解。

首先，他研究了师法造化与艺术创造的关系。他认为师法造化是艺术家创造性劳动的基础。现实生活为艺术创作提供了丰富的素材，他认为一个画家应当善于发现自然和生活中的美。他说："窥见自然之真际，遗物于我无遁形、无隐象、无不辨之色。"又说："吾所法者，造物而已。碧云之松吾师也，栖霞之岩吾师也，田野牛马，篱外鸡犬，南京之驴，江北的老妈子，亦皆吾习师也。窃愿依附之，而谋自立焉。庶几为阎吴曹王徐黄赵易所不弃焉。"这段话说明师法造化（包括动物、植物、山水、人物等）是艺术家自立的条件，只有这样才能无愧于我国古代的许多富有创造精神的艺术大师。他所说的阎吴曹王徐黄赵易，是指阎立本、吴道子、曹霸、王维、徐熙、黄筌、赵昌、易元吉等。

为什么师法造化是艺术创造的基础呢？徐悲鸿从自己丰富的艺术实践中，总结出一条重要经验，就是师法造化才能取得真感，而真感是一切艺术的渊源。他会说："只有通过对真实景物的细微观察和写生，才能获得真感，真感是一切艺术的渊源。"徐悲鸿先生所说的"真感"包含两方面的意思。一方面是指在观察对象时才能把握对象的特征、神态；另一方面是指在生活中才能使艺术家有亲切的感受。艺术家在生活中没有亲切的感受，就不会产生真实的感情。而创作中失去了真实的情感，作品也就不可能具有强烈的感染力。所以徐悲鸿先生说："生活好比酿酒，不经常丰富生活感创作出来的东西就好比酒里掺了水，淡而无味。"在艺术创作中，不论从客观方面或是从主观方面讲，都需要从现实生活中取得源泉，这样创作出来的形象，才能亲切感人。徐悲鸿先生用绘画史上的许多事实说明这点。他说："范宽居太华，习见雄峻之山，董源居江南，则不为迭幛，写出真情真景，所以至今日，仍予吾人亲切之感。"

艺术的美是以"真"为前提的，虚假的艺术是不可能成为美的。他认为师法自然表现了画家的诚实的创作态度，他说："一个画家如果不去真实地描写对象，那就罪同撒谎。"

徐悲鸿先生不仅从理论上阐述了为什么要师法自然，而且对如何师法造化提出了自己的深刻见解。他认为师法造化并不是机械模仿自然，而是要做到"尽精微，致广大"。所谓"尽精微"就是要对客观对象作深入细致的观察。要避免"空泛之论，浮滑之调"。例如画马，他曾经长期观察马的状貌、神态，而且画过马的解剖。1947年他曾在给一位少年的回信中写道："画马必以马为师，画鸡即以鸡为师。细察其状貌、动作、神态，务扼其要，不尚琐细（如细写羽毛等末节）……附寄几张照片，聊备参考，不必学我，真马较我所画之马，更可师法也。"又说："我爱画动物，皆对实物用过极长时间的功，即以画马论，速写稿不下千幅，并学过马的解剖，熟悉马之骨架、肌肉、组织，然后详审其动态及神情，乃能有得。"他在札记中记录了对马的特征的种种观察，如"马之前足较后足短，奔马需画肩，鬣与尾奔腾受风须散开方有势……"奔马四肢前后屈伸变化很大，特别是马蹄难画，表现不好，就会使人感到僵直生硬，或松散无力，所以徐悲鸿对马蹄的观察非常细致，并幽默地说马蹄"比妇女的高跟鞋还难画"。

所谓"致广大"包含以下几点意思：首先要求艺术家放开眼界。徐悲鸿先生主张精和博的统一，尽精微和致广大应结合起来。他很推崇任伯年，称赞任为"一代明星"，其中一个重要原因就是任伯年能做到博与精的结合。徐悲鸿把任伯年比作戏剧界的谭鑫培，他说："当年评剧家之推重谭鑫培之博精，并综合群艺，谓之文武昆乱一脚踢，伯年于画人像、人物、山水、花鸟、工写、粗写，莫不高妙造诣，可与并论。"

他认为"青藤、白阳、八大、石涛，俱在兰草木石之际，逞其逸致之妙……一遇人物、动物，便不能中绳墨"。徐悲鸿先生自己在艺术实践中也是追求博与精的统一，他对人物、动物、植物、山水都很擅长，并不局限于某一狭小的题材范围。他认为师造化不仅是一般地提倡写实，而应该是"以人为主题，更以人民的活动为艺术中心"。解放后，徐悲鸿对"致广大"又有了新的认识，他进一步体会到过去虽然主张师造化，但对人民生活这一广大的领域却接触不够。他迫切要求深入人民群众的革命实践，熟悉了解新的时代、新的人物。他说："我虽提倡写实主义三十余年，但未能接近大众。"北平解放后，徐悲鸿积极参加土改斗争，还去导沭整沂水利工地体验生活，为劳动模范画像，歌颂新的时代、新的人物，把人民群众的革命实践看作是创造艺术美的丰富源泉。这些都体现了徐悲鸿在"致广大"上所作的新的努力。

其次，"致广大"在绘画的造型上是指"局部与全局的统一，细节与整体的统一"，强调艺术形象的统一性、整体感和概括力，避免"谨毛而失貌"。

"致广大"还有一个重要含义，就是画家在作品中并不局限于他所直接描写的对象，而是喻意象外，追求一种意境、意蕴，以便在有限中表现无限；从创造的结果看，所谓"尽精微，致广大"，也就是在简洁的形象中概括丰富的生活内容和思想感情。

三、寄托高深，喻意象外

徐悲鸿先生主张艺术家师法自然，但并不把艺术等同于自然。充分肯定在深入生活的基础上，艺术家主观因素的决定作用。他认为艺术形象应当是"寄托高深，喻意象外"。只有这样，艺术才能提高人的精神境界，陶冶人的性情。他反对机械地模仿自然。他说："北欧荷兰及前比国弗拉孟派（17世纪）中看到的大堆臭鱼烂肉、死鸡死兔、各种蔬菜及折枝花果等布满全幅，再安置一个人于一角，成为一幅大画。以技法言，亦觉得处处都像，亦且安排妥当，但毫无内容，索然无味。"他认为这种作品"诚费色费寿之作也"。徐悲鸿先生认为从自然到艺术，艺术家的思想感情，不仅对艺术形象的提炼加工起着支配的作用，而且决定艺术形象的感染力。他说："凡美之所以感动人心者，绝不能离乎人之意想。意深者动深入，意浅者动浅入。"强调作品中的深刻意蕴给人以精神影响。鲁迅先生曾论述文章有三美："意美以感心，一也；音美以感耳，二也；形美以感目，三也。"这虽是讲文章之美，但都是强调作品中意蕴的重要意义。

徐悲鸿先生认为："艺术首先是维护真理，它本身必须体现真理。"同时在艺术中要体现艺术家鲜明的爱憎和强烈的时代精神。徐悲鸿先生的许多作品都体现了这一重要美学思想，如《愚公移山》《九方皋》等。

这里想着重以《逆风》这幅画来说明意想深才能感人深。《逆风》中表现一群麻雀逆风奋起，这个题材他曾多次画过，里面包含了深刻的寓意，充满了一种积极进取、不畏困难的精神。在这幅画中，狂风把芦苇吹向一边，偃伏的芦苇几乎占去画幅的五分之四，用笔粗犷有力，表现了风的巨大动势。几只麻雀迎着狂风奋飞。麻雀的安排由下而上，由左向右排列，最下面一只，被狂风吹得侧过身子。上面两只麻雀正奋力向前，一只翅膀向上，一只翅膀向下，表现出振翅奋飞的节奏感。再往上有两只麻雀冲在前面，表现出一种更激越的情绪，独有一只麻雀迎着狂风飞在最前面，形成画面的高潮。这只麻雀安排在画面右上方的空白处，形象更为突出，显示了一种英雄的气概。这些麻雀简直可以和暴风雨中的海燕媲美了。这种奋进的精神生动地体现了画家积极的人生观，同时也体现了解放前画家对旧社会的一种批判态度，具有一种强烈的时代感。画家的一生正是在和旧势力作斗争中不断奋进，形成了他的人生观。1932年徐悲鸿先生在南京，由他的朋友倡议，修建了一所带画室的住宅。徐悲鸿先生把这座住宅取名为"危巢"，意思是住在安适的住宅里不能忘记民族正处在深重的灾难中。在《危巢小记》中还作了一个比喻："黄山之松生危崖之上，营养不足，而生命力极强，与风霜战，奇态百出。好事者命石工凿之，置于庭园，长垣缭绕，溉灌以时，曲者日伸，瘦者日肥，奇态尽失，与常松等。悲鸿有居，毋乃类似。”

徐悲鸿先生画马更是画家思想感情的寄托。在中国美术史上画马的名家很多，如曹霸、韩幹、李公麟等，我们见到的马的形象，多是些温驯的形象，而徐悲鸿先生的奔马，则常是奔放不羁。例如徐悲鸿在抗日战争时期画了一幅《奔马》，并不是简单地画一匹奔驰的马，而是有着深刻的立意，是借奔马来抒发他胸中“忧心如焚”的爱国激情。因为当时正是长沙会战后，日寇的侵略气焰嚣张，所以这幅画虽然画的是马，“意想”却不全在马上。画家所使用的笔墨，既表现了奔马的动态，也表现了画家的激情。马尾、马鬃的画法用笔粗犷、激荡、有力，焦墨与湿墨并用，这种笔墨既表现了奔马的气势，又表现了画家胸中燃烧的怒火。由于《奔马》中意想深，因此感人也深。

徐悲鸿先生的许多题画马的诗句都体现了作品的深刻寓意，如：“哀鸣思战斗，迥立向苍苍”，“秋风万里频回首，认识当年旧战场”，“一得从千虑，狂愚辄自夸，以为真不恶，古人莫之加”，“水草寻常行处有，相期效死得长征”，“芳草得来且自饱，更须何计慰平生”，“直须此世非长夜，漠漠穷荒有尽头”，“问汝健足果何用，为觅生刍竟日驰”，“山河百战归民主，铲尽崎岖大道平”等等。

在徐悲鸿先生的作品中体现了艺术上的写实精神与文学上诗意的有机结合，因此，在作品中常常是借物抒情，充满诗情画意。自然景物一旦进入艺术领域，便成为画家的一种情思，使艺术形象具有深刻的意蕴。单纯的写实而无诗意，则形象易流于浮浅。正如叶燮所说：“画者形也，形依情则深；诗者情也，情附形则显。”徐悲鸿先生曾说：“以诗人之资，研精绘画，必感觉敏锐，韵趣隽永，而不陷于庸俗，可断言也。”又说：“治艺之要道凡二，一为目之观察，一为心之判断，而设手为奴隶。”这里所说的“心之判断”，不仅是指对自然特征的掌握，而且包括对物象的选择，以表现自己的情操、寄托。他又说：“盖一艺之成乃观察与省断锻炼之结果。”

徐悲鸿先生画花卉较少，1940 年曾画木棉，题诗："灿若朝霞色，高与青云齐，孰具英雄气，棉花傥可师。"画面上用红色表现木棉花朵的灿烂，枝干圆劲。花朵不是娇嫩，而是朴实茂盛，花枝由上而下延伸，题词安排在左下角，更显得木棉花不同于凡花野草，而具有"高与青云齐"的英雄气概。另一幅木棉花题词是："天女摘落霞，涨裂羽衣袋，浸露以为花，殷红缤纷堕，不佞练丹砂，拟之苑然在。"这些作品都体现了"喻意象外"的特点。

徐悲鸿先生还认为绘画是画家个性的自然流露，体现了各自的审美趣味，"爱山水者，作物多山水，爱人物花鸟者，即多人物花鸟。性高古者，则慕雄关峻岭、长河大海；性淡逸者，则写幽岩曲径、平树远山；性怪僻者，则好作鬼精奇鸟异兽丑石癫丐，既习写则必有独到"。徐悲鸿的性格善良、正直、坚毅、豪放，故常作骏马长奔，风鸟奋飞，或作苍鹰翱翔，巨柏凌空，灵鹜雄踞，猛狮踊跃。在书法方面则会挥写"横眉冷对千夫指，俯首甘为孺子牛""威武不能屈，富贵不能淫"，表现了一个正直艺术家刚正不阿的精神。当然，一个大艺术家他所选的题材和风格是多样的，徐悲鸿的作品除了豪放、壮美以外，也画了许多优美的作品，如《柳鹊》《漓江春雨》《落花人独立》等。但从总的情况看，作品中的崇高多于优美，刚劲多于轻柔。

四、新七法——形式美法则的运用

徐悲鸿先生认为作品的深刻寓意须和精湛的技巧相结合。他说："凡寓意深远，艺复卓绝者，高等人均视之为美。"这里所说的"高等人"，当指一般有教养的人，所谓"意"与"艺"是指艺术家的审美理想和卓越的技巧，这两者结合才能创造出艺术美来。技巧是艺术家的一种实际创造本领，正如高尔基所说："艺术家不掌握技巧，就是最丰富的感情也会陷于瘫痪。"一个艺术家要真正做到得心应手，善于把胸中意象化为作品中形象，就必须掌握技巧。徐悲鸿先生很重视对画法技巧的研究。他把画法方面的理论经验总结为"新七法"，主要是讲绘画创作中如何运用形式美的法则，也就是讲如何发挥各种造型因素的表现力。他把画法归纳了七条：即位置得宜，比例正确，黑白分明，动态天然，轻重和谐，性格毕现，传神阿堵。这七条都是讲绘画的造型因素，前六条都是从属于最后一条传神。徐悲鸿认为"造型美术之道，尚明不尚晦"，要求造型美术必须形象鲜明，因此艺术家必须重视技巧，善于驾驭各种造型因素，以增强其表现力。徐悲鸿的"新七法"，体现了他如何在绘画实践中自觉地运用形式美法则。下面结合徐悲鸿的作品，对"新七法"作简要的说明：

1. 位置得宜。所谓不大不小，不高不下，不左不右，恰如其位。例如在《风雨鸡鸣》中雄鸡站在巨石上，位于画面的右上方，雄鸡后面的大片空白，起着以虚衬实的作用。而左上方是题词，和雄鸡的动态相呼应，使画面在均衡中显得有变化。

2. 比例正确，毋令头大身小臂长足短。徐悲鸿先生曾谈到画马应注意比例："马颈不可太长，过长则像长颈鹿。"比例不当常常破坏其实感。

3. 黑白分明，指明暗。他说："位置既定，则须觅得对象中最白与最黑之点，以为标准，详为比量，自得其真。但取简略以求大和。"

记得1946年我在北平艺专学习时，徐悲鸿先生为学生陈列他所收藏的一些名作的复制品，并亲自作讲解。当他走到列宾所画的《圣尼古拉（创奇迹者）于里基亚之米拉施救三名无辜临刑者》（油画）前面时，要我们注意画面上对白色的使用。他指给我们看在整个画面中有一点白色，就是刑场上刽子手的眼珠上的一点高光。这是画家对刽子手凶残性格的揭露。徐悲鸿先生接着说，画家要像对珍珠那样珍惜地使用白色。他还说过："最亮和最暗的颜色都不要轻易使用，因为那好比最厉害的武器，非用不可时才用。"

据艾中信先生回忆，徐悲鸿先生在素描教学中，很重视黑白的层次。他说一幅画有十个层次就算不错，假定高光是一，最暗处是十，其他调子顺次安排，关键在于层次分明。

4. 动态天然，强调要表现出动态的特征。例如在《落花人独立》

一画中，表现古代女子亭亭玉立的风姿，着重表现人物的静的状态，而《画龙点睛》（素描稿）表现寓言中画者看见真龙张皇失措的神情，这是着重表现人物的动的状态。

5. 轻重和谐。这是指成幅的画，要注意整体效果，要显得有气韵。所谓气指布置章法之得宜，所谓韵指象之神态。他认为画面上所谓轻重的作用，是疏密黑白感应和谐。如果轻重不得宜，则上下不连贯，左右无照顾。例如《木棉》一画花枝上密而下疏，树枝的延伸欲右而先左，花朵或向上，向下，或半侧，或向后，形成一种和谐效果。

6. 性格毕现。"或方或圆，或正或斜，内性胥赖外象表现。……若方者不方，圆者不圆——为色亦然，如红者不红，白者不白，便为失其性，而艺于是乎死。"例如《睥睨》一画中表现灵鹫的刚劲，灵鹫和岩石均突出"方"，方和直相联系，能表现出灵鹫的内在力量。《柳鹊》中为了表现春天的喜悦，则突出"圆"，圆和柔相联系，能表现喜鹊的活跃与春天的舒畅欢快。《古柏》的性格则表现崇高，故用笔粗犷，以表现其苍劲雄浑的气势。在另一些画中则是刚柔相结合。

7. 传神阿堵。徐悲鸿先生认为："画法至传神而止，再上则非法之范围，所谓传神者，喜、怒、哀、惧、爱、厌、勇、怯等等情之宣达也。作者苟其艺与意同尽，亦可谓克臻上乘。"在这里把传神列入画法里，因为传神是为了宣达感情，仍属艺术传达的范围。在绘画中对各种形式因素的运用都是为了表现神态，达到"意"与"艺"同尽，即形式与内容的统一。至于如何能寄托高深，喻意象外，那就不仅是画法问题，还需要艺术家的学识、品德等方面的修养了。

徐悲鸿提出的"新七法"是他长期从事中国画和油画实践经验的总结，这里面体现了他对遗产的批判继承精神，他曾提出："古法之佳者守之，垂绝者继之，不佳者改之，未足者会之，西方画之可采入者融之。""新七法"的"新"就在于他能把中西画法融会贯通，而又能保持和发扬民族的特色。在徐悲鸿的作品中，特别是大量的水墨画作品中充分地体现了这一特色。例如他所画的马的形象，既体现了西方绘画严格的透视、解剖要求，又表现了中国画的写意渲染以及书法中线条的魅力。在艺术形象上能达到鲜明而不晦涩，完整而不琐碎，严谨而不拘谨，概括而不空疏。这样的艺术更能体现新时代的群众的审美要求。50年代初周总理在接见徐悲鸿时曾对他说："一切艺术都应当随着时代发展，停滞了就没有生命了。中国画吸收西方绘画的某些优点，便会更加丰富。"这是对徐悲鸿在艺术上的创新精神的一种肯定和鼓励。

书之美在德、在情

——悲鸿师书法美学初探

　　徐悲鸿先生艺术上的素养全面而深厚，在绘画、书法、诗文各个领域都有杰出的成就。平常给人留下最深刻印象的还是绘画，一谈到悲鸿先生，就想起他画的奔马。至于他在书法与诗文上的成就虽然觉察到，却未予深入研究。最近庆平同志给我看了一部分悲鸿先生的书法作品，又读到一些悲鸿先生有关书法美学的材料，使我得到许多启示。

一、关于书法艺术美的本质

　　悲鸿先生提出："书之美在德、在情。"是说书法的美在于体现艺术家的情操和人格精神。书法不只是单纯地写字，而是有着丰富的精神内涵。在我国古代书论中称书法为"心画""心迹""心法""心学"，这些词都突出了一个"心"字，也就是强调精神内涵。也可以说书法是心美的艺术，书法的美是人的心灵美的流露。三国时魏国的大书法家钟繇曾说："笔迹者，界也；流美者，人也……"宗白华对这句话作了这样的解释："笔蘸墨画在纸帛上，留下了笔迹（点画），突破了空白，创始了形象……从这一笔迹，流出万象之美，也就是人心内之美。"所谓心内之美，包含人的学识、才力、理想、情感等等。所以刘熙载说："书者，如也，如其学，如其才，如其志，总之曰如其人而已。"徐悲鸿先生深刻地指出有些人"自小涂鸦，至于白首，吾见甚众，而悉无所成"，原因就在于不明"书道"。所谓"书道"，即书之美在情在德也。

　　徐悲鸿先生的书法实践光辉地体现了这一美学思想。最值得提到的就是他所书写的《八十七神仙卷》跋。这是中国现代书法史上的一件

师道师说

杨辛 卷

杰出作品，可以与古代王羲之《兰亭序》、颜真卿《祭侄文》相辉映。这一卷轴由于绘画与书法的结合，可称"双绝"。《八十七神仙卷》有如一曲由流畅线条所构成的美妙音乐，书法与跋文则是这乐曲中的和声。这篇跋的书写倾泻了悲鸿先生对这件瑰宝的热爱，画上留有"悲鸿生命"一方印记。这是一种最真挚的情，也是一种最深厚的民族之情。徐悲鸿认为《八十七神仙卷》"其规模之恢宏，岂近代人所能梦见，此皆伟大民族，在文化昌盛之际所激起之精神，为智慧之表现也"。从书法艺术上看，全篇精神贯注，一气呵成，即使纤如毫发的连笔也没有一丝懈怠。跋文开始叙述自己对这一杰作购买的经过，以及友人胡小石、张大千和本人对画卷的考证和评价，作者从开始的一般叙述，逐渐论及作品之艺术价值，称之为"销魂之作"，书写的情感由平稳而渐趋激越。特别是写到他自己对这件作品的审美感受时，情感的振奋达到高潮，"张九韶于云中，奋神灵之逸响，醉余心兮，予魂愿化飞尘直上，跋扈太空，忘形冥漠，至美飙举，盈盈天际，其永不坠耶"。在书写上也表现出翰逸神飞，如"奋神灵之逸响"，"愿化飞尘直上"，"至美飙举，盈盈天际"，情感激发想象，想象又深化情感，运笔更为舒展奔放，力度也显著加强。"奋神灵"三字字距间所留空白较大，表现出一种鼓舞性的节奏感。接着又讲到自己能"典守兹图，天与殊遇，受宠若惊。敬祷群神，与世太平，与我福绥，心满意足，永无憾矣"。表现作者已完全沉醉在一种幸福的浪漫幻想中。"永无憾矣"憾字写得特大，作为高潮的结束。最后落款书写"题于独秀峰下美术学院，先一日倭寇炸毁湖南大学，吾书至此，正警报至桂林"。这是一个含蓄的结尾，情绪平定下来，由天国回到现实，书写也渐收敛成为全跋尾声。全跋作为书法作品看，有序曲，有高潮，有尾声。随着情感的发展，字之舒敛，轻重快慢亦随之变化，确为一支"心曲"。颜真卿《祭侄文》情感是悲剧性的，王羲之的《兰亭序》是轻快抒情的，而这篇跋则是对艺术珍品的赞赏，体现了幻想与现实的交织。由于作者能以汉隶入行草，劲健而流畅，把情感写得淋漓尽致，可称现代书法行草中之神品。

悲鸿先生讲书法之美"在德"，也体现在他的作品中，如"富贵不能淫，贫贱不能移，威武不能屈，此之谓大丈夫"（孟子语）这件书法，有如曲铁盘金，最能体现中国书法中"棉裹铁"的审美趣味。悲鸿先生曾说："人不可有傲气，但不可无傲骨。"这幅字正是这种"傲骨"的体现。全幅由右向左展开，有强烈的节奏感，前七行字略倾右，而势却在左，所谓"欲左先右"，布白则前紧后舒，一收一放，节奏明显，"威武"二字下面留出较大空白，时间率领着空间的变化，这一停顿更突出下面"不能屈"三字的气势，断连处理也很自然。"能移""不能""此之"皆取连笔，"谓大丈"三字每字独立、挺劲，特别是收笔的"夫"字由斜返正，显示出一种兀然独立的气概。用笔方面，体现了中锋的妙处，每个字圆滚滚的，带有立体感，线条像弹簧一样蕴含着一种内在力量。这种艺术效果并不是靠单纯的技巧得来的，而是"流美者人也"，它是艺术家精神的体现。艺术形式的价值并不在形式本身，而在于它表现了深层的意蕴和人格精神，而且形式探索的动力也要依靠这意蕴的驱使。此外，悲鸿先生的许多书法作品，如"全心全意为人民服务""横眉冷对千夫指，俯首甘为孺子牛"等等，也都闪耀着艺术家高尚品德的光辉，这里就不作具体分析了。

二、书法的特性

悲鸿先生说："中国书法造端象形，与画同源，故有美观，演进而简，其性不失。厥后变成抽象之体，遂有如音乐之美，点画使转，几同金石铿锵。人同此心，会心千古。"悲鸿先生这段文字对我们有几点启示：1. 由具象到抽象，这是书法艺术由低级到高级的发展过程，也就是由再现到表现的发展过程，象形侧重于客体，即个别物象的描绘，当书法由具象发展到抽象，则侧重于点画形式与主体情感之间的联系，但并非完全脱离客观，而是概括地表现自然的运动、节奏。所以宗白华曾说"书法是自然的节奏化"。在书法中反映自然的节奏化，目的并不是再现自然本身，而是凭借情感与自然形式之间的内在联系，以表现感情。2. 由具象到抽象，书法的表现力不是缩小了，而是更自由、更广阔，也更含蓄了。书法中的朦胧美，并不是晦涩。文字虽然脱离象形，但文字的结构中仍然蕴含着美，细细体察不同的文字往往暗含着一种神气。徐悲鸿曾在评论陈子奋的篆刻时说："一语有一语之神气。"这虽是指篆刻，书法亦如是。悲鸿先生所说的"演进而简，其性不失"也就是指文字虽然脱离象形，但仍在结构中暗含一种表现力，是一种不象形的象形文字，它既可暗示实物和生命的姿态，又可唤起某种情感记忆，如《八十七神仙卷》跋中"飘举"就是一种飞扬之姿态，"化飞尘直上"亦有飘扬升腾之感。特别是写一些富有表情的文字如笑、怒、哀、乐等，都可以通过字的舒敛、刚柔变化流露出一种情绪，即所谓"情随刚柔变，象在有无中"。

悲鸿先生所书的一副对联"秋风催果熟，凝露益华明"，蕴含着一种只可意会不可言传的情趣。书法不可能也不需要去描绘秋天的果实，主要的是要表达作者的一种情思。这件作品每个字静中有动，柔里含刚，通过结构的饱满、用笔的凝重、布白的停匀来表现一种充实而乐观的人生情趣，唤起人的美感。

"往来千载"四字则寓有哲理，"往"字收，"来"字放，"千"字收，"载"字放。"来"字上收下放，"载"字左收右放，一收一放表现了开阔的艺术胸襟，使人意想联翩。这种书法意味就是一种流动的音乐美。

徐先生另一作品"万古云霄一羽毛"，羽毛是自谦，但羽毛在云霄飞舞是崇高的形象，体现了作者一种艺术的抱负。七个字布局也很有意味，"万古"位置最靠上，第二行"霄"字略靠下，第三行"毛"靠上，落款在"毛"字下，使整体布局灵活多变。这三行上下错落，加上各字间正斜的变化，"万""霄"字略向右斜，"古""一"则取正势，给人一种飞舞的节奏感，与诗文的意境很贴切。

三、书法风格

徐悲鸿先生很喜爱魏碑的古拙质朴天真。魏碑刚劲雄强属于壮美，悲鸿先生于绘画喜画古柏，书法中雄浑亦如古柏。他说："顾初民刊甲骨已多劲气；北魏拙工勒石弥见天真。至美之寄，往往不必详加考虑，多方策划。妙造自然，忘其形迹。"徐先生不仅在绘画中，在书法中也追求"拙"。"拙"属于中国传统艺术的美学范畴，"拙"是一种质朴的美、含蓄的美，而且包含一种智慧"大巧若拙"。它是和那种甜媚浅薄的审美趣味相对立的。与"拙"相联系的是"天真"。"天真"是一种很高的艺术境界。书法中形式美的因素很突出。一件成功的书法作品必须是整体和谐，不仅内容与形式之间要和谐，各种形式因素之间的配合也要和谐，但对形式的探索并不是为了形式而追求形式，而是从属于表现意蕴、情感。书法中所谓"意在笔先"，并不是把一切细节都构思好，再去动笔写，"中国书法是造型运动的美，不是预先设计的静止不动的形态美"（蒋彝）。在书法创作中一般是书写前大体有个构思，写之前要酝酿情绪，譬如书写恬静的诗句，如果情绪还被一些杂乱事务所纠缠，那就很难写出诗的意境。所以要"澄怀味道"。更重要的，书写过程中笔随意转，意在笔中。笔墨是随着情感变化而变化。徐悲鸿先生所追求的天真，就是"妙造自然"，即古人所说的"风行水上自然成文"，正像苏轼曾讲的"书无意于佳乃佳耳"。但是这种"无意于佳乃佳"的境界，并不是任何人都一下子能达到的，我觉得"无意于佳"所得到的"佳"，正是长期有意地积累经验（包括布白、结构、用笔诸方面）的结果，也就是"既雕既琢，复归于朴"。这里所说的"朴"就是一种天趣，也就是"妙造自然"。我觉得书法的妙处就在于书家能自由地将情感融入笔墨，在书写过程所出现的微妙效果往往是难以重复，甚至是不可能重复的。徐先生对傅山的行草书很赞美，傅山的美学观点也很重视"天趣"。他说："吾极知书法佳境，第始欲如此而不得如此者，心手纸笔主客互有乖左之故也。期于如此，而能如此者，工也。不期如此，而能如此者，天也。一行有一行之天，一字有一字之天。神至而笔至，天也；笔不至而神至，天也；至与不至，莫非天也。"他所说的"天"，与悲鸿先生所说的"妙造自然"也是同一精神。

徐先生一方面强调天真，同时也重视书法的法度和技巧。他认为书法要表现"情"和"德",离不开"形"。所以他在讲书之道在德在情之后,紧接着说:"唯形用以达德。形者疏密、粗细、长短,而以使转宜其情,如语言之有名词、动词而外,有副词、介词,于是语意乃备。"完美的"形"应体现一定的法度。杰出的艺术家应坚持这种法度,悲鸿先生曾写过孟子的一句话:"大匠不为拙工改废绳墨。"意思是大匠不能因迁就拙工而取消法度,"天趣""天真"并不是不要法度,而是创造地运用法度的结果,也可以说是出天趣于法度之中。

"天趣"是艰苦劳动的产物。徐先生在书法方面下过很大功夫,过去他要求学生要勤于作画,提出要画好素描一千张、水彩一千张,自己在画马札记中也讲到画马的素描不下千张。而书法方面他很重视临写碑、帖,把碑学与帖学结合起来。他曾反复临写《虢季子白盘》《散氏盘》《石鼓文》《爨宝子》《爨龙颜》《张猛龙》等名碑。对泰山经石峪也特别喜爱,曾集字"独持偏见,一意孤行",还曾在南京中央大学艺术系教室挂了泰山经石峪集字大对联,文曰"名世应五百岁,善本得十三行",还临过王羲之、苏东坡等人的多种名帖。由于他在书法上能博采众美,才能取得很高成就。

四、书法与绘画的融合

在悲鸿先生的艺术创作中,既能以书法入画,又能在书法中蕴含画意,诗情则统领书画,使诗、书、画熔于一炉,故能韵趣隽永。在拙文《徐悲鸿美学思想初探》中曾谈及悲鸿先生的绘画,特别是水墨画能把中西画法融会贯通,并保持和发扬民族特色。例如他画的马既体现了西方绘画严格的透视、解剖要求,又表现了中国画的写意渲染和书法用笔的趣味。最近读了悲鸿先生的许多书法作品,进一步体会到他在书法上的深厚功力,对于创作中国画所起的重要作用。我曾写过一首小诗:"鸿师画马如写隶,屈铁盘金藏拙趣,鼠尾张扬显飞白,一片天真经石峪。"这是去年我看了悲鸿先生在抗日时期画的一幅奔马后的感受。在这件作品中运用了书法中的布白,把强烈的黑白对比分布在马的头部和肩部，马身躯的阴影部分则采取柔和的灰调子。由于黑、白、灰的结合，画面上产生一种微妙的音乐效果，在表现马的肢体时融合了隶书的刚劲、雄健的用笔，画马的鬃毛和尾部则运用了书法中"飞白"的苍劲，并且使淡墨与焦墨相结合，形成润燥相间的效果。由于这些书法的表现力，使得马的气势、神态更为显著。这件作品还使我隐约地体会到《泰山经石峪金刚经刻石》《爨宝子》《爨龙颜》以及金文《散氏盘》的书法趣味。在悲鸿先生的许多作品中，书与画的融合是自然而然进行的。书法从象形文字中分离出来，又回到象形中去。书法赋予绘画一种新的"质"，使绘画的内涵更丰富，也更有感染力。我觉得画中国画而不懂书法是很难进入高深境界的。以上是说明书法对绘画的影响。另方面，悲鸿先生的绘画实践对书法也有着潜在的影响。悲鸿先生在书法实践中除了重视碑帖的临写外，也得力于"师造化"，特别是在绘画中大量地观察自然，把握自然的特征，体察自然的刚柔变化和生命节奏，这无疑对书法的表现会带来很大的益处。

悲鸿先生在诗文方面的素养也是很深厚的。悲鸿先生在 10 岁时便能写出好诗。诗是书法和绘画中意境的灵魂，诗、书、画的结合是中国艺术的一个优秀传统。它体现了艺术家的全面素养。孤立地强调某种艺术的专业训练而忽略其他文化素养，是不能造就伟大的艺术家的。徐悲鸿先生的艺术成就为我们提供了一个具有深厚而全面素养的杰出艺术家的光辉范例。

哲学照亮人生

——在万佛园汤一介先生墓前讲话

汤先生虽然离开我们了，但总感觉还是和我们在一起，因为他的精神始终活在我们心里。最近又重读了汤先生的几篇文章，是讲中国传统文化中关于真善美的问题。汤先生认为中国传统哲学关于真善美的观点，集中体现在"天人合一""知行合一"和"情景合一"这三个命题中。这表现了中华民族在理论思维方面的独创性。读了以后，结合汤先生和我几十年的交往，我觉得，他的一生都是在追求和实现真善美的人生价值。真善美这三个字，在汤先生身上体现了"哲学照亮了人生"，是一种精神力量和人生信仰。（这里附带说明一下，我和汤先生是1943年在重庆南开中学高中一年级的同班同学，有71年的友谊，在这个漫长的岁月中，经历了各种风风雨雨，结成兄弟般的情谊。在我成长过程中最困难的时候，曾得到汤先生一家很大的帮助，汤先生一家是我的恩人。）

下面是我学习汤先生精神的几点粗浅的体会：

一、真，求真。在真善美关系中，真是本体，是事物的本原。汤先生追求真理，坚持实事求是，主要表现在诚实做学问上。他求索于天人之际，从天道和人道的关系中感悟人生的真谛。他认为中国文化所讲的天道和人道统一起来，就是一个人类非常和谐美好的社会。他的学术视野非常开阔，面向世界，情系祖国。他深切地关注现实，关注人的命运，体察时代变化。他提出融"中西古今"之学，创"返本开新"之路，确立中华民族文化的主体性。对弘扬祖国优秀传统文化有强烈的责任感。

二、善，崇善。善是核心，是做人的根本。汤先生不仅诚实做学问，而且品德高尚，把做人与做学问真正地统一起来。在他身上体现了学术境界与人生境界的统一，知与行的统一。这主要表现在他对学术事业的奉献精神和对家人、朋友、学生和社会深切的关爱上。他以学术为生命。在他的晚年，不是颐养天年，享受清福，而是勤奋工作，甚至在重病情况下还承担各种繁重任务，表现了"事不避难，义不逃责""鞠躬尽瘁，死而后已"的崇高精神。工作中，他有一个突出的特点，就是把学术视作崇高的事业，不仅是自己奋斗，而且是结成团队一起奋斗。他创办的中国文化书院是如此，他对《儒藏》工程的呕心沥血更是如此。他所构建的以中国文化为主体而又具有世界普世价值的理论体系正显露光芒。习近平主席对汤一介先生在学术上成就的高度评价是："汤一介为中华优秀传统文化继承、发展、创新作出了很大贡献。"

三、美，尚美。从人生的角度看，美是真善的升华，是一种崇高的人生境界，是大爱。正如孟子所说："充实而有光辉之谓大。"（《孟子·尽心下》）"大"就是一种崇高的美。汤先生曾在 2001 年写过一篇文章《人生要有大爱》（他们在北大做学生时期，乐黛云先生曾送给他一本书，伏契克写的《绞索套在脖子上的报告》，这篇文章是汤先生的回忆），文章中表达了人应当有理想，应当热爱生活，热爱人类的信念。

汤先生的一生，是创造的一生，他所创造的不仅是学术成果，而且创造了他的美好人生。他的人生像一首诗，像一首蕴含着真善美的诗，汤先生的人生是艺术的人生。汤先生的一生在整体上是"大象无形"，但在每个人心中留下的汤先生的形象，都是具体的、生动的，都是情与景的结合。

值得特别提到的是汤先生墓地的环境，也体现了情与景的统一，荷花、翠竹、山石、石碑，都是汤先生人格精神的象征，也是友谊的象征，体现了人与自然的和谐、人与人的和谐。这情景体现了一个真理："爱人者，人恒爱之；敬人者，人恒敬之。"

2015 年 2 月 15 日

美伴人生

艺术美

艺术美指艺术作品的美。艺术美来源于客观现实生活，但不等于生活，它是艺术家创造性劳动的产物。

一、艺术美是艺术的一种重要特性

艺术和其他劳动产品有一个区别，其他产品是在实用基础上讲求美。韩非子曾说："千金之玉卮，至贵，而无当，漏，不可盛水。"卮是古代的一种饮酒器，玉制的卮，虽然质地很美，但是无底，是漏的，不能盛饮料，也就失去酒器的作用。这说明生活用品首先要考虑实用，其次才考虑审美要求。艺术则不是直接为了满足实用的需要，而是在满足人们的审美需要中，给人以精神的影响。

马克思虽未直接讲美是艺术特性，但是他曾讲："艺术对象创造出懂得艺术和具有审美能力的大众——任何其他产品也都是这样。因此，生产不仅为主体生产对象，而且也为对象生产主体。"艺术所以能培养欣赏美的大众，正是由于艺术本身具有美的特性。

据高尔基回忆，有一次列宁在听了贝多芬的《热情奏鸣曲》以后说："我不知道还有比'热情奏鸣曲'更好的东西，我愿每天都听一听。这是绝妙的、人间所没有的音乐。我总带着也许是幼稚的夸耀想：人们能够创造怎样的奇迹啊！"这里所说的"绝妙"，实际上是对贝多芬作品中的艺术美的肯定，也就是对艺术家创造性劳动的肯定。列宁热烈地捍卫了艺术中真正的美。他认为应该把美作为根据，把美作为构成社会主义社会中的艺术的标准。列宁还曾在讲艺术美的推陈出新时说过，即使美术品是旧的，我们也应当保留它，把它作为一个范例，推陈出新。为什么只是因为它旧，我们就要撇开真正美的东西，抛弃它，不把它当作进一步发展的出发点呢？这里所说的"真正美的东西"，也是暗示美是艺术的重要特性，要发展社会主义文艺的美，必须对传统艺术中真正有审美价值的东西加以批判继承。

关于艺术美的特点在美学史上曾有过争论，其中特别值得注意的是黑格尔与车尔尼雪夫斯基的观点。他们从美学的基本问题，即艺术与现实的关系出发，提出了自己对艺术美的见解。批判地吸取他们观点中的合理因素——这对我们正确地理解和掌握艺术美的特点有着重要的意义。

我们先分析一下车尔尼雪夫斯基对艺术美的看法。他认为艺术美来源于生活，肯定现实美及其生动丰富性。他对当时费肖尔责难现实美的种种观点，逐一批驳。例如费肖尔认为现实中美丽的人太少，并引用了拉菲尔在一封信中曾抱怨"美女太少"的话，车尔尼雪夫斯基认为拉菲尔抱怨美女太少，因为"他寻求的是最美的女人，而最美的女人，自然，全世界只有一个，与其说美是稀少的，毋宁说大多数人缺少美感的鉴别力。美貌的人绝不比好人或聪明人等等来得少"。费肖尔还提出一个否认现实美的最普通的理由，即"个别事物不可能是美的，原因就在于它不是绝对的"。车尔尼雪夫斯基认为"我们无法根据经验来说明绝对的美会给予我们什么样的印象"，并提出"个体性的美是最根本的特征"。但是他在批判费肖尔的观点时，是采用贬低艺术美的方法来肯定现实美。车尔尼雪夫斯基认为：

（一）艺术美是现实美的"代用品"

他批驳了唯心主义美学所提出的这种观点，即人不能在现实中寻找出真正的美来，于是，"在现实中不能实现的美的观念，要由艺术作品来实现"。车尔尼雪夫斯基认为现实生活本身完全能够满足人的美的渴望。但为什么需要艺术呢？因为现实中的美并不总是显现在我们眼前，例如："海是美的；当我们眺望海的时候，并不觉得它在美学方面有什么不满人意的地方；但是并非每个人都住在海滨，许多人终生没有瞥见海的机会；但他们也想要欣赏欣赏海，于是就出现了描绘海的画面。自然，看海本身比看画好得多，但是，当一个人得不到最好的东西的时候，就会以较差的为满足，得不到原物的时候，就以代替物为满足……这就是许多（大多数）艺术作品的唯一的目的和作用。"他认为艺术美与现实美的关系，有如印画与原作的关系。"印画不能比原画好，它在艺术方面要比原画低劣得多。"他还把艺术美和现实美比作钞票与黄金，艺术美好似钞票，而钞票的全部价值就在于它代表黄金。

（二）在艺术中创造想象的作用是有限的

他认为想象中的美不如生活中的美，而完成的作品中表现的美，又不如想象中的美。他说："在艺术中，完成的作品总是比艺术家想象中的理想不知低多少倍。但是这个理想又绝不能超过艺术家所偶然遇见的活人的美。"同时他认为："想象只是丰富和扩大对象，但是我们不能想象一件东西比我们所曾观察或经验的还要强烈。我们能够想象太阳比实在的太阳更大得多，但是我不能够想象它比我实际上所见的还要明亮。同样，我能够想象一个人比我见过的人更高、更胖，但是比我在现实中偶然见到的更美的面孔，我可就无从想象了。"

（三）艺术形式本身带来的局限

他认为雕塑、绘画与生活相比有一个共同的缺点，即雕塑、绘画都是死的、不动的等等。

下面再谈谈黑格尔对艺术美的看法：

首先，他否认艺术美来源于生活。他不仅否认现实美，也否认现实生活的客观存在。他认为生活现实本身就是绝对观念的外化。因此他提出真正的美是心灵产生和再生的美，也就是艺术美。只要是心灵的产物，哪怕是无聊的幻想，也高于自然。

其次，他抽象地发展了人的能动性，强调想象在艺术创造中的作用。他认为"最杰出的艺术本领就是想象"，认为想象与被动的幻想不同，"想象是创造性的"。又认为"艺术作品的源泉是想象的自由活动，而想象就连在随意创造形象时也比自然较自由。艺术不仅可以利用自然界丰富多彩的形形色色，而且还可以用创造的想象自己去另外创造无穷无尽的形象"。

再次，他反对机械模仿自然。他认为"靠单纯的模仿，艺术总不能和自然竞争，它和自然竞争，那就像一只小虫爬着去追大象"。又说："一般地说，摹仿的熟练所生的乐趣总是有限的，对于人来说，从自己所创造的东西得到乐趣，就比较更适合于人的身份。"车尔尼雪夫斯基强调了现实美，认为艺术美只是现实美粗糙、苍白的反映。黑格尔强调了艺术美，认为艺术美高于自然美，因为艺术美是"心灵产生和再生的美"。黑格尔是一个客观唯心主义者，从根本上说，他是完全否认社会生活的。由此看来，二者都有片面性。关于生活和艺术、现实美和艺术美的关系，我们认为，生活是艺术的源泉，虽然生活比之艺术美更丰富更生动；但艺术美是生活的能动反映，是艺术家创造性劳动的产物，比生活更集中、更有典型性。艺术美并能积极反作用于社会生活，为社会生活及实践服务。

二、艺术美来源于生活

　　生活是艺术家进行创造的前提、基础。艺术家的创作激情、创作素材都来源于现实生活。艺术美是现实生活的能动反映。中国古代的美学思想非常强调以自然为师，在画论中提出"外师造化，中得心源"。外师造化，就是强调对客观对象的观察。自然美丰富而生动，是艺术家创造的源泉。以画马为例。杜甫咏曹霸画马："腾骧磊落三万匹，皆与此图筋骨同。"这说明曹霸画马是从现实中大量马的形象中提炼出来的。唐代画马大师韩干曾说："陛下厩马万匹皆臣之师。"北宋李公麟善画马，据画史记载，李公麟"每欲画，必观群马，以尽其态"。苏轼说："龙眠（李公麟）胸中有千驷。"徐悲鸿是当代画马的大师，他曾给一位青年写信说道："学画最好以造化为师，故画马必以马为师，画鸡即以鸡为师，细察其状貌、动作、神态，务扼其要，不尚其细……附寄您几张照片，聊备参考，不必学我，真马较我所画之马，更可师法也。"又说："我爱画动物，皆对实物用过极长时间的功。即以画马论，速写稿不下千幅。"他对马的骨骼构造了解很透彻，如对马的脚踝骨和马蹄曾作过精细的观察，并幽默地说："画马的脚踝骨和马蹄比妇女穿高跟鞋还难画"，如果掌握不住关节的灵活劲，就会显得僵硬。

李可染喜爱画牛，对牛的特点有深刻的观察和研究，他的画室就名为"师牛堂"。不仅画牛画马如此，画人物、山水、花鸟莫不如此。石涛画山水，提出"搜尽奇峰打草稿"。齐白石画虫鸟，提出"为万虫写照，为百鸟传神"。陆游论生活是诗的源泉，他写道："村村皆画本，处处有诗材"，"挥毫当得江山助，不到潇湘岂有诗"。书法方面唐李阳冰曾说："书以自然为师"，"于天地山川日月星辰，云霞草木文物衣冠皆有所得"。怀素也说："观夏云多奇峰尝师之。"现代蒙古族画家妥木斯说："我在草原上生活，在生活中观察，在观察中写生，画了一本又一本，画也画不完，生活中有许多美好东西啊。一个热爱生活的人，一个深入生活的艺术家，他一定会发现这些美好东西，描绘和讴歌这些美好东西。"又说："越是扎到草原生活的深处，就越激发着我对草原的深情厚爱。"这说出了画家对艺术美来源于生活美的深切体会。正如邓小平所说："人民是文艺工作者的母亲，一切进步文艺工作者的艺术生命，就在于他们同人民之间的血肉联系。忘记、忽略或是割断这种联系，艺术生命就会枯竭。人民需要艺术，艺术更需要人民。自觉地在人民的生活中汲取题材、主题、情节、语言、诗情和画意，用人民创造历史的奋发精神来哺育自己，这就是我们社会主义文艺事业兴旺发达的根本道路。"

在音乐方面，《乐记》中也写道："凡音之起，由人心生也，人心之动，物使之然也。感于物而动，故形于声。"这是说明，"音"的产生直接受人的思想感情的影响，而人的思想感情，是外界给予影响的结果，音乐的最后根源还是来自现实生活。

外国一些著名艺术家，都指出艺术家生活基础的重要。如达·芬奇认为画家应当师法自然。他说："谁也不该抄袭他人的风格，否则他在艺术上只配当自然的徒孙，不配做自然的儿子。"拉菲尔说："为了画出一个美丽的妇女，我必须观察许多美丽的妇女，然后选出最美丽的一个为我的模特儿。"

从艺术史上看，许多有创造性的艺术家在创作中都很重视生活的基础。这是因为：

（一）生活是想象的土壤，没有想象就没有艺术创造

艺术家的创造性想象活动，必须依靠生活中所积累的大量的感性材料，即记忆中的表象（表象是认识的范畴，已经是对生活形象的初步概括，不等同于生活原型）。艺术家对这种感性材料掌握愈丰富，想象就愈自由。前面所说的"搜尽奇峰打草稿""龙眠胸中有千驷"，都是强调创作中要大量观察。只有大量观察才能进行比较分析，把握对象的特征，"扼其要"，"传其神"。黑格尔的美学虽然认为艺术美的源泉来自理念，但是他在论述艺术家的创作时，也不得不承认"艺术家创作所依靠的是生活的富裕，而不是抽象的普泛观念的富裕。在艺术里不像在哲学里，创造的材料不是思想而是现实的外在形象"。他提出艺术家"应该看得多，听得多，而且记得多"。当然黑格尔并不了解生活的本质，他根本否认生活是艺术美的源泉，他强调现实的外在的形象的目的是为了表现理念。我们是从辩证唯物主义的反映论出发，在艺术创作中坚持深入生活，深入群众的火热斗争，才能取得艺术的源泉。在我国艺术史上，一些杰出的画家所取得的巨大成就，都和深入生活有密切联系。例如宋张择端的《清明上河图》，这幅画体现了我国古代现实主义的优良的艺术传统，它并不是简单地记录各种生活现象，而是在深入观察、研究生活的基础上，发挥了艺术家的想象而创作出来的，是我国艺术史上的珍品。画中对北宋晚期的汴京及其近郊的生活景象作了生动而细致的描写。描写的内容包括人物、舟车、屋舍、河流、树木等等。特别是在人物的描写上能通过某些情节、场面，反映出人物之间的关系，以及人物在整体动态上的神情，在画面上有着浓厚的生活气息。例如在全画中的一个高潮，即"虹桥部分"表现了一个生动情节，一乘达官贵人坐的轿子正急速地穿过桥上拥挤的通道，轿前有两人在挥手开道，与迎面的一匹骡马相遇，牵马人迅即勒住马头，想从侧面闪开道路，惊动了道边的行人和两头毛驴，毛驴向前乱窜，赶驴人慌忙地吆喝着，道边的小摊贩也赶快用竹棍驱赶毛驴。这个小的情节不但从一个侧面反映了当时

社会上贫富的对立，而且说明画家在创造过程中对生活的观察是多么入微。没有雄厚的生活的基础，绝不会孕育出这样丰富的想象。

（二）生活孕育了艺术家的激情

艺术美并不是生活与形象的简单再现，在艺术形象中浸透了艺术家的激情，而这种激情也是来源于生活实践。情感是在社会实践中所形成的对事物的态度，它是客观实践的产物，艺术家脱离实践就无法培养对生活的感情。在生活中直接激发的感情，有力地推动了艺术家的想象。脱离了生活，不但失去了创造艺术形象所依凭的感性材料，而且失去了想象的动力——激情。许多杰出艺术家的经验都证明了这一点。冼星海青年时期在法国巴黎学音乐，曾写过一个作品名叫《风》，这件作品在巴黎演出时受到人们的称赞。他在一篇文章中回忆《风》的创作过程，他说："我写自以为比较成功的作品《风》的时候，正是生活逼得走投无路的时候。我住在一间七层楼上的破小房子里。这间房子门窗都破了。巴黎的天气本来比中国南方冷，那年冬天的那夜又刮大风，我没有棉被，睡也睡不成，只得点灯写作。哪知风猛烈吹进，煤油灯（我安不起电灯）吹灭了又吹灭。我伤心极了，我打着战听寒风打着墙壁，穿过门窗，猛烈嘶吼，我的心也跟着猛烈撼动，一切人生的、祖国的苦、辣、辛、酸、不幸，都汹涌起来。我不能自已，借风述怀，写成了这个作品。"这说明现实生活孕育了艺术家的激情，推动了艺术家的想象，才可能创作出感人的作品。

（三）生活推动艺术家技巧的发展

艺术技巧不仅为表现生活思想情感服务，而且是在表现生活与思想情感的过程中形成和发展起来的。技巧的提高是没有止境的。生活在不断发展，要求艺术家在技巧上也要相应地变化。例如画家傅抱石在解放后遍游祖国南北各地，1961年曾到过东北镜泊湖和长白山、天池游历，由于广泛接触新的现实生活，不仅在思想感情上受到启发，在笔墨技法上也有了新的发展。他曾说："几次深入生活都给人以新的体会和启发，这就推动了我思想上尖锐斗争，对自己多年拿手的'看家本钱'（指笔墨技法）产生了动摇……由于时代变了，生活、感情也跟着变了，通过新的生活感受，不能不要求在原有笔墨技法的基础上，大胆赋以新的生命，大胆寻找补充新的形式技法，使我们的笔墨能够有力地表达对新的时代、新的生活的歌颂与热爱。"我们从他的国画《镜泊湖》中，可以清楚地看到生活对推动技巧发展的作用。

以上三个方面都说明，生活是艺术美的源泉，艺术美是社会生活的反映。在美学史上有一些美学家总想脱离社会生活去创造艺术美，他们有的从理念世界出发，有的从上帝流溢的光辉出发，有的从主观意志出发，他们把"理念""上帝""主观意志"看作美的源泉，事实证明艺术是不能凭空创造的。这正如鲁迅先生所说："天才们无论怎样说大话，归根结蒂，还是不能凭空创造。描神画鬼，毫无对证，本可以专靠了神思，所谓'天马行空'似的挥写了，然而他们写出来的，也不过是三只眼，长颈子，就是在常见的人体上，增加了眼睛一只，增长了颈子二三尺而已。这算什么本领，这算什么创造？"这说明作家离开了社会生活，便不可能有真正的艺术创造。

三、艺术美是艺术家创造性劳动的产物

艺术美虽然来自生活，但却不等同于生活。高尔基说："因为人不是照相机，不是给现实拍照。"现实美虽然生动、丰富，却代替不了艺术美，因为从本质上看，艺术美是艺术家按照"美的规律"进行创造性劳动的产物。当人们面对艺术美而发出惊赞的时候，这引起惊赞的原因，主要是由于艺术形象体现了艺术家的创造、智慧和才能。

从生活到艺术是一个创造过程，正是这个过程的性质决定了艺术作品的美。就艺术所反映的客观对象来看，对象可以是美的，也可以是丑的。就某一具体作品来说，客观对象的性质并不能决定艺术作品的美、丑性质，因为艺术作品的美是决定于艺术家的创造性劳动，创造才是艺术美的生命。艺术家的创造是一种长期的辛勤的劳动。齐白石说："采花辛苦蜜方甜。"这里所说的"蜜"就是指艺术美，而"采花"的过程正是通过艺术家的创造性劳动对生活进行提炼的过程，也是艺术家的思

想感情与生活相熔铸的过程。所谓"甜"则是对欣赏者所唤起的强烈的美感。法国画家德拉克洛瓦在谈到艺术美和艺术家创造性劳动的关系时，批评了一些人把美的创造归结为几种"药方"，他说："教学生创造美，像存款那样，把它一代一代地传下去！但一切时代的完美作品，都向我们证明，在这样的条件下不可能创造美……美——这是坚持不懈的劳动所产生的，经常不断的灵感的结果……微不足道的努力，只能得到微不足道的奖赏。"

关于从生活到艺术的过程，也就是我们常说的典型化的过程。典型化是指艺术家概括现实生活，创造典型形象的方法。在典型化过程中概括化和个性化同时进行，主观因素与客观因素相互渗透，融为一体。艺术的典型形象是典型化的结果。艺术的典型形象既具有鲜明独特的个性，又能揭示一定的社会本质。像恩格斯所说的："每个人都是典型，但同时又是一定的单个人，正如老黑格尔所说的，是一个'这个'，而且应当是如此。"恩格斯在这里提出了一个很重要的思想，即艺术典型应当是共性与个性的辩证统一。"每个人都是典型"是讲艺术典型应当具有高度的概括性，揭示社会生活一定的本质，指的是典型的共性。"又是一定的单个人"，这是讲艺术典型应当有自己的特殊性，也就是要有自己的鲜明独特的个性。在生活中，每一个人由于出身、遭遇、所走的道路、所受的教育等等的不同，总是有自己的独特性格的，世界上没有一个人和另一个人是完全相同的。恩格斯引用黑格尔在《精神现象学》中所说的"是一个'这个'"，强调了典型艺术形象的个性特点的重要性，以便创造出典型环境中的典型性格。这是对艺术家提出的一项重要的美学要求，艺术家为了实现这一要求，要付出艰巨的劳动。所以，成功的典型形象是艺术家创造性劳动的结晶，是艺术美的集中表现。艺术的典型性是指运用典型化方法所达到的概括化与个性化相结合的程度，这种结合程度愈是完美就愈具有典型性。典型性包括的范围更为广泛，如抒情诗、山水画中所表现的情景都可以具有典型性。典型性同样是对生活形象提炼的结果，也体现了艺术家的创造性劳动。

（一）艺术创造中主观与客观的关系

在典型化过程中对生活形象的提炼，包含着主观与客观两方面的因素，两者的关系是：客观因素是基础，主观因素是主导。客观因素指生活内容，主观因素指艺术家的审美理想、思想感情。生活内容与艺术家的思想感情相结合形成意象，意象是在艺术家头脑中所形成的艺术形象的"蓝图"，也可说是孕育艺术形象的胚胎。由意象变为作品中的艺术形象，还需要艺术家的一种实际创造的本领，即在长期的创作过程中所形成的表达内容的技巧。郑板桥曾说："江馆清秋，晨起看竹，烟光日影露气，皆浮动于疏枝密叶之间，胸中勃勃遂有画意。其实胸中之竹，并不是眼中之竹也。因而磨墨展纸，落笔倏作变相，手中之竹又不是胸中之竹也。"他把画竹的过程分为"眼中之竹""胸中之竹""手中之竹"。所谓"眼中之竹"是指现实中竹的客观形象作用于画家的感官而产生的印象。"胸中之竹"是指现实中竹的形象和画家思想感情相结合而形成的意象，意象中竹的形象，不仅不同于生活原型，也不同于表象，它已经是客观的形象与理性、情感的结合体。而"手中之竹"则是经过画家的笔墨技巧和创造性劳动所表现出来的形象，是把头脑中的意象物化为典型的艺术形象，形成具体的作品，也就是创造出艺术美。

在艺术美中包含的客观因素，已经不同于自然形态的生活原型，艺术美集中了生活形象中的精粹，因此艺术形象的审美特征很鲜明。宋代山水画家郭熙曾说："千里之山，不能尽奇，万里之水，岂能尽秀？……一概画之，版图何异？"这里所说的"奇"和"秀"就是指生活、自然中的精粹。宋代山水画家王希孟创作了一幅《千里江山图》，画面上的奇峰幽谷、渔港水村、云林烟树、飞泉溪流，正是集江山之奇秀。人们常说"江山如画"。为什么要把江山比作图画呢？因为杰出的山水画集中了自然的精粹，很美，在这里"图画"成了美的代名词。

《老残游记》描述山东济南千佛山的景色，"仿佛宋人赵千里的一幅大画，做了一架数千里长的屏风"。这些都说明艺术美较之自然形态的现实美优越。现实美虽然很生动、丰富，但往往比较粗糙分散，不大为人注意，在艺术中由于精粹、集中，形成整体，美的特征就更显著。亚里士多德也曾说："美与不美，艺术作品与现实事物，分别就在于美的东西和艺术作品里，原来零散的因素结合成为统一体。"

艺术重视对生活的提炼，这是许多伟大艺术家的创造性劳动的一个重要表现。"多筛多洗才能得到黄金。"（托尔斯泰）"自然是黄铜世界，只有诗人才交出黄金世界"，"艺术最忌有多余的东西，只要不妨碍美，应当把不必要的东西尽量去掉"。（鲍姆嘉通）徐悲鸿在谈他的创作经验时，也很强调去粗存菁，他诙谐地说："对上帝的败笔，你要善于包涵。"例如画人像时对一些生理上的缺陷就不应抓得太紧，要发扬生活形象中的优美之处。在艺术创作中艺术家还自觉地运用美丑对比，使人物的本质特征表现得更加鲜明。高尔基曾说："艺术的目的是夸张美好的东西，使它更加美好；夸大坏的——仇视人和丑化人的东西，使他引起厌恶。"恩格斯在致斐·拉萨尔的信中也提出在作品中应当"把各个人物用更加对立的方式彼此区别得更加鲜明些"。由于艺术中所反映的美比较集中、精粹，加上美丑的对比，所以特征很鲜明，给人的印象很强烈。

艺术美中的主观因素是指艺术家的审美理想、思想感情。艺术美对人的感染力和形象中包含的艺术家的思想感情分不开。徐悲鸿曾说："凡美之所以感动人心者，绝不能离乎人之意想。意深者动人深，意浅者动人浅。"这里所说的"意想"，也就是艺术家的思想感情。艺术家对生活形象的加工，取什么，舍什么，都是受本身思想感情的支配。艺术形象已经是被艺术家所理解过、体验过的生活形象，按照黑格尔的说法就是"在艺术家头脑中打过转的东西"，所以在艺术形象上必然会留下艺术家思想感情的烙印。因此不同的文学艺术家虽然反映同一对象，但因主观条件的差别，在艺术形象上就会产生不同的特点。例如同是咏梅，毛泽东同志的《咏梅》给人清新、愉悦的感受，陆游的《咏梅》则给人消沉、哀伤的感受。再如朱自清、俞平伯两人曾同游南京的秦淮河，在1923年两人各自写了一篇同名的散文《桨声灯影里的秦淮河》，这两篇散文表现了两位作家面对同一景物所产生的某些不同的理解和感受，在艺术风格上也有不同特点。这些都说明主观因素在艺术美的创造中起主导作用。

不同的艺术种类中主观与客观的结合具有不同的特点。在绘画、雕塑、摄影等造型艺术中是从再现生活形象中渗透了艺术家的思想感情。主观与客观的统一，在形式上是主观的因素消融在客观的形象中。在对绘画作品作理性分析时，才能清楚地揭示形象中的主观因素。鲁迅曾讲："看一件艺术品，表面上看是一幅画，一座雕像，实际是艺术家人格的表现。"在另一些艺术部门更善于直接地表现艺术家的思想感情。如音乐的主要特点不在于提供直观的形象，音乐较之造型艺术，更善于直接表现感情，因此黑格尔把音乐称为"心情的艺术"，他从内容和表现方式上对音乐的特点作了说明：从内容上看，音乐表现无形的内心生活；从表现形式看，音乐不是把主体内容变成在空间中持久存在的客观事物（如石膏雕像），而是通过不固定的自由动荡显示出它，这传达本身不能独立持久，而只能寄托在主体的内心生活，而且也只能为主体内心生活而存在。黑格尔指出音乐不同于造型艺术的某些特点，这是对的。但是由于他不承认生活是艺术的源泉，因此把人的内心生活与现实生活割裂，认为音乐只能表现"完全无对象的内心生活"。我们认为音乐同样是主观与客观的统一，但和造型艺术相反，在形式上往往是客观因素消溶在主观因素中。例如听了《二泉映月》的演奏，凄婉、悲切的调子，使听众在情感上直接受到感染，仿佛听到旧社会中那些下层人们的不幸的倾诉，从这凄婉的调子里，人们可以联想到旧社会中受迫害的下层人民的苦难生活（虽然这一形象是不确定的）。

正确理解艺术形象中主观客观的辩证关系，对把握艺术美有重要意义。在这里既反对照抄自然，也要反对机械照抄前人的作品，哪怕是艺术大师的作品。照抄自然会使艺术美失去生命。巴尔扎克曾说："艺术的任务不在于摹写自然……要不然，一个雕塑家从女人身上脱下一个模子，就可以完成他的工作了。嗯，你试试看，从你爱人的那只手脱下一个石膏模型，你把它放在面前，那你看到的只是一只可怕的没有生命的东西，而且毫不相像。你必须找寻雕刻刀和艺术家，用不着一模一样的摹仿，却传达出生命的活跃。"

丹纳曾说："卢佛美术馆有一幅但纳的画。但纳用放大镜工作，一幅肖像要画四年，他画出的皮肤的纹缕，颧骨上细微莫辨的血筋，散在鼻子上的黑斑……眼珠的明亮甚至把周围的东西都反射出来。你看了简直会发愣：好像是一个真人的头，大有脱框而出的神气……可是梵·代克的一张笔致豪放的速写就比但纳的肖像有力百倍。"但纳的作品虽然细微逼真，不过是自然摹本。而梵·代克的作品虽然简略，但把握了对象的特征，却是艺术家的创造，体现了艺术的生命。照抄别人的作品，哪怕是艺术大师的作品，也不能体现真正的艺术美，因为这是和艺术美所包含的创造的特性相违背的。清代的石涛曾说："非似某家山水，不能传久。……是我为某家役，非某家为我用也。纵逼似某家，亦食某家残羹耳。"齐白石曾说："胸中山水奇天下，删去临摹手一双。"这也是反对那种抄袭古人的做法。外国著名艺术家也有类似见解。如罗丹就说过："拙劣的艺术家永远戴别人的眼镜。"达·芬奇也说过："画家若专以他人的画为准绳，就只能画出平凡的作品。"有无创造，这不仅是评论一件作品艺术美的标志，也是衡量一个时代艺术成就的标志之一。达·芬奇说："从罗马人以后的绘画里可以见出这一点。他们彼此抄袭成风，以致艺术衰落，一代不如一代。"中国清初山水画家所谓"四王"（王翚、王时敏、王鉴、王原祁）重仿古。王原祁说他自己"东涂西抹，将五十年，初恨不似古人，今又不敢似古人，然求出蓝之道终不得也"。这种仿古的风气对当时艺术的发展带来消极的影响。当然艺术的创造不能脱离开继承前人优秀遗产。临摹艺术大师的作品也是必要的，从临摹中可以深入细致地体会前人如何表现生活和情感，作为我们艺术创作中的借鉴。但是，临摹本身并不是目的，而是为了借鉴，为了创造。善于批判继承才能善于创造。

总之，艺术美是艺术家在生活基础上的一种创造。由于艺术家的创造，一块顽石在雕塑家手里才有了生命。罗丹面对古希腊维纳斯的塑像，发出赞叹。他认为是艺术家赋予这雕像以真实的生命，"抚摸这座雕像的时候，几乎觉得是温暖的"。再如意大利 G·卢梭的雕像《戴面纱的妇人》，通过雕塑的形式巧妙地表现出面纱的透明和轻柔，并透过面纱隐约地呈现出人物的妩媚的微笑。舞蹈家有赋予人体的动作奇异的魅力，在日常生活中人体动作看来很平淡，但通过艺术家的创造，可以发掘出人体动作中所包含的丰富的情感内容。在戏曲舞蹈中，梅兰芳的表演，单是他的手指就可以有上百种的表情。我国古代的民间艺术家运用神奇的画笔，在空白墙面上创造了无数精美的壁画。震惊世界的敦煌壁画不正是由那些不知名的"神笔张""神笔李"创造出来的吗？正是由于艺术美是艺术家的创造，因此现实美不论如何生动丰富都不能代替艺术美。艺术家不是简单地再现现实美，而是创造了"第二自然"，这"第二自然"从本质上看是艺术家的精神产品。所以郭沫若曾说："艺术家不应该做自然的孙子，也不应该做自然的儿子，是应该做自然的老子。"所谓"做自然的儿子"是指模仿自然，所谓"做自然的老子"，是指艺术家在生活基础上的创造。其实更确切些说艺术家应该先做自然的"儿子"，然后才能做自然的"老子"。因为没有生活的基础，最杰出的艺术家也是无法创造的。歌德有一段话说得好："艺术家对于自然有着双重关系：他既是自然的主宰，又是自然的奴隶。他是自然的奴隶，因为他必须用人世间的材料来进行工作，才能使人理解；同时他又是自然的主宰，因为他使这种人世间的材料服从他的较高的意旨，并且为这较高的意旨服务。"

以上是从主观与客观的关系说明艺术美是艺术家创造性劳动的产物。其主要表现在下面两点：首先，表现在从生活到意象的孕育，即意象的形成。在意象中使形象的特征更鲜明更生动，更加符合生活的本质；同时，把艺术家的思想感情融会到形象中去。在意象的形成过程中充满了艺术家的创造性想象活动。其次，是把孕育的意象表现为作品中的形象，这需要艺术家高超的技巧（包括对形式法则的运用），通过技巧使完美的艺术形式和深刻的内容统一起来。在这个过程中是对生活形象的进一步提炼、加工，通过艺术家的自由创造把头脑中的意象变为物化形态的作品，这物化形态的艺术形象就是艺术家"在对象世界中肯定自己"的一种特殊形式。

（二）艺术创造中内容和形式的关系

前面讲过，美是艺术的一种特性。从作品的内容和形式看，是什么因素决定艺术美的特殊性呢？是形式的因素，还是既有形式又有内容的因素呢？这个问题对艺术创作实践、艺术欣赏都有密切关系。

鲁迅先生对艺术美曾作过形象的说明。1930年春天鲁迅在上海中华艺术大学作过一次讲演，谈到艺术的美与丑的问题。据有的同志回忆，当时他带了两张画给大家看，一张是法国19世纪画家米勒（1814—1875年）的《拾穗者》，另一张是上海英美烟草公司的商业广告画月份牌——可能是曼陀画的《时装美女》。这张时装美人画得很细，连一根根头发都画得一清二楚，大头小身子，显出一种纤弱、畸形、弱不禁风的样子。鲁迅认为画上女子的病态，反映了"画家的病态"。虽然名为"美人"，其实是美人不美。为什么不美，除了技巧拙劣以外，在内容上所表现的是有闲阶级的生活情趣。

《拾穗者》中画了三个农妇弯身拾穗，表现了贫苦农妇们艰辛劳动的生活形象。在艺术上单纯、质朴，虽然没有什么精工描写，但鲁迅认为它很美。在农妇的形象中流露了作者对农民的深厚感情。米勒曾说："我生来是一个农民，我愿到死也是一个农民，我要描绘我所感受的东西。"

这个例子说明，虽然艺术美注重形式，但并不脱离内容，因为在艺术欣赏中仅仅靠形式是不能影响人的思想感情的。罗丹说："没有一件艺术作品，单靠线条或色调的匀称，仅仅为了视觉满足的作品，能够打动人的。"在艺术欣赏中首先直接作用于感官的是艺术形式，但艺术形式之所以能影响人的思想感情，是由于这种形式生动鲜明地表现了内容，否则这种欣赏就失去了意义。罗丹又说："一幅素描或色彩的总体，要表明一种意义，没有这种意义，便一无美处。"这里所说的"意义"就是指生活、思想的内容。

从艺术美的创造上看，内容和形式也是统一的。关于艺术美的内容与形式的辩证关系，在中国美学史上有许多精辟的论述：

1. 从内容出发探索形式，不是为形式而形式。中国古代美学思想中所谓"意在笔先"，就是强调内容对形式的决定作用。在书法、绘画、诗歌等艺术创作中，"立意"是一个关键问题。东晋王羲之说："夫欲书者先干研墨，凝神静思，预想字形大小、偃仰、平直、振动，令筋脉相连，意在笔前，然后作字。"卫夫人曾说："意后笔前者败……意前笔后者胜。"所谓"意"指意象，意象中虽然已经包含了形式的因素，但主要是指思想感情的内容，为什么"意在笔前"就能取胜呢？因为笔墨问题，也就是艺术的形式问题是由思想感情的内容决定的。"意"是提炼、选择艺术形式的依据。所谓"预想字形大小，偃仰平直"，就是根据内容的特点去选择形式。画家创造的肖像画，要根据对象的精神特征，考虑人像的正、侧、俯、仰，决定线条的粗、细、刚、柔，以至用纸的色泽、质地都要预先作一番经营、设计。作画时每一根线条、每一色块都是既表现对象特点，又表现艺术家感情的特点。也就是说，首先做到意在笔前，然后才能做到"意在笔中"，把"意"融化到艺术形式、笔墨中去。郑板桥画竹所谓"墨点无多泪点多"，正是把"泪点"（情感）融化到"墨点"中去。这样的笔墨才是真正能打动人的思想感情的笔墨。徐悲鸿画马很重视立意。例如在抗日战争期间他画了一幅《奔马》，并不是简单地画一匹马在飞奔，而是有深刻的寓意，是借奔马来抒发他胸中"忧心如焚"的爱国激情。因为当时正是长沙会战后日寇的侵略气焰很嚣张，所以这幅画虽然画的是马，立意却不全在"马"上。因此在画面上所使用的笔墨，既表现了奔马风驰电掣的动态，同时也表现了画家胸中的激情。画家在考虑艺术形式时，都是为了表达这种特定的内容。马的躯体远小近大，既符合透视，又给人一种欲放先收、由远及近的感受，表现出奔腾的气势，而马尾、马鬃用笔粗犷、激荡、有力，焦墨与湿墨并用，这种笔墨既表现了奔马的特点，也表现了画家忧心如焚的情感。飞动的马尾、马鬃象征着画家胸中燃烧的怒火。从马的高昂的脖子延伸到左腿形成一条垂直线，在奔腾中又显得稳健。马的下方用淡青色渲染，上方空白，使马头在强烈黑白对比下显得很精神。这幅画很美，但若脱离内容单从笔墨去分析就说不清楚。这说明，艺术美虽然注重形式，但却不能脱离内容。

2. 形式的审美价值在于显现内容。高尔基曾说："要使一部文学著作无愧于艺术品的称号，就必须赋予它以完美的语言形式。"又说："我所理解的'美'，是各种材料——声调、色彩和语言的一种结合体，它赋予艺人的创作——制造品——以一种能影响情感和理智的形式，而这种形式就是一种力量，能唤起人对自己的创造才能感到惊奇、自豪和快乐。"高尔基在这里强调了形式的意义，因为完美的形式（也就是生动、鲜明、准确地表现特定内容的形式）直接体现了艺术家的创造性劳动，体现了艺术家高超的技巧。技巧，是人类创造文化的实际本领，也是创造艺术美的实际本领。高尔基说："艺术家不掌握技巧，就是最丰富的感情也会陷于瘫痪。"鲁迅也曾经指出过，一些青年艺术家由于忽略技巧，"所以他的作品，表现不出所要表现的内容来"。对优秀的艺术品的赞美，都是直接由完美的形式引起的。忽视形式，就是忽视艺术美的特性，这样的艺术形象是不会有感染力的。而衡量形式完美的标准则要看它表现的内容的程度如何。

脱离内容去追求形式，便会导致创作的失败。脱离内容去追求形式的美，最大的毛病就是破坏形象的真实性。高尔基曾以他自己的经验教训为例，他说："'海在笑着'——我写了这句话，并且很长一个时期我都相信这句话写得很美。为了追求美，我经常犯违反描写的正确性的毛病，把东西放错了位置，对人物作了不正确的解释。"又说："有一次我需要用几句话来描写俄国中部一个小县城的外观。在我选择好词句并用下面的形式把它们排列出来以前，我大概坐了三个钟头：'一片起伏不平的原野，上面交叉纵横着一条条灰色的大路；五光十色的奥古洛夫镇在它的中央，宛如放在一只大而多皱的手掌上的一件珍奇的玩物。'我觉得我写得很好，但是当小说印出来的时候，我才看出我制作了一件像五彩的蜜糖饼干或玲珑精致的糖果盒之类的东西。"这些例子说明真正的艺术美不在辞藻的华丽，文学中字句运用必须确切表现内容。这是艺术家创作中的难关。高尔基引了一句俄国诗人纳德松的话："世上没有比语言的痛苦更强烈的痛苦。"我国古代戏剧家汤显祖也曾说："终日搜索断肠句，世上唯有情难诉。"这些都说明为表现内容而探索形式是一件很艰苦的工作。

蔡特金也曾经深刻批评过那种脱离内容去追求形式的倾向，她说："艺术而无思想就成了炫耀技巧，追求形式的东西，毫无价值可言。"

又说:"如果说倾向有时也会损害艺术,那只是当它从外部生硬地塞进艺术去,只是当它用极为粗糙的艺术手段表现出来的时候。相反地,如果倾向是从作品内部,用成熟的艺术手法表现出来的,它就会产生不朽的东西。"

3. 在艺术创作中自觉地运用形式美的法则。在一件具体艺术作品中,美都是内容与形式的统一,是由美的形式直接引起欣赏者的美感。在审美活动中经过很多次的反复,从美的形式中概括出形式美的法则。这些形式美的法则具有相对的独立性。在艺术创作中运用形式美法则可以起到强调某种特征的作用。

研究形式美法则的重要意义在于,灵活地运用这些法则到艺术创造中。研究形式美的法则可以培养对形式的敏感,可以更自觉地运用形式美的法则把艺术的形式和内容完美地结合起来。但是这些法则并不是凝固不变的,形式美的法则本身往往也是随着实践的发展而不断发展的,因此在艺术创造中须灵活运用,不能生搬硬套。石涛曾说:"'至人无法',非无法也,无法而法,乃为至法。"这是说高明的艺术家不是把形式法则看作凝固不变的东西,而是善于根据创作的具体要求灵活运用形式法则,因此说"无法而法,乃为至法"。下面从一些创作实例来说明对形式美法则的具体运用。

在艺术创作中形式的问题是一个很难掌握的问题,艺术家为了探索一种完美表现内容的形式,从构思到作品完成,往往要费尽苦心。一幅优秀的绘画引起人们的赞赏和喜悦,但是在画的背后,艺术家却不知付出了多少艰辛的劳动。特别是在形式的探索上体现了艺术家劳动的艰苦。有时在一幅画完成以前所画的草图几乎可以陈列一个展览大厅(如王式廓的画《血衣》)。所以有人曾把艺术形式比作希腊神话中的变化之神,难以捉摸。在艺术创作中,没有一种适合一切内容的固定不变的形式法则。对形式美的法则的运用也是这样,要根据作品的具体内容灵活运用,例如在绘画构图上,一根横线使人感到开阔、平静。东山魁夷的《湖》,一根平行线横贯画面,加上湖面的倒影,显得特别安静、开阔、明净。版画《万水千山只等闲》,在崇山峻岭间加上几条平行的横

师道师说
杨辛 卷

线，特别显出铁路的平稳和安定感。一根竖线则使人感到挺拔，如挺直的古松劲竹，使人感到一种顶天立地的气势。如管桦画的一幅挺直的劲竹，艾青在画上有一段题词："我喜欢管桦的诗，也喜欢管桦的画，不论他的诗和画都给人以豪爽的感觉——这是他的性格。"一条扭曲的线，可以表现出一种挣扎的动势，如米开朗基罗的雕塑《奴隶》。扭曲的线也可以表现内心极度的痛苦，如柯勒惠支的作品《面包》中的母亲形象，古希腊的雕塑《拉奥孔》等。波状线使人感到流动，柔和的曲线使人感到优美，如维纳斯的体态成S形。大足石雕水月观音又叫"媚态观音"，其媚态也是靠体态的曲线来表现的。一束放射线使人感到奔放，如董希文的《千年土地翻了身》。一组交叉线可以增强激荡感，如王式廓的《血衣》，在总的构图上群众的排列是采用交错线。等腰三角形，如侧重于底线可以表现稳定（如金字塔），侧重于顶端可以表现升腾，如席里柯的画《梅毒萨筏》的构图。一个横放的三角形可以表现前进（如柯勒惠支的版画《农民暴动》），一个倒置的三角形则表现出不稳定。

多样统一的法则是形式美的基本法则，它不仅指色彩、线条、形体的多样统一，还包括人物动作、神态的多样统一。艺术家运用多样统一的法则能够使作品中的形象成为一种和谐的整体。

下面着重谈谈多样统一的法则在艺术创作上的运用。

在绘画方面，中国五代顾闳中的《韩熙载夜宴图》就是运用多样统一法则的例子。画中琵琶演奏部分，人物表情都集中在"听"上，但每个人听的表情、姿态各有不同，有的侧首，有的回眸，有的倾身，有的凝神。不但面部表情不同，每个人的手的表情也不同。韩熙载的手自然下垂，与他凝神静听的面部表情协调一致，表现了贵族的雍容沉静。与韩熙载同坐在床上穿红衣的青年，看来是一个感情易于激动的人，右手支撑向前倾斜的身体，左手抚膝，表现出演奏对他的强烈的吸引。正中的中年人完全沉醉在音乐的意境中，头微侧，双手合在胸前，仿佛在内心发出赞叹。左侧靠近演奏者的一人，蓦然侧首回顾演奏者，表现出惊赞神情。他的右侧看来像是三个艺人全是侧身回顾，依人物高矮，从上而下，形成一个斜坡，把注意力都倾注到演奏者的手上。屏风后面的侍女，手扶屏风半遮面，也在暗自欣赏这美妙的音乐。所有这些细节表现都统一在倾听上，但根据每个人地位、身份、性格的不同，都有不同的特点。个性是多样的，所以画面上丰富而不杂乱，统一而不单调，给人以真实感。

达·芬奇的名画《最后的晚餐》，也是运用多样统一法则的例子。这幅画借宗教题材反映了文艺复兴时期人文主义者在反封建斗争中对善的赞美。耶稣是作为"善"的化身，这幅画表现了耶稣在殉难前的崇高精神。这不只是一幅宗教宣传画，这幅画是面向人生的。画面上耶稣站立在中心，这是他生前和门徒一起最后一次晚餐，耶稣对在座的十二个门徒说："你们中间有一个人将出卖我。"这句话就像一块石头投入平静的水面，掀起了波澜，引起了每个人的不同反应。有的关心，有的同情，有的悲伤，有的愤慨，有的痛惜，有的追究，有的震惊。叛徒犹大表现出畏缩和恐慌，侧身一手紧握钱袋，面部隐藏在阴影中，由于紧张碰翻了案上的罐子。从构图上看耶稣的左右两侧，各安置了两组人，每组三人，姿态表情都不一样，把人物性格表现的多样化，统一在一个具体的情节中。在构图上也体现了多样统一，如动与静的统一，耶稣表情姿态倾向于静，两侧人物表情姿态倾向于动。还有明与暗的统一。耶稣的背后是一面明亮门窗，由于明暗对比使耶稣的形象很醒目。两侧门窗都是对称的，增强了耶稣所处的中心位置，并使得动荡的画面，保持一种安定感。

从这幅画的创作可以看出，要在创作中真正做到多样统一，并不是一个简单的画面安排的问题，不仅需要对主题的深刻理解，还需要有坚实的生活基础。达·芬奇为了画这幅画，曾深入生活，研究了多种人的身姿、面貌，为了画犹大，他差不多用了一年的时间，每天到无赖汉聚集的地方去观察，寻找类似犹大性格特征的人做模特儿。

过去一些画家也曾选用"最后的晚餐"的题材，但是在思想性、艺术性上都远不如达·芬奇的作品。例如有的画家所画的《最后的晚餐》，每个门徒漠然地坐着，缺乏激情，人物表情姿态很少变化；背景与人物也缺少有机联系，为了区别犹大和其他十一个门徒，不是在性格刻画上下功夫，而是采用贴标签的办法，在犹大头上不画圣光，在其他十一个门徒头上画了圣光；并且把犹大坐的位置，放到餐桌的另一侧。这样的作品就缺少多样统一，显得很死板，也不真实。

在中国园林艺术中也生动地体现了多样统一法则。承德避暑山庄既有平湖烟雨的江南秀美，又有崇山峻岭的北国雄伟，兼南北之美；在江南秀美中，又有亭、台、楼、阁、廊、榭错杂其间。

北京颐和园在整体艺术构思上也生动地体现了多样统一的法则。如万寿山前山与后山的景观在变化中保持统一。从色彩上看，前山富丽堂皇，后山淡雅幽静；从布局看，前山建筑严整集中，显得庄严，后山自由分散，显得轻松；从空间看，前山开阔，后山收敛。从总体看，前山以气势取胜，属阳刚之美；后山以情趣见长，属阴柔之美。自然中万物都是"负阴而抱阳"，万寿山的前、后山正是一阴一阳，乾隆有诗句"山阳放舟山阴泊"，这里面蕴含着刚柔、隐显、动静、舒敛等变化。

在颐和园中，不仅各门不同的艺术（建筑、绘画、书法、雕塑等）有机地结合在一起，在同一门类的艺术中也有各种形式，如建筑中有殿、堂、楼、阁、轩、亭、榭、廊、桥等等。

其中颐和园的廊更是千变万化，有长廊、曲廊（谐趣园内）、爬山廊（佛香阁前）、抄手廊（乐寿堂内）等。下面着重分析一下颐和园的长廊。

颐和园长廊全长 728 米，有如系在昆明湖与万寿山之间的一条彩带。由昆明湖过渡到万寿山，在湖岸是由三个层次构成：紧靠湖面是一层汉白玉石栏杆，第二层是柏树和树间小路，第三层是长廊。长廊的结构和装饰都是在变化中求统一。梁思成先生认为颐和园长廊在美学上体现了"千篇一律与千变万化"的统一。千篇一律指"统一"，千变万化指"多样"。从长廊的变化看，长廊从东到西有"留佳""寄澜""秋水""清遥"四个亭，暗示在不同季节对湖景的观赏。这四座亭子仿佛乐曲中的停顿，使长廊显出一种节奏感，而且使长廊的造型、结构、空间、地面和色彩都出现变化。如亭子变为八角造型、双重檐，亭内上方的木结构变得更为错综复杂，亭柱也由绿色廊柱变为红色。每座亭的南北面都有石阶与廊侧的小路相通，显得灵活自由。长廊的路面中间略高，南北两侧略低。长廊在东西延伸中也有起伏和曲直的变化，只是游人在廊内漫步时觉察不出这种微妙的变化。如长廊的东半部从邀月门经留佳亭到寄澜亭一段道路笔直，过寄澜亭道路变为弧线。到排云门前道路变为直线转折，向北紧紧连接排云门。长廊的西半部也作了相似的处理。这样形成万寿山中轴线上东西向的两根飘带，使长廊在排云门前广场断中有连。

在长廊的东西两边还设置了"对鸥舫"和"鱼藻轩"，使长廊直接延伸到湖岸，"对鸥""鱼藻"这些建筑名称，体现了对湖水的一种亲切关系，也烘托了佛香阁中轴线上主体建筑的中心地位。还有廊内梁枋上一万四千多幅油漆彩画，里面有人物画、山水画、花鸟画，都作了有秩序的相间安排，里面还穿插了许多历史、神话故事，游人可在长廊一边漫步，一边欣赏。廊内设有"坐凳栏杆"，游人随时可坐下歇息，还可以眺望湖面风光，使人乐而忘倦。长廊建筑不但有变化，而且在变化中保持统一。如廊内等距离的柱和枋，一纵一横，在廊的两侧和上方，有秩序地反复形成一种轻快的节奏，通过透视关系，柱与枋、路面在远方聚集在一起，使人产生一种柔和的音乐感。在阳光的斜照下长廊栏杆的投影更增添了廊内的情趣。长廊的精心设计使人感到变化而不杂乱，统一而不单调。梁思成曾画过一幅《长廊狂想曲》，画中长廊的柱子一根方，一根圆，一根直，一根曲，有的还饰以蟠龙……五花八门，虽多变化，却又统一，对这幅画可理解为对长廊整体和谐的一种反衬。

颐和园中的桥同样是在变化中求统一。最长的是十七孔桥（长 150米），最短的是谐趣园内单面临水的一步桥，最高的桥是玉带桥，最低的桥是知鱼桥。西堤六桥（界湖桥、豳风桥、玉带桥、镜桥、练桥、柳桥）是仿照杭州西湖苏堤建造的。六座桥的造型也各不相同，特别值得提到的是玉带桥。桥身是用汉白玉和青石造成的，桥的造型秀丽、轻盈，"桥拱高而薄，像一条玉带，半圆形桥洞与水中倒影交织成一轮透空明月"（《中国山水文化大观》），在桥栏望柱上雕刻着不同姿态的仙鹤，白玉般的桥体在碧绿湖面和岸边树丛的衬托下显得分外素洁。

这说明艺术美离不开完美的艺术形式，而创造完美的艺术形式是既需要自觉地运用形式美的法则，又不能一味乱套僵死的"法规"，需要艺术家根据一定的具体内容去寻找，这就要求艺术家付出艰巨的劳动，甚至呕心沥血，才能找到完美的、独特的、适合内容的形式。

总之，艺术美和其他美的形态一样，都是人的自由创造的形象体现。而艺术美作为美的较高级的形态，则更加充分地体现了艺术家自觉地运用美的规律来生产，给人以深刻的精神影响，成为鼓舞人们创造世界的有力工具。

选自杨辛、甘霖合著《美学原理》，由杨辛执笔写成，但仍属合作成果。（后面《形式美》《意境与传神》两篇与此情况相同）

形式美

一、什么是形式美

形式美是指生活、自然中各种形式因素（色彩、线条、形体、声音等）的有规律的组合。形式美和事物的美的形式既有联系又有区别。事物的美的形式和美的内容有着直接的密切联系，而形式美是指美的形式的某些共同特征，形式美所体现的内容是间接的、朦胧的。在具体的美的事物中内容和形式是统一的，美的形式不能脱离内容。人们对美的感受都是直接由形式引起的，在长期的审美活动中人们反复地直接接触这些美的形式，从而使这些形式具有相对独立的审美意义，即人们接触这些形式便能引起美感，而无须考虑这些形式所表现的内容，仿佛美就在形式本身，而忘掉它的来源。其实，所谓形式美的法则不过是人们在审美活动中对现实中许多美的形式的概括反映。例如"对称"的法则是对大量的具有对称特征的事物的概括反映。在研究这些形式美的法则时可以暂时撇开事物的其他特征。恩格斯在分析数和形的概念的来源时曾经指出："数和形的概念不是从其他任何地方，而是从现实世界中得来的"，还指出人们在实践中具有"一种在考察对象时撇开它们的数以外的其他一切特性的能力，而这种能力是长期的以经验为依据的历史发展的结果。和数的概念一样，形的概念也完全是从外部世界得来的"[①]这些论述虽然是指数学中的数和形的概念，但对于了解形式美法则的来源也是有意义的。形式美法则不仅来源于客观事物，而且研究这些法则是为了创造更美的事物。形式美法则体现了人类审美经验的历史发展。

---

① 《马克思恩格斯选集》第 3 卷，第 377 页。

在人类创造美的长期活动中，逐渐发展了人对各种形式因素的敏感，例如对线条、色彩、形体、声音等等形式因素的敏感，并逐渐掌握了这些形式因素各自的特点。这些形式因素由于其他相联系的条件发生变化，它的特点、意义也相应地发生变化，例如色彩是形式美的重要因素，也是美感的最普及形式。一般人认为红色是一种热烈兴奋的色彩；黄色是一种明朗的色彩；绿色是一种安静的色彩；白色是一种纯洁的色彩。人们对不同色彩所产生的不同感受是有一定生活根据的。因为在生活中红色常常使人联想到炽热的火焰、节日的彩旗、红润的笑脸……而绿色常常使人联想到幽静的树林、绿茵的草地、平静的湖水……黄色则使人联想到明亮的灯光、耀眼的阳光等等。但是这些特性并不是凝固不变的。因为红色除了象征热烈，还包含着警惕等等；白色除了象征纯洁，还象征悲哀。所以确定某种色彩的特性不能脱离一定的具体条件。例如红色在一个姑娘的面颊上表现了一种健康的美，但是出现在鼻尖上就会成为丑了。从色彩本身看，各种色彩的配合也会产生不同的效果。如白底上的黄色，黄色便显得暗淡无光，就像在白昼看见的一盏忘记关掉的路灯，完全失去了路灯在黑夜中所显示的明亮的效果。在红底上的黄色则显示出一种欢乐和明朗的特性。

在形体方面也存在一些不同的特性。如圆形柔和，方形刚劲，立三角有安定感，倒三角有倾危感，三角顶端转向侧面则有前进感，高而窄的形体有险峻感，宽而平的形体有平稳感等等。

在线条方面直线表现刚劲，如商代司母戊鼎。曲线表现柔和，如永乐宫壁画中仙女的衣纹、敦煌壁画中的飞天。波状线表现轻快流畅，辐状放射线表现奔放，交错线表现激荡，平行线表现安稳等等。

对上面这些形式因素的特性，一般人都能感受得到。特别是艺术家对这些形式因素非常敏感，例如油画家对色彩的敏感，雕塑家对形体的敏感，音乐家对音响的敏感。他们非常熟悉这些形式因素，并将它们有规律地组合在一起，为表现一定内容服务，放出美的异彩。

二、形式美的主要法则

人类在创造美的活动中不仅熟悉和掌握了各种形式因素的特性，而且对各种形式因素之间的联系加以研究，总结出各种形式美的法则。这些形式美的法则并不是凝固不变的，形式美的发展有一个从简单到复杂、从低级到高级的过程。在各种形式美法则之间既有区别又有密切联系，现列举以下几种主要形式美法则加以说明：

（一）单纯齐一

或者叫整齐一律，这是最简单的形式美。在单纯中见不到明显的差异和对立的因素。如色彩中的某一单色，蔚蓝的天空，碧绿的湖面，清澈的泉水，明亮的阳光等等，单纯能使人产生明净、纯洁的感受。齐一是一种整齐的美，如农民插秧，秧苗插得很整齐，保持一定的株距，首先是便于植物生长，同时在形式上也呈现出一种整齐的美。再如仪仗队的行列，士兵的身材、服装、敬礼动作都很一致，加上每一个战士精神状态都高度集中，这些特征也表现出一种整齐的美。"反复"即同一形式连续出现，也是属于"整齐"的范畴。"反复"是就局部的连续再现来说的，但就各个局部所结成的整体看仍属整齐的美，如各种二方连续的花边纹饰。齐一、反复能给人以秩序感。在反复中还能体现一定的节奏感（如下图）。

（二）对称均衡

这里面出现了差异，但在差异中仍然保持一致。"对称"指以一条线为中轴，左右（或上下）两侧均等，如人体中眼、耳、手、足都是对称，但既是左右相向排列，也就出现了方向、位置上的差异。古希腊美学家曾指出："身体美确实在于各部分之间的比例对称。"[①] 不少动物的正常生命状态也大都如此。人类早期的石器造型，表明当时从实用的需要出发已掌握了对称的形式。对称具有较安静、稳定的特性，对称还可以衬托中心，如天安门两侧对称的建筑，可以衬托天安门的中心地位。许多花边图案也是采取对称的形式。普列汉诺夫分析原始民族产生对称感的根源，指出人的身体结构和动物的身体结构是对称的，这体现了生命的正常发育。只有残废者和畸形者的身体是不对称的，体格正常的人对这种畸形的身体总是产生一种不愉快的印象。他还举出原始的狩猎民族，由于它们的特殊生活方式，形成"从动物界汲取的题材在他们的装饰艺术中占着统治的地位。而这使原始艺术家——从年纪很小的时候起——就很注意对称的规律"[②]。他举出："野蛮人（而且不仅野蛮人）在自己的装饰中重视**横**的对称甚于直的对称。瞧一瞧您第一次遇到的人或动物的形状（当然不是畸形的），您就会看出，它所固有的对称正是前一种，而非后一种。此外，必须注意，武器和用具仅仅由于它们的性质和用途，也往往要求对称的形式。"[③] 这一点对于说明形式美如何在实践中产生和发展有重要的意义。但是普列汉诺夫在分析形式美的根源时，主要归结为生物学上的原因，而忽视了从社会实践中深入探索形式美的根源。

均衡的特点是两侧的形体不必等同，量上也是大体相当。均衡较对称有变化，比较自由，也可以说是对称的变体。均衡在静中倾向于动，如上海龙华盆景五针松，左侧松枝略低并向外延伸，右侧为两重松枝略高。左右松枝虽不同型，在量上却很接近，给人以均衡感。呼应较均衡

---

① 《西方美学家论美和美感》，商务印书馆1980年版，第14页。
②③ 《普列汉诺夫美学论文集》Ⅰ，人民出版社1983年版，第342页。

更为自由，如盆景一侧的山石较大，另一侧的山石较小，虽然形体大小悬殊，却相互照应（如下图）。

（三）调和对比

调和与对比反映了矛盾的两种状态。调和是在差异中趋向于"同"（一致），对比是在差异中倾向于"异"（对立）。调和是把两个相接近的东西相并列，例如色彩中的红与橙、橙与黄、黄与绿、绿与蓝、蓝与青、青与紫、紫与红都是邻近的色彩。在同一色中的层次变化（如深浅、浓淡）也属于调和。调和使人感到融和、协调，在变化中保持一致。如天坛的深蓝色的琉璃瓦与浅蓝色的天空和四周的绿树配合在一起，显得很调和。杜甫诗中有："桃花一簇开无主，可爱深红爱浅红。"深红与浅红在一起也属于调和。对比是把两种极不相同的东西并列在一起，使人感到鲜明、醒目、振奋、活跃，如色彩中红与绿、黄与紫、蓝与橙都是对比色。"接天莲叶无穷碧，映日荷花别样红"（杨万里）、"万绿丛中一点红"，这是红与绿的对比。黑与白也是一种强烈的对比，"白摧朽骨龙虎死，黑入太阴雷雨垂"（杜甫）；"黑云翻墨未遮山，白雨跳珠乱入船"（苏轼）。在这些诗句中运用黑白对比加强了意境中的色彩效果。有的画家利用白纸底色表现白鸡，由于巧妙地运用黑白对比，使人产生一种错觉，仿佛白鸡比白纸还要白。声音的对比如"蝉噪林愈静，鸟鸣山更幽"，最寂静的环境，是靠声音来烘托的。如深夜的寂静往往是靠室内的钟摆声，或窗前的虫鸣烘托出来的。此外还有形体大小的对比，如"会当凌绝顶，一览众山小"（杜甫）。

（四）比例

指一件事物整体与局部以及局部与局部之间的关系。例如我们平时所说的"匀称"，就包含了一定的比例关系。古代宋玉所谓"增之一分则太长，减之一分则太短"指的就是比例关系。中国南朝的戴颙，是古代著名雕塑家戴逵的儿子，他年轻时就跟他父亲塑造佛像，精通人体的造型、比例。传说有这样一个故事："宋太子铸丈六金像于瓦棺寺，像成而恨面瘦，工人不能理，及迎颙问之。曰：'非面瘦，乃臂胛肥。'即铝减臂胛，像乃相称，时人服其精思。"[①] 这里所说的形象的肥瘦，也就是宽窄的比例。为什么面部本来不瘦，而使人感觉瘦呢？这是由于臂胛过宽，相形之下面部才显得瘦。经过修改，把臂胛宽度削减，各部分的比例就合适了。所以人体各部分之间的比例关系，不仅影响整体形象，同时在局部之间也相互影响。突出的比例失调，便会产生畸形。在艺术创作中不能掌握正确的比例往往会产生形象的不真实。鲁迅曾批评一位画家石友如把工人的拳头画得比脑袋还大，形象不真实。鲁迅说："我认为画普罗列塔利亚（即无产阶级）应该是写实的，照工人原来的面貌，并不需画那拳头比脑袋还要大。"[②] 这里面除了反映画家对工人形象的理解上的问题外，也包含了掌握比例上的错误，所以使人感到形象不真实。徐悲鸿在绘画"新七法"的第二条提出："比例正确……毋令头大身小，臂长足短"，在画马中也重视躯体各部分的比例关系，如他在札记中写道："马颈不可太长如长颈鹿。"

那么什么样的比例才能引起人的美感呢？西方蔡辛克认为黄金分割的比例最能引起人的美感。所谓黄金分割，即大小（宽长）的比例相当大小二者之和与大者之间的比例，列为公式是 $a:b = (a+b):a$。实际

---

① 张彦远：《历代名画记》，上海人民美术出版社 1964 年版，第 125 页。

② 张望编：《鲁迅论美术》，人民美术出版社 1956 年版，第 37 页。

上大约五比三。一般书籍、报纸大多采用这种比例。蔡辛克还把黄金分割的定律运用到说明人体各部分的比例。他认为以肚脐为界把人体分成上下两部分，上部从头顶到咽喉，从咽喉到肚脐；下部从肚脐到膝盖，从膝盖到脚掌。这上下两部分中所包含的比例关系，都是黄金分割的关系。

我们认为在美的事物中所包含的比例关系是有条件的，因为人们在美的创造活动中都是按照事物的内在尺度来确定比例关系。黄金分割的比例里面虽然包含了一定合理的因素，因为这种比例关系较之正方形有变化，还具有安定感，但是也不能把这种比例硬搬到一切事物的造型中去。事实上人们在制造许多产品的时候，都是和人的一定目的、要求结合在一起的。例如在住宅中门的长宽比例便不一定符合黄金分割比例，而是和人体的比例大体相适应的。人在设计门的时候很自然地要考虑到人的活动要求，门太窄或太矮出入就不方便。而且在不同性质的建筑中对门的尺度要求也不完全相同，例如剧院的门往往在宽度上大大超过它的高度，因为这样才便于人群的进出，才符合剧院的门的内在尺度。

人体的匀称在比例关系上也不是绝对不变的。所谓"增之一分则太长，减之一分则太短"，这是就某一个人身材的匀称来说的，并不是说衡量一切人的身材是否匀称只有一个标准。尽管正常发育的人体，各部分之间大体保持一定的比例关系，如身高与头部比例大约为七比一，人在不同姿态中头部与身高的比例也在变化。如中国古代画论中有"立七、坐五、盘三半"的说法，这些都是较一般的分析。在衡量每一个具体人的时候，还要结合他的体型、年龄等条件来考虑。矮而胖的人和瘦而长的人，他们在身体各部分的比例关系上是有区别的。

我国古代山水画中所谓"丈山、尺树、寸马、分人"，也体现了对各种景物之间的比例关系的合理安排。

（五）节奏韵律

指运动过程中有秩序的连续。构成节奏有两个重要关系：一是时间关系，指运动过程；一是力的关系，指强弱的变化。把运动中的这种强弱变化有规律地组合起来加以反复便形成节奏。

在生活和自然中都存在节奏。普列汉诺夫曾说："对于一切原始民族，**节奏**具有真正巨大的意义。"[①] 他分析了原始民族觉察节奏和欣赏节奏的能力，是在劳动过程中形成和发展起来的。原始人所遵照的节奏"决定于**一定生产过程的技术操作性质**，决定于**一定生产的技术**。在原始部落那里，每种劳动有自己的歌，歌的拍子总是十分精确地适应于这种劳动所特有的生产动作的节奏"[②]。在非洲黑人那里对节奏有惊人的敏感，"划桨人配合着桨的运动歌唱，挑夫一面走一面唱，主妇一面舂米一面唱"[③]。他还引用了巴苏托族的卡斐尔人的材料，"这个部落的妇女手上戴着一动就响的金属环子。她们往往聚集在一起用手磨磨自己的麦子，随着手臂有规律的运动唱起歌来，这些歌声是同她们的环子的有节奏的响声十分谐和的"[④]。原始音乐中的节奏往往是伴随劳动，为了协同动作，使劳动具有准确的节奏，还能起到减轻疲劳的作用。

在自然中同样存在着节奏。郭沫若曾说："本来宇宙间的事物没有一样是没有节奏的：譬如寒往则暑来，暑往则寒来，寒暑相推，四时代序，这便是时令上的节奏；又譬如高而为山陵，低而为溪谷，陵谷相间，岭脉蜿蜒，这便是地壳上的节奏。宇宙内的东西没有一样是死的，就因为都有一种节奏（可以说就是生命）在里面流贯着。做艺术家的人就要在一切死的东西里面看出生命来，从一切平板的东西里面看出节奏来。"[⑤] 郭沫若还具体分析了节奏的两种情况：一种是鼓舞的节奏，先抑后扬，如海涛起初从海心卷动起来，愈卷愈快，到岸边啪的一声打成粉碎。"立在海边上，听着一种轰轰烈烈的怒涛卷地吼来的时候，我们便不禁要血跳腕鸣，我们的精神便要生出一种勇于进取的气象。"[⑥] 郭沫若还引了他自己写的一首诗《立在地球边上放号》，歌颂这海涛的有力的节奏，其中有这样的句子：

> 无限的太平洋提起它全身的力量来要把地球推倒，
> 哦哦，我眼前来了的滚滚的洪涛哟！

---

①②③④ 《普列汉诺夫美学论文集》I，人民出版社 1983 年版，第 338—339 页。
⑤⑥ 郭沫若：《文艺论集》，人民文学出版社 1979 年版，第 229、232、233 页。

啊啊！不断地毁坏，不断地创造，不断地努力哟！

啊啊！力哟！力哟！

力的绘画，力的舞蹈；力的音乐，力的诗歌，力的rhythm 哟！①

这首诗的节奏同海涛的节奏同样有力，给人以鼓舞。

除了鼓舞的节奏外，还有沉静的节奏，先扬后抑，如远处钟声。初扣时顶强，曳着裊裊的余音渐渐地微弱下去，这种节奏给人以沉静的感受。赞美歌、箫声都具有这种节奏的特点。

在艺术中节奏感更鲜明，特别是在音乐舞蹈中的节奏感更为强烈。在音乐中由于音响的运动的轻重缓急形成节奏，音乐的节奏一是指长短音的交替，一是指强弱音的反复。冼星海的《黄河船夫曲》，贺绿汀的《游击队之歌》，都有鲜明的节奏感。节奏感不仅存在于音乐之中，还存在于绘画、建筑、书法等艺术中。在绘画中节奏感表现在形象排列组织的动势上，如《清明上河图》在形象排列上由静到动，由疏到密，便形成一种节奏感。建筑中也是如此。梁思成分析建筑中柱窗的排列所体现的节奏感："一柱一窗地排下去，就像柱、窗，柱、窗的2/4 的拍子。若是一柱二窗的排列法就有点像柱窗窗、柱窗窗、柱窗窗的圆舞曲。若是一柱三窗排列就是柱窗窗窗、柱窗窗窗的4/4 的拍子。"他还分析了北京广安门外的天宁寺塔的结构，从月台、须弥座、塔身、塔檐、尖顶所形成的节奏感（如下图）。

在节奏的基础上赋予一定情调的色彩便形成韵律。韵律更能给人以情趣，满足人的精神享受。郑板桥所画的无根兰花，在形象的排列组合中所表现的那种充满情感的节奏，也就是韵律。

（六）多样统一

这是形式美法则的高级形式，也叫和谐。从单纯齐一、对称均衡到多样统一，类似一生二、二生三、三生万物。多样统一体现了生活、自

---

① 郭沫若：《文艺论集》，人民文学出版社 1979 年版，第 229、232、233 页。

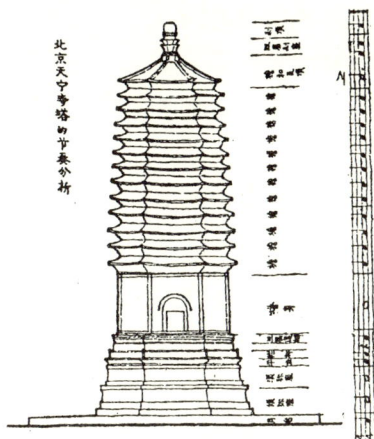
北京天宁寺塔的节奏分析

然界中对立统一的规律，整个宇宙就是一个多样统一的和谐的整体。"多样"体现了各个事物的个性的千差万别，"统一"体现了各个事物的共性或整体联系。

多样统一是客观事物本身所具有的特性。事物本身的形具有大小、方圆、高低、长短、曲直、正斜；质具有刚柔、粗细、强弱、润燥、轻重；势具有疾徐、动静、聚散、抑扬、进退、升沉。这些对立的因素统一在具体事物上面，形成了和谐。布鲁诺认为整个宇宙的美就在于它的多样统一。他说："这个物质世界如果是由完全相像的部分构成的就不可能是美的了，因为美表现于各种不同部分的结合中，美就在于整体的多样性。"[①] 他又说："自然像合唱队的领队那样，指导着相反的、极度的和中等的声音唱出统一的、最好的，你想多美就多美的和音来。"[②]

多样统一的法则的形成是和人类自由创造内容的日益丰富相联系的，人们在创造一种复杂的产品时要求把多种的因素有机组合在一起，既不杂乱，又不单调，形成整体的和谐。多样统一使人感到既丰富，又单纯；既活泼，又有秩序。这一基本法则包含了变化以及对称、均衡、对比、调和、节奏、比例等因素，所以一般都把"多样统一"作为形式美的基本法则。

---

① 布鲁诺：《拉丁文著作集》第二卷第一部分，第 27 页。
② 布鲁诺：《拉丁文著作集》第一卷第三册，第 272 页。

紫禁城的美就是整体和谐的范例：

紫禁城的美和北京城的美融为一体，体现了中国古代以皇宫为主体的城市规划理想。一方面，紫禁城赋予北京城以特色，紫禁城可说是北京城的重要标志；另一方面，北京城的优美环境也烘托了紫禁城。从城市整体看，金碧辉煌的紫禁城居于中央，十分耀眼，四围是大片灰蒙蒙的民居，幽静的四合院富有生活情趣。干道和胡同排列纵横有序，在绿树掩映中显露出白塔、景山和一些高大坛庙的琉璃屋顶，还分布着一些碧玉般的大小湖泊。……以紫禁城为核心的北京城充满了东方文化的巨大魅力。

紫禁城本身的宏大建筑群更是一个和谐的整体。"和"是中国古代的一个重要美学范畴。在音乐、美术、书法、建筑等艺术中都很重视整体的和谐。

紫禁城作为中国古代宫殿木结构建筑，它的宏伟气势，主要不是体现在单体建筑，而是体现在建筑群的组合。在巧妙的组合中显出空间的大小纵横，形体的高低错落，色彩的冷暖繁简，线条的直曲刚柔。能在变化中求统一，做到多而不乱。好像一幅展开的长画卷，也好像一首乐曲，有序曲，有高潮，有尾声。其表现是：

（1）正阳门、大清门是序曲。从正阳门到太和殿地平标高逐渐上升，形体逐渐加大，庭院逐渐加宽，如午门前广场一万平方米，太和门前广场两万平方米，太和殿前广场三万平方米。人对建筑的感受也逐渐强烈，到太和殿形成高潮。

（2）过三大殿（太和、中和、保和）转向内廷，建筑的形体逐渐缩小，庭院逐渐变窄，如乾清门前广场约一万平方米，乾清宫前广场七千多平方米，神武门前广场两千多平方米。乾清门前的横向空间，标志着这一过渡的开端。乾清门红墙上的照壁采用了黄绿相间的花卉琉璃装饰，使环境的气氛缓和下来。由前朝太和殿"神"的尺度，逐渐转向人的尺度。在前朝，气氛森严，过午门连一棵树都没有，到御花园才轻松下来，有了绿色的诗意，御花园内建筑的造型灵活而多样，曲折的路面布满了碎石砌成的装饰图案。

（3）景山作为尾声，构思很精妙。建筑家把景山称作"故宫全部宫殿的大气磅礴的总结"。景山上五亭的设计也别具匠心。"居于中轴线上的万春亭最高大……亭面阔和进深均为五间，各 17.01 米，呈正方形，共三层檐，为四角攒尖式，亭顶各层檐俱覆以黄琉璃瓦，翡翠绿琉璃瓦剪边。"左右为观妙亭、辑芳亭，平面呈八角形，直径 10.41 米，屋顶为重檐八角形攒尖多，上下檐都覆以翡翠绿琉璃瓦，黄瓦剪边，位置低于万春亭。外侧左为周赏亭，右为富览亭，二亭平面都是圆形六柱式，直径均 7.87 米，屋顶为圆形重檐攒尖式，上下檐都是孔雀蓝琉璃瓦，位置更低，与四围树木连接，融入自然。在五座亭子中万春亭居正中，两侧各二亭，严格对称。但在造型、色彩、体量、位置高下等方面都富有变化。这一构思打破了由对称形式带来的呆板布局，隐显之间的变化又很自然，这体现了中华民族在美的创造中的智慧。

这里还要特别提到紫禁城的城墙，周长 6 里、城垣高 9.9 米，底面宽 8.6 米，顶面宽 6.6 米，高与顶宽为 3:2，墙体厚实而坚固，顶部外侧筑雉堞形成垛口，梁思成风趣地把这雉堞比作紫禁城颈上的项链。紫禁城四隅的角楼，三层檐，通高 27 米，有 9 梁、18 柱、72 条脊之说，黄色琉璃瓦，朱漆门窗，白石台基，间以蓝绿为主的旋子彩画。在白云蓝天的辉映下，角楼的倒影映在护城河的碧波上，角楼显得既玲珑秀丽，又富丽堂皇。如果雉堞是紫禁城的项链，四隅的角楼便是项链上镶嵌的宝石。从紫禁城建筑的整体看，角楼与太和殿有着辐射的呼应关系，对太和殿的中心地位起着烘托的作用。这一切都生动地体现了紫禁城整体和谐的美。

多样统一是在变化中求统一。例如贵州苗族的蜡染花果图案（如下图），就是把各种几何图形（方形、圆形、瓜子形）组织在一起，从变化中求得统一。中国古代艺术理论中很强调变化，如书法理论中提出："若平直相似，状如算子，上下方整，前后齐平，此不是书。"[1] 这是说过于拘泥于整齐容易流于刻板。因此艺术家往往追求一种"不齐之

---

[1] 《中国美学史资料选编》上，中华书局 1980 年版，第 173 页。

齐"，在参差中求整齐。明代袁宏道曾讲花的整齐在于参差不伦，意态天然。"插花不可太繁，亦不可太瘦，多不过两种三种，高低疏密，如画苑布置方妙。置瓶忌两对，忌一律，忌成行列，忌以绳束缚。夫花之所谓整齐者，正以参差不伦，意态天然。"① 又说诗文的整齐也是如此。"如子瞻之文，随意断续，青莲之诗，不拘对偶，此真整齐也。"②

上述形式美法则说明，人类在长期实践中自觉地运用形式规律去创造美的事物，并在美的创造中积累愈来愈丰富的经验。形式美的法则概括了现实中美的事物在形式上的共同特征，研究形式美是为了推动美的创造，以便使形式更好地表现内容，达到美的形式与美的内容高度统一。

这些法则不是凝固不变的，随着美的事物的发展，形式美的法则也在不断发展。特别是在形式美的运用上需要结合内容灵活地掌握，形式美的运用应当有助于美的创造，而不是束缚美和艺术家的创造。研究形式美的法则主要是为了提高美的创造能力，培养我们对形式变化的敏感，善于在探索美的形式时，从内容出发选择最适当的形式以加强美和艺术的表现力。

---

①② 《中国美学史资料选编》下，中华书局 1981 年版，第 158 页。

艺术欣赏引论

一、艺术欣赏的本质

艺术欣赏是对艺术作品的"接受"——感知、体验、理解、想象、再创造等综合心理活动，**是人们以艺术形象为对象的审美活动**。艺术审美活动是人类精神生活的重要内容，是实现审美教育必不可缺的过程。从艺术与现实的关系看，艺术来源于社会生活，又反作用于社会生活。这里首先是指艺术对社会生活的反映。"反映"不是"模仿""复原"，而是对社会生活加以主观化、情感化与理想化，是一种精神产品。其次，艺术是人的精神食粮，人类的艺术创造与物质生产一样，都是为了满足个体与社会的需要，这种需要是不同于物质生活需要的高尚的精神生活需要，是人自身全面发展的需要。因此**艺术活动本身就是目的，享受与创造、娱乐与教育密不可分地包含在艺术活动之中。艺术欣赏正是实现这种反作用的必要环节。**如果没有艺术欣赏活动，艺术品的社会功能还只是潜在的，即不能对人的精神生活产生直接的积极的影响。从艺术的历史发展看，人类作为审美主体不仅创造了重要的审美对象——艺术美，而且凭借艺术美促进自身审美素质的提高。正如马克思所说："一件艺术品——任何其他的产品也是如此——创造一个了解艺术而且能够欣赏美的公众。"[①] 艺术提高了公众，提高了的公众反过来又推动艺术的发展。艺术欣赏在本质上是对审美主体的提高，属于人类自身的精神文明建设的范畴。从艺术形象的精神内涵看，它并不是孤立地静止地体现作者原有的意图，在艺术的历史发展过程中由于欣赏者的参与，

---

① 《马克思恩格斯论艺术》第 1 卷，人民文学出版社 1960 年版，第 207 页。

艺术的精神内涵在原作的客观基础上得到不断的丰富和发展。

二、艺术欣赏与艺术创造

在整个艺术活动中包括艺术创造与艺术欣赏两个相互依存、相互促进的方面。**艺术创造是艺术家在生活的基础上，运用不同的物质材料，创造出可供欣赏的艺术的典型形象。各个艺术门类运用不同的物质材料、表现手段，形成自己独特的艺术语言。离开了艺术语言，便谈不上美的创造和欣赏。艺术欣赏则是以艺术形象为基础，结合欣赏者自身的生活经验，通过感受、体验、领悟，从而丰富了艺术形象的精神内涵，具有"再创造"的性质。**从一定意义上说艺术欣赏不仅是接受，也是艺术创造的延续和扩展，它使艺术品成为社会的精神财富。

从艺术欣赏活动本身看，艺术欣赏过程是一种美的享受，欣赏者产生的审美的愉悦是人类在自身创造中所得到的一种快乐。这种愉悦来自两个方面：一是对艺术家所创造的美的发现；一是欣赏者对艺术形象的"再创造"。两者相互渗透。

所谓欣赏，首先是对艺术本身美的欣赏，德谟克利特曾说："大的快乐来自对美的作品的瞻仰。"[①] 艺术美的生命则在于艺术家的创造，由于艺术家的创造才使艺术成为美的集中表现。在艺术美中不仅包含了生活美、自然美的精粹，而且凝聚着艺术家的心灵美和精湛的技巧（创造美的实际本领）。但是艺术形象中的意蕴常常是含而不露，引而不发，精湛的技巧也往往是不着痕迹地融化在艺术形象中，有待欣赏者的发现。聪明的艺术家以艺术形象为诱导，不仅相信聪明的欣赏者能够发现其中的美，而且为欣赏者再创造提供发挥的艺术空间。在艺术欣赏中欣赏者所产生的愉悦是一种发现美的愉悦。面对一件精美的艺术品，人们经常发出"妙""奇妙""神妙""绝妙"的赞叹，欣赏者这种"拍案叫绝"的心情，既是对艺术家创造性劳动的肯定（包括艺术创造的构

[①] 《古希腊罗马哲学》，商务印书馆 1961 年版，第 115 页。

师道师说
杨辛　卷

思与表达，所谓"欲得妙于笔，当得妙于心"①），也是对欣赏者自身审美能力的肯定。

但是艺术欣赏并不只是对艺术美的发现，还带有欣赏者"再创造"的性质。所谓"再创造"是指欣赏者由于艺术形象的诱导，结合自身的生活经验，发挥想象，丰富或提炼着艺术形象。对艺术欣赏中的"再创造"，可以从以下几个方面来理解：

（一）艺术形象是欣赏者发挥想象的客观基础

艺术形象规定了欣赏者的感觉、想象、体验、理解等认识活动的基本趋向和范围。欣赏者的想象有如天空飞翔的风筝，艺术形象好似系在风筝上的长线。离开艺术形象，欣赏者的想象便成为断了线的风筝。

（二）欣赏者的审美活动是主动的，不是被动地接受

欣赏者总是从自己的兴趣出发，感受艺术形象，理解作品的意蕴。同一部《红楼梦》，史家、政客、才子、道学先生、痴男怨女，欣赏的出发点不同，所得迥异。同一部杜诗，"兵家读之为兵，道家读之为道，治天下国家者读之为政"②。而且，作者未必然，读者未必不然。所以欣赏是人的自我本质的确证，是一种精神再创造的权力。欣赏者在艺术形象的诱导下，结合自身的生活经验去驰骋想象，深化情感体验。"欣赏是情感的操练。"艺术品的诞生不是艺术活动的终点，而是像田径运动中的接力赛，艺术家像传接力棒似的把艺术形象交给欣赏者，使艺术形象的生命在欣赏活动中显得更加活跃、更加丰富，仿佛欣赏者与艺术家在一起共同创造，并像列夫·托尔斯泰所说"感受者和艺术家那样融洽地结合在一起，以至感受者觉得那个艺术作品不是其他什么人所创造的，而是他自己创造的，而且觉得这个作品所表达的一切，正是他早就已经想表达的"③。

（三）艺术欣赏中"再创造"和艺术家的创作各有特点

创作中的想象不仅伴随着表现形式的种种探索，而且要运用一定的

---

① 黄庭坚：《道臻师画墨竹序》，见《中国美学史资料选编》下册，第46页。
② 薛雪：《一瓢诗话》。
③ 列夫·托尔斯泰：《艺术论》，人民文学出版社1958年版，第149页。

物质材料，使艺术家头脑中的意象变为可供欣赏的客观对象。而欣赏者的想象在形成头脑中的意象后，无须转化为客观的作品。艺术欣赏中的想象虽然受艺术形象的制约，却具有更广阔的社会内容。"看人生是因作者而不同，看作品又因读者而不同"[1]，"有一千个《红楼梦》的读者，他们心目中就有一千个王熙凤或别的人物"[2]。

这里还需要说明的一点，就是艺术欣赏不仅是提高欣赏者对艺术的审美能力，而且可以用艺术的审美眼光去观察自然、观察生活和体验人生。艺术是为了人生，它可以启迪人生、激励人生、充实人生。斯宾塞曾说："没有油画、雕塑、音乐、诗歌以及各种自然美所引起的情感，人生乐趣就会失去一半。"而充实的人生也可以成为"艺术"，成为用生活写成的"诗"。

三、艺术欣赏与艺术批评

艺术欣赏是整个艺术活动的中心环节。它不仅以艺术创作的成果为前提，同时也是艺术创作成果各种功能得以实现的必由之路。没有艺术欣赏活动，艺术家的创作活动只是一种个体的活动，不可能产生普遍的社会效果。艺术欣赏与艺术批评，也是既相互区别而又密切关联。**艺术欣赏是艺术批评的实践基础，艺术批评则是艺术欣赏的理论升华。**二者的区别主要表现在以下两个方面：

第一，艺术欣赏始终是一种感性活动过程，而艺术批评则是经过感性活动而达到的理性认识，其结果是一种理论形态。艺术欣赏固然也有理性的参与，但理性是作为一种因素融于感性形式之中，感性与理性是有机（即有生命）的统一体，而不是逻辑体系。艺术欣赏活动也有判断，也有肯定与否定，但它主要是一种情感的判断、态度的判断。欣赏活动的整个过程始终不能离开具体形象（作品展示具体形象，欣赏者也

---

[1] 鲁迅：《俄文译本〈阿Q正传〉序》。
[2] 王朝闻：《审美谈》，人民出版社 1984 年版，第 429 页。

用具体形象进行思维）和情感体验，否则就不成其为欣赏活动。当然，在欣赏活动中，欣赏者也常常用简单的语句、概念表达他的判断，但这种判断是对情感态度判断的辅助、加强和说明，它的有无并不能改变欣赏活动的本质特征。

第二，欣赏活动带有显著的个性特点和主观随意性。欣赏者个性、性格、趣味、嗜好等，常常促使他对某种艺术风格、形式的偏爱，同时也常常左右其主观评价。"慷慨者逆声而击节，酝藉者见密而高蹈，浮慧者观绮而跃心，爱奇者闻诡而惊听。"（《文心雕龙·知音》）如有人酷爱京剧而不喜欢话剧或其他戏剧形式，等等。这些都促成审美趣味的千差万别，要求艺术形式的多样性，内容的丰富性。这种个人的好恶、趣味的差异是客观存在，是属于对美的选择（而不是美丑不分），是合理的，因此我们要尽可能地满足各种不同的审美需求，而不应，也不可能简单划一。艺术批评虽然也带有个性，但它应是客观的，具有普遍性的，是一种美与丑的普遍的社会标准。

四、艺术欣赏方法

尽管不同的艺术门类有不同的欣赏方法，每个人在进行艺术欣赏时也可以有自己独特的途径。但人们在长期的审美实践中，对艺术作品的欣赏毕竟还是形成了许多共同的、也是十分重要的方法。我们以为应侧重把握以下几个问题：

（一）在艺术欣赏的实践中提高审美能力

所谓审美能力主要是指对艺术形象的感知能力，对美丑的判断能力以及想象创造能力。这就要多多参加艺术活动，并把欣赏实践与美学理论的学习结合起来，才能取得事半功倍的效果。"操千曲而后晓声，观千剑而后识器"，欣赏者多看、多听、多研究，才能不断使审美器官敏锐、洞达，树立正确审美观念，培养创造精神。为什么要多看、多听、多研究呢？因为多看多听才能有比较，有比较才能鉴别精粗、美丑。在多看多听中要特别着重研究那些杰出的作品，研究它美在哪里，从而取得衡量其他作品的标准。所谓艺术的敏感不过是"由于反复的经验而获得的敏捷性"（狄德罗）。在这门课程中安排了大量的作品赏析，正是为了在反复的欣赏实践中提高审美能力。

（二）从艺术与现实的关系中把握艺术的审美特性

艺术作为精神产品，主要是满足人们的审美的需要。一般来说，艺术不具有实际生活中的实用性质。在欣赏过程中，"艺术并不要求把它的作品当作现实"。艺术的美是"妙在似与不似之间"。经过艺术家的创造，不仅生活对象的本质特征表现得更鲜明，而且熔铸了艺术家的审美理想。在艺术形象中为了表达艺术家的审美理想，并不拘泥于生活、自然中原型的某些细节。如齐白石画的虾是河虾与海虾特征的综合，李苦禅画的鹰是鹫、隼、雕、鹰等猛禽特征的概括。

从欣赏者的心态看，欣赏者既有一种身临其境的亲切体验，又能与作品保持一定的审美距离。如果把艺术等同于现实，那就失去了从艺术家的创造和欣赏者的再创造中所取得的乐趣。

（三）重视对艺术形象的整体把握

艺术的美在于整体的和谐。"美与不美，艺术作品与现实事物，分别就在于美的东西和艺术作品里，原来零散的因素结合成为统一体。"[1]因此欣赏艺术要着眼于整体，首先要看艺术的大效果，要看作品的意蕴、精神内涵是否充分表现。中国古代美学中所谓"得鱼忘筌""得意忘言"，说明作品的意蕴都通过一定的形式来表现，欣赏者把握意蕴离不开形式的引导；但高明的形式和技巧完全融化在形象之中，当人们受到形象感动时，往往不觉察形式与技巧的作用，以致将它忘记了。这里既说明艺术欣赏重在对意蕴的领悟，又说明艺术形式的魅力。正像罗丹所说："真正好的素描，好的文体，就是那些我们想不到去赞美的素描与文体，因为我们完全为它所表达的内容所吸引。"[2] 中国古代书论中所说："深识书者，惟观神彩，不见字形。"也是艺术欣赏中整体效果

---

[1] 亚里士多德：《政治学》，见《西方美学家论美和美感》，第 39 页。
[2] 《罗丹艺术论》，人民美术出版社 1978 年版，第 50 页。

师道师说

杨辛 卷

的一种表现。

从形式美的角度看整体性指多样的统一，所谓变化而不杂乱，统一而不单调。多样统一是形式美的基本法则，它的运用是为了更好地表现作品意蕴和精神内涵。

（四）不断深化和扩展已有的审美感悟

艺术欣赏需要一个深化的过程，这是由两方面的原因造成的。一方面作品所蕴含的美，需要"沿波讨源"才能被发现；另一方面欣赏者的"再创造"，由于生活经验、艺术素养的逐渐充实提高，对艺术形象的感悟也在变化。在艺术欣赏中常有这样的情况，原来对某位艺术家的作品并不觉得怎么样，而后来却非常喜爱。如唐代画家阎立本对张僧繇绘画的评价："唐阎立本至荆州，观张僧繇旧迹，曰：'定得虚名耳。'明日又往，曰：'犹是近代佳手。'明日往，曰：'名下无虚士。'坐卧观之，留宿其下，十余日不能去。"① 这是欣赏中从否定到肯定的实例。还有一个例子是欧阳修对颜真卿的书法的评价："余谓颜公书法如忠臣烈士、道德君子，其端严尊重，人初见而畏之，然愈久而愈可爱也。"② 在这从可畏到可爱的变化中也体现了欣赏的深化过程。另一种情况是对某家作品原来很喜爱，后来却感到不入眼了。这说明欣赏者的眼光提高了，也体现了欣赏的深化过程。

（五）把握艺术家的创作个性和时代特色

艺术家的不同个性形成各自独特的风格。在美的领域最忌雷同，杰出的艺术家都有自己的独创性。在艺术欣赏中把握作品的创作个性可以加深对作品美的特质的感受和理解。唐代的吴道子和李思训都画嘉陵江山水，但是风格各异，前者自由奔放，后者严整富丽。同是画鹰，不同画家各具特色。李苦禅在论画鹰时曾指出："林良鹰的古穆，八大鹰的孤郁，华岩鹰的机巧，齐翁（齐白石）鹰的憨勇，此所谓'画如其人'

---

① 俞剑华编著：《中国画论类编》上卷，人民美术出版社 1957 年版，第 451页。

② 《中国美学史资料选编》下卷，中华书局 1981 年版，第 5 页。

是也。"①

对一些杰出作品的欣赏，要"知人观世"，不仅需要了解创作个性，还需要了解它的时代特征，也就是把作品放到特定的历史环境中去考察，这是一种深层次的欣赏活动。例如宗白华对春秋时期的青铜器莲鹤方壶的欣赏，不仅分析了它的造型，而且深刻地指出它的时代特征，"表示了春秋之际造型艺术要从装饰艺术独立出来的倾向。尤其顶上站着一个展翅的仙鹤，象征着一个新的精神，一个自由解放的时代"②。通过这样的赏析从一件艺术品体会到一个时代的精神风貌。正如丹纳所说："要了解一件艺术品，一个艺术家，一群艺术家，必须正确地设想他们所属的时代的精神和风俗概况。这是艺术品的最后解释，也是决定一切的基本原因。"③ 在深入欣赏一些杰作时都需要留意它的历史背景，如王羲之的书法体现了晋人风度，颜真卿的书法象征着盛唐景象等等。

(六) 加强广泛的艺术修养，在欣赏中实现各类艺术相互阐发、触类多通

艺术是一个很大的领域，可以区分为十几个门类，如更细致一些甚至可以区分为几十个品种。要想在这么多的艺术门类中都成为行家，成为高明的鉴赏专家，几乎是不可能的。因为人的精力、才能、生命都是很有限的，不可能成为"全才"。因此欣赏者有重点地把握一两个艺术门类是必要的。同时，要求欣赏者的审美眼光开阔一些，多涉及一些艺术门类，多掌握一些艺术语言，还是可以做到的。对多种艺术门类都略具一定的欣赏能力和趣味，也还是可能的，且是有益的。特别是音乐、舞蹈、绘画、建筑、雕塑等几个门类，在深层意义上是相通的。它们各自的艺术语言，如音乐中的节奏、旋律，舞蹈中的人体造型、动作，绘画中的色彩、线条等，可以阐发自身之外的其他门类，所以我们欣赏建筑，很容易联想到凝固的音乐；我们欣赏舞蹈，又容易联想到流动的雕塑。例如，在观赏战国青铜器鸟盖瓠形壶时，从它那弧形的轮廓和上收下放、略带倾斜的体形，可能使人联想到姑娘舞姿中轻盈的腰身和衣

---

① 《李苦禅画语录》。

② 宗白华：《美学与意境》，人民出版社 1987 年版，第 381 页。

③ 丹纳：《艺术哲学》，人民文学出版社 1963 年版，第 7 页。

裙，还可能使人联想到书法作品《春》中灵巧的结构和流畅的线条。同样，在书法作品《舞》与雕塑作品《鹤舞》的回环运转的线条中，也不难唤起人们类似的联想。这些情况说明，在不同艺术门类中，由于艺术语言不同，虽然各有特点，但也存在相通之处。至于形式美中的平衡、对称、比例、和谐（多样的统一），更是多种艺术门类（特别是古典艺术）的共同语言、共同遵循的原则。就某一门艺术来说，它往往要借鉴、移植其他姊妹艺术的语言、技巧以丰富自己，发展自己。因此，培养广泛的艺术欣赏趣味，实现欣赏各类艺术相互阐发、触类多通之佳境，不仅能提高一个人的审美修养和审美能力，而且也能使自己的精神生活更加丰富、充实，更加绚烂多彩。

意境与传神

意境和传神是中国美学史上有关艺术美的两个问题。当然，中国美学史上有关艺术美的问题并非只有这两个，如妙悟、神韵等都是，但它们不像意境和传神抓住了艺术美的特征，对后世影响较大。一直到今天，我们谈艺术美的创造和欣赏时，还是离不开意境与传神。

一、意　境

（一）意境——情景交融

意境是我国美学思想中的一个重要范畴，它体现了艺术美。在艺术创造、欣赏和批评中常常把"意境"作为衡量艺术美的一个标准。

意境是客观（生活、景物）与主观（思想、感情）相熔铸的产物。意境是情与景、意与境的统一。

明代朱承爵在论诗时，曾说："作诗之妙，全在意境融彻，出声音之外，乃得真味。"王国维也曾说："文学之事，其内足以摅己，外足以感人者，意与境二者而已。"他所提出的"境界"说，即意与境的统一。他认为"境界"应包括情感与景物两方面，"境非独谓景物也。喜怒哀乐，亦人心中之一境界。故能写真景物、真感情者，谓之有境界"。他把"境界"看作是艺术美的本原，提出"言气质，言神韵，不如言境界。有境界，本也。气质、神韵，末也。有境界而二者随之也"。就是说在艺术中如果达到情景交融，自然也就产生了神韵，体现了气质。关于客观的自然景物与主观情思的关系，在中国古代文论、画论中早有论述。如西晋陆机在《文赋》中写道："遵四时以叹逝，瞻万物而思纷；悲落叶于劲秋，喜柔条于芳春。"情随景迁，这就是讲心与物的关系。南朝宗炳（375—443 年）总结了山水画的经验，从理论上提出"应目会心"。所谓"应目"就是要观察物象，要"以形写形""以色貌色"；所谓"会心"就是物象要经过艺术家思想感情的熔铸，"万趣融其神思"。略晚于宗炳的东晋画家王微（415—443 年）也讲到山水画中主观与客观的关系，他说："且古人之作画也，非以案城域，辨方州，标镇阜，划浸流，本乎形者融，灵而动变者心也。"这是说，山水画所以区别于制作地图，在于它不是纯客观地去描绘自然，而是要体现画家的情思。所谓"望秋云神飞扬，临春风思浩荡"，情景结合才能引起人的美感。到了唐代张璪提出："外师造化，中得心源"，这是对艺术创作中主客观关系的高度概括。这些深刻的艺术见解都是从艺术创作实践中总结出来的。而意境作为艺术创造的结果，必然体现创作过程的特点，体现出创造过程中心与物、主观与客观的关系。

意（情）和境（景）的关系也就是心与物的关系。意（情）属于主观范畴，境（景）是客观范畴。在意境中主观与客观的统一具体表现为情景交融。王夫之曾说："情景名为二，而实不可离。神于诗者，妙合无垠。巧者则有情中景，景中情。"又说："景中生情，情中含景，故曰，景者情之景，情者景之情也。"

李白的诗《早发白帝城》："朝辞白帝彩云间，千里江陵一日还。两岸猿声啼不住，轻舟已过万重山。"体现了诗的意境的美。这首诗是李白在流放途中，突然遇赦，心情欢快、振奋，急切盼望与家人重聚，诗中无一字直接言情，但又无一字不在言情。作者的情感都溶化在景色中，头两句"朝辞白帝彩云间，千里江陵一日还"，借早上绚丽的景色流露诗人在出发前的欢快心情。三、四句"两岸猿声啼不住，轻舟已过万重山"，是借舟行的疾速表现出诗人急切思归的情感。第三句写猿声，猿声本来使人感到凄婉，所谓"巴东三峡巫峡长，猿鸣三声泪沾裳"，但此时由于诗人欢快、急切的心情，连猿声也被涂上欢快的色彩。所以王国维曾说："昔人论诗词，有景语、情语之别，不知一切景语，皆情语也。"李白的《早发白帝城》和他在流放时，逆江而上所写的《上三峡》形成强烈的对比。这首诗写道："巫山夹青天，巴水流若兹。巴水忽可尽，青天无到时。三朝上黄牛，三暮行太迟。三朝又三暮，不觉鬓成丝。"这首诗同样是寓情于景，无一字直接言"愁"，又无一字不在言"愁"。"巴水忽可尽，青天无到时"，不但是写景，同时表现了诗人在流放中对前途感到迷惘的心情；"三朝又三暮，不觉鬓成丝"，既写出逆水行舟的缓慢，也流露了诗人愁苦、烦闷的心情。

在意境的形成中，境是基础。这里所说的境，不仅指直接唤起情感的某种具体的景色，如《早发白帝城》一诗中的"彩云""猿声""轻舟""万重山"等等，而且指与这些景物相联系的整个生活，如李白从流放到遇赦等等，正是由于诗人的生活才赋予这些具体景物以审美的意义。祝允明有两句话说得较透彻："身与事接而境生，境与身接而情生。"这里所说的"事"是指生活、事件；"境"指与生活相联系的景物。情感正是由特定生活条件下的景物所引起的。因此我们说"境"是基础，因为脱离了境，实际上就是脱离了生活中的形象。这样，情与意就无从产生，也无所寄托。因为在意境中情是"景中情"，情是消融在形象中。刘熙载曾说："山之精神写不出，以烟霞写之；春之精神写不出，以草树写之。故诗无气象，则精神亦无所寓矣。""境"虽然是形成意境的基础，但在意境中起主导作用的仍是情、意。为什么说情、意是主导呢？因为情、意虽然从境中产生，但是在艺术中出现的"景"，并不是生活中自然形态的"景"，而是"情中景"，既是唤起诗人特定情感的景，也是在这种特定感情支配下，经过提炼取舍所创造的"景"。艺术意境中的景浸透了诗人的情感，这种"景"区别于生活中自然形象的"景"，它只须抓住那些能唤起特定情感的自然特征，而无须罗列一切细节。在"意境"中艺术家的情、意对自然特征的选择、提炼起着潜在的指导作用。意境中的"景"由于成为"情中景"，因此它往往以一种洗练、含蓄的形式，给人以强烈的情感上的影响。石涛有一幅画，表现李白《黄鹤楼送孟浩然之广陵》一诗中的意境，原诗是："故人西辞黄鹤楼，烟花三月下扬州。孤帆远影碧空尽，唯见长江天际流。"石涛在这幅画中所表现的就是"情中景"，是充满送别感情的景，画面很洗练，远处的孤帆，空阔的江面，岸边伫立的送行人。"孤帆远影碧空尽"，不单是写船愈走愈远了，而且表现送行人伫立岸边，久久不愿离去的心情。"唯见长江天际流"，也不仅是写辽阔的江面，而是写当帆影逐渐消失，留下的是空阔的江面、汹涌的波涛，在这些景物中流露出对友人的真挚的怀念。这个例子既说明诗的意境，也说明画的意境，两者都是情景交融，景中有情，情中有景。

徐悲鸿画的《逆风》也很有意境，画面上偃伏的芦苇表现了风的动势，左侧的几只小麻雀正迎着狂风吃力地向前奋飞，画的右上方空白处画着一只麻雀正展翅冲在最前面。这幅画的构图也很有意思，偃伏的芦苇占去了画面的绝大部分，对这几只麻雀来说几乎是压倒的优势，画家以这种反衬的手法表现出麻雀的奋进的精神。徐悲鸿画这幅画时曾说："鱼逆水而游，鸟未必逆风而飞……"意思是借麻雀的形象表现自己精神的寄托。正如艾中信在分析这幅画时所说："徐悲鸿的国画创作，从麻雀身上可以看到他既重思想境界……又重形象的塑造……他的创作精神就在于既是写实主义而又富于文学情操……"徐悲鸿的另一幅画《风雨如晦》也是通过生动的形象，表现了画家在特定历史条件下对未来光明世界的向往。石鲁所画的《金瓜》，画面上题诗是："何须衬绿叶，且看舞龙蛇。"枯劲的瓜藤，画得奔放有力，别有一种情趣。这既是画家对自然美的独特发现，同时又是借自然的特征抒发画家的豪放的情感。这种意境能使人产生精神上的一种喜悦。否则把瓜藤画得再逼真，没有情趣，而没有诗意，也就失去了真正感人的意境。

李苦禅的《落雨》，在湿漉漉的芭蕉叶下面画了几只避雨的家雀，这些家雀挤在一起，紧缩着身体，非常可爱，好像一些天真的孩子挤在屋檐底下躲雨。

齐白石的《荷花倒影》，画了一群蝌蚪在水中戏逐荷花的影子，画家从现实中的一些偶然现象，唤起自己的联想，并借蝌蚪的活泼形象，表现出画家在自然美面前所产生的愉快心境，从而使画面流露出一种生活情趣。

我们说情、意是主导，肯定情、意在意境形成中的作用，但并不是说情、意是意境产生的源泉。意境的形成要有生活基础，这是前提。见景生情，再缘情而取景，这是在构思过程中情景的交互作用，然后在作品完成时才能寓情于景，达到在艺术形象中的情景交融。因此不能说意境只是"主观作用于客观"，"主观拥抱客观的结果"。

在音乐中同样有"意境"，有情与景的统一，但是表现的形式却有不同的特点。在音乐中不是以直观的形象来体现情感，而是侧重于情中景。音乐更善于直接表现情感，但这并不是说没有景，没有形象。它主要是通过欣赏者的想象达到情与景的统一。例如白居易的《琵琶行》所描述的就是音乐中的意境。"间关莺语花底滑，幽咽泉流冰下难。冰泉冷涩弦凝绝，凝绝不通声暂歇。别有幽愁暗恨生，此时无声胜有声。银瓶乍破水浆迸，铁骑突出刀枪鸣。曲终收拨当心画，四弦一声如裂帛。东船西舫悄无言，唯见江心秋月白。"乐声直接表达了琵琶女的幽愁暗恨，同时唤起欣赏者的想象，如诗中所写的"莺语""泉流""银瓶""铁骑"都是想象中浸透了情感的景。

在园林艺术中所体现的诗情画意，也是经过艺术家精心设计创造出来的意境。如承德避暑山庄的设计是把江南的秀丽与北国的雄伟结合在一起，湖区有"月色江声""云容水态"等；山区有"南山积雪""北枕双峰"等。这些题名都体现了某种意境，把景物的特点和游人的情怀很自然地结合了起来。

（二）意境为什么能引起强烈的美感

1. 意境具有生动的形象。"红杏枝头春意闹""细雨鱼儿出，微风燕子斜"是春天的优美景象；"山中一夜雨，树梢百重泉""幽林一夜雨，洗出万山青"是雨后清新景色的形象；"大漠孤烟直，长河落日圆"是写边塞的崇高形象。"意境"引起人的美感，首先就是它的生动形象。意境中的形象集中了现实美中的精髓，也就是抓住了生活中那些能唤起某种情感的特征，意境中的景物都经过情感的过滤，芜杂的东西都被过滤掉了，所以说是情中景。刘熙载在《艺概》中写道："昔我往矣，杨柳依依，今我来思，雨雪霏霏。雅人深致，正在借景言情，若舍景不言，不过曰春往冬来耳，有何意味？"这里所说的借景言情，就是用形象说话，当然也并不是说生活中任何一种形象都能引起美感，只有艺术家在自然形象中抓住那种富有诗意的特征，才能引起人的美感。

2. 意境中饱含艺术家的情感。有人说"以情写景意境生，无情写景意境亡"，这是有道理的。李方膺有两句诗："疏枝横斜千万朵，会心只有两三枝"，这会心的两三枝就是以情写景的结果，这两三枝是最能表达艺术家感情的两三枝。意境之所以感染人就是因为形象中寄托了艺术家的感情，形象成为艺术家情感的化身。情感溶化在形象中就像糖溶解在水中，香气扩散在空气中一样，所以意境特别富有美的情趣。意境中的形象来自自然，又能超脱自然，从属于表现情感。郑板桥画有一幅无根兰花。"昨来天女下云峰，带得花枝洒碧空。世上凡根与凡叶，岂能安顿在其中。"画面上几朵无根无叶的兰花，偃仰横斜随风翻舞。这兰花的形象，正是艺术家自己的形象，表现了他对清代腐朽现实的不满和画家孤高的性格。在这里，自然的特征和艺术家情感的特征是统一的，而且前者从属于后者。当自然景物被反映在艺术中，它就不再是单纯的自然景物，而是一种艺术语言，透过自然景物表现了艺术家的思想感情。由于表现思想感情的需要，艺术家可以对自然形象进行取舍、集中、夸张以至变形。

吴凡的《早春》，窗前一盆玉兰花含苞欲放，窗户敞开，破损的窗玻璃上贴着纸钉，说明严冬风雪的日子已经过去。这早春的景象蕴含着作者人生道路上坎坷的经历和新的生活境遇带来的舒畅和喜悦。

摄影作品《当人们还在熟睡的时候》，表现了黎明前清洁工清扫街道的情景：路灯那么晶莹，昏暗中几个人影在挥帚劳动。画面很简洁，但饱含着作者对清洁工的热爱和崇敬。

3. 意境中包含了精湛的艺术技巧。意境是一种创造。"红杏枝头春意闹"这个"闹"字，就体现了运用语言的技巧。这个"闹"字好在哪里呢？好就好在它既反映春天的景色，反映了春天杏花盛开，雀鸟喧叫，自然从寒冬中苏醒，一切都活跃起来，同时也表现了作者心中的喜悦。李可染画的《漓江雨》，题词是："雨中泛舟漓江，山水空蒙，如置身水晶宫中。"没有笔墨技巧，只有思想感情，只有胸中对漓江的感受，也形成不了这幅画中的意境。由于画家掌握了水墨渲染的技巧，把淡墨与浓墨结合使用，以淡墨渲染山水远景，又以浓墨勾出近景中的屋舍，表现出雨后空明和湿润的特点。岸上景物倒映在江心，明净有如水晶世界。意境的形成是艺术家的创造，技巧则是实际创造的本领。通过技巧才能达到情景交融。赞赏意境，同时也是赞赏艺术家的技巧。在意境中所使用的语言、色彩、线条都很富有表现力，既表现了情感，也描绘了景色的美。

4. 意境中的含蓄能唤起欣赏者的想象。意境中的含蓄，使人感到"言有尽而意无穷"，"意在言外，使人思而得之"。意境的这种特性是和它对生活形象的高度概括集中分不开的。所谓"意则期多，字则期少"，这是说以最少的笔墨表现最丰富的内容。至于如何才能做到以少概多的形式表现丰富的内容，关键在于抓住主要特征（唤起特定情感的特征），而不必罗列全部细节，要给欣赏者留有想象的余地，要相信读者是聪明的，可以根据形象提供的条件去掌握形象内容。所以在意境中既能做到形象鲜明，又不是一览无余。正像梅圣俞所说："状难写之景如在目前，含不尽之意见于言外。"王国维也曾指出意境的这一特点："语语明白如画，而言外有无穷之意。"例如19世纪俄国风景画家列维坦所画的《符拉基米尔路》，画中的意境能使读者产生丰富的联想。景色"是冷灰色调。画面取材只是一条平淡无奇通往遥远西伯利亚的土路。然而正是在这一条漫长的土路上，经过了无数带着沉重的镣铐被流放到西伯利亚的政治犯。这种残酷压迫不知还要继续到何时。一张普通的风景画，表现了这样一个深刻的主题。由于作者当时世界观的局限，看不到出路，只是表现了作者对当时反抗沙皇专制统治的革命者的深切同情，以及对沙皇专制暴政的愤懑。画面上是一条刻满车辙和足迹的土路，荒原长满了野草，充满着凄凉忧郁的感觉，沉闷压抑的天空恰似我国古代诗人的诗句——'愁云惨淡万里凝'。整个画面统一于冷灰色调，它像一曲低沉的囚歌，使观众一接触就受到强烈的感染。路是空荡荡的，但它却把观众的思绪带到了遥远的天边，使之不由得对那些革命者产生深切的同情和敬意"。这段分析说明画家通过对生活的深刻观察和体验，抓住了景物中那些能唤起特定情感的特征，就能够调动读者的想象，发挥意境的感人的力量。

北京的天坛从建筑艺术看，有如一首哲理诗，体现了天地间的化育生机，具有独特的意境。天坛建筑的妙处在于以有限的建筑实体唤起人们对无限的想象。祈年殿周围的天空，在深蓝色琉璃瓦的衬托下，显得那么澄清、明朗，而且在殿的周围常常飘浮着白云，使人产生"云拥天帝"的联想。

以上分析了意境是主观与客观的统一，是客观景物经过艺术家思想感情的熔铸，凭借艺术家的技巧所创造出来的情景交融的艺术境界、诗的境界。这种艺术境界能调动读者丰富的想象力，使人受到强烈的感染。李可染曾说："意境是山水画的灵魂。没有意境或意境不鲜明，绝对创作不出引人入胜的山水画。为要获得我们时代新的意境，最重要的有几条：一是深刻认识客观对象的精神实质；二是对我们时代的生活要有强烈、真挚的感情。客观现实最本质的美经过主观思想感情的陶铸和艺术加工，才能创造出情景交融、蕴含着新意境的山水画来。"这虽是谈山水画的意境，但对掌握其他艺术中的意境来说也有普遍意义。

二、传　神

（一）传神——神形兼备

传神在艺术中主要是指表现人物性格特征，也包括为花、鸟、鱼、虫传神。

中国人物绘画和雕塑发展很早，从战国时期遗留的帛画如《凤夔人物》《驭龙人物》以及秦始皇墓出土的陶俑、西汉帛画上看，人物的造型已发展到相当高的水平。在这些作品中都体现了对人物精神特征的刻画。如秦俑中人物的面部表情，表现了不同的个性，有的凝神沉思，有的昂首眺望，有的怒目雄视，有的面带笑容。反映在艺术理论上就是形神问题的提出。如《淮南子》中说道："画西施之面，美而不可说；规孟贲之目，大而不可畏，君形者亡焉。"这是说画西施，只是画得漂亮，而没有画出她的惹人可爱的性情，画孟贲（古代大力士）的眼睛只是睁得很大，但没有刻画出他那使人畏惧的性格，这都是因为失去了"君形者"，即支配外部形象特征的内在精神。汉代画论中还批评了画者"谨毛而失貌"的倾向，提出了绘画中细部与整体的关系问题，批评那种刻意追求无关紧要的细节的描绘，以致失去全貌，强调在创作中要从整体上去把握对象的精神特征。到了东晋，顾恺之明确提出"以形写神"。所谓"以形写神"就是通过人物的外部感性特征去表现人的内在精神。在人的外部感性特征中，最能体现人的内在精神的莫过于眼睛，因此顾恺之很重视眼神的刻画。所谓"四体妍蚩，本无关于妙处，传神写照，正在阿堵中"。此外，顾恺之认为人物的动态、服装、背景等等都有助于传神。例如他在《魏晋胜流画赞》中写道："《醉客》：作人形骨成而制衣服慢之，亦以助醉神耳。"就是借衣服的飘动以表现人在醉后的恍惚神态。顾恺之为了衬托人物性格，还注意人物背景的选择。在《世说新语》中记载："顾长康画谢幼舆在岩石里。人问其所以。顾曰：谢云，一丘一壑，自谓过之。此子宜置丘壑中。"南齐画家谢赫系统地总结了以往人物画的经验，提出绘画中气韵生动等六法，中心要求也是表现人物的气韵、神态。唐代朱景玄在《唐朝名画录》中，曾讲到周昉、韩干为赵纵写真，"郭令公婿赵纵侍郎，尝令韩干写真，众称其善。后又请周昉长史写之，二人皆有能名，令公尝列二真置于坐侧，未能定其优劣。因赵夫人归省，令公问云：'此画何人?'对曰：'赵郎也。'又云：'何者最似?'对曰：'两画皆似，后画尤佳。'又问：'何以言之?'云：'前画者，空得赵郎状貌；后画者，兼移其神气，得赵郎情性笑言之姿。'令公问曰：'后画者何人?'乃云：'长史周昉。'是曰遂定二画之优劣。"这段传说说明在古代的艺术鉴赏中认为神似高于形似。因为形似不过是外表的模仿，所谓"空得赵郎状貌"；而神似则是对内在精神、性格的掌握，这是画家的一种创造，其中包含了画家对对象的深刻理解和精湛的技巧。所以形似虽然是神似的基础，却不能停留在形似的水平。唐张彦远在《历代名画记》中进一步发挥了谢赫六法的思想，并论述了人物画中形似与神似的关系。说明形似不等于神似，但神似却可以包含形似。因为神似并不离开外形，而是经过提炼使外在的真

师道师说

杨辛 卷

实和内在的真实统一起来，达到形神兼备。所以，他说："以气韵求其画，则形似在其间矣。"这里所说的"气韵"，也就是指神似。徐悲鸿也有过类似的论述，他说："妙属于美，肖属于艺。……然肖或不妙，未有妙而不肖者也。妙之不肖者，乃至肖者也。故妙之至肖为尤难。"这里所说的"妙"和"肖"，也就是"神似"和"形似"，所谓"惟妙惟肖"也就是指"神形兼备"。所谓"妙之不肖者，乃至肖者也"，这是说画家在表现人物神态时，突出了人物的特征，因此和生活中人物的自然形态有所不同，这种不同看来是"不肖"，而实际上是"至肖"，也就是所谓"不似之似"。宋代陈郁提出"写心"，他说："盖写其形，必传其神；传其神，必写其心……夫善论写心者，当观其人，必胸次广、识见高、讨论博，知其人则笔下流出，间不容发矣。"这里提出了"形""神""心"的关系，他认为写人物外形，要抓住神态，如何才能抓住神态，就需要了解对象的"心"（内在精神）。怎样才能了解对象的"心"呢？这就需要画家的素养（识见高、胸次广），这样才能深刻理解对象，并把握对象的本质特征、神态。所以传神问题必然联系到艺术家的主观条件。在传神中同样存在主观与客观的统一问题，清代蒋骥、沈宗骞等也都强调"传神""写心"，而且对如何传神总结了不少有益的经验。

（二）传神中的主观因素与客观因素

传神中的客观因素主要指生活中人物形象的本质特征。所谓本质特征就是指形与神的统一，也就是要抓人物的特点。莱布尼茨曾说世界上没有两片树叶是相同的，人物的性格更是如此。清代沈宗骞曾说："传神写照，由来最古……以天下之人，形同者有之，貌类者有之，至于神则有不能相同者矣。"斯坦尼斯拉夫斯基也曾说："事实上天下没有一个无性格的人，那毫无性格也就成了他的性格特征。"生活中人物性格既然是千差万别的，反映在艺术中就要性格多样化。李笠翁曾说："说一人，肖一人，勿使雷同，弗使浮泛。"金圣叹在评点《水浒》时写道："《水浒》所叙，叙一百八人，人有其性情，人有其气质，人有其形状，人有其声口。夫以一手而画数面，则将有兄弟之形；一口而吹数声，斯不免再唤也。""别一部书，看过一遍即休，独有《水浒传》，只是看不厌，无非为他把一百八个人性格都写出来。《水浒传》写一百八个人性格，真是一百八样，若别一部书，任他写一千个人，也只是一样，便只写得两个人，也只是一样。"

歌德也曾说："艺术的真正生命正在于对个别特殊事物的掌握和描述。"他还指出艺术创作的真正巨大的难点"是对个别事物的掌握"。一切杰出的艺术作品都体现了对个别事物精细的观察。昆明筇竹寺的五百罗汉，虽然是宗教题材的形式，实际上人物形象都是来自现实生活，是清代一幅生动的风俗画。这五百罗汉每个人都有不同的性格特点。五百个罗汉性格都不雷同，这本身就是一个创造。作者根据每一个罗汉性格对体形、衣纹、动态、脸型、眼神、肤色都作了不同的处理。但有的寺庙中的五百罗汉，虽然名为五百罗汉实则几个罗汉，大多雷同，仿佛都是从一个模子铸出来的模样。宗白华先生对邛竹寺罗汉像非常赞赏，认为这些塑像"完全可以与欧洲文艺复兴时期那些大雕塑家的作品相媲美"。

艺术形象必须有独特的个性特征，这是我国古代艺术的一个优良传统。要做到这一点必须深刻地观察、研究对象。金圣叹在评论《水浒传》中的人物形象时指出："一百八人各自入妙者，无他，十年格物，而二朝状物，斯以一笔而写百千万人，固不以为难也。"

《步辇图》是唐代画家阎立本的作品。在这幅画里表现了历史上汉藏两族间友好团结的要求，唐太宗接见吐蕃使者禄东赞迎文成公主入藏与松赞干布联姻的故事情节。画家很注重对人物神态的刻画。唐太宗表情雍容、和睦，平静安详，流露出一种嘉许的神态。四边的宫女共九人，前后错落，相互顾盼。其中六人挽着步辇，特别是前后两名宫女双手紧握辇把，以带系于肩上，低头，表现出很吃力的样子，和唐太宗肥胖的身躯、平静安详的神态形成对比。使者禄东赞，上身略向前倾，腹部收缩，双手合在胸前，神情恭谨，额有皱纹，微须，像是远道而来。禄东赞前面着红袍的可能是礼官之类的人物，神态较肃穆。后面穿白袍的，手持一卷文书，可能是翻译人员。整个画面上人物布置有疏有密，

师道师说

杨辛 卷

左侧三人较疏散，右侧人物较紧密，色彩也富有变化。画面呈现出一种亲切、融洽的气氛。在阎立本的另一幅肖像画——晋武帝司马炎像中，人物神态却表现得威严而有气势，两手摊开，侍者笔直站在两侧。这些人物形象充分体现了我国古代绘画艺术中注意传神的优良传统。

　　西方艺术史上一些优秀艺术家在刻画人物形象时也是很注重人物神态的刻画。罗丹《地狱之门》中的一个坐像，取材于诗人但丁的《神曲·地狱篇》。作品中的人物神态是一种充满了内在矛盾和痛苦的深思，表现了作者对人类苦难的同情。思想者全身蜷曲，向内收敛，头部俯视，深深的眼眶为阴影所笼罩，右手支撑下颔，浑身筋肉紧张有力，脚趾弯曲扣入地面。这一切细节都是在表现一种充满内心矛盾的深思，思想者不是带给人们悲观和消沉，而是充满了力量，像一座将要爆发的火山一样。这件作品创作于1880—1917年，反映了资本主义社会矛盾的加深，和艺术家对现实的深刻感受。再如荷兰17世纪画家伦勃朗所画的《戴金盔的人》，表现荷兰一个老战士正沉浸在回忆中。在画面上光灿灿的金盔十分触目，表现出金属的质感，仿佛用手指弹敲便可以发出铮铮的响声。但是这幅画着重表现的并不是金盔，而是戴金盔的"人"。在金盔的下面的阴影中是老战士的面部，阴暗的面部较虚，闪亮的金盔较实。从阴影中的面部表情上可以看出老战士的威武、坚毅的性格，由于面部处理较虚，更能体现人物在回忆中的精神状态。至于人物在回忆什么，则由金盔作了注脚。从那光灿灿的金盔上，暗示着人物对过去光荣的战斗业绩感到自豪。伦勃朗是色彩的大师。马克思、恩格斯曾讲过："最好不过的是，把运动中的政党的领导人物……以强烈的伦勃朗式的色彩栩栩如生地描绘出来。"伦勃朗是善于通过色彩变化来表现人物神态的巨匠。

　　《垛草》为19世纪法国画家巴斯蒂昂·勒帕热所作，在这幅画中表现了两位干垛草活的农村短工在辛苦劳作之后的片刻喘息时的神情。农妇的身躯虽然健壮，但过度的劳累，已使她神经木然，暗黑的眼眶，茫然直视的目光，微张的嘴唇，直伸的两腿，僵硬的手指使人们仿佛可以听到她喘息的声音。身后的男子，直躺在地上，从下肢的衣纹凸起的膝盖部分，可以看出他那瘦骨嶙峋的躯体，两只脚尖，倒向左侧，上身用草帽盖住头部（只露出一点胡须），避开炽热的阳光，双手把上衣敞开。他的身体薄得像一张纸似的摊在地上，身旁只有两棵小树和一些杂草和饭具。这幅画在松弛的动作中表现出人物的极度劳累，画面上几乎每一个细节都在说话，人物的精神特征很鲜明。

这里，还值得提到18世纪下半期法国雕塑家乌桐。罗丹对乌桐在表现人物性格上所取得的成就给予了很高的评价。乌桐的代表作之一《伏尔泰》，在人物神态的刻画上很成功。这座塑像深刻表现了伏尔泰性格的特点——慧黠、机智、善辩，还带有几分刻薄。从外形看上去伏尔泰像个瘦弱的老太婆，但从动作、表情上却显示出人物的性格美。作品中伏尔泰的形象，表现了他在辩论中抓住了对方的谬误，正要说出一句挖苦的话。他的头部偏向左侧俯视对方，显出一种优越感和蔑视、讥讽的神情，宽大而半秃的头顶，系着一根缎带，象征法兰西艺术剧院送给他的光荣桂冠。伏尔泰的手轻松地扶在椅子上，和面部的微笑配合，表现出一种胜利者的自信。他身上穿的袍子有点像古罗马人的服装，当时有不少法国进步人士往往以穿古希腊罗马服装来标榜不同凡俗的身份，这种服装具有时代特征和社会意义。服装的衣纹处理对性格起着烘托作用，表现了伏尔泰性格的开朗、沉着和力量，同时也避免了身体瘦弱给形象上所造成的不利影响。有人认为这件作品可以和达·芬奇的《蒙娜丽莎》相媲美，正像人们曾千百次对《蒙娜丽莎》的微笑作解释一样，人们也曾千百次企图解释伏尔泰塑像的面部表情。

以上可以见到在传神的艺术作品中不但反映了对象的本质特征，而且表现了艺术家对生活、人物的理解。艺术中所表现的人物的特点，就是艺术家所理解的人物特点，不同艺术家画同一人物，由于各人对对象理解不同，画出来的形象就可能会出现不同神态。甚至同一个画家对同一个对象由于前后理解的不同，画出的神态也不同。例如钱绍武曾画过一位藏族舞蹈工作者，开始由于对对象不太了解，把人物画得有些像悲剧演员。后来经过在一起劳动，对人物有了较深切的理解，发现这位舞蹈工作者很有事业心和理想，富有表演经验，善于思索，还知道她的妈妈是藏族。于是，第二次画出的神态就大不一样了。在钱绍武的教学笔记中记下了他第二次画这幅肖像的体会，他写道："她受过芭蕾舞基本功训练，所以感到她的头颈好像比一般人长出那么一点点。因此这次有意识地在头颈的长度上稍为强调了一些。上次画她嘴的时候，由于不了解她的性格，所以画了半张半闭的样子，结果显得很不精神。而这次她的嘴很自然，隐约有点微笑，当然不是笑，而是富有表演经验的同志所经常具有的那种有所控制的状态。好，正需要这样。而最重要的眼睛和眉毛的神态呢？由于了解她是很肯思索的人，所以注意到她的眉间略呈紧张，眼睛充满着向往的精神，体现了很有事业心的一面。而眉间、鼻子、眼睛的形态则充分说明了她的西藏血统。至于她头发的样子，是比较有修养的，搞表演艺术的同志经过精心设计的一种样式，看上去似乎是随意的一掠，其实绝不是一般男同志想的那么简单的。总之一句话，由于了解了，就会对同一对象的认识和体会有所不同……画起来就能抓住要害……比较鲜明地刻画出人物的性格。"作者还谈到在画肖像时，要在深刻理解的基础上充满感情地对待对象，在感情上和对象完全交融，要运用全部技巧来表现这种感情。也就是说每一根线条、每一色块的运用都不仅是根据对象的特点，而且满含着画家的思想感情。在画面上使读者感到激动的东西，正是画家在创作中首先激动自己的东西。一个画家如果自己不激动，画出来的形象却要人家感到激动，那是绝对不可能的。

柯勒惠支是对中国艺术界很有影响的德国女画家，曾受到鲁迅很高的评价。在她的作品中有两个主要特点：一是强烈地表现了艺术家的感情；二是以洗练、粗犷的线条表现对象的主要特征。她对德国劳苦的下层群众有深厚的感情。她有一幅画叫《面包》，从这幅画我们看到了德国当时劳动者的饥饿。画面上两个孩子哭嚷着，一前一后向妈妈索食，母亲的心被撕碎了。有什么可给的呢？母亲背着身在抽泣，一只手在擦泪，一只手把仅有的一点面包屑塞给身后的一个孩子。在这幅画上从母亲扭曲的背影，粗犷有力的衣纹，都表现了画家的炽热的情感，这是对德国当时苦难现实的控诉。她曾说："每当我认识到无产阶级生活的困难和悲哀，当我接触到向我爱人（他是医生）及我求助的妇女时，我就是立志要把无产阶级的悲惨命运以最尖锐强烈的方式表达出来。"她的一幅自画像，一只手抚着额头，正在深沉地思索，眼睛在阴影中闪着泪光，表现了她对当时德国劳苦大众的苦难和不幸有着极深切的感受。正是在这种感情的支配下，她画出了大量激动人心的画。

李焕民所作的《换了人间》，表现了西藏农奴翻身后的幸福生活。人物形象神态生动，这位老农在罪恶的旧社会被奴隶主挖去了双眼，他那黝黑的深陷的眼窝、粗大的布满皱纹的手背留下了过去苦难岁月的痕迹。今天，新社会的生活，给他带来了欢乐，老人的怀里抱着小孙女，小姑娘苹果似的圆圆的笑脸，手里捧着一本小书，正在向爷爷讲述什么有趣的故事，老人高兴地倾听着，微微上仰的面部在颈部阴影的衬托下显得格外的明亮，人物的神情被刻画得非常生动。这幅画说明画家对人物的传神不仅表现了对象的特点，而且体现了画家的思想感情，如果画家没有对西藏翻身农奴的深刻的理解和强烈的感情，是绝对创作不出这种传神的作品来的。

过去一些文章研究传神的理论常常侧重于分析被反映的对象，即客观方面，对艺术家主观方面的作用往往未给予重视，即忽略了在创作传神的作品时艺术家思想感情的支配作用。实际上作品中所传的对象的"神"，正是艺术家对对象的审美评价，是艺术家把自己的爱憎溶化在对象中。

关于传神理论可以概括为以下几点：

1. 对象的本质特征与艺术家思想感情的统一，也就是客观与主观的统一。如果说意境是寓情于景，传神则是寓情于人，而要做到传神，就要求在实践中熟悉人、理解人。因为只有理解了的东西才能更深刻地感觉它，理解了人物的性格才有依据去辨别人物外部表现中哪些是本质的，哪些是非本质的，进行提炼取舍。没有对人物的理解，仅凭感觉、印象，则只能反映现象，而不可能去掌握体现人物本质的外部特征——在这种情况下最多只能做到形似。从认识论上看，形似所体现的还是感性认识的水平。不少艺术家的创作体会说明，当感觉为理性所指导时，感觉是敏锐的，作者的眼睛仿佛明亮起来，能从混杂的现象中分辨出人物的本质特征及其内在联系。当感觉失去理性指导时，则感觉是迟钝的，有时甚至会把非本质的东西与本质的东西混淆起来，以致对人物性格不能作出正确反映。与艺术家对人物的理解相联系，还有一个感情问题。这里所说的感情包括两方面的内容：一是指对人物有了理解才能更好地体验对象本身的感情；一是指理解了对象才能激起作者对描写对象的感情。不论是对人物的理解或艺术家的感情都是来自生活实践。

2. 传神中的个性与共性问题。在传神的人物形象中都有自己独特的个性，都是通过鲜明的个性反映出人物的社会本质。既是典型，又是"这一个"。这里所说的典型，并不是指某种抽象的类型，而是指在作品中要表现人物的本质特征。要具体深入地研究人物的特点，所谓"这一个"并不是在典型之外提出的要求，而是说明典型不能脱离生活形象的多样性、丰富性。因此，艺术家不仅对明显的不同性格特征（如勇敢与怯懦）作比较，而且要对近似的性格也作比较。金圣叹曾写道："《水浒传》只是写人粗卤处，便有许多写法，如鲁达粗卤是性急，史进粗卤是少年任性，李逵粗卤是蛮，武松粗卤是豪杰，不受羁勒，阮小七粗卤，是悲忿无说处，焦挺粗卤是气质不好。"这些分析是否完全正确尚可研究，但是《水浒》从近似的人物性格找出差异却是事实。这体现了作者对现实生活认识的深度和广度。这种掌握人的本质特征的能力，也就是形象思维的能力。

在艺术作品中人物形象的雷同、概念化，千人一面，这表现了艺术家对生活认识的表面性和主观性。脂砚斋曾在《红楼梦》第三回的批语中写道："可笑近之小说中有一百个女子，皆是如花似玉一副脸面。"这就是批评作家在创作中概念化、公式化的毛病。歌德曾批评席勒的创作是从一般出发，把特殊作为一般的例证。歌德认为应该是在特殊中显示一般，而不应为一般找特殊。要做到从特殊中显示一般，就需要对生活作精细的观察。徐悲鸿曾说："传神之道，首主精确，故观察苟不入微，罔克体人情意，是以知空泛之论，浮滑之调为毫无价值也。"

3. 传神与技巧。艺术家认识了对象的本质特征，而且对人物产生了强烈的感情，这还不等于创造了传神的人物形象，要达到传神，还需要艺术家拥有高超的技巧。例如谢赫所讲的图绘六法，要达到气韵生动，就离不开技巧，所谓"骨法用笔""应物象形""随类赋彩""经营位置"等等，其中都包含着艺术家的技巧。张彦远所说的："笔力未遒，空善赋彩，谓非妙也。"这也是讲画家缺乏技巧，便创造不出艺术美来。一个优秀的画家总是善于根据对象的不同性格和自己的不同感受而采取不同的笔法，如表现豪放的性格采用粗犷的笔法；表现沉静的性格，采用柔和的笔法；表现活泼的性格，采用跳动的笔法；表现坚毅的性格，采用沉着的笔法等等。这些都是属于运用技巧，以便达到传神。

艺术贵在真实

优秀的作品为什么能够产生强烈的感人力量，使人得到美的享受？其中一个重要原因就是艺术的真实。有人问，《四世同堂》没有惊险曲折的情节，靠什么打动观众？该剧的导演林汝为同志说："靠真实，真实地再现时代。"确实，"真实是艺术的生命"。在艺术中美和真是统一的，真是美的前提和基础，虚假的艺术不可能成为美的。但是为什么美要以真为前提和基础，为什么虚假的作品不能产生美？最近看过一些优秀的电视剧，使我得到不少新的启示。

关于艺术真实的问题，王朝闻同志在《审美谈》中提到对艺术真实可以作两方面的理解：即形象对实际生活的反映是不是引得起真实感，形象所暗示的思想是不是有真理性。他认为合情合理是形象的真实性，生动活泼是形象的真实感。所谓艺术的真实就是既要合情合理——符合事物的发展规律；它的表达形式又要生动活泼——具备事物的真实面貌。真实性主要是就内容的真理性来说的，真实感主要是就内容的表现形式来说的，这是两个不同的概念。

还有，生活真实与艺术真实是既有联系又有区别。艺术真实虽然以生活真实为基础，但是艺术真实并不等于生活真实。艺术真实是带有艺术创造的主观性。

在美学史或艺术史上对艺术真实曾提出过各种不同观点。

一种看法把艺术真实理解为对事物外形的逼真描写，模仿对象可以达到"乱真"的程度。丹纳在《艺术哲学》中曾说："卢浮宫有一幅但纳的画，但纳用放大镜工作，一幅肖像画四年，他画出皮肤的纹缕、颧骨上细微莫辨的血筋，散在鼻子上的黑斑……眼珠的明亮甚至把周围的东西都反射出来……好像一个真的人头。"

这种机械模仿虽然有时也能引起愉快，但是这种愉快是有限的，有时甚至对这种模仿感到腻味和厌恶。单纯的外表的逼真，从来不会打动人的心灵，也表现不出主体的创造精神。宋代黄庭坚曾说："妙于形似无可赏。"

另一种是把艺术真实理解为追求神似。这里面又有两种情况。一种情况是研究对象的神形关系。所谓"以形写神"都是指的客观对象的"形"和"神"，强调要通过对象的外部特征去表现他的内在精神状态，也就是要抓对象的本质特征。

另一种情况是把艺术真实理解为再现与表现的统一，就是把再现对象的本质特征和表现艺术家的思想感情统一起来，在艺术真实中包含了主观因素与客观因素，在艺术形象中所传的神，不过是艺术家对对象所理解的或情感体验过的神。这种真实我们也可以称为双重的真实。优秀的电视剧中所显示的艺术真实不仅包含了生活的真实，而且体现了艺术家的创造、智慧、情感、想象和精湛的技巧。这种艺术真实所引起观众的美感，从本质上看是由于艺术家的创造所唤起的喜悦。从这个意义上看艺术真实是艺术创造的一个重要标志。正像卢那察尔斯基所说："艺术家的职责根本不是照相，不是记录事实，而在于用想象和幻想的办法去创造事实，即虚构事实而又做得叫你感觉不到这是虚构，却说：'这就是它，真实！'"这种情况在电影、电视剧中表现得更为明显。

在优秀的电视剧中都显示了"艺术真实"的魅力，里面凝结着艺术家的创造、智慧、才能和艰辛劳动。艺术的美和真都是艺术家的创造性劳动的产物。在艺术作品中美和真的统一是统一于艺术形象。统一是以艺术家的创造性劳动为基础。

这次得奖的电视剧不仅使我得到美的享受，而且还提供了创造艺术真实的宝贵经验，我从一个观众的感受，谈一点体会：

一、从生活中取得真感

生动艺术从屏幕上所看见的艺术形象，看来仿佛是演员没有费什么力气，实际上艺术家为了创造这些艺术形象付出了很艰辛的劳动。王安石有两句诗："看似寻常实崎岖，成如容易却艰辛。"艺术家为了创造艺术真实，深入生活，严格要求自己。例如《今夜有暴风雪》任梦同志扮演裴晓芸很成功，这成功并不是轻易取得的。她介绍创作经验时说："1983年深冬，正是北大荒最冷的时候，拍裴晓芸打钢钎那场戏时，我实际上真在严寒中穿着胶鞋，脚冻得失去了知觉，拍几次都不理想，导演说裴晓芸的坚毅劲没出来。我当时冷得真想撞在大山石上，我想好了，当天回去要求换人，不管这个角色有多重要。可是到晚上看样片，心里那个暖和啊，什么艰苦寒冷又都不在话下了。""拍裴晓芸冻死在哨位上那场戏那天，我们一连工作了18个小时，外景地是零下四十度……拍裴晓芸死时，我要戴个大冰帽，身上披满冰雪，一动不动，连口气也不能喘，因为一出气就不是'死人'了。导演要求严格极了，拍了几条片子下来，我觉得仿佛真的死了。"王咏歌同志扮演曹铁强获得成功也是从生活中获得真感。他谈到创造这个英雄人物的体会："当我扒开积雪，看到那硬邦邦像煤一样黑的泥土时；当我踏在雪原上，听着节奏鲜明的踩雪声时；当我送走夕阳的余晖，又迎来朝霞灿烂的日出时，我突然有一种从来未有过的感觉，它强烈地刺激着我，我一下子抓到了人物的基调，我感到脉搏的跳动。我扮演北大荒青年，首先我要像他们那样热爱这块土地，理解他们是怎样想的，这是创造角色的基础。"艺术家的这些珍贵经验，生动地说明艺术的真实来自生活的真实，是艺术家在生活基础上的创造。艺术家的创造是从生活中的亲切感受开始的。在生活中"动情"是艺术家创造的开始，这确实是"创造角色的基础"。画家徐悲鸿也是很重视艺术家在生活中取得真感，艺术家在生活中没有亲切的感受，就不会产生出真实的情感。而创作中失去了真实的情感，作品也就不可能具有强烈的感染力。所以徐悲鸿说："生活好比酿酒，不经常丰富生活感受，创作出来的东西就好比酒里掺了水，淡而无味。"前人说："无真情真知便无真作。"夏衍同志说："电影要上去，电影工作者要下去。"这确是一条重要的现实主义美学原则。

二、把握人物性格的特殊性是"艺术真实"的核心

人们为什么在欣赏艺术美时都喜欢有鲜明的个性特征，这个问题和生活真实、艺术真实是联系在一起的。人们不喜欢"雷同""公式化"的作品，因为它不符合生活真实。生活是一个五光十色的感性世界，不论是社会生活的美，还是自然的美都是丰富多彩的。人们喜爱艺术中有鲜明的个性特征，最根本的原因还是由于它体现了艺术家的创造。人们称赞演员把角色演"活"了，这是对艺术家创造才能的肯定。杰出的演员演什么像什么。有的演员说："假如我演出来的两个角色一个样，那我就改行。""演不出人物的个性来就不算是艺术创作。"这些体会都是很深刻的。恩格斯说："每个人都是典型，但同时又是一定单个的人。正如黑格尔老人所说的，是一个'这个'，而且应当是如此。"这里所说的"这个"就是指人物鲜明个性，是在鲜明的个性中揭示社会生活的本质。艺术家几乎把自己的心血都倾注在人物个性特征的塑造上面，艺术家在创造过程中的欢乐和苦恼也往往集中在这个问题上。所以歌德曾说，"艺术的真正生命在于对个别事物的描述"，还谈到艺术创造的真正巨大的难点"是对个别事物的掌握"。在《四世同堂》中，老舍的原著刻画了许多个性鲜明的人物，在电视剧的屏幕上，演员们把这些人物的个性特征表演得也很真实。如太爷具有北方老人的刚烈耿直的性格，还在语言中流露出某种幽默感。此外，韵梅的贤惠、能干、识大体；白巡长对官方得应付时且应付、心里总是向着街坊邻里，对世事看得很透；大赤包的泼辣、刁钻、腐朽；招弟的放纵、虚荣、享受、堕落……这些人物形象都是在个性特征中显示艺术的真实。中国古代小说中这个特点很明显，《水浒》一百零八将，《西游记》唐僧、孙悟空、猪八戒、沙和尚各有不同性格。古代雕塑五百罗汉都是在表现个性特征中显示艺术才能。

在这些优秀的电视剧中，艺术家为了更好地表现人物性格特征，使人物性格的真实性与真实感统一起来，也就是使人物性格真实、丰满、鲜明生动而又深刻自然，还采用了一些手法：

1. 多侧面地表现人物性格。这里有两种情况。一是在不同环境下表现性格的不同侧面。如《今夜有暴风雪》中裴晓芸在人群面前的拘谨沉郁，好像总是缩在一个角落里，情感很收敛。但是，在春节期间当她独自留在兵团，外在的压力解除了，展现了另一种精神状态。她把自己在墙角的被子，放到大铺的中央，那该睡得多舒展：除夕在炕上点小蜡烛，逗黑狗玩；春节在雪地和小狗奔跑、追逐……这种青春的活跃在外在压抑的因素解除后迸发出来，显得性格丰满，有立体感。二是在不同的人物关系中显示不同的性格。如《四世同堂》中对大赤包的性格作了多侧面的刻画：大赤包对小崔的粗野、傲慢，对女儿招弟的娇惯、放纵，对桐芳的嫉妒，对丈夫的控制等等。

2. 在对比中刻画性格。这也是在矛盾中刻画性格的一种形式，如曹铁强用胸脯暖和裴晓芸冻伤的脚，这是一种真挚、深厚的情感；但是郑亚茹赶回宿舍看见这情景却冷冷地说："真丢人！"曹铁强问："你说谁？"郑亚茹说："说你哩！还有她！你还是连长，大家都在抢修战备公路，你们可倒好，回来干了些什么？真丢人！"几句话把郑亚茹的自私、嫉妒、主观刻画得深刻。

还有一种情况是在同一个人物身上通过前后情感变化的对比来表现性格，如《新岸》中刘艳华，在剧中前面很大一部分都是表现性格的沉郁，说话很少。后来，她放弃了回城的机会，决定留在农村和高元钢结婚，在屋里独自照镜，在镜子中第一次出现笑容，笑得那么自然，与前面那种沉郁的表情形成鲜明对比。

对比具有鲜明的效果。从认识上看，通过对比可以有助于把握对象的本质特征。黄铜与真金一比较差别就很明显，不比不知道，一比吓一跳，这就是指认识。恩格斯谈马克思的文风是："句子简短，对比鲜明有力。"（《马恩论文艺和美学》734 页）例如马克思在谈资本主义条件下异化劳动时就运用了对比方法，"劳动者创造了宫殿，却为自己生产了贫民窟"，"劳动者创造了美，自己却变成畸形"。在艺术形象中的对比可以使性格特征很鲜明。昆明筇竹寺五百罗汉的排列很注意对比，在性格粗犷、衣纹飞动、肤色紫铜的罗汉旁边，往往安排了一个性格文静、衣纹柔和、面色白净的形象，形成一种对比。在《四世同堂》中老二和老三、招弟和高弟都有对比的作用。

3. 在情节发展中刻画性格。这是一种典型，即带有戏剧情节的电视剧，人物性格的表现不是静止，像一幅肖像画似的，而是在过程中表现。例如招弟的堕落是一步一步发展的，开始对大赤包带回家的钞票、纱巾很感兴趣，接着给大赤包到外面拉关系，后来和一个特务开旅馆，最后发展到当特务，枪杀了爱国者，还轻松地对枪口吹吹烟尘。《新岸》中刘艳华挖泥，高元钢开始不理她，在一边割草监视她，虽然发现刘艳华干活很卖力气，但态度仍然很冷淡，装满车后高对刘艳华看也不看一眼，就把车赶走了。刘留在车后，手上还有一铣泥没来得及装上。第二次高与刘开始一起干活，仍然是彼此不说话。往回赶车时车陷在泥中共同推车，刘脱下鞋垫胶皮轱辘，接着高也脱下鞋，两双鞋一起垫到泥坑，才把车推出来。以后，发展到高向刘提出交朋友。开始刘不理，后来刘又担心高的家里父母不同意，最后刘听高说他父母同意了，刘独自在镜子中流露内心喜悦，真正看到了"新岸"。这个发展过程很合情合理，一切都是水到渠成，没有什么突然发生的不合情理的东西，因此人物性格表现得很自然生动。

4. 把性格放到历史环境中去刻画。恩格斯曾指出，要创造"典型环境中的典型人物"。所谓典型，从广义讲是指时代背景。但是这种时代背景要通过具体的活动场景表现出来。时代背景造成历史的纵深感，具体场景和人物的活动直接联系，可以产生生活的亲切感、真实感。不仅作品中的人物性格是"这一个"，而且所表现的环境，也是"这一个"。典型环境是特定的时代背景和生活场景的统一。人们对环境常常怀有深厚的感情，特别是对自己长期生活过、战斗过的环境有强烈的感情。《今夜有暴风雪》中有一个战士在离开前向着雪原磕头。在《四世同堂》中把时代背景、活动场景与人物性格的刻画结合得很自然。一开始出现的北京天桥的杂技、街头的小吃、卖玩意儿的、卖花的摊贩，太爷用小车推着重孙在街头走过，和人们点头谈话，都体现老北京人的生活风尚、情趣、爱好。特别是小羊圈胡同的设计很有特色。小羊圈胡同就是一个小社会，多数都是中下层人民，相互间有感情，有一种风俗美（虽然里头也有坏人）。我们在剧中所看见的大多是 30 年代生活在北京的中下层人民，从他们的日常生活中表现了当时不同人物的生活理想、追求和遭遇，表现了我们民族的厄运和觉醒。通过这种典型环境中的典型人物的真实描写，使我们懂得过去的历史。

人物性格的刻画，如果脱离了时代的环境，便流于琐屑小事的肤浅描写。人物性格体现了时代特点才能达到深层的真实。所以恩格斯讲："不仅要求细节的真实，而且要真实地表现典型环境中的典型人物。"

三、在整体中显示人物性格的真实和性格的美

在艺术真实中除去细节的真实，还有整体的真实。前者应从属于后者。

在《今夜有暴风雪》的评语中写道："以雄浑沉郁的风格，再现了十年动乱悲剧性的历史画面。"从全剧的整体结构上看，体现着雄浑、悲壮的特色。以裴晓芸站岗为线索穿插了回忆中的各种事件，从整体的艺术效果看，使人感到一种激荡、粗犷的壮美。把火把、人群、雪原、山林不同画面相交织，又体现了动静、刚柔、冷暖色调的有机结合。把细腻的抒情与激荡的群众场面结合起来，乍看的时候觉得有些乱，但是多看两次后便觉得这种"乱"也是一种艺术效果。就像雕塑中在表现壮美时要一种粗糙的刻痕，绘画中需要用交错线表现激荡相似。全剧中壮美是主要的，但也有优美。刚柔结合，更能引起人的美感。在整体的构思中要考虑突出重点，使人看后留下特别深刻的印象。例如裴晓芸洗热水澡的夜晚，这一段对人物内心复杂感情的刻画就很精彩，音乐、画面的结合构成一种意境，裴晓芸的面部表情的特写，从愉快转向痛苦、真实。哭声也成为音乐。这时还出现屋外雪地里在风中颤动的小草。这一段既表现了裴与曹的真挚、纯洁的感情，也表现了裴的生活中的悲欢，是喜中写悲，是通过这段幸福的回忆来烘托悲剧性的结局。音响效果也很好，这里面也渗透了感情。这场戏抒情性很强，节奏也比较缓

徐。导演像乐队指挥那样把多种艺术手段——表演、音乐、音响、美工的作用都充分发挥出来。当裴晓芸把油灯拧暗，镜头由裴的背面缓缓地往侧面转到正面，轻轻地传出了"啊，小草"的柔婉的歌声，歌声里流露出一种在痛苦中所得到的真挚爱情的安慰，也吐露了一个被损害者对幸福的憧憬。伴随歌声出现了屋外夜色、小草和雪地里曹铁强的身影。当歌声消失，传来裴晓芸的抽泣声和痛哭声，这哭声融化在一片哀婉的音乐中。接着出现了裴晓芸在雪地站岗的特写镜头，我们听到了裴的内心独白："那是一个多么难忘的夜晚，可是他现在在哪儿呢……"裴的眼角透出一丝微笑，虽然躯体早已冻得僵直了。看到这一场戏，我想起安徒生的童话《卖火柴的小女孩》的故事，它们虽然近于幻觉，却更加显示了艺术真实的魅力。

看完《今夜有暴风雪》剧，使我感到它和别的优秀电视剧一样，都是通过艺术整体和细节的结合显示出艺术真实的魅力，以及艺术家勇于创造探索的精神。它不仅启发我们去认识生活的真理，而且通过生动的艺术形象给人以真实感和美的享受。

关于美的本质的探索

　　美的本质是美学中的一个基本理论问题，也是一个有待解决的难题。美的欣赏是生动具体、轻松愉快的，美的本质的研究却是艰难而抽象的，有时甚至是使人头痛的。困难在什么地方呢？困难主要不在于说明"什么是美的"（对个别事物作审美判断或经验描述），困难在于回答"美是什么"（在各种美的事物中找出美的普遍本质，或者在和其他事物的比较中找出其特殊的本质）。在美的概念下，包含着各种性质上极不相同的事物，从日月星辰、花草树木、各种劳动产品，以至人物的高尚品质、动作、表情、长相等等。美的本质问题不但引起了古往今来许多艺术家的探索，也引起了许多哲学家的思考，提出了种种的回答，但又都指出了这个问题的困难。

　　古希腊时期，柏拉图（前 427—前 347 年）所写的《大希庇阿斯篇》是西方最早的一篇系统的论美的著作，用的是对话的形式，开头希庇阿斯说："这问题（指'美是什么'）简单得很。"但到辩论结束，才觉得问题并不那么简单。苏格拉底对希庇阿斯说：讨论中"我得到了一个益处，那就是更清楚地了解一句谚语'美是难的'"①。

　　法国的唯物主义哲学家狄德罗（1713—1784 年）也指出研究美的本质问题的困难。他说："我和一切对美有过著作的作家一样，首先注意到人们谈论的最多的东西，每每注定是人们知道得很少的东西，而美的性质就是其中之一……几乎所有的人都同意有美，并且只要哪儿

---

① 柏拉图：《文艺对话集》，人民文学出版社 1980 年版，第 210 页。

有美，就会有许多人强烈感觉到它，而知道什么是美的人竟如此之少。"①

黑格尔（1770—1831 年）也曾说："乍看起来，美好像是一个很简单的观念，但是不久我们就会发现：美可以有许多方面，这个人抓住的是这一方面，那个人抓住的是那一方面；纵然都是从一个观点去看，究竟哪一方面是本质的，也还是一个引起争论的问题。"②

这些都说明了美的本质研究中的困难。充分估计到这些困难，做许多艰苦而切实的工作，才能在前人研究成果的基础上取得新的进展。

现在让我们从美学史上说起吧。

一、美学史上探讨美的本质的几种主要途径

在美学史上对美的本质提出了各种不同的看法，在《西方美学家论美和美感》的资料中，从古希腊到 20 世纪初，对美的定义就有几十种之多，我们没有必要对这些定义一一进行评述，只是简略地介绍一下美学史上探索美的本质的几种主要途径。

（一）从精神上探索美的根源

古希腊的柏拉图是在欧洲美学史上最早对美的问题作深入的哲学思考的。他提出：美的本质就是美的理念（或理式）。他认为现实中的一切事物的美都"根源于美的理念"，即"美本身"。它是使一切事物"成其为美的那个品质"，"这美本身，加到任何一件事物上面，就使那件事物成其为美，不管它是一块石头，一块木头，一个人，一个神，一个动作，还是一门学问"。③ 他认为美的理念是先于美的事物而存在的，是美的事物的创造者，而且这种美本身是永恒的，无始无终，不生不灭，不增不减的，是绝对的。而现实事物的美由于它来源于美的理念，只是

---

① 狄德罗：《美之根源及性质的哲学研究》，《文艺理论译丛》1958 年第 1 期，第 1 页。

② 黑格尔《美学》第 1 卷，商务印书馆 1979 年版，第 21 页。

③ 柏拉图：《文艺对话集》，人民文学出版社 1980 年版，第 188 页。

美的理念的影子，所以时而生，时而灭，是变幻无常的、相对的。

柏拉图的上述观点，否认了美的客观现实的根源和基础，他割裂了一般和个别的关系，把人对美的事物的认识、美的理念绝对化。所谓"美的理念"本来是客观存在的美的事物在人们的头脑中的反映，但柏拉图却颠倒物质和意识的关系，把人们意识中的概念绝对化、实体化，反过来把它说成是具体的美的事物的根源，这正是他的客观唯心主义在美的本质问题上的具体表现。

但是柏拉图在研究美的本质时，有两点值得引起我们的思考：第一，他区分了"什么是美的"和"什么是美"这两个概念，他是极力要找出美的普遍性。第二，他讨论了美的各种定义，提出了美不是恰当，美不是有用，美不是善，美不是视觉听觉产生的快感等等。他的这些看法有助于我们从多方面的联系中去探讨美的本质。

黑格尔在哲学上是客观唯心主义者，他认为绝对精神是世界的本质。在美学上，他提出了美是"理念的感性显现"，即认为美的根源在于理念、绝对精神，而感性的实在不过是理念生发出来的，是作为理念的客观性相。这个定义和柏拉图的"美是理念"在本质上并没有什么区别。但是黑格尔是辩证论者，他的理念不是与客观事物相对立、抽象存在于客观事物之外，而是"概念与实在的统一"；他还把美的理念看作是发展的，不像柏拉图那样把美的理念看作是永恒不变的。

黑格尔是把理念打入客观存在内部去否定客观事物的美。他认为真正的美是艺术美，在艺术美中所谓"理念的感性显现"，就是指作品的"意蕴"、内在精神，借艺术处理在感性形式中得以表现。艺术形式之所以有价值，并不是由于形式本身，而是由于这形式是作为内在"意蕴"的显现。一切造型、色彩、线条、音调的运用，都是为了显示出一种内在精神，也就是"意蕴"。他很赞赏歌德在论述古代艺术时的一句话："古人的最高原则是意蕴，而成功的艺术处理的最高成就就是美。"①

---

① 转引自黑格尔《美学》第 1 卷，商务印书馆 1979 年版，第 24 页。

黑格尔以哥特式建筑艺术为例（12 到 16 世纪初期欧洲出现的一种建筑风格），具体说明了美是一种精神的外化，即理念的感性显现。黑格尔认为这种建筑符合基督教崇拜的目的，而建筑形体、结构又与基督教的内在精神协调一致。如教堂内部柱子自由向上升腾，彩色玻璃的光怪陆离，教堂外部塔楼的高不可测，以及钟塔传出的依稀隐约而庄严的声响等等，都是宗教精神的感性显现形式。黑格尔对艺术形式如何表现特定的精神作了许多很细致的分析，这比那种单纯从外部形式去研究美要深刻得多。

黑格尔对美的本质所下定义虽然是客观唯心主义的，但是里面却包含了深刻的辩证法思想。首先，体现了理性与感性相统一。外部表现、感性形式不过是理性的显现，根源仍在理性。其次，从内容与形式的关系上看，理念是内容，感性显现是表现形式，前者决定后者。再次，从主体与客体的关系看，理念的感性显现就是指人的精神劳动的外化，强调人的精神劳动的作用。他作了一个生动比喻："例如一个小男孩把石头抛在河水里，以惊奇的神色去看水中所现的圆圈，觉得这是一个作品，在这个作品中他看出他自己活动的结果。"[1] 这里以小孩扔石头比喻人的精神劳动（不是指物质的实践活动），水圈则是指这精神活动的外化，是一种自我复现，是一种观照与认识的对象。黑格尔说："就在这种自我复现中，把存在于自己内心世界里的东西，为自己也为旁人，化成观照和认识的对象时，他就满足了上述那种心灵自由的需要。"[2] 黑格尔的这一思想如果建立在物质生产实践的基础上，则有其正确的内容。

克罗齐（1866—1952 年），意大利人。他认为美的根源在于心灵。他说："美不是物理的事实，它不属于事物，而属于人的活动，属于心灵的力量。"[3] 美是心灵作用于事物而产生的直觉。这种直觉是先于理性，先于概念而产生的，是与理性和概念无关，孤立绝缘的现象，即所谓"见形象而不见意义的认识"。克罗齐认为，自然无所谓美，自然的

---

① 黑格尔：《美学》第 1 卷，商务印书馆 1979 年版，第 39 页。

② 同上书，第 40 页。

③ 克罗齐：《美学原理》，作家出版社 1958 年版，第 90 页。

美是直觉创造出来的；同样，自然本身也是直觉创造出来的。这种赤裸裸的主观唯心论，是从黑格尔美学倒退了一大步。

（二）从客观现实、物质属性上探索美的根源

古希腊哲学家亚里士多德（前384—前322年）坚决批判了柏拉图的理念论唯心主义观点，认为"一般"是不能脱离"个别"而单独存在的，脱离个别并且先于个别而独立存在的一般是没有的，也不可能有的。

亚里士多德认为脱离美的事物的理念或美本身是根本不存在的。他认为美在事物本身之中，主要是在事物的"秩序、匀称与明确"的形式方面，主要靠事物的"体积与安排"。他说："一个美的事物——一个活的东西或一个由某些部分组成之物——不但它的各部分应有一定安排，而且它的体积也应有一定的大小，因为美要依靠体积与安排，一个非常小的东西不能美，因为我们的观察处于不可感知的时间内，以致模糊不清，一个非常大的活东西，例如一个千里长的活东西，也不能美，因为不能一览而尽，看不出它的整一性。"[1]

亚里士多德肯定了美在事物的形式、比例。在哲学上，他虽然经常动摇于唯物主义与唯心主义之间，但在美的问题上基本遵循了当时希腊朴素的唯物主义观点。这种观点抓住了美所必需的特定的感性形式，而且努力在客观事物中去发现它们。他的观点在艺术实践中产生了很大影响，从中世纪到文艺复兴，到17、18世纪的欧洲，一直为许多美学家、艺术家所信奉。

文艺复兴时期的人文主义者，在对美的观点上继承古希腊时期唯物主义传统，在客观事物中寻求美的基础。中世纪认为美来自神，文艺复兴时期的人文主义者认为美来自人，肯定尘世的美。达·芬奇（1452—1519年）劝艺术家要善于窥视自然，认为美并不是什么神意的体现，而是存在于现实生活中，是可以用感官认识到的事物的性质，是"物体本身所有的与生俱来的一种东西，一个物体有多美，它就现出多少美"。

---

[1] 亚里士多德：《诗学》，人民文学出版社1962年版，第25—26页。

在研究物体本身的美，特别是人的美的时候，为了达到真实的再现美，他不但强调表现人的精神特征，同时很重视比例，并像研究数学那样去研究人体比例，达·芬奇认为"美感完全建立在各部分之间神圣的比例关系上"①。这说明文艺复兴时期的艺术家很重视从现实生活中去研究美。

博克（1729—1797年），英国美学家。他继承了英国经验主义的传统，在美学研究中以经验事实作为出发点。他承认美的客观性，肯定美是属于物体的某些属性。他说："我们所谓美，是指物体中能引起爱或类似情感的某一性质或某些性质"②，"美的外形很有灵效地引起某种程度的爱，就像冰或火很有灵效地产生冷或热的感觉一样"③。他怀疑事物的美在于比例，认为比例是理解力的产物（注：靠数学上的精确测量），而我们发现一个物体美，并不是靠长时的注意和探索，美不需要借助推理。他根据经验事实对事物美的特征归纳为：细小、光滑、变化、娇弱等等。他认为这些品质作用于感官就可以引起神经松弛舒畅而获得愉快。博克从唯物主义立场出发，肯定美是属于事物的某些客观属性和美的丰富多彩的感性特征，以及这些特征与情感、感受的联系等方面有合理的因素。他的缺点主要是用生物学的观点从人的被动的感受上研究美，忽视人的具体的历史发展，把美感与快感相混，在论证上有感觉主义的片面性和形而上学的缺点。

狄德罗提出"美是关系"。他说："就哲学观点来说，一切能在我们心里引起对关系的知觉的，就是美的。"④ 也就是说，美是事物的客观关系。他说："我说一个存在物，由于我们注意它的关系而美，我并不是说由我们的想象力移植过去的智力的或虚构的关系，而是说那里的实在关系。"⑤ 他举出法国卢浮宫的门面为例，"不管我想到或一点也没

---

① 达·芬奇：《芬奇论绘画》，人民美术出版社1979年版，第28页。
② 《西方美学家论美和美感》，商务印书馆1980年版，第118页。
③ 同上书，第119页。
④ 同上书，第129页。
⑤ 同上书，第133页。

有想到卢浮宫的门面，其一切组成部分照旧有这种或那种形式，其各部分间也照旧有这种或那种安排。不论有人无人，卢浮宫的门面并不减其美。"[1] 他把美分为实在美和相对美，属于客观事物本身形式方面的秩序、对称、安排的关系的称为"实在美"；属于对象与其他事物相比较的关系的称为"相对美"。例如对文学作品中的一句话，要看是对什么人说的，在什么环境中说的，离开了这些社会关系，这句话就失去了意义。同样一句话在不同关系中就有不同的意义。所以美是随关系的变化而变化的。

总的来说，狄德罗虽然肯定了美的客观性、美在客观事物的"关系"，在美的问题上坚持了唯物主义的观点，但由于对"关系"的概念，没有完全与社会历史深刻地联系起来，因此非常广泛模糊，带有机械的直观的性质。当然这是在马克思主义以前的一切唯物主义所共有的缺点。

（三）从社会生活来探索美的根源

俄国革命民主主义者车尔尼雪夫斯基（1828—1889 年）对美所下的定义是"美是生活"。他说："'美是生活'；任何事物，我们在那里面看得见依照我们的理解应当如此的生活，那就是美的；任何东西，凡是显示出生活或使我们想起生活的，那就是美的。"[2] 他在论证美是生活时，提出两点：一、"美包含着一种可爱的，为我们心所宝贵的东西"；二、美是活生生的事物，是多种多样的对象，生活便具有上述的特点。他认为在可爱的东西中最有一般性的是生活，理想的生活；然后，他分析了现实各个领域中美的表现。

车尔尼雪夫斯基关于美的本质的见解体现了马克思主义美学出现以前的最高水平。它的进步意义表现在：一、坚持唯物主义立场，对黑格尔学派唯心主义的美学观点（在德国以斐希尔为代表）"美是理念的感性显现"的批判，肯定了美和其他美学范畴（如崇高）的客观性；二、他比以前唯物主义美学认为美在事物的自然属性（感性特征），前进了

---

①② 《西方美学家论美和美感》，商务印书馆 1980 年版，第 133—144、242 页。

一大步，他把美建立在广阔的生活基础上，并且研究了社会美主要是人物形象的美，和人们所处的社会地位、生活方式之间的联系，对自然美也是联系生活来分析；三、他所说应该如此的生活才是美的，表现了革命民主主义者对沙皇俄国腐朽生活的不满和强烈要求改革的愿望。

车尔尼雪夫斯基对美的本质的理解的主要缺陷是：（1）由于车尔尼雪夫斯基的哲学思想是费尔巴哈的人本主义，他对美和生活的本质的理解也是从人本主义出发的。普列汉诺夫曾指出车尔尼雪夫斯基"断言美是生活，应当如此的生活……他说出了完全的真理。他的错误仅仅在于他不够了解人关于'生活'的概念在历史中是怎样发展的"①。又说："科学的美学——更正确些说，关于艺术的正确学说——只有当关于'生活'的正确学说产生了的时候，才能够站立在坚固的基础上。"② 车尔尼雪夫斯基不理解革命实践是人类社会生活的本质和基本内容。他说："世界上最可爱的，就是生活。首先是他愿意过他所喜欢的那种生活；其次是任何一种生活，因为活着到底比不活好；但凡活的东西在本性上就恐惧死亡，恐惧不存在，而爱生活。"③ 又说："假使说生活和它的显现是美，那末，很自然的，疾病和它的结果就是丑。"④ 可见，他是从生物学观点来看待生活的，他把生活与死亡，生活与疾病相对照。（2）在分析美的本质时缺少辩证法。普列汉诺夫曾指出："依据车尔尼雪夫斯基的见解，那就是：一方面，现实中的美的事物自身就是美的；但是另一方面，他自己又说明，我们觉得美的，仅仅是符合我们关于'美好的生活'，关于'应当如此的生活'的概念的事物。因此事物自身是不美的。"⑤ 为什么会出现这种自相矛盾的情况呢？因为他不是把

----

① 普列汉诺夫：《车尔尼雪夫斯基的美学理论》，《文艺理论译丛》1958 年第 1 期，第 139 页。

② 同上书，第 140 页。

③ 车尔尼雪夫斯基：《生活与美学》，人民文学出版社 1958 年版，第 6 页。

④ 同上书，第 9 页。

⑤ 普列汉诺夫：《车尔尼雪夫斯基的美学理论》，《文艺理论译丛》1958 年第 1 期，第 143 页。

师道师说

杨辛 卷

生活理解为社会实践的发展过程，因此也不可能把应该如此的生活（理想的生活）看作是社会发展的规律所提出的客观要求。所以普列汉诺夫批评车尔尼雪夫斯基在这些问题上"不善于找出客观与主观之间的真实联系，用事物的过程来说明观念的过程"。尽管车尔尼雪夫斯基关于美的本质的理解存在上述缺陷，但仍应肯定其在美学史上的进步意义。正如普列汉诺夫所说："对于他自己的时代来说，我们的作者的学位论文终归是最高度的、严肃的和卓越的著作。"①

从以上分析可以看出，在美学史上关于美的本质的探讨是和哲学中的基本问题密切联系在一起的。一部分美学家是从精神世界去探索美的本质，把美的本质的根源归结为客观意识、绝对观念，或主观意识、审美感受。他们在哲学根本问题上颠倒了物质与意识的关系。其中有些美学家的思想中包含辩证法的因素，在论述主客体的关系时抽象地发展了人的主观能动因素。另一部分美学家则从客观世界的自然特征出发探求美的本质，把美的本质的根源归结为自然事物本身的某种感性特征和属性。他们肯定美在客观事物本身，有其正确方面，但由于他们（包括车尔尼雪夫斯基在内）一般都离开了人的社会性，不懂得社会生活在本质上是实践的，不能从主体客体在实践中的辩证关系来探讨美的本质，带着明显的直观的缺陷。

关于美的本质问题，在美学史上始终存在着斗争，在斗争过程中不断接近真理，但是在马克思主义出现以前还不能真正作出科学的解决。

二　对美的本质的初步探索

（一）美的本质

1. 正确理解人的本质、生活的本质，是研究美的本质的理论基础。

美的本质和人的本质、生活的本质有着密切的联系。因此，在对美

---

① 普列汉诺夫：《车尔尼雪夫斯基的美学理论》，《文艺理论译丛》1958 年第 1 期，第 143 页。

的本质的探索中，必然涉及对人的本质、生活的本质的理解。车尔尼雪夫斯基提出"美是生活"虽有进步意义，但是由于他是从旧唯物主义人本主义出发，不能正确理解人的本质、生活的本质，因此对美的本质也不能作科学说明。随着马克思主义哲学的产生，科学地说明了人的本质、生活的本质，这对我们探索美的本质有重大的指导意义。

马克思说："自由自觉的活动恰恰就是人类的特性。"① 又说："人的本质……是一切社会关系的总和。"② 这两段话是从不同的角度说明人的本质、特征。前一段话是就人和自然的关系分析人与动物的本质区别在于人是自由创造的主体。后一段话是从人本身进行分析，指出人不是"单个人所固有的抽象物"，不是生物学上的人，而是"一切社会关系的总和"。对这两段话的内容须作统一的理解。因为人类有意识有目的的活动，从一开始就是社会的实践，是在一定社会关系下进行的。离开了人的社会关系去谈人的"自由创造"，便会陷于抽象的研究之中。

对社会生活的本质的理解，必然联系到人的本质。因为社会生活是人类所特有的生活。人在一定社会关系中从事实践活动、自由创造，这既体现了人的本质，也体现了生活的基本内容。如果离开了人的实践，生活就是空的，人类社会也不可能存在，所以马克思说："社会生活在本质上是实践的。"③ 基于这种对社会生活本质的深刻理解，马克思还提出对事物、现实、感性都应"当作实践去理解"，即联系主体的实践活动去看客体，而不应从直观的形式孤立地去看客体。这是马克思主义哲学的一个根本观点，对于我们探索美的本质有着重大的指导意义。

2. 美的根源在于社会实践。美的事物引起人们的喜悦虽然离不开一定的感性形式，但是这种喜悦的根源并不在于感性形式的本身。研究美的本质，就是要探索是什么因素决定这些感性形式成为美的。

我们认为美的事物之所以能引起人们的喜悦，就是由于里面包含了人类的一种最珍贵的特性——实践中自由的创造。这种特性所以最珍

---

① 马克思：《1844 年经济学—哲学手稿》，人民出版社 1979 年版，第 50 页。
②③ 马克思：《关于费尔巴哈的提纲》，《马克思恩格斯选集》第 1 卷，人民出版社 1974 年版，第 18 页。

贵，首先是由于劳动实践创造了物质财富，满足人的生活需要，推动了历史的发展，没有创造就没有人类历史和历史的发展。社会生活中一切进步都与劳动创造相联系。人类社会的发展总是在继承以往发展全部丰富性的基础上不断创新，即使在"劳动异化"的条件下，人民群众的创造力受到压抑损害时，创造也没有停息，只是由于条件不同，创造的特点不同罢了。其次，在创造中体现了人类的智慧、勇敢、灵巧等品质。这些品质能普遍地为人们所喜爱。创造不仅是智慧的花朵，同时还表现了人的坚毅、勇敢的品质。真正的创造需要勇气和坚毅，创造是艰苦的劳动，在艰苦劳动中孕育着成功时的巨大喜悦，所以在实践中的创造是人类最珍贵的特性。人在生产劳动的实践中怎样创造了美呢？在理论上有三个环节需要说明：（1）生产劳动是一种自觉的、有意识、有目的的活动。马克思曾把蜜蜂的活动和建筑师的活动作了有趣的对比。他指出："最蹩脚的建筑师从一开始就比最灵巧的蜜蜂高明的地方，是他在用蜂蜡建筑蜂房以前，已经在自己的头脑中把它建成了。"① 恩格斯也说："动物仅仅利用外部自然界，单纯地以自己的存在来使自然界改变；而人则通过他所作出的改变来使自然界为自己的目的服务。"② 这些都说明有意识有目的的生产活动是人类区别于动物的本质特征。随着社会实践的发展，人类对自然规律的了解的增长，在生产中的目的性、自觉性也在不断向前发展。人们不仅从眼前局部的利益确定自己的活动目的计划，而且能从长远的整体利益考虑自己的目的计划。正如恩格斯所说："人离开动物愈远，他们对自然界的作用就愈带有经过思考的、有计划的、向着一定的和事先知道的目标前进的特征。"③ 所以在生产活动中人类是作为一种自由创造的主体而出现的。（2）在生产物上必然打上人的意志的烙印。人类在生产中是按照预先想好的目的、计划去积极地改造自然界，在改造自然时，能在自然物上引起一个预先企

---

① 马克思：《资本论》第 1 卷，人民出版社 1975 年版，第 202 页。

② 恩格斯：《劳动在从猿到人转变过程中的作用》，《马克思恩格斯选集》第 3 卷，人民出版社 1972 年版，第 517 页。

③ 同上书，第 516 页。

图的变化，并且经过这个变化，使自然物成为与人类目的相适合的自然物。在这个过程中，"劳动与劳动对象结合着，劳动是对象化了，对象是被加工了"①，创造了一个符合人类生活需要的有用的生产物。同时，这个生产物的自然形态的变化，是根据人的目的所引起的。所以生产物的自然形态的变化上，必然打上人的"意志的印记"，表现着人的目的和人改造自然的创造力量。马克思说："在劳动者方面，在动的形态上表现的东西，在生产物方面，是当作静的性质在存在形态上的表现。"②所以，生产物的静的存在形态，它的特征、状貌，成为表现人在劳动时动的形态中所表现的东西，这就是人类在实践中改造自然的创造力量（精神的和肉体的）。这种创造活动的实践又是人的本质和内容。所创造的对象则是人的作品，也是人的现实，是人自身的"对象化"和肯定。（3）在对象世界中直观自身。劳动的产品不仅能够满足人类的生活需要，是有益有用的；而且能在它的静的存在形态、它的感性的形式特征和状貌中看到了人类的创造劳动，看到了作为自由创造的人自身的力量、智慧与才能。正如马克思所说："在他所创造的世界中直观自身。"因而在对象中感到自由创造的喜悦。当对象以它表现人的创造活动内容的感性形式特征而引起人的喜爱和愉快的情感时，这个对象就被称为美的。所以美是从人类改造自然的生产劳动中产生的。当然不是一切劳动产品都是美的，那些体现了创造性劳动的产品才是美的。

恩格斯曾讲过在动物中也有有意识有计划地行动的能力，如狐狸如何运用关于地形的丰富知识来躲避追逐者，但是他强调指出："一切动物的一切有计划的行动，都不能在自然界上打下它们的意志的印记。这一点只有人才能做到。"③ 这说明只有人才能创造美。正如马克思所说："动物只是按照它所属的那个物种的尺度和需要来进行塑造，而人则懂得按照任何物种的尺度来进行生产，并且随时随地都能用内在固有的尺

———————————

①② 马克思：《资本论》第 1 卷，人民出版社 1975 年版，第 196 页。

③ 恩格斯：《劳动在从猿到人转变过程中的作用》，《马克思恩格斯选集》第 3 卷，人民出版社 1972 年版，第 517 页。

度来衡量对象；所以，人也按照美的规律来塑造物体。"① 所谓"内在固有的尺度"就是在认识客观规律（该物种的尺度）的基础上，根据自己的目的，对对象进行能动的、自由的创造。例如制造桌子，是在认识物种的尺度（如木材的质地、性能等）的基础上，人根据自己的目的、要求，创造出各种各样的桌子来。根据桌子"内在固有的尺度来衡量"，使桌子既适合人的生活需要，它的形象又可以满足人的审美要求。所以人也是按照美的规律来造成东西的。美就存在于人类劳动的产品之中，它是对象的形式特征表现人的自由创造活动内容的感性形象。在生产实践的过程中，劳动本身如果表现为生动的形象，同样也是美的。由于表现着人的自由创造活动的内容（人的目的、力量、智慧与才能等珍贵的特性），它才能普遍地引起人的喜悦的情感，也就是美感。

当然，并不是所有的美的事物都直接与人的劳动创造相联系，这个问题在后面分析自然美时再作说明。

3. 美和生活。

马克思说："动物是和它的生命活动直接同一的。它没有自己和自己的生命活动之间的区别。……人则把自己的生命活动本身变成自己的意志和意识的对象。……有意识的生命活动直接把人跟动物的生命活动区别开来。"② 所以不仅劳动的产品可以成为美的对象，人的生活本身也可以成为美的对象（如艺术家歌颂新的生活、新的人物就是以生活的美作为对象）；在美的事物的感性形象中所表现的人的自由创造活动都有具体的历史的内容，是一定社会关系下的生活的内容。因此可以说，美作为表现着人的自由创造活动内容的感性形象，实际上也就是表现着一定生活内容的感性形象，但并不是任何生活形象都是美的。而只有那种肯定着人的自由创造的活动，肯定人的力量、智慧与才能，人在其中能感到自由创造的喜悦的那种生活形象才是美的。生活的美以真善为前提，我们所说的创造是在认识客观规律基础上的创造，创造的目的是为

---

① 马克思：《1844 年经济学—哲学手稿》，人民出版社 1979 年版，第 50—51 页。

② 同上书，第 50 页。

了满足人们在社会实践中的进步要求，所谓"规律""进步要求"，实际上即是真与善。所以，只有符合社会发展规律，表现社会实践的前进要求，肯定人的进步理想的生活形象，才是美的。与此相反，那种违背社会发展规律，阻碍社会实践前进要求，否定先进理想的那种腐朽的、糜烂的生活形象则是丑的。美与丑是相比较而存在，相斗争而发展的。美是随着社会实践的发展而不断发展的，永恒的、绝对的美是根本不存在的。

劳动和劳动的对象化，在探索美的本质上十分重要。因为它揭示了一个秘密，说明事物的感性形式所以能引起人们的喜悦而成为美的事物，是和自由创造的主体分不开的。但是劳动对象化不等于"精神的外化"。因为劳动对象化是人们在物质实践活动中对自然进行改造的结果，而不是精神活动的结果。同时劳动对象化也区别于那种只从直观得来的形状去理解对象，而不是从实践、主体方面理解对象，这样是无法理解美的本质的。

（二）美的产生和在私有制条件下的发展

1. 美的产生。

研究一件事物，特别是一件复杂的事物，都要进行具体的历史的分析，考察每个问题首先要看某种现象在历史上是怎样产生的。研究美的本质问题也是如此。

作为自由创造主体的人，不是抽象的人，而是生活在一定社会关系中，具有一定的社会历史内容的。

在原始社会中，人与人的关系是互助合作的关系，在劳动中人类是作为自由创造的主体而存在。人类首先用自己的劳动创造了实用价值，而后才创造了美。事物的使用价值先于审美价值，这是一个重要的马克思主义的美学观点，它反映了美的产生的实际历史过程。为什么使用价值先于审美价值呢？因为人们在劳动中首先是为了解决人们在物质生活中的迫切需要，这是人类生存的基础。所谓"食必常饱然后求美，衣必常暖然后求丽"（《墨子》），"短褐不完者不待文绣"（《韩非子》），说明人们总是在满足物质生活需要的基础上，然后才能提出精神生活的需

师道师说

杨辛　卷

要。恩格斯曾说："人们首先必须吃、喝、住、穿，然后才能从事政治、科学、艺术、宗教等等。"① 这是从历史唯物主义的高度指出物质生活需要与精神生活需要（包括审美需要）的关系。人类最初进行生产并不是为了创造美，并没有专门创造出美的对象，美和实用是结合的，有用的有益的，往往也就是美的。因为只有在有用的对象中，才能直观到人类创造活动的内容，才可以感到自由创造的喜悦。

现在我们以石器在造型上的演变来说明使用价值与审美价值的关系。人类劳动是以制造工具开始的。工具的制造最明显地体现了人类有意识有目的的活动。从工具造型的演变上充分体现了人类自由创造的特性，并生动地说明了使用价值先于审美价值，美和实用相结合的特点。

北京周口店的中国猿人距今约五十万年，属于旧石器时代早期。当时使用的是打制石器，很粗糙，没有定型，往往一器多用；在外形上和天然石块的差别虽不很明显，但是，毕竟在石面上留下了人的意志的烙印。从材料的选择、加工的方法，都体现了人类自觉的、有意识、有目的的创造活动。所以不管这种石器如何粗糙，对人类历史的意义却极为重大，它标志着人类脱离了动物。原始人类制作这种石器的目的并不是追求美，而是为了实用。如砍砸器、刮削器、尖状器都是为了特定用途。

丁村人（山西襄汾县），距今约十万年，属于旧石器时代中期。在北京中国猿人之后，经历了几十万年艰苦的实践，人类在制作石器上积累了经验，在石器的造型上由于用途不同形成了初步的类型。如砍砸器、厚尖状器、球状器等。其中大三棱尖状器虽然数量不多，但为丁村旧石器所特有，既锐利，又坚实。在造型上从实用出发注意均衡对称。丁村石器中还有石球，据研究，石球是作为狩猎用的投掷武器，因为圆形的物体在投掷时易于准确击中目标。丁村旧石器加工的难度较大，在外形上和自然形态的石块已有较显著的区别，体现了人类智慧的发展。

---

① 恩格斯：《在马克思墓前的讲话》，《马克思恩格斯选集》第 3 卷，人民出版社 1972 年版，第 574 页。

山顶洞人，距今约两万八千年，属于旧石器时代晚期。从美学意义看，这个时期的器物有两点值得注意：一是钻孔和磨制技术的出现。最有代表性的器物是骨针，针尖和针孔的加工都是一种细致的劳动。一是装饰品的出现。装饰品中有石珠、兽牙、海蚶壳等。装饰品呈红色、黄色、绿色，相映成趣。这些器物反映了原始人类在解决物质生活需要的基础上审美要求的发展。据贾兰坡同志分析：山顶洞人佩戴某些装饰品的目的，是为了显示他们的英雄和智慧。例如山顶洞人所佩戴的兽牙，"很可能是当时被公认为英雄的那些人的猎获物。每得到这样的猎获物，即拔下一颗牙齿，穿上孔，佩戴在身上作标志"。这些穿孔的兽牙全是犬齿。为什么要使用犬齿，据贾兰坡同志分析："因为犬齿齿根较长，齿腔较大，从两面挖孔易透；另一方面犬齿在全部牙齿中是最少也是最尖锐有力的。最尖锐牙齿更能表现其英雄。"[1] 这说明兽牙成为美的事物，开始并不是由于它们的颜色、形状的特征，而是由于它们体现了人类在劳动中的智慧、勇敢、力量。正如普列汉诺夫所说："野蛮人在使用虎的皮、爪和牙齿，或是野牛的皮和角来装饰自己的时候，他是在暗示自己的灵巧和有力，因为谁战胜了灵巧的东西，谁就是灵巧的人，谁战胜了大力的东西，谁就是有力的人。"[2]

西安半坡村的石器，距今有六七千年，属于新石器时代。磨制石器是新石器时代有特征性的东西，是在旧石器时代打制和琢制的基础上发展起来的，最早只是刃部磨光，后来发展到通体磨光。同时还出现了锯割等先进技术，最常见的有斧、凿锛、镞（箭头）等。这些器物由于采用磨制的方法，不但提高了实用效能，而且在造型上美的特征（如光滑、匀整、方圆变化等）更加明显。这表明人在战胜自然中取得了新的胜利。

这里还要特别提到的是山东大汶口出土的玉斧（一说为玉铲），属

---

① 贾兰坡：《中国大陆上的远古居民》，天津人民出版社1978年版，第126页。

② 普列汉诺夫：《没有地址的信：艺术与社会生活》，人民文学出版社1962年版，第11—12页。

于新石器时代晚期的遗物。它具有明显的审美特性，在造型上方圆厚薄的处理十分规整、匀称；在色彩上又是那么滢润、光泽、斑烂可爱。玉石的质地坚硬易碎，加工的难度较大，在五千年前能生产出这样的产品，可说是一件美的创造的杰作。考古工作同志根据玉斧本身的特点和墓穴大量随葬物品进行分析，认为这种玉斧虽然还保留了工具的形式，但主要并不是为了实用，可能不是供一般人使用，而是一种权力的象征。在原始社会中供一些"头人"所掌握使用。在大汶口出土的器物中还有许多头饰、颈饰、臂饰等，说明人们的审美需要愈来愈发展。

在新石器时代美的创造还表现在广阔的生活领域中。这个时期所出现的彩陶（如甘肃彩陶），是我国艺术史上的珍品。从陶器造型的优美，装饰图案技法的纯熟，色彩对比、变化的丰富，装饰图案与器形的协调，以及装饰部位的选择与人的视角关系等方面，体现了当时人们如何自觉地运用美的法则来制造这些生活用品，美化生活。

从上述石器造型的发展具体说明了美产生于劳动：

（1）在劳动过程中事物的使用价值先于审美价值。人类制造工具首先是为了实用，石器造型的发展由简单到复杂，从粗糙到细致，从凹凸不平到光滑匀整，从不规则的外形到逐渐类型化，这一切演变都是从属于实用的需要。实用的要求推动了工具造型的发展，造型上每一新进展体现了实用效能的提高，同时标志着人类的创造和智慧的发展。在满足实用的要求中这些器物才引起人们的喜爱，成为美的事物。从石器工具上我们看到了美的萌芽。开始是美和实用的结合，后来才逐渐分化出一部分纯粹是满足审美需要的装饰品。

（2）石器造型的演变体现了美的创造中主体与客体的辩证关系，在物的发展中体现了人的发展。石器造型由低级到高级的发展，单从客体本身是无法说明的，需要联系主体，把物看作是主体实践活动的结果；同时客体作为人类创造的对象世界，又反过来影响主体，凭着对象的丰富性才发展了人的感觉的丰富性。人类在制作石球、纺轮、石珠和钻孔中，逐渐发展了人对圆的感觉；在磨制石器中不仅发展了人对光滑、匀整的感觉，而且发展了面与线的感觉。这表明人类对形式的感觉愈来愈发展。总而言之，人类在劳动中创造了美，在创造美的过程中又提高了自己的审美能力，凭借着这种提高了的审美能力，又创造出更新更美的事物。正如马克思所说："艺术对象创造出懂得艺术和能够欣赏美的大众，——任何其他产品也都是这样。因此，生产不仅为主体生产对象，而且也为对象生产主体。"①

2. 美在私有制条件下的发展。

随着社会生活的发展，人类进入了阶级社会。在私有制的条件下，特别是在资本主义条件下，出现了劳动异化，劳动成为外在的强制性的东西。"劳动者在自己劳动中并不肯定自己，而是否定自己，并不感到幸福，而是感到不幸，并不自由发挥自己的肉体力量和精神力量，而是使自己的肉体受到损伤、精神遭到摧残。"② 劳动者在劳动时"如坐针毡"，在劳动以外才感到自由自在。劳动是属于"主人"的，而不是属于自己的。

劳动者与产品的对立，劳动的"对象化表现为对象的丧失和为对象所奴役"③。劳动者生产的东西愈丰富，他就愈贫困。我国有一首民歌："泥水匠，住草房；纺织娘，没衣裳；卖盐的，喝淡汤；种地的，吃粗糠；编席子，睡光床；当妈妈，卖儿郎；挖煤坑里像冷窖；淘金工人年年穷。"这就是劳动者与产品的对立关系的写照。因此，一般说来奴隶的劳动和生活是一种屈辱和悲惨的形象，不应该也不可能在奴隶的劳动中去寻求美。鲁迅曾经批评有的人："如果从奴隶生活中去寻出'美'来，赞叹、抚摩、陶醉，那可简直是万劫不复的奴才了。"④ 在原始社会时期的美既表现于产品，也表现于劳动本身。许多神话故事就是歌颂远古人类的劳动创造。但是在私有制条件下屈辱的劳动和生活，在形象上是不美的，只有一部分独立的小生产者，在劳动中还能保持一些独立

---

① 马克思：《〈政治经济学批判〉导言》，《马克思恩格斯选集》第 2 卷，人民出版社 1972 年版，第 95 页。

②③ 马克思：《1844 年经济学—哲学手稿》，人民出版社 1979 年版，第 47、44 页。

④ 《鲁迅全集》第 4 卷，人民文学出版社 1957 年版，第 453 页。

创造的意义，劳动对他们还能保持一点诗意的光辉。

由于劳动异化，一方面劳动者受奴役，劳动成为屈辱和悲惨的形象；另一方面，在强制条件下，为了满足统治者的需要，却生产了大量美好精致的产品。正如马克思所说："劳动为富人生产了珍品，却为劳动者生产了赤贫。劳动创造了宫殿，却为劳动者创造了贫民窟。劳动创造了美，却使劳动者成为畸形……"① 这段话说明了劳动异化的特征，并指出奴隶们的劳动创造了美。我们不能把"异化"简单理解为"倒退"，例如从原始社会发展到奴隶社会，这是社会的进步。中国的许多精美的青铜器就是在这种历史条件下产生的。高尔基曾说："在伊特拉斯坎人的瓷瓶，在古老的金饰品、武器和雕刻，在埃及、希腊、墨西哥、秘鲁、印度和中国的古寺遗迹，在欧洲中世纪的大教堂，在东方的地毯和法兰德斯的织花壁毯等等上面，我们所看见的美，正是奴隶们创造的。"② 高尔基所说的这些产品虽然都是劳动者为"主人"所创造的，而且是在繁重的劳动折磨下产生出来的，但是在这些产品中仍然体现了奴隶的智慧和力量。

劳动者在积极开展社会斗争中的生活形象是美的，在这种社会斗争中才体现了生活的本质，显示了劳动者自由创造的特性。这种斗争所展现的生活形象是对劳动者创造力量的积极肯定，因而能唤起人们的喜悦感情。唐末农民起义领袖黄巢曾写了一首《菊赋》：

> 待到秋来九月八，我花开后百花杀。
>
> 冲天香阵透长安，满城尽带黄金甲。

黄巢本人虽然不是农民，但在起义中代表农民的利益。在这首诗里所反映的农民起义斗争的形象是美的。我们在这里看到的不是屈辱的悲惨的农奴形象，而是一种战斗的、乐观的起义农民形象。"满城尽带黄金甲"，这是多么壮美的景象！

---

① 马克思：《1844年经济学—哲学手稿》，人民出版社1979年版，第46页。
② 高尔基：《论文学》，人民文学出版社1978年版，第140页。

红军在长征途中刻下的一副对联："斧头砸烂旧世界，镰刀劈出新乾坤"，同样反映了劳动者的革命斗争生活的美。

为什么人民群众的革命斗争是美的呢？因为在革命斗争中最能显示其创造力量。正如列宁所说："革命是历史的火车头——马克思这样说过。革命是被压迫者和被剥削者的盛大节日，人民群众在任何时候都不能够像在革命时期这样，以新社会秩序的积极创造者的身份出现。"[1]

（三）社会美与自然美

现实生活中的美表现为社会美与自然美两种形态。它们的形态虽然各有特点，但从美的根源上看都是直接或间接来自社会实践。所以我们在分析美的形态时，同时也是进一步阐明美的本质和根源。

首先，谈谈社会美。

社会美指的是社会生活的美。它直接根源于社会实践，和真善有着密切的联系。离开了社会生活、实践，社会美本身就不可能存在。人类社会生活是很丰富的，其中主要的是生产斗争和阶级斗争，社会美首先和主要是表现在社会生活的这两大领域内，特别是在作为生产斗争和阶级斗争主体的先进力量和先进人物身上得到最集中的表现。

在这里，我们主要分析一下人物形象的美。

在社会美中特别是人物形象的美，与人的内在品质有密切联系。所谓："诚于中而形于外"，这是强调美的内容的决定作用。人的内在的品质、性格、情感都是在社会实践中形成的，而且是在社会实践中表现出来。内在的美好品质总是要通过一定外在的形式表现出来，所谓"征神见貌，情发于目"（魏刘劭《人物志》）。人们常说："精神美""性格美""灵魂美"。谚语中也说："鸟美在羽毛，人美在勤劳"，"花美在外边，人美在里边"。这些说法并不是说"内在美"是抽象的，没有外在的感性形式，而是强调人的内在品质的作用。而这种内在品质的外在表现主要是通过人物的表情、动作、语言自然地流露出来。有时候人们在生活中只注意到长相的美，而忽略表情、动作、语言的美。长相的美实

---

① 《列宁选集》第1卷（下），人民出版社1972年版，第601页。

际上是一种形式美，而表情、动作、语言却和人的内在品质、精神有密切联系。所以培根曾说："在美方面，相貌的美高于色泽的美，而秀雅合式的动作的美又高于相貌的美。"①

雷锋同志曾在日记中写过："战士那褪了色的补补丁的黄军装是美好的，工人那一身油迹斑斑的蓝工装是最美的，农民那一双粗壮的满是厚茧的手是最美的，劳动人民那被日晒的熏黑的脸是最美的，粗犷雄伟的劳动号子是最美的声音。为社会主义建设孜孜不倦地工作的灵魂是最美的，这一切构成了我们时代的美，如果谁认为这些不美，那他就是不懂得我们的时代。"② 这深刻地说明人物形象的美在于它体现了社会实践的前进要求和人的进步理想。为什么他所列举的这许多感性特征具有审美意义？如果孤立地从这些感性特征本身去寻找原因是无法说明的。为什么那褪了色的补补丁的黄军装是美的，因为它体现了解放军俭朴的品德；为什么满是厚茧的手是美的，因为这是长期勤劳的标志；为什么粗黑的脸会成为美的对象，因为它是人类在长期征服自然中艰苦奋斗的标志。正如马克思所说："我们从那些由于劳动而变得粗黑的脸上看到全部人类的美。"③ 当然，并不是在任何条件下这些感性特征都具有审美意义，而是当这些感性特征成为人的美好品质的标志时才能是美的。也就是说，这些感性特征的审美价值决定于它所体现的内容。在另一些情况下，与上述感性特征相反的一些现象也可以成为美的对象。例如一个工人在现代化装备的工厂中劳动，穿着洁白、干净的工作服，一心一意干四化，同样这种洁白、干净的工作服，也能成为一种美的标志。这些事实都说明社会美，特别是人的形象的美都是内容与形式的统一，并侧重于内容。

古希腊德谟克利特说："身体的美，若不与聪明才智相结合，是某种动物性的东西。"④ 在艺术创作中许多杰出的艺术家都很重视人的

---

① 《西方美学家论美和美感》，商务印书馆 1980 年版，第 77 页。

② 《雷锋日记》。

③ 转引自《学习译丛》1957 年第 3 期，学习杂志社出版，第 48 页。

④ 《西方美学家论美和美感》，商务印书馆 1980 年版，第 16 页。

"精神美"，研究表情、动作和人的内在品质的联系。达·芬奇曾说："除非一个人物形象显示表达内心激情的动作，否则就不值一赞。""绘画里最重要的问题，就是每一个人物的动作都应当表现它的精神状态。"① 达·芬奇所画的《蒙娜丽莎》主要是通过人物的表情、姿态刻画出一个新兴资产阶级妇女的美。作者敏锐地抓住对象一刹那间的微笑表情，给观众以丰富的联想，这微笑表现在嘴角上，也表现在眼角上、面颊上，还表现在自然下垂而微有卷曲的发丝上。她右手轻抚着左手，姿态显得宁静而端庄。她服饰朴素，没有贵妇人身上的那种珠光宝气。画面上一切细节都是为了表现人物精神的美。中国古代画论中强调"以形写神""神形兼备"，把表现人物神态作为绘画品评的最高要求。这种理论正反映了人物形象的美侧重于内在精神品质的特点。当人的外部特征体现了一定美好品质的时候，这形象就是美的。

强调人物内在品质对美的作用，但并不否认人物身上的形式美（如长相、身材等等）。形式美是客观存在的，而且在许多生活领域中有着不可忽视的意义。人的服饰的色彩、样式，也是美化生活所必需的，服饰往往也表现了人的精神状态。但我们不能把形式美当作是人的形象美的主要标志，更不能当作唯一的标志。

人物形象的美与形式美之间往往发生矛盾，有的人内在品质好，但在形式美上有缺陷，人们称赞这种人为"内秀"。贝多芬的形象，从长相上看是有不少缺陷的。罗曼·罗兰在所写的《贝多芬传》中曾作了这样的描绘。他写道："乌黑的头发异乎寻常地浓密，好似梳子从未在上面光临过，到处逆立，赛似梅杜斯（希腊神话中三女妖之一，有美发，后得罪火神，美发尽变毒蛇）头上的乱蛇"②，眼睛是"又细小又深陷"，鼻子是"又短又方，竟是狮子的相貌"，嘴唇则是"下唇常有比上唇前突的倾向"，下巴还"有一个深陷的小窝，使他的脸显得古怪地不对称"。但是我们从他的肖像画或雕像中，见到他那热情洋溢的面

---

① 达·芬奇：《芬奇论绘画》，人民美术出版社 1979 年版，第 169—170 页。
② 罗曼·罗兰：《贝多芬传》，人民音乐出版社 1978 年版，第 3 页。

部，却可以感到他的精神美，甚至那蓬乱的头发，也变为热情的火焰。贝多芬作为资产阶级上升时期的作曲家，他代表着当时进步势力变革的愿望，他提出了"音乐应当使人类的精神爆出火花"①。这些情况说明人的精神美是由人的内在品质所决定，并通过面部表情动作等形式表现出来的。

其次，谈谈自然美。

（1）自然美的根源在于生活与自然的客观联系。首先，从美的产生发展总的过程来看，从自然美在社会中出现的先后来看，归根结蒂仍是社会的产物和历史的成果。在人类社会出现以前，自然界都是自在之物，它们的物质属性虽然早已客观存在，但这时自然无所谓美丑，因为自然的美丑对于人才有意义，在人类社会出现以后也是随着人的社会实践的发展，自然美的领域才逐渐扩大的。像普列汉诺夫所说的原始的狩猎民族"虽然住在花卉很为丰富的土地上，却绝不用花来装饰自己。现代的人种学巩固地确定了这个事实：上述的这些种族都只从动物界采取自己的装饰主题"②。这说明某些自然物由于与人的生活发生了一定的客观联系，先具有了某种社会价值，然后才成为审美对象。在原始艺术中曾出现过许多动物的形象，这是和人类的狩猎生活分不开的；甘肃彩陶上所描绘的许多植物花卉的图案纹饰，则反映了当时农业在社会生活中的作用。在原始艺术中选用题材的变化，反映了社会生活的发展，体现了各个不同历史时期自然与社会生活的客观联系，由于这种客观联系才决定了哪些自然事物特征能够引起人们的兴味。原始人类对自然现象中感到兴味的是那些对他们的物质生活有重要实用价值的东西，因此才去观赏它。以上说明要从全面发展的观点考察自然美的根源，而不能用孤立的静止的方法去探索自然美的根源。正如列宁所说："人的认识不是直线……而是无限地近似于一串圆圈、近似于螺旋的曲线。这一曲线的任何一个片段、碎片、小段都能被变成（被片面地变成）独立的完

---

① 罗曼·罗兰：《贝多芬传》，人民音乐出版社1978年版，第77页。

② 普列汉诺夫：《车尔尼雪夫斯基的美学理论》，《文艺理论译丛》1958年第1期，第136页。

整的直线。"① 如果孤立地去研究自然美现象就会看不清楚自然美与实践、生活的客观联系。

（2）对各种自然美的复杂现象也需要从自然与生活的客观联系上才能说明。这里要分析两种不同的情况：一种是经过劳动改造的自然景物，在这种自然景物中凝聚着人的劳动，自然与生活的联系是比较明显的，因之也是较容易理解的。例如农村中田野的景色，民歌中写道："麦田好似万丈锦，锄头就是绣花针，公社姑娘手艺巧，绣得麦苗根根青。"这说明麦田虽然以其自然特征直接引起人们的美感，但是它的出现离不开农民的劳动。另一种情况是未经改造的自然，如天空、大海、原始森林等等。这类自然景物何以能成为美的对象，这是一个比较复杂的问题，但要探索它的根源，仍然离不开自然和生活的客观联系。首先这类自然的美虽然并不像前面所说的麦田那样，直接打上人的意志的烙印，但它们仍然直接或间接地与人的生活发生联系，或者是作为人的生活环境而出现，或者是为人们提供生活资料的来源，它们是人类生活、劳动所不可缺少的东西。自然界是"人的无机的身体。人靠自然界来生活。这就是说，自然界是人为了不致死亡而必须与之形影不离的身体"②。正是由于人和自然是建立在这样一种广阔的关系上，人才不仅对那些改造过的自然，而且也对一些未经改造的自然产生兴味。其次，未经改造的自然美和生活实践的联系有一个重要中间环节，就是形式美的问题。形式美是从体现一定内容的美的形式中概括出来的。由于人们在审美活动中，直接感受到的是美的事物的形式，经过成千上万次的重复，人们仅仅看见美的事物的"样子"（形式）而不去考虑它的内容，便能引起美感。正如普列汉诺夫所说："当狩猎的胜利品开始以它的样子引起愉快的感觉，而与有意识地想到它所装饰的那个猎人的力量或灵巧完全无关的时候，它就成为审美快感的对象，于是它的颜色和形式就具有巨大和独立的意义。"③ 这里所说的"巨大和独立的意义"，我们理

---

① 列宁：《哲学笔记》，人民出版社1957年版，第365页。

② 马克思：《1844年经济学—哲学手稿》，人民出版社1979年版，第49页

③ 普列汉诺夫：《艺术与社会生活》，人民文学出版社1962年版，第137页。

解有两点含义，一是运用形式美于美的创造，使事物的美的特征更加鲜明，有如蜜饯的瓜果。瓜果本来是甜的，经过蜜饯就更甜了。一是扩大了美的领域，当生活中美的事物以它的"样子"引起人们的美感时，人们就逐渐对那些样子相似的事物也同样产生美感。因此，蔚蓝天空的美虽然并不直接体现劳动创造，但它却和生活中那些由劳动所创造的色彩鲜明滢沏的美的事物有着密切联系。月亮本身虽与劳动创造无关，但月亮和生活中劳动所创造的明镜、玉盘等等器物在色彩和外形上却有相似之处。李白的诗句中，有："月下飞天镜，云生结海楼。"为什么用镜子比譬月亮的美呢？因为月亮与镜子有两点相似：一是圆，二是明亮。这些都是属于形式美。在未经改造的自然中，如果它的样子符合生活中的形式美，就可能成为美的对象。自然的感性特征虽然是自然本身所具有的，但是自然的感性特征很多，为什么有些特征使人感到美，另一些特征却使人感到不美，甚至感到丑呢？这些问题都不能孤立地从自然事物本身来说明，而要从自然与生活的客观联系上说明。车尔尼雪夫斯基曾提出自然事物"因为当作人和人的生活中美的暗示，这才在人看来是美的"。这个看法虽然对我们很有启发，但是由于他对生活不是理解为革命实践，因此，不能从历史发展中去把握自然与生活的联系，而是直观地把自然和生活作类比；在这种类比中往往又忽视了自然的多种属性和自然与生活的多种联系。例如他说："对于植物，我们喜欢色彩的新鲜、茂盛和形状的多样，因为那显示着力量横溢的蓬勃的生命。凋萎的植物是不好的，缺少生命液汁的植物也是不好。"[①] 这段话虽然在一定范围内有些道理，但是由于忽略了自然的多种属性和自然与生活的多种联系，因此，无法说明许多自然美的现象。例如秋天的枫叶，虽然缺少生命的液汁，但它的色泽却很鲜艳。杜牧有两句诗："停车坐爱枫林晚，霜叶红于二月花。"霜叶本来就很红，经过晚霞照映更红了，就显得比春天的花朵还要艳丽。陈毅同志的诗："西山红叶好，霜重色愈浓，革命亦如此，斗争见英雄。"诗人从枫叶在秋天经霜愈红，联想到

---

① 车尔尼雪夫斯基：《生活与美学》，人民文学出版社 1957 年版，第 10 页。

革命战士在艰苦斗争时才能显示其坚毅品质，诗人的这种联想就是以自然与生活的客观联系为基础的。

（3）自然美的主要特征是侧重于形式美，它直接以自然的感性形式引起人们的愉悦，它和社会的功利关系表现得比较曲折隐晦。"云霞雕色，有逾画工之妙；草木贲华，无待锦匠之奇；夫岂外饰，盖自然耳。"① 这是说云霞、草木的颜色、形状都不是人工造成的，而是直接以自然本身的感性形式引起人的美感。因此，自然的某些属性如色彩、形状、质感等等具有不可忽视的审美意义，这从许多艺术家对自然的细致观察可以得到证明。例如中国古代画家从不同季节，观察树木、池水、天空等色彩的变化。水色是春绿夏碧，秋青冬黑；天色是春晃夏苍，秋净冬黯；树木是秋毛冬骨，夏荫春英，等等。中国画中对山石的各种皴法，如斧劈皴、披麻皴、米点山水等等，都是根据不同地域山石的不同形状、质感观察得来的。黄公望所画的《富春山居图》所用的披麻皴，表现了江南山峦土质松软的特点；郭熙的《窠石平远图》所用的云头皴，表现了火成岩石的特点；米点山水的画法则表现了江南烟雨湿润的特点。由于各地自然条件的不同，自然美的形象是丰富多彩的。峨眉天下秀，青城天下幽，夔门天下雄。"嵩山多好溪，华山多好峰，衡山多好别岫，常山多好列岫，泰山特好主峰。"② 同一地区同一山水，在阴晴朝暮等不同条件下美的特色有很大变化；如果加上人和自然的关系的变化，同一自然景物从远近正侧去观察它，呈现在人面前的形象也是多样的，所谓"横看成岭侧成峰，远近高低各不同"（苏轼）。中国画论中所说的"师造化"，就是强调对自然特征的观察。当然这只是画好山水画的客观条件之一。

最后说明一点，由于自然美与生活有密切联系，因此，通过自然美的欣赏，可以激发人们对祖国的热爱。方志敏烈士曾把祖国山河比作母亲的肌体：

---

① 刘勰：《文心雕龙·原道》。
② 郭熙：《林泉高致》。

"中国土地的生产力是无限的；地底蕴藏着未开发的宝藏也是无限的；废置而未曾利用起来的天然力，更是无限的，这又岂不象征着我们的母亲，保有着无穷的乳汁、无穷的力量，以养育她的四万万的孩儿？……至于说到中国天然风景的美丽，我可以说，不但是雄巍的峨眉，妩媚的西湖，幽雅的雁荡，与夫"秀丽甲天下"的桂林山水，可以傲睨一世，令人称羡；其实中国是无地不美，到处皆景……我们的母亲，她是一个天资玉质的美人……"[①] 这说明先烈对自然美的热爱是和对祖国、对人民的热爱紧密结合在一起的。

　　关于艺术美问题另作专题研究。

杨辛　甘霖

---

① 方志敏：《可爱的中国》，人民文学出版社 1952 年版，第 13 页。

美和人生

一、愿美育陪伴人的一生

今年我已经 81 岁，心态似乎还年轻，我感到美育能使人一生充满幸福。在美育中艺术有重要的作用。艺术可以启迪人生、激励人生、抚慰人生，在人生的历程中不论是顺境还是逆境，都能从艺术中吸取一种精神力量。

青少年时期的美育，不仅对提高青少年的素质很重要，而且像一粒种子，在人的一生，特别是在晚年继续开花结果。老年人以艺术为寄托，保持平和宁静的心境，也是一种幸福，我曾写过两句诗："朝霞晚霞皆呈锦，花开花落俱是歌。"这体现了我晚年的心境。美育陪伴了我的一生。

二、发现美、传播美、创造美是人生的一大乐趣

德国罗丹曾说："美是到处都有的。对于我们的眼睛，不是缺少美，而是缺少发现。"我觉得美的发现是一种快乐，无论对自然美还是艺术美，都需要人去发现。例如：对自然美的发现，就需要人的慧眼。唐代柳宗元曾说："美不自美，因人而彰。"所谓"因人而彰"，意思就是要人去发现。这使我想起一个例子，就是泰山极顶石，原来在岱顶是埋在玉帝庙的下面，明代万恭就把玉帝庙北移，露出了极顶石。这里面就包含了对极顶石的发现。我在前几年登泰山的时候，就发现极顶石蕴涵着泰山的谦逊的品德。我曾写过一首诗："孰争天下雄，浑朴恒自谦；赖有众山举，始入霄汉间；极顶人为峰，俯览石一圈；守微乃成大，而今

识泰山。"泰山的极顶石就是一个泰山的缩影。人们面对极顶石不是觉得自己渺小，而是俯视极顶石感觉泰山分外的亲切。这体现了泰山的谦逊品德。这里有一种发现美的快乐。还有泰山的南天门，也是在多次的登山过程中，才发现它的美。它是把人文景观和自然景观巧妙地结合起来，形成一种天人合一的艺术。南天门犹如泰山的眼睛一样，它的构思体现了我们民族的创造和智慧。这里有几点值得注意：1. 位于飞龙岩与翔凤岭之间低坳处，双峰对峙，仿佛天门自开；由于双峰对称，烘托了南天门的中心地位。2. 南天门位于山脊上，与蓝天交接，在蓝天的衬托下，深浅对比强烈，建筑轮廓显得鲜明。3. 南天门处在紧十八盘的尽头，石阶好似天梯高悬。4. 南天门作为岱顶的屏障，预示前面将要呈现的仙境。对南天门的美的发现，带给了我很大的快乐。我觉得，在美的发现中，实际上也是对自己审美能力的一种肯定。在人生中，不仅要去发现美，而且要去传播美。有许多美的事物，都是我们民族传统文化的精髓。传播美也就是要弘扬人类文化中的美，特别是民族传统文化中的美。我曾经编写过《美学原理》的教材，在这些教材中，大量地介绍了优秀的艺术作品，对青年进行美的教育。《美学原理》这本教材到现在已经发行了 40 万册以上，我想这也算是对传播美做了一点有意义的工作。特别是近年来，我还对外国朋友介绍中国的传统艺术，帮助外国朋友了解中国传统艺术的美学价值。除了发现美传播美，更重要的是创造美。人生当中，最大的快乐，莫过于在创造中获得的快乐，因为人和动物不一样，本质的区别就在于人能够创造。动物的生命是适应环境，而人却能改造环境。我自己在文学艺术中深深地体会到这一点。比如说：我登泰山是从 1979 年开始，雄伟的泰山的自然景观和它深厚的历史文化内涵感动了我，我走遍了泰山的东西南北，对于泰山的一草一木都产生很深的感情，因此写出了《泰山颂》这首诗："高而可登，雄而可亲。松石为骨，清泉为心。呼吸宇宙，吐纳风云。海天之怀，华夏之魂。"这首诗表达了我对泰山的整体的认识。泰山犹如东方的巨人，成为我们民族的精神象征。泰山不仅是雄伟，而且使人感到亲切。在登山的途中，就像置身于泰山的怀抱中。在登山中不仅是一种美的享受，而且得到人生的启迪、人生的鼓舞。泰山给了我晚年新的生命。在创作这首诗的过程中，我感到一种创造的喜悦。后来，我又把这首诗通过书法的形式表现出来，又在书法中表现出泰山的壮美。经过多年刻苦的学习，我的书法不断取得进步。在 1999 年，泰安市决定让我把这首诗写出来刻在泰山。我认真地反复地书写这首诗。由于刻石的篇幅很大，有四米多宽，所以我把对泰山的热爱完全倾注于书写中。先后共写了 23 遍。经过多次的修改，甚至于在字已经刻到石头上以后，还一个字一个字地斟酌，做最后的修改。当刻石落成的时候，北大的校领导，泰安市委、泰安风景区的领导都来参加，给了我很大的鼓励。当时，我感到这是我一生中最大的幸福，所以不管是《泰山颂》这首诗，还是这首诗的书写，都是一种美的创造。在美的创造中，使我享受到最大的快乐。有的朋友开玩笑跟我说，"你没有虚度此生"。这仅仅是一个例子。在艺术的创作中都是充满了创作的乐趣。创造也可以说是艺术美的灵魂。像我其他的很多作品，如《春》《梦》《乐》《龙》等等都带给我无穷的乐趣。但是，美的创造并不限于艺术，在生活中也是这样。一个人能够参与到新社会的建设中去，这也是一种生活的创造。总之，在人生过程当中，不断地发现美、传播美、创造美都会使我感到生活充实而快乐。

三、艺术为人生，人生如艺术

艺术要为人生服务。在自然中、生活中、艺术中都充满了美，但艺术是美的一种集中的表现。在生活当中，衣、食、住、行种种活动，都是为了满足人的物质生活的实用需要。人在工作当中，不能够时时刻刻都去欣赏美，虽然生活中存在美，但在忙于事务中，也无暇欣赏。曾经有一个美学家也做过一个有趣的比方，"生活中的美就像在马路上铺满了金币。人在生活中忙于事务，就好像坐在一辆飞奔的马车上，虽然满地是金币，也无法弯腰下去拾取"。但是，在艺术当中就不一样，因为艺术本身的特点就是为了审美。在艺术作品中，不管是画马还是画鱼虾，它都不是为了实用。艺术中的马不能骑，鱼虾也不能吃。这些东西画出来就是为了让人欣赏。所以艺术它不是去满足人的实用需要，而是去满足人的审美的需要。而且在艺术中，能够充分地体现真善美的结合。艺术是以美引真，以美导善；是让你在欣赏美的过程当中，不知不觉地把你导向真善。这是一种潜移默化，用杜甫的两句诗来形容，即"随风潜入夜，润物细无声"。所以艺术对培养真善美相统一的人生观有很大的好处。在人生中，没有艺术就好像是一片荒漠；有了艺术，才使生命充满了活跃，使生活充满乐趣。艺术美源于生活，但高于生活，它是艺术家创造性劳动的产物，它可以启迪人生、激励人生。

人生如艺术，就是说，人的一生也像完成一件艺术品，也是体现真善美的统一。艺术美是艺术家的创造，人的一生也是体现人的创造。人的一生就像雕塑家手中的一块石头，这块石头刻成什么样子是决定于雕塑家的创造。人的一生有青少年时期、壮年时期、晚年时期，都需要自己去安排，让人生充满乐观的精神。比如我曾经改过两句古诗，"夕阳无限好，妙在近黄昏"。原诗是李商隐写的。原是"只是近黄昏"，是带有一种惆怅的情感。我把"只是"改成"妙在"，体现了一种乐观的精神。为什么说"妙在"呢？因为人到了晚年，积累了几十年的经验，可以把这些经验融化在现在的成果中，对人生的体会可以做一个全面的回顾，写出的东西就会更有深度。而且在晚年，生活比较超脱，能够淡泊名利，所以能保持身心的平衡。人的一生犹如完成一件艺术的创作，有人说人生如歌，人生如诗，在人生的创造中能够多一些闪光点，少一些败笔。

前面谈到"朝霞晚霞皆呈锦，花开花落俱是歌"，这就是对人生的一种艺术感受。

编写《美学概论》的一些回忆

朝闻同志主编的《美学概论》是新中国成立后的第一本高等学校美学教材。回忆当时教材的编写工作，已是四十多年前的事情了。那时朝闻同志才五十多岁，现在已是百年华诞了。当时我是编写组的副组长，作为朝闻同志的助手还兼做一些组织工作，至今仍留下不少深刻的印象。在编写组工作了几年，仿佛是进了一所学校，使我受到很多教益，有几点对我长期的美学教学和科研工作产生了深刻的影响。

一、正确的研究方法，严谨的学风。这本教材的编写难度很大。在美学的基本理论中有些是从古至今争论不休的问题。周扬同志、国家教委委托朝闻同志任《美学概论》主编，工作一开始就从资料入手，从调查研究入手。这个指导思想非常重要，因为收集和整理资料本身就是一个研究过程，就是理论工作的一项基本建设。

当时编写组组织了一系列专题的调查研究，如：

1. 中国美学资料选编
2. 西方美学家论美和美感
3. 马克思、恩格斯论美
4. 中国当代美学界讨论
5. 苏联当代美学讨论
6. 西方主要国家大百科全书美学词条的汇编
7. 马克思《1844 年经济学—哲学手稿》论文选

除了这些文字资料的整理，还请过一些专家到编写组作学术报告。在资料的编选过程中曾得到郭沫若先生的指导，朱光潜还提供了他尚未发表的若干译稿，特别是朝闻同志本身就有深厚的理论修养，又是艺术家，有丰富的艺术实践经验，这对探讨美和审美的特殊规律都是很有利

师道师说

杨辛 卷

的条件。当时周扬同志、国家教委选择朝闻同志担任《美学概论》的主编是很有见地的。

由于坚持从调查研究着手，工作进行得扎扎实实，避免了从概念到概念的空洞议论（或孤立地阐释马恩的只言片语），也避免了烦琐的经验描述。

正是这种严谨的学风，保证了编写工作的顺利进行。由于较全面地掌握了有关美和美感的资料，理论视野更开阔，古今中外可以作比较，启迪学生去思考，而不是简单地告诉学生一些结论。

二、以马克思主义哲学的基本观点为指导。也就是在学术领域中贯彻实事求是的精神，从审美与艺术实践的实际出发，详细占有资料，在对大量事实的研究中形成观点，找出规律，用以指导审美与艺术实践。这种理论与实践相结合的方法，既体现了教材的特色，也体现了主编本身的特色。朱光潜先生就曾多次对朝闻同志在美学理论与实践的结合上所取得的成就表示敬重。

从教材内容的体系看，实际上分成三大部分：审美对象，审美意识，艺术。其中重点是艺术部分，也是全书的精华所在。第一章是审美对象，第二章是审美意识，第三章到第六章都是讲艺术。因为艺术既是重要的审美对象，又是审美意识的集中表现。在关于艺术的创造、欣赏、批评论述中都融汇了主编的精辟见解，体现了实事求是的科学精神。这本教材的讨论稿曾经过多次修改，在"文化大革命"前我曾经保存了一部分修改稿，"文化大革命"中大都散失了，十年前从旧书中找到一两本，上面密密麻麻地写满了朝闻同志的修改意见，这些意见都是经过精心的思考，有的长达六七百字。从这一鳞片爪的珍贵材料中可以体会到主编付出的心血。这些珍贵资料我都送给解驭珍同志留作纪念。

在美学理论中还有一些难题，如美的本质问题。当时朝闻同志作为主编，对这个问题的处理是积极而又谨慎的，坚持了马克思主义的指导原则，给我留下了深刻的印象。

首先，肯定美的本质这类难题是可以逐步认识的。当时朝闻同志曾幽默地说:"这个问题好像在草堆中抓兔子,反正兔子就藏在草堆里,跑不掉,我们可以逐步缩小包围圈。"在教材中对美的本质这样的难点并没有回避,而是设了专节,以一种探索的精神来加以论述。

其次,在新的哲学基础上去探索美的本质。在教材编写中是以马克思主义对"生活本质""人的本质"的科学理解为指导去探索美的本质,也就是从实践中主体与客体的关系中去探索美的本质。既不是把美看作与人的实践无关的自然属性,也不是把美看作意识精神的虚幻投影。并且克服了车尔尼雪夫斯基由于人本主义思想给美的理论带来的局限。在教材编写中马克思主义的实践观点是一盏明灯,开拓了美学研究的广阔领域。

再次,朝闻同志强调在编写过程中学习有关马恩的著作,但不是放下编写工作孤立地学习,而是一边编写,一边学习。当时重点学习了马克思《1844年经济学—哲学手稿》《关于费尔巴哈的提纲》等著作。通过讨论,贯彻百家争鸣方针,起到集思广益的作用,重要的章节或难点都是在反复讨论的基础上,多人轮流执笔修改,最后由主编审定才完成的。所以就教材的整体看,可说是集体辛勤劳动的成果。

三、培养了一支美学队伍。在教材编写中,朝闻同志特别强调要有中国特色,他曾一再让我转告编写组的同志要"尽可能利用中国美学资料,尽可能改成有中国味道的书"。编教材不仅是写一本书,还通过编教材形成一支队伍。从1961年到现在四十多年的历程,事实证明了这一点。1961年周扬同志曾说:"一个大儒(学者)在一个地区招一批徒弟(门生),一个带一批,在一批中又出几个,由这几个再去带一批,这样不断滚雪球地成长起来,形成一支队伍。"朝闻同志主编这本教材实际上担当了我国美学事业的带头人。1981年国家教委季啸风同志曾谈到,在编写《美学概论》教材中形成了以王朝闻同志为首的第一梯队。到1981年全国高校美学教师进修班有卅名学员,是第二梯队(现在多成为高校美学骨干,并担任教授),通过他们又培养了一批研究生,队伍在不断壮大。1980年朝闻同志担任全国美学学会的会长,进一步发挥了他在我国美学事业中的作用。在90年代,朝闻同志又陆续发表了许多美学专著，为我国美学事业作了新的贡献。朝闻同志不愧是新中国马克思主义文艺理论和美学的奠基人。

　　还有一点需要特别提到的是，这本教材正式出版后，促进了高校美学教学的规范化。以前高校没有适合的教材，只好用苏联的《马克思主义美学基本原理》，但学生阅读很困难。现在有了自己的教材，学生学习方便多了。到目前为止这本教材印数已超过六十万册，为美学教材中发行量最大、影响面最广的一本书。

珍贵的回忆　亲切的历程

——中华美学学会成立三十周年的片断回忆

中华美学学会自 1980 年成立至今，已有三十年。三十年来，我们的国家无论在政治、经济还是文化上都发生了巨大的变化，美学事业有了长足的发展，美学作为一门学科也逐渐臻于成熟，成为涵盖美学基本理论、中国美学史、西方美学史和各门类美学的比较完整独立的学科，师资队伍也不断壮大。这些成就的取得，是和广大美学工作者、美学教师和科研工作者的努力分不开的，和中华美学学会在其中所起的重要作用也分不开。在中华美学学会成立三十周年之际，作为美学战线工作的一位老同志，回想起这三十年来的变化，我心中十分感慨，不由得忆起朱光潜、宗白华、王朝闻等美学界的前辈，忆起跟他们亲密相处的日子。这些前辈对我来说，既是明师，亦为良友。他们虽然已经作古，但他们的音容笑貌还历历在目；他们崇高的人生境界、深厚的学术造诣、严谨求实的学风一直激励我、鞭策我。

在纪念中华美学学会成立三十周年之际，借这个机会，我想谈谈在参加朝闻同志主编的《美学概论》教材工作中，以及亲聆朱光潜、宗白华等老一代学者教诲中的几点感想。

第一点，美学研究的指导思想，努力以马克思主义为指导来建设自己的美学。

我回想起三十年前在昆明召开第一次全国美学会议的情景。在这次会议上正式成立了中华美学学会。朱光潜先生当选为会长，在会议一开始播放了周扬同志的一段讲话录音。他讲了四点意见，我觉得都是美学研究中的方向性问题。其中头一条意见就是：用马克思主义的观点研究美学，努力用历史唯物主义对美和美感这种现象作科学的说明，逐渐形

师道师说

杨辛　卷

成一个马克思主义的美学体系。这一指导思想早在 20 世纪 60 年代初的美学教材编写中便已确定。当时周扬同志、国家教委选择朝闻同志担任《美学概论》的主编是很有见地的，因为朝闻同志有深厚的理论修养，本身又是艺术家，有丰富的艺术实践经验，这对探讨美和审美的特殊规律都是很有利的条件。他非常重视在学术领域中贯彻实事求是的精神。从审美与艺术实践出发，详细占有资料，在对大量事实的研究中形成观点，找出规律，用以指导审美与艺术实践。在 20 世纪 80 年代，朱光潜先生在北大对美学研究生讲话中，就曾多次对朝闻同志在美学理论与实践的结合上取得的成就表示敬重。

在教材编写过程中朝闻同志特别重视对马克思主义的学习，但不是放下编写工作孤立地学习，而是一边编写一边学习。当时重点学习了《1844 年经济学—哲学手稿》《关于费尔巴哈的提纲》等经典著作。对美学理论中的难点，如美的本质问题，并不回避，而是采取积极而又谨慎的态度，努力在新的哲学基础上去探索美的本质。在教材编写中是从马克思主义对"生活的本质""人的本质"的科学理解为指导去探索美的本质，也就是从实践中主体与客体的辩证关系中去探索美的本质。既不是把美看作与人的实践无关的自然属性，也不是把美看作意识精神的虚幻投影。并且克服了车尔尼雪夫斯基由于人本主义思想给美的理论带来的局限。在教材编写中马克思主义的实践观点是一盏明灯，开拓了美学研究的广阔领域，使得人们对真善美的理解和把握有了历史的、现实的基础。

朝闻同志在 1980 年所写的《美学概论》"后记"中谦逊地写道："本书编写虽然力图以马克思主义观点为指导，但这是我们的主观愿望……书中提出的许多观点都还只能说是探讨性的。"

可以说在 20 世纪 60 年代以后在国内美学界、特别是在高校美学教学中，学习马克思主义已逐渐形成一种思潮，一种风气。在二十多年的刻苦钻研中，不少学者在思想上发生深刻变化。例如朱光潜先生在学术上的变化就给我很深刻的印象。1983 年他去香港参加钱宾四先生学术文化讲座，他演讲的第一句话就是："我不是共产党员，但我是一个马克思主义者。"曾经有人议论，说朱光潜学马克思主义是在压力下不得不如此。但我可以证明事实并不是这样。我和朱先生相处二十六年，不是一般地接触，他一些心里的话也愿意跟我谈。他自己认为和马克思主义是"相见恨晚"，认为是马克思主义赋予他"新生"。他在1980年所写的《谈美书简》实际上是讲他怎么走向马克思主义。书中包括给青年的十二封信，与解放前所发表的《给青年的十二封信》形成鲜明的对照。他满怀热情地引导青年学习马克思主义。朱光潜先生的思想发展过程，体现了新中国美学思想发展的主流。

当然，以马克思主义为指导思想并不意味着排斥其他观点，不意味着马克思主义只能是唯一的观点。在当代文化发展多元化的时代背景下，美学和艺术学的发展也应该是多元化的，不同角度、不同侧面、不同观点之间对美学和艺术学问题的探讨，都是允许而且是必须的。百家争鸣，百花齐放，这是学术的正常发展所必不可少的前提条件。正如马克思所说，大自然中有百花盛开，思想上也不可能只有一种思想。特别是对于当代美学来说，多元化已是一种时代潮流。而且，马克思主义本身便是实践的，因此，它也应该是开放的、与时俱进的。马克思主义提供了一些理解美学和艺术的新的立场和方法，即从人类的实践活动中，从人类文化发展史的高度去理解美和艺术的本质，但许多具体的问题还需要具体的研究。我这里之所以谈到朝闻同志主编的《美学概论》，是因为，在20世纪60年代中国缺乏正常的学术环境的那种时代条件下，朝闻同志所带领的《美学概论》编写组，坚持客观的实事求是的原则，不盲从权威，而是以马克思主义的文本为依据，从马克思主义的基本立场和观点出发，经过多次反复讨论修改，集思广益，编写出了符合马克思主义基本观点并具有中国特色的美学概论，这的确是个难能可贵的学术成果。

第二点，美学研究要中国化，要有中国特色。在全国美学学会成立时，周扬同志就提出"要整理几千年来中国的美学遗产，中国古代的思想家、艺术家、文学家在美学方面有很宝贵的东西，应该编出美学史料，用马克思主义的观点进行整理、分析、批判和发展，从而建立起马克思主义的、同时又是中国的美学"。这一指导思想非常重要，就是说中国的美学不能丢掉中国的根，中国的美学要有中国的特色、中国的气派，要有中国文化的气质。这些年，我国翻译介绍了大量西方哲学和美学的文献，这在开阔视野、扩大知识面，让中国学者参与当代世界美学和哲学的交流和对话方面起到了很好的作用。与此同时，不少同志在研究中国美学方面做了大量艰苦的工作，体现了一种开拓精神。首先是中国美学史料的整理。这项工作可说是美学理论的基本建设之一。在浩瀚的美学史料中去粗取精，这是一个深入细致的研究过程，需要极大的耐心和坐"冷板凳"的精神。我记得在 20 世纪 60 年代初，国家教委组织美学教材编写（地点在高级党校），其中中国美学史资料的编选是由于民负责（与叶朗合作完成），在他的工作室里堆满了各种线装书，就是这样默默无闻地工作，一干就是几年。1980 年由中华书局出版的《中国美学史资料选编》主要是由于民、叶朗完成的。这套资料的编选曾得到学术界前辈的热情指导。如郭沫若先生在审阅初选的目录时，看得很仔细，并亲笔回信提出："陆机《文赋》、孙过庭《书谱》都是好文章，似可通录。"（这两篇在初选目录中均为节录。）宗白华先生对这套资料也作了指导和审订。这套资料的出版体现了一种开拓精神，不仅是为中国美学史的研究提供了最基本的素材，而且丰富了美学原理的教学和研究。这对当时高校的美学教学起到了积极推动作用，在文艺界也受到关注。后来，于民、孙通海又编著了《中国古典美学举要》，于民还出版了《中国美学思想史》，叶朗主编了《中国历代美学文库》，力求完整地收集中国美学方面的著作，这些都是很有价值的学术成果。

改革开放以后，中国美学研究取得了丰硕的成果，除了上面提到的于民、叶朗的一些成果之外，就我目前所能想到的，如李泽厚的《美的历程》，李泽厚、刘纲纪的《中国美学史》，叶朗的《中国美学史大纲》，敏泽的《中国美学思想史》，周来祥的《论中国古典美学》等。还有不少探讨中国古代艺术美学的专著，像刘纲纪《〈周易〉美学》《"六法"初步研究》《中国书法美学简论》，蒋孔阳《先秦音乐美学思想论稿》，杜书瀛《论李渔的戏剧美学》，叶朗《中国小说美学》，等等。这些专著都是对我国美学事业的重要贡献，其中有些著作在国际上也产生了重要影响。虽然我所知道的情况很有限，但值得欣慰的是，在中国美学史研究方面，这三十年来从无到有，从个别零散的研究到系统全面的研究，已是百花齐放，蔚为大观。

此外，在西方美学研究、美育研究等方面，这三十年来也取得了巨大的成果，形成了自己的学科体系和完备的师资队伍。如本届学会会长汝信先生主编的《西方美学史》四卷本，集国内西方美学研究领域的老中青三代专家，从国内外最新的第一手资料去编写西方美学史著作，体大质优，成为国内近年来西方美学史研究领域中一个最有代表性的成果。再如蒋孔阳先生和朱立元先生主编的《西方美学通史》七卷本，是自朱光潜先生《西方美学史》之后的第一部资料非常翔实的西方美学通史性著作，也是国内西方美学研究方面的一个突出成果。

第三，美学与人生。在我多年来和美学前辈的长期相处中，常常体会到在他们身上有一种很珍贵的品质，那就是学术境界与人生境界的高度统一。他们的一生都是在追求真善美，在他们卓越的学术成就中蕴含着一颗美好崇高的心灵。他们为了我国美学事业的发展真正做到了"鞠躬尽瘁，死而后已"，这种奉献精神永远值得我学习。

像王朝闻同志，他很早就参加了革命，一生都是在为人民的事业作贡献。除了在艺术创作、艺术评论方面的杰出成就外，从 20 世纪 60 年代以后，他对我国美学事业的发展投入了更多的精力。他主编的《美学概论》是新中国成立以后第一本高等学校的美学教材。编写这本教材有很大的难度，因为美学是一门年轻的学科，许多基本理论都处于探讨之中。这本教材的诞生是一个艰苦的历史，从 20 世纪 60 年代开始，1964年写出讨论稿，经过"文化大革命"，70 年代后期才正式出版。其间经过很多次修改。当时我是编写组的副组长，作为朝闻同志的助手，深知主编为完成这部教材可说是费尽心血，如何在编写过程中组织学习、讨论、修改、调查研究以及经费筹措等等，他都操心。我曾经保存过一部分打印的讨论稿，上面密密麻麻地写着他的修改意见的手迹（已交给解驭珍同志保存）。这部教材是在朝闻同志指导下，编写组全体同志集体创作的结晶。这对高校的美学教材的规范化起到很好的促进作用。（以前高校没有合适的教材，只好用苏联的《马克思主义美学基本原理》，学生阅读很困难。）在 20 世纪 80 年代，胡耀邦见到这部教材，曾说他"看了几部美学理论著作，还是王朝闻主编的《美学概论》比较好"。朝闻同志主编的这一本《美学概论》切合了"文化大革命"以后新时期的时代需要，一出版便受到广泛欢迎，很快发行了六十万册，并一再印刷。它的出版，还带动了一批美学原理教材的编写。新时期以来，各高校恢复了美学课程，因此，自朝闻同志的《美学概论》出版以后，各高校又根据自己的实际情况和需要组织编写了自己的美学原理教材。

1983 年，朝闻同志担任中华美学学会会长，1993 年改任荣誉会长，领导学会的工作，和美学事业的关系更紧密了。朝闻同志的几部美学专著如《审美谈》《审美心态》《雕塑雕塑》（后改为《雕塑美学》），都是在 80 到 90 年代陆续出版的。2002 年艺术研究院要出版一套丛书，定名为《中国艺术总论》，选辑了上述朝闻同志三部美学著作，朝闻同志承担了这一任务，但出于他一向对学术的精心要求，需要对原著校改一遍。因此在他生命的最后两年，也就是在九十五岁高龄时还在坚持校改这三部美学专著。当时他的眼疾很严重，由于黄斑变性在十年前已损坏了左眼，另一只半失明的右眼也愈加模糊，他戴着老花镜，手里拿着放大镜，艰难地工作，终于在夫人解驭珍的协助下（当时解驭珍正处在癌症手术后，身体很虚弱）完成了这一工作。

还有朱光潜先生，在美学领域一生辛勤耕耘，不计荣辱，只求奉献。他有一句名言，就是"以出世的精神，做入世的事业"。这是光潜先生的人生哲学。他在晚年出版的《美学拾穗集》中，曾自比 19 世纪法国画家米勒名画中三个辛勤拾穗的农妇。他在他的北大任教六十周年的庆祝会上曾说："只要我还在世一日，就要做一天事，'春蚕到死丝方尽'，但愿我的丝加上旁人吐的丝，能替人间增加哪怕一丝丝的温暖，使春意更浓也好。"他在八十岁以后，翻译维柯的《新科学》，这是一部内容和文字都很艰深的近五十万字的巨著，他曾对我说："翻译这部著作简直像身上脱了一层皮。"他对《新科学》一书十分重视，认为它对正确理解马克思主义的实践观点极为重要。他翻译这部著作是"为后来者搭桥铺路"。繁重的工作影响了他的健康，曾多次住进医院。1984年他住在友谊医院，出院后曾让我代他写信向医院的医护人员表示感谢。光潜先生在家调养，但心里总惦记未完成的工作。家人关心他，劝他不要工作，先好好养病，甚至把一些书藏起来。为了好照顾他，把他的卧室搬到楼下。但是在他去世前几天，趁家人不备，他用双手双脚顺着楼梯往上爬，摔倒在楼梯上。家人发现后赶紧把他扶起来，让他到床上躺下，问他为什么上楼，他说还有一篇文章要写完（指《关于〈新科学〉中一些译词的说明》）。《新科学》是在他逝世后两个月出版的。可以说光潜先生是一直工作到他生命的最后一息。在光潜先生的追悼会上我写了一副挽联："春蚕吐丝尽，织锦暖人间"。在向光潜先生遗体告别时，当我看见那安详的遗容时，感到一种震撼，"光潜先生真正安息了"。

还有宗白华、邓以蛰诸位先生，他们的学术成就、人格魅力都给我留下了深刻的影响。

当中华美学学会成立三十周年时，我也想念许多在一起工作和生活过的老朋友，他们真挚的友谊在我的人生中留下了美好记忆。我现在虽然已进入望九之年，但生活过得充实而愉快，并总是怀着一种感恩的心情想为社会做一点有益的事情。在离休以后，我主要是在弘扬中华传统文化方面做了一些工作：

（一）对泰山的美学价值和特征作了实地考察。1979年我和李范等同志因去济南开一个会，第一次登临泰山。从那以后，到2010年三十年间，我登泰山42次（其中徒步37次），完成了《泰山美学考察》论文，创作了歌颂泰山的诗歌30余首。其中《泰山颂》一诗由我自己书写，已刻石于泰山朝阳洞和天外村两处。《泰山颂》是试图以诗的形式把泰山的精神写出来，我认为泰山精神也象征着我们民族的精神："高而可登，雄而可亲。松石为骨，清泉为心。呼吸宇宙，吐纳风云。海天之怀，华夏之魂。"

（二）在近二十年中收藏各种艺术门类的荷花艺术品近300件，曾

师道师说

杨辛 卷

在北大和泰山展出，并从美学角度对荷花文化作初步的探索。泰山与荷花，前者体现出"天行健，君子以自强不息"的刚健精神，呈现出阳刚之美，后者体现了"出污泥而不染"的高洁品质，呈现出阴柔之美，二者都体现了人与自然的和谐，表现了天人合一和天人相亲的境界，是我们民族精神的精华。

（三）从事书法艺术的实践，在国内外多次举办展览，并撰写了论文《中国书法艺术的美学特征》。

（四）对北京的古建筑如故宫、天坛、颐和园、长城等的美学特征进行探索，写出论文，并译成法文、意大利文在国外出版。我和甘霖合作编写的《美学原理》列入了国家教委的教材规划，发行量已达九十万册，已出版第四次的修订版。

在以上这些美学研究中，我忘不了美学前辈们对我的教诲，我深深感到美学照亮了我的人生，使我的生命焕发光彩。美学使我感到生活充满乐趣，在乐趣中忘记"衰老"，所以我把李商隐的两句诗"夕阳无限好，只是近黄昏"改成"夕阳无限好，妙在近黄昏"。这个"妙"字也许就是一种美学的境界吧。

2010 年 4 月 6 日

泰山美学考察

一、泰山是中国历史文化名山——五岳之首

泰山在中国人民中有广泛而深刻的影响，人们常说"重于泰山，轻于鸿毛"（司马迁说："人固有一死，或重于泰山，或轻于鸿毛"），"泰斗"（泰山、北斗），"稳如泰山"，"有眼不识泰山"。在中国人民心目中，泰山几乎是"伟大""崇高"的同义语。

泰山地处黄河下游，是中华民族的发源地之一。在泰山东南发现的"沂源猿人"化石，距今有四五十万年，这些发现说明远在旧石器时代，中华民族的先民已在泰山一带栖息、繁衍。进入新石器时代，泰山之南有大汶口文化（距今 6000—4000 年），泰山之北有龙山文化，这是大汶口文化的延续。其后，周朝的两个大诸侯国齐国、鲁国就封疆在泰山，在这里产生了闻名的齐鲁文化。

泰山被尊为"五岳之首"有其历史文化的原因：

1. 泰山地处中国东部，又名东岳。古代哲学中东方为"万物之始"，是太阳升起的地方，万物靠太阳而生。按五行学说东方属木，按四时东方为春。泰山主生，"天地之大德曰生"。东方成为生命之源，成为祈福的象征。

2. 泰山在远古即存在祭天的传统，古代王者受命易姓，都要禀告天地。"古者封泰山禅梁父者七十二家。"（《史记》）但这种远古帝王封禅泰山的传说，并没有确定的记载，直到秦始皇到泰山封禅才开始有明确的历史记载。以后，汉、唐、宋都沿袭在泰山封禅。

秦始皇、汉武帝千里迢迢来到泰山封禅，而不选择就近的西岳华山，原因就在于这种历史文化传统的延续。

3. 泰山本身的自然环境特点。古时"泰"与"大""太"字同义。东岳的"岳"字也是指大山。汉武帝对泰山的感受有"高矣、极矣、大矣、特矣、壮矣、赫矣、惑矣",这七个"矣"字中,前六个都是形容泰山的雄伟气势。孔子说"登泰山而小天下"也是讲泰山的雄伟。

二、泰山文化的内涵博大精深

泰山文化的信息量很大,可说是中国文化史的一个缩影。

在泰山文化中,起主导作用的是儒家思想。孔子的思想与泰山有着千丝万缕的联系。中国古代在泰山的封禅活动,实际上就是儒家中的"礼",祭天就是一切礼仪活动中的最高形式,是隆重的国家大典。封禅是为了祈求国泰民安,达到天地人的和谐统一。在古代社会中,只有帝王,而且只有丰功伟绩的"仁德之君"才有资格封禅祭天,如秦始皇、汉武帝、唐玄宗等。据载汉武帝的封禅纪功刻石有"事天以礼,立身以义,事父以孝,成民以仁"的说法,这点明了儒家思想中的社会伦理特点。在唐玄宗的《纪泰山铭》摩崖石刻中也体现了"天下归仁"的思想。铭中写道:"维天生人,立君以理,维君受命,奉天为子。代去不留,人来无已,德凉者灭,道高斯起。"这段话的意思是薄德之人、不义之人,必然灭亡,治国之道,能施仁政,国家才能振兴。天子秉承天命就是要施行仁政。

在儒家思想中还蕴含着一种事业上的进取精神,所谓"天行健,君子以自强不息"。在盘道两侧的石刻中,有不少是激励人生或鼓舞人们攀登的,如"从善如登""云步跻天"等等。至今在盘道上攀登的人群中,我们仍可感受到这种勇于攀登的进取精神。

泰山的精神内涵还包含了佛教和道家的思想。在泰山封禅的帝王中,有不少信奉道教,尤其在唐代是泰山道教鼎盛时期。唐代封禅多有道士参加。一些杰出诗人如李白、刘禹锡、贺知章等都受道教深刻影响。如李白诗中有"叹我晚学仙,蹉跎凋朱颜",刘禹锡诗中有"东岳真人张炼师,高情淡雅世间稀"。在泰山建筑中,如一天门、中天门、升仙坊、南天门、碧霞祠的构思都生动地体现了道教文化。

佛教本是从印度传入的宗教，不像道教那样是中国土生土长的宗教。泰山作为中国历史文化名山吸引了佛教，并成为我国早期佛教的一个传播点。朗僧是在泰山有史可稽的第一位僧人，朗公寺是泰山出现的第一座佛寺。朗僧于前秦苻坚皇始元年来到泰山，与当时著名道士张忠结为友好，为扩大佛法一直活到85岁才卒于泰山。在泰山还有玉泉寺、灵岩寺、神宝寺等著名寺庙，还有经石峪《金刚经》刻石。泰山文化精神是以儒家思想为主体，融合道释为一体的文化。在南天门右侧有一刻石"能成其大"，为什么泰山能成其大呢？因为泰山文化体现了"有容乃大"的气度。

三、泰山的美学特征

泰山的美学特色是壮美。美的表现形态有两种：一是壮美，一是优美，或称作阳刚之美、阴柔之美。壮美在形式上往往表现为雄伟、宏大、刚健、粗犷，以气势取胜，给人以振奋、激励、震撼。优美在形式上往往表现为柔媚、秀雅、和谐、宁静，以情趣见长，给人以轻松、愉快和心旷神怡。壮美、优美均有益于人生，而壮美在激励人生上尤为重要。

泰山的雄伟属于壮美，它具有自己独特的个性。每个风景区都有自己美的个性，只能相互补充、丰富，而不能彼此代替。泰山的雄伟不但区别于漓江、西湖的优美；而且，在同属于壮美景观中，泰山的壮美，也不同于长江三峡夔门的壮美。这种差异性主要取决于自然特征的多样性。

构成泰山的"壮美"有两方面的因素：

1. 泰山的自然特征

（1）对比显高大。泰山四周是齐鲁平原丘陵，泰山突起于齐鲁丘陵之上，显出一种"拔地通天"的气势，使人产生"会当凌绝顶，一览众山小"的感受。

师道师说

杨辛 卷

（2）累叠生节奏。泰山山势累叠，主峰高耸，形成一种由抑到扬的鼓舞性节奏感。犹如大海巨澜，一浪高过一浪。

（3）结体凝厚重。泰山的雕塑美，集中表现在形体上。所谓"重如泰山""稳如泰山""泰山如坐"等等，都是对泰山结体的形象概括。泰山因基础宽大，而形成安稳感。泰山因形体巨大而集中，则有厚重感，山石的质地更加强了这种厚重感。

（4）松石蓄生命。"造化"好像一位杰出的雕刻家，它选用了巨石、苍松作为材料来塑造泰山的形象。泰山的苍劲青松植根于岩石缝隙，盘根错节，奇态横生，蕴蓄着强大的生命力。泰山的山体主要由花岗岩构成，岩性坚硬，外表常成风化球状，浑厚圆实。如果把泰山比作一个力士的形体，这些巨石就是力士筋肉的团块结构，蓄积着无穷的力量。

（5）风云增气势。泰山云烟变幻，气势宏大。烟云赋予泰山以动的性格，仿佛与宇宙呼吸相通，使得这座天然雕塑，更显示出磅礴的气势。

泰山的壮美不仅和四周的齐鲁平原、丘陵相联系，而且和广阔无限的宇宙相通。泰山的日出使人产生宇宙空间意识，给质朴的泰山披上绚丽的色彩。不论在什么风景区，日出都是美丽的，但在不同的环境里，日出有各自的特色。山雄日壮，山秀日丽。1986年我在旅顺的山头看日出，晨雾像一条条白色的轻纱萦回在旅顺上空，太阳从海边平缓的山脊冉冉升起，像红装的妇女，给人优美的感受。而泰山的日出却是另一种境界，它把泰山的壮美与宇宙天地联系起来，显示出"呼吸宇宙，吐纳风云"的气概。李白的诗"平明登日观，举首开云关，精神四飞扬，如出天地间"，便是这种宇宙空间意识的体现。泰山日出又是一曲色彩的交响乐，现代诗人徐志摩对泰山日出有一段描写："玫瑰汁、葡萄浆、紫荆液、玛瑙精、霜枫叶——大量的染工，在层累的云底工作，无数蜿蜒的鱼龙，爬进了苍白色的云堆，一方的异彩，揭去了满天的睡意，唤醒了四隅的明霞——光明的神驹在热奋地驰骋。"泰山的日出是一个想象的世界、神奇的世界。在多次看泰山日出中我感到，盼日出有时比看到日出更有诗意，在黎明前的黑暗中，寒冷的夜气，莽荡的天风，人们披着棉大衣，依偎在日观峰的岩石边，望着东方，这种对光明的企望，蕴藏着对人生的追求和信念。

在岱顶观日出是一个激动人心的壮观场面。当一轮红日从云海涌出，山头上成千上万的人群发出阵阵欢呼，生命的活跃，显示了东方的魅力。有一幅民间艺术家的照片，表现一位姑娘手托红日，面带笑容，人与太阳的关系亲切而和谐，仿佛在一起嬉玩。在古代自然崇拜中，太阳是被当作神来崇拜，所谓泰山之神就是太阳之神。这张照片表现了人与自然关系的深刻变化。我曾为这张照片题了一首诗：

> 拜我不如爱我，遗汝金丸一颗，
> 天人相与游戏，笑出红霞万朵。

泰山的主要特征虽是"雄"，但兼有秀、险、幽、旷、奥等因素。在中天门以下"秀"的景物较多，如斗母宫侧的"三潭叠泉"以及道路两侧的绿树掩映，都体现了雄中藏秀。中天门以上则"险"的景观较多，如百丈崖、瞻鲁台等可谓"雄中藏险"。仙人桥、卧龙松则表现为"奇"，北坡后石坞一带则体现了"幽"与"奥"。缪润绂诗《后石坞》："石坞何年辟，奇观造化钟。庭无丹灶活，门有白云封。古洞滋灵液，危岩挂怪松。可同书法论，入妙在藏峰。"我去泰山北坡时，也曾写过一首小诗："荒阶野草北坡行，松林森森乱石倾，群峰无语人踪绝，后坞幽冷近黄昏。"这些诗都是表现泰山北坡的幽、奥。在岱顶则可眺望"旭日东升""云海玉盘""黄河金带""晚霞夕照"，这是属于旷景。"旷然小宇宙，弃世何悠哉"，"天门一长啸，万里清风来"，"凭崖望八极，目尽长空闲"（李白），"沧海似熔金，众山如点黛"（李德裕），这些诗都是表现对旷景的感受。

上述泰山各种景观特征的综合，在整体上使泰山的美具有丰富的内涵。陈从周先生曾说："就泰山风景来讲，是兼有南北之长，有山有水，雄伟之外兼有深幽。"正是由于泰山上述自然景观，才形成泰山以雄伟为主要特征的丰富内涵。

泰山的珍石，更是大自然的鬼斧神工，唤起人们无穷的想象，如《郊游》《太白醉酒》等等。

2. 自然景观与人文景观的结合

泰山的壮美离不开自然特征，但不是纯自然的存在，而是经过历代精心的营构，是自然与人工的结合，泰山的自然景观与人文景观的结合，使雄伟的自然景观与深厚的文化内涵融为一体，表现了中华民族的创造与智慧。

泰山自然景观与人文景观的关系是：自然景观因人文景观而更加显著、丰富；人文景观因自然景观而得以形成和发展，两者相得益彰。

下面仅就泰山的建筑、碑刻方面作初步分析：

从建筑方面看：泰山的建筑是一个宏大的整体构思，从岱庙、岱宗坊、一天门、中天门、升仙坊、南天门、玉皇顶，一气呵成，以"朝天"思想为中心，一以贯之。这和泰山南坡的三个断层的上升节奏融为一体。登山如同登天。在这里要特别分析一下南天门。南天门建于元代。在《天门铭》摩崖刻石中记有："泰山天门无室宇尚矣。布山张炼师为之经构，累岁乃成，可谓破天荒者也。"此处所说室宇指南天门的建筑，但"天门"的名称已屡见于唐诗，如李白的"天门一长啸，万里清风来"，卢照邻"天门瑞雪照龙衣"等等，这说明南天门在历史上已成为自然景点。南天门在泰山的整体中具有显要的地位，有如泰山的眼睛。

从山下岱宗坊便可遥望南天门，在登山途中随着山势变化，南天门时隐时现，仿佛在不断召唤和吸引游人。南天门的构思可说是人文景观与自然景观结合的范例。南天门的构思有以下特点：

（1）位于飞龙岩与翔凤岭之间低坳处，双峰对峙，仿佛天门自开；由于双峰对称，烘托了南天门的中心地位。

（2）南天门位于山脊上，与蓝天交接，在蓝天的衬托下，深浅对比强烈，建筑轮廓显得鲜明。

（3）南天门处在紧十八盘的尽头，石阶好似天梯高悬，也好像一只巨手托着南天门。游人经过艰苦攀登，终于达到最后的一道天关。

南天门是漫长的盘道的一个结尾，就好像一个长的句子，一天门、中天门都是逗点，南天门是一个句号。南天门城楼与城楼上摩空阁的屋檐形成两条横线，是紧十八盘台阶节奏的延伸。这个收尾很自然也很协调。

（4）南天门作为岱顶的屏障，预示前面将要呈现的仙境。在意境上具有含蓄的特点。在空间变化上体现了欲放先收。过南天门有一院落，是一个狭小的封闭空间，与将要出现的岱顶的开阔的景观形成对比，把游人的感受推向高潮。

南天门的构思生动地体现了"人工借自然之势，自然凭人工之力，意境结合，构成人类文明千古诗篇"，人文景观烘托了自然景观，反过来自然景观也映衬了人文景观，两者相得益彰，达到雄者益雄的艺术效果。

过南天门、天街、碧霞祠到达玉皇顶。玉皇顶的建筑居于泰山最高处，建筑的轮廓线与玉皇顶山头的轮廓线自然贴合。玉帝庙的建筑可以说是岱顶形象的完成和延伸。玉帝庙内露出山的最高处，即所谓"极顶石"。"极顶石"的构思很妙。原来极顶石是埋在建筑下面的，明代万恭才把极顶石露出，构思富有想象，可说是小中见大。这几块圆浑的石头，有如泰山的缩影，使玉帝庙狭小而单调的庭院变得很有意味、情趣，使人感到泰山是那么雄伟，又那么可亲，那么令人回味！这种构思在处理人和自然的关系上，突出了人的因素，人登上泰山的极顶，不是显得自己渺小，而是感到自豪。我曾写一首小诗：

> 孰争天下雄，浑朴恒自谦，赖有众山举，始入霄汉间；极顶人为峰，俯览石一圈，守微乃成大，而今识泰山。

泰山极顶石，耐人寻味，仿佛感受到泰山谦逊的品德。

在艺术风格上，人工建筑与自然景观浑然一体。泰山盘道上的亭、坊、石栏和自然环境很协调。如石亭、石坊都是以厚重、简朴为特点，没有琐细的雕饰，与一般园林中亭子轻巧的风格有明显的区别。明代张岱在《岱志》中写道："泰山元气浑厚，绝不以玲珑小巧示人。"这话是颇有见地的。道旁的石栏台面也未加打磨，显得粗犷而自然。岱顶的"无字碑"造型亦质朴、厚重。特别是在刻石与自然环境的结合上，体现了一种天人合一的境界，充分表现了我们民族的创造和智慧。经石峪的《金刚经》刻石是最典型的例子。经石峪刻石把自然中的高山、流水、石坪和经文融为一体，一千多字的经文刻石分布在一片开阔的石坪上，显示了佛法无边的雄伟气魄。单字直径大都在五十厘米左右，字体风格雄浑，每个字的气韵如同一座山，如同一座佛。"暴经石"三个大字向北与南天门遥相呼应，意境开阔。北边刻有"水帘""枕流漱石"，西边摩崖刻有"高山流水"。稍南刻有"梵呗清音"，流水的声响仿佛变成僧人念诵经文的声音，这是多么美妙的想象。

泰山在人类生活中的地位和作用是随时代的发展而变化的。1987年，泰山被联合国教科文组织列为世界文化与自然遗产项目。今天的泰山不仅是我们中华民族的泰山，也是全世界人民的泰山。在历史发展的长河中，一方面泰山所体现的民族精神文化有它自身发展的连续性，另一方面每个时代的人对泰山又有自己独特的感受和理解。泰山的精神内涵随着时代的前进而不断丰富。在历史上泰山是作为一座神山，今天从现代意识去观察泰山，有一个重要特点，就是从自然中发现了人，体会到泰山是我们民族精神的象征。泰山给予我们的影响是哲理的，也是审美的，是情感与理性的交融。我对泰山的认识有一个过程，虽然在童年早就听说"重如泰山""稳如泰山"，但泰山究竟是什么样子，脑子里却很朦胧。1979年我第一次登泰山时，"真的泰山"呈现在眼前，使我完全沉浸在一种敬仰和兴奋的心情中。但是，当时泰山给我留下的印象主要还是它在外部特征上的雄伟，对泰山的深刻的精神内涵了解很肤浅。在多次登泰山中，我逐渐体会到泰山的雄浑、深厚、质朴，像一个"内秀"的人，不是一眼看上去就可以发现它的美的丰富内涵。要深刻地领略泰山的美，不仅是观赏泰山的自然美，还要结合我们民族的历史去了解泰山。泰山是中国的历史文化名山，也是人类的历史文化名山，不了解我们民族文化的历史，就很难深刻地体验和领悟泰山的美。我曾写过一首小诗："欲得泰山神，当识泰山人，天人浑相成，诗兴永不泯。"诗中的"泰山神",就是指泰山所象征的民族精神,"泰山人"指的是勤劳、智慧的中国人民,其中包含了泰山的朋友的许多美好的品质和深厚的情谊。我至今登泰山已经 42 次,在登山中曾写过一首诗《泰山颂》:"高而可登,雄而可亲;松石为骨,清泉为心;呼吸宇宙,吐纳风云;海天之怀,华夏之魂。"这首诗反映了我从整体上对泰山的理解和感受,在我的想象中泰山像屹立在东方的民族巨人。诗中一些字,如"登""亲""骨""心""魂"等等,都是我在登山中的深切体验。在第一句"高而可登"中,突出了一个"登"字,泰山虽然很高,但不是高不可攀,而是可登的。不仅中青年可登,老年人小孩也可登。我曾亲自问过一位登山的山东老大娘,她的年龄已经八十多岁了。北大一位老教授给我讲了一个笑话,他听一位朋友说,有一次在泰山看见一位登山的老人,头发都白了,问他:"您老今年高寿?"他回答:"我还年轻,今年才七十多岁,我的爸爸还在后头呢!"肯定他的爸爸是更年长了。我觉得每次登上泰山,实际上就是对自己生命的一次肯定。在泰山盘道上川流不息的游人,就是一曲由中华儿女谱写的生命之歌。第二句"雄而可亲"这个"亲"字体现了人与自然的和谐,泰山虽然雄伟,但不是使人见而生畏,而是使人感到很亲切。泰山的盘道不是修在山腰或山脊,而是修在山谷的底部。所谓"山险心平",意思是山势虽险,但是心情却很平和,盘道沿着山谷底部上升,台阶又很修整,游人可以随时在道旁石栏上坐下小憩。登山就像在泰山的怀抱里,有一种亲切感。在盘道上只要留意观察,你可以发现游人中没有一个愁眉苦脸的,都是面带一丝笑意,哪怕他已经很累了,喊累的时候也带着笑意。第三、四句"松石为骨,清泉为心"。泰山的松树和石头体现了泰山的"风骨",刚健、雄浑凝聚着泰山的元气,像泰山玉泉寺的"一亩松"("泰山第一松"),普照寺的"六朝松",后石坞的"卧龙松",都是泰山生命力的象征。泰山中溪、西溪都有"清泉",这是泰山的"心灵",在雄浑的泰山中蕴含着一种灵秀。泰山的美也可说是"雄中藏秀"。第五、六句"呼吸宇宙,吐纳风云",这是登上岱顶的感受,泰山的壮美不仅是泰山本身,泰山的气势是在和宇宙相联系中显示出来的。清代的叶燮称

师道师说

杨辛 卷

泰山的云是"天地之至文"。我有一次登泰山十八盘时，云雾淹没了南天门，忽然一阵天风吹散了云雾，露出了南天门，盘道上充满了阳光，盘道上的游人发出阵阵欢呼："天门开了！天门开了！"这种情景非常感人。最后两句是"海天之怀，华夏之魂"。登上岱顶后，放眼看周围，像海天一样开阔。"华夏之魂"是指泰山是中华民族的精神象征。最后这两句经过老友钱绍武润色，在全诗中起着点睛的作用。1987年绍武还把这首诗书写了一张大的横幅，挂在中央政治局会议厅，这主要说明泰山的精神体现了我们时代的需要。1999年著名作曲家刘炽先生还为这首诗谱曲，在谱曲过程中我们一起登了泰山，在岱顶观看日出。这首曲子后来由北京大学教师合唱团演唱，并在高校合唱比赛中获一等奖。

在听《泰山颂》合唱前，泰山的整体形象在我心里头是没有声音的，听了合唱以后，我在音乐形象中感受到了泰山。这首曲子表现了泰山的雄伟气魄和我们民族自强不息、不断进取的精神。写到这里，我对已故的刘炽先生更不胜怀念。

1999年在泰安市委、泰山风景区管委的鼓励和支持下，我书写的《泰山颂》被刻石于南天门景区（朝阳洞北）。在这首诗的后面有一短跋：

> 余二十六次登岱顶，纵情山水之间，求索天人之际，仰之弥高，探之弥深，感生之有涯，学泰山之无涯也。

在刻石落成那天，泰安市委和泰山风景区的领导同志、北京大学的校领导同志都亲临指导，并讲了话，这是对我很大的鼓励，也是我一生中很幸福的时刻。我觉得把《泰山颂》刻石于泰山，是"源于泰山，归于泰山"。没有泰山，我写不出这样的诗，也不会写出这样的字。泰山鼓舞了我的诗歌和书法创作。现在刻在泰山，是把我对泰山的热爱、崇敬献给泰山。2001年泰安市领导，又决定把这首诗刻石于泰山下天外村，这是游人上山乘车必经之地，这块刻石是我用隶书写的，比较易认。这些年我虽然在研究泰山方面作了一些努力，但仍然还是一个开始，譬如登泰山，我现在才刚过红门，"渐入佳境"。以后，只要身体健康允许的话，我还要不断去登泰山，把泰山看作一座人生的大学，不断向泰山学习。

附录：情融泰山颂
——杨辛书法艺术展北大开幕

"高而可登，雄而可亲。松石为骨，清泉为心。呼吸宇宙，吐纳风云。海天之怀，华夏之魂。"这首刻画泰山精神肖像的颂词，也代表了创作者——北京大学著名学者、美学家、书法家杨辛教授一生的艺术追求。在他看来，泰山精神就是中华民族自强不息精神的象征。而他现在的艺术创作，就是要将泰山精神与民族精神紧密融合。

2009年12月22日，由北京大学党委宣传部、北大图书馆联合主办的"泰山颂——杨辛书法艺术展"在北大图书馆展览厅开幕。北京大学校长周其凤、党委宣传部部长赵为民、人事部部长刘波、图书馆馆长朱强，徐悲鸿纪念馆馆长廖静文，徐悲鸿纪念馆副馆长、中国人民大学徐悲鸿艺术学院院长徐庆平，泰安市副市长林华勇，泰山风景名胜区党工委书记、管委会主任谭业刚，中央美术学院钱绍武教授、杨先让教授，北京大学教授陈堃銶、赵宝煦、汤一介、乐黛云、叶朗、彭吉象、朱良志、卢永磷，原北京大学图书馆馆长庄守经，中国文化书院院长王守常，北京大学书法研究所所长王岳川，北京大学老教授书画会会长张振国等到会祝贺。开幕式由北大校友、凤凰卫视策划人王鲁湘主持。

20世纪七八十年代，杨辛先生与泰山结缘，开始了对泰山文化的研究工作。30年来，杨辛教授先后攀登过41次泰山，其中徒步37次。杨辛认为，"泰山之妙就在于登"，因为"登"的过程，能让人亲身体验一草一木，一石一泉，进而深刻领悟泰山的情怀。泰山雄伟的自然特征和深厚的文化内涵，激发了杨辛诗歌和书法创作的激情，他创作了《泰山颂》《玉磴颂》《咏泰山极顶石》等一系列艺术佳作，他还将水墨山水画的画法融入到书法艺术当中，开创了独特的"一字书"的艺术风格。

"杨辛教授将泰山精神化作艺术精神和生命精神，提升了艺术创作的境界"，北京大学校长周其凤在致辞中表示，杨辛教授治学、从教、艺术创作的经历，活到老学到老、干一事成一事的精神，值得我们每一个人认真学习。他大力提倡以美引真，以美导善，他满腔热情地推广书法艺术，把满足别人的艺术追求作为自己最大的快乐，无论是艺术界同行，还是寻常百姓，都为他的朴实、热情与无私深深地感动。"杨辛教授创造美、传播美、实践美，他的美学成就不仅在于他创作的艺术美学，更在于其身体力行的人格美学和人生美学。"

徐悲鸿先生的夫人、徐悲鸿纪念馆馆长廖静文在致辞中追忆了杨辛早年师从徐悲鸿学画的经历。她介绍说，杨辛进入北平艺术专科学校后，在绘画方面表现出了极高的才华，但入学一年后因国民党逮捕参与进步运动的学生，不得不中断学习，离开艺专到了解放区。"不过，书画同源，两者都是用线条及其变化来表现艺术，极富中国文化特色。"她很欣慰，"杨辛经过几十年不懈的努力，在书法界卓有成就，成为大家敬仰的书法家"。作为北大校友，廖静文也对母校寄予了深深的祝福，"北大是中国也是世界上的著名高校，目前在很多方面都已经有了杰出的成就，希望北大在艺术上继续取得更大的辉煌"。

泰安市副市长林华勇在致辞中表示，泰山的雄伟、厚重，滋润了杨辛先生博大宽广的胸怀；泰山深厚的人文精神，激发着先生艺术创作的灵性；而先生为泰山所撰写的大量诗作、出版的诗集画集和镌刻在泰山上的诸多作品，又进一步丰富了泰山的文化内涵，为泰山文化挖掘研究注入了新的元素，为弘扬中华文明、繁荣华夏文化作出了突出贡献。他还介绍说，先生于1986年创作的《泰山颂》诗作，堪称歌颂泰山的经典。

中央美术学院钱绍武教授介绍了与杨辛同窗学习的经历。他回忆说，时任班长的杨辛，在石膏画像创作方面颇有成绩，被董希文评价为"很严格又很生动"，他的每一次创作，都会成为全班同学学习的榜样。除艺术成就之外，"杨辛先生的诚恳为人，也是我们学习的榜样，因为，一切艺术作品真正的价值就在于真诚"。

泰安市委书记、市人大常委会主任杨鲁豫，市委副书记、市长李洪峰发来联名贺信，对此次艺术展表示祝贺，并对杨辛为弘扬泰山文化所做的突出贡献表示感谢。

此次艺术展的赞助方光耀集团有限公司董事长郭赞明在致辞中表示，杨辛教授对艺术执着追求的精神，启发我们只要真诚付出，就能做好每一件事情。他也会将这种精神作为推动事业发展的动力与支柱。

杨辛教授在致辞中坦言，自己一直生活在"感激"的氛围当中，泰山精神给了他新的生命，与泰山结缘的这三十年好像上了一次人生的大学。关于书法创作，他表示，目前的创作主要是要将泰山精神与当代生活融合在一起。此次艺术展就收纳了给钱学森、邓稼先、王选等为国家和民族作出突出贡献的科学家们专门创作的书法作品，"'天行健，君子以自强不息'，他们的精神，就是泰山精神"。

《泰山石刻大观》序

　　泰山是中国的历史文化名山，它的内涵博大精深，成为中华民族的精神象征。在中国人民的心目中，"泰山"几乎就是"崇高""伟大"的同义语。几千年来，泰山成为中华民族的精神支柱。

　　泰山的文化内涵，在泰山的石刻上得到了充分的表现。泰山的石刻可说是我们民族文化史的一个缩影，它具有很高的历史价值和艺术价值，主要表现在以下几方面：

　　首先是内容的哲理性。在泰山文化中，起主导作用的是儒家思想。孔子的思想与泰山有着千丝万缕的联系。中国古代在泰山的封禅活动，实际上就是儒家中的"礼"，祭天就是一切礼仪活动中的最高形式。在古代社会中只有帝王，而且只有丰功伟业的"仁德之君"才有资格封禅祭天。据载汉武帝的封禅纪功刻石有"事天以礼，立身以义，事父以孝，成民以仁"的说法，就点明了儒家思想中所包含的社会伦理特点。在唐玄宗的《纪泰山铭》摩崖石刻中也体现了"天下归仁"的思想。铭中写道："维天生人，立君以理，维君受命，奉天为子。代去不留，人来无已，德凉者灭，道高斯起。"天子秉承天命就是要施行仁政。

　　在儒家思想中还蕴含着一种事业上的进取精神，所谓"天行健，君子以自强不息"。在盘道两侧的石刻中，有不少是激励人生或鼓舞人们攀登的，如"从善如登""云步跻天""若登天然""举足腾云"等等。至今在盘道上攀登的人群中，我们仍可感受到这种勇于攀登的进取精神。

　　泰山石刻的精神内涵包含了佛教和道家的思想，经石峪《金刚经》刻石所表现的是佛教思想自不必说，一天门、中天门、升仙坊、南天门铭的题刻反映的则是道家的追求。所以泰山文化精神是以儒家思想为主体，融合道释为一体的文化。在朝阳洞以北有一刻石"能成其大"。为什么泰山能成其大呢？因为泰山文化体现了有容乃大的气度。

其次，泰山石刻还具有很高的艺术价值。从总体上看，泰山的石刻可说是一部中国的书法简史。泰山有许多书法史上的名碑，如秦泰山刻石、东汉《衡方碑》、《张迁碑》、北齐的《经石峪金刚经》、唐玄宗的《纪泰山铭》等。在泰山石刻中可见到篆、隶、行、楷各种书体。

特别是在刻石与自然环境的结合上，体现了一种天人合一的境界，充分表现了我们民族的创造和智慧。经石峪的《金刚经》刻石是最典型的例子。经石峪刻石把自然中的高山、流水、石坪和经文融为一体，一千多字的经文刻石分布在一片开阔的石坪上，展示了佛法无边的雄伟气魄，单字直径大都在五十厘米左右，字体风格雄浑，每个字的气韵如同一座山，如同一座佛。暴经石三个大字向北与南天门遥相呼应，意境开阔。北边刻有"水帘""枕流漱石"，西旁摩崖刻有"高山流水"，稍南刻有"梵呗清音"。流水的声响仿佛变成僧人念诵经文的声音。这是多么美妙的想象。

从刻石与大环境的结合看，以雄浑刚健风格为主的题刻与泰山的气势相协调。从刻石与小环境的结合看，多是见景生情，缘情题字。如随着盘道的弛张、收放的变化，刻石的内容和形式也相应变化，在登山开始较平缓轻松地段，刻的是"虫二""风月无边"，在陡峭崎岖处刻有"回马岭""峰回路转"，在近泉处刻有"涤虑""月色泉声"，在万松山附近刻有"松壑云深"，在南天门刻有"天门长啸"，在绝顶处刻有"日近云低""擎天捧日""只有天在上""更无山与齐"等等。这些刻石都体现了一种情景交融的意境，也就是诗的境界、美的境界，在这里人和自然达到高度的和谐。里面既有人生的寄托、追求，也有对自然的体验、感悟，把登山的艰苦历程消融在艺术的享受中。在 20 世纪初，一位英国学者狄更生（Dickinson）（1862—1932）曾写过一篇文章《圣山》，即泰山，文章中对泰山的刻石大加赞扬，他说："中国人用精美的书法题诗刻石的地方，欧洲人或美国人却在崖上贴上广告……好像在大自然的脸上增添了些疮疤。"他举了一些实例说明在这些方面西方人应向东方人学习。

泰山的自然景观与人文景观的结合，在刻石中得到充分体现。一方面，自然景观因人文景观而更为显著，重要景观点的刻石对自然环境的特点起着"点睛"的作用，仿佛是无声的导游；另一方面，人文景观因自然景观而得以保存和充实。

泰山刻石还具有重要的历史价值，可以说是我们民族在石头上书写的历史，刻石中的许多记载可以和历史相佐证。

除此之外，还应特别提到的是历史上刻石工人的创造。我感到从手写到刻石在艺术上是一种再创造，经过刻石，书法的魅力更丰富了，增添了一种金石味，字的立体感加强了，显得更为厚重。由于石质坚实，也得以长期保存，这确是中国人的智慧。

这次《泰山石刻大观》的出版，是为弘扬泰山文化作出的一大贡献。编者是以泰山的精神来编辑这部碑刻的，在内容的选择上博而精，从秦代至今，各代石刻佳作悉皆收录；在学风上严谨精细，刻石的收集及考察非常深入，从荒沟幽涧到悬崖绝壁，所有刻石都作了细心的考察，这些都是本书的特点。

近日有幸与丰荣先生同登了一次泰山，每逢一处重要刻石，他都异常兴奋，如数家珍，使我对他的研究工作有了更深的了解，尤其是他那种锲而不舍的钻研精神，使我很感动。他对题字者为什么要写这些字，为什么在这样的环境中写这些字，以及这些题词和古代诗文名句的关系都作了苦心思索。例如在云步桥附近刻有"在山泉"，出自杜诗名句"在山泉水清，出山泉水浊"。在南天门东侧崖壁上刻有"果然似我"，乍看难以理解，细看发现题词者的名字叫"徐严"，原来是他在泰山的自然环境中发现了自己的理想追求。

特别要提到的是丰荣先生对经石峪的考察取得了重要成果，例如经石峪《金刚经》刻石原以为九百多字，31 行（最多 43 行），经这次考察认定为 44 行，完整和残缺的字共 1313 字。能看清的包括双钩的在内为 1116 字。在考察经石峪期间，丰荣先生的夫人孙萍女士和女儿也在那里协助工作，十分辛苦。在考察中，丰荣先生对经石峪刻石与环境的关系都有独到的深刻见解。

丰荣先生在整理这些刻石拓片中工作量很大，不仅每件碑刻要写说明，而且要按出版要求剪贴装裱，工作十分艰苦仔细。家人也很支持他的工作。我在丰荣先生家看见他整理的厚厚的书稿，真是书稿"等身"。丰荣先生在整理书稿中经常工作到深夜，有时甚至到凌晨5点还未入睡，他的这种奉献精神使我联想到泰山的"挑山工"，挑着重担，一步一步沉稳地向上登。丰荣先生就是泰山文化研究领域中的"挑山工"。今年他要编辑出版的书除了这本《泰山石刻大观》外，还有《泰山历代石刻全注》《泰山碑刻导游》。丰荣先生为弘扬泰山文化作了重大贡献，但他自己却谦逊地表示："我收集整理这些碑刻，是为了提供一份完整的材料，好让别人去研究。"实际上他在编辑整理过程中，已做了大量研究工作，许多说明注释言简意赅，也都是研究的成果。特别使我感动的是他原是学物理的，但碑刻的整理注释涉及哲学、历史、文学及语言文字等学科的知识，其间存在的困难是很难想象的，但他靠自己锲而不舍的精神，克服了这些困难。在研究中，为了准确地注释，他翻烂了几部辞书。他的这种精神代表了"泰山人"的精神。丰荣先生今年已66岁，在他的晚年不仅是发挥"余热"，而且是更加灿烂，把自己一生的知识积累都融化在晚年的成果中。

我最近改写了李商隐的两句诗"夕阳无限好，妙在近黄昏"。把原诗中"只是近黄昏"改为"妙在近黄昏"。这两个字的变动，体现了两种精神境界，我想改写的这两句古诗正好是丰荣先生精神境界的写照。我相信丰荣先生在今后的黄金岁月中，还会为弘扬泰山文化继续做出新的贡献。

自然与心灵的交响曲

——在十八届世界美学大会期间的一次发言

　　"天人合一"是一种哲学境界，也是一种美学境界。

　　人和自然是一个和谐的整体。

　　中国人对自然很敬重，敬天是中国文化传统，以自然为师，以自然为友，甚至以自然为"母"。不仅人类是自然发展的产物，而且人类生命的存在与发展一刻也不能离开自然。自然可说是人类的"无机的身体"。

　　自然是人类的母亲，自然为人类提供了物质生活资料，人类的衣、食、住、行都离不开自然，人类的精神生活同样离不开自然。自然是人类科学研究的对象，自然科学研究自然现象及其规律。自然还是人类的审美对象，"外师造化，中得心源"，绘画、书法等都要师造化，"书肇自然"（书法是自然生命节奏的升华）。

　　自然为人类展现了一个五光十色的感性世界，人类在大自然中获得美的享受，大自然还培育了人的品德。

　　泰山是中国的历史文化名山，在中国人民的心目中可说是"崇高"的同义词。泰山的美体现壮美，中国称之为阳刚之美。泰山是中华民族精神的象征。在中国，泰山被称为东岳，东方是太阳升起的地方，因而泰山也是生命的象征，它体现了"天行健，君子以自强不息"的精神，泰山日出是一曲生命之歌。攀登泰山是对生命的肯定，培育了乐观进取的精神。登泰山的过程不仅是一种美的享受，同时会受到哲学上的启迪。我登泰山 42 次，泰山使我获得新的生命，感到愈活愈年轻，在登泰山的三十年中我如同上了一次人生的大学。

　　荷花体现优美，中国称之为阴柔之美。荷花"出淤泥而不染"（宋周敦颐），"看取莲花净，方知不染心"（唐孟浩然），是一种君子之花，是一种素质的美，和玉一样提升人的品质。不仅是荷花，还有"梅、兰、竹、菊"，归称四君子。山和水对人的精神品质有陶冶作用，"仁者乐山，智者乐水"。因"荷"与"和"谐音，中国人又赋予了荷花和睦、和谐的文化内涵。

美和审美有联系也有区别。审美侧重主体，审美对象不仅是美还有丑。自然的感性特征是早在人类出现前就客观存在的。这些感性特征只是构成美的一种潜在因素，自然美的产生只有放在人类文化史当中才能得到说明。美是为人而存在的。自然美的特性是伴随人类历史而产生发展的。随着人类历史的发展，自然美的领域在不断扩大，现在宇航员可以在太空欣赏地球的美，体验到地球是人类的家园。

审美离不开美（对象），但本质是一种心灵活动，与审美主体的心理素质联系在一起。自然成为人的精神寄托，泰山与荷花艺术都表现了一种精神，是表现民族特定文化历史的产物，其中蕴含着人类共性的东西。

夕阳无限好，妙在近黄昏

对美的研究与对下一代的关心构成了我离休生活的主旋律，常怀感恩之心，将研究美之"知"与关心下一代之"行"相结合，以美引真、以美导善，我愈发感受到生命的意义所在，正所谓"夕阳无限好，妙在近黄昏"。

行到水穷处，坐看云起时

我离休之后始终保持积极乐观的心态，但细细想来，还是有些微妙的变化。

刚从紧张的工作岗位上退下来的时候，我将人生看成一条直线，离休虽然还不是终点，但已经是终点的前一站，感慨人生如白驹过隙，那时候的心态可谓是"老牛自知夕阳短，不待扬鞭自奋蹄"，希望能发挥余热多为社会做些有益的事情。后来我感到离休后可以老有所学、老有所为、老有所乐，日子也可以很丰富、很精彩，应当作为人生新的起点，而不是终点的前一站，引用王维的话讲就是"行到水穷处，坐看云起时"。

近年来，从哲学的层面感悟人生，我又有了一些新的体会，感觉到人生不是一条直线，而是一个圆、一个螺旋上升的圆，圆周上的任何一点都既是起点，又是终点。我们从自然中来，到自然中去，这不就是一个圆吗？记得有一次我校前校长周其凤院士和我提起，他曾经参加一位老同志的寿宴，宴会上有客人祝贺寿星长命百岁，周校长打趣地提醒那位客人，寿星今年已经 98 岁高寿，笑一笑，就未往下说了。所以没必要给人生设置一个终点，有限的个体生命结束后，可以融入到无限的宇宙大生命中去，与天地同寿、与日月同光。老子讲"死而不亡者寿"，这里所说的"不亡"，指躯体不存在了，但精神还可以"薪火相传"。民族的精神像一条彩色的河流，可以一代一代地传承下去。

涌泉之恩，滴水以报

人们常讲"滴水之恩，涌泉相报"，我晚年所做的事情，不过是"涌泉之恩，滴水以报"。北京大学是我成长的摇篮，在学校事业有所进步，老师和社会对我的帮助很大，没有领导的关怀、恩师的培养、朋友和同事的支持，就没有我现在的些许成就。

作为回报，我在离休后的生活中常想到为关心下一代做一些有益的工作，主要是在精神文明建设方面做些力所能及的事情。通过继承和弘扬中华民族优秀传统文化，提高青年人的精神境界，教育下一代把个人志趣与国家需要结合起来，而切入点就是泰山和荷花。

泰山与荷花，一刚一柔，一个壮美一个优美，一个鼓舞人生、一个净化心灵。荷花是高洁、奉献的象征，宋代大儒周敦颐讲"出淤泥而不染，濯清涟而不妖"已是家喻户晓的名句；《本草纲目》记载说荷花一身都是宝，莲子、莲衣、莲房、莲须、莲子心、荷叶、荷梗、藕节等均可药用；荷花的"荷"与和谐的"和"同音，"荷文化"更是"和文化"的象征。

《周易》讲"天地之大德曰生"，人要向天地学习就要厚德载物、自强不息。泰山能够激发人的生命活力，可谓是以生命为中心的天人之学，《诗经》中以"泰山岩岩"状之，清代叶燮则形容是"天地之至文"。我对泰山最见性情的描写是"高而可登，雄而可亲，松石为骨，清泉为心，呼吸宇宙，吐纳风云，海天之怀，华夏之魂"，这首诗被做成泰山的摩崖石刻，在当地广为流传。

我们总是强调立德树人的重要性，德之所以为根本，是因为它决定着人生的方向和质量。习近平总书记说："国无德不兴，人无德不立。"我在北京大学设立"杨辛荷花品德奖"，即是希望将美育与德育相结合，以美引真、以美导善，对下一代能够有所帮助。北京大学朱善璐书记对这个奖的评价我非常认同，它的意义不在于钱的多少，而是体现了正确的办学方向。

少年强，则国强

离休几十年过去了，北京大学周围的环境变化很大，但有时我走在校园里，觉得有一点没有变，那就是在校园里川流不息的始终是生气勃勃的青年人。前几年我曾一写副对联："立地顶天博雅塔，含珠蕴玉未名湖"，将学校的校园景观与教育英才的精神内涵融汇在一起。关心下一代，我需要走到青年中去，同他们打成一片，在这个过程中我感受到了他们身上的朝气，也提升了我的生命质量。

我捐资设立的"杨辛荷花品德奖"已经颁发过两次，每一位获奖的学生都给我写了信，与我分享他们的获奖感想和学习生活情况。这些来信突出地表现了他们的人生追求，使我深切地体会到现实生活中涌现了越来越多的品学兼优的学生，荷花品德奖的设立是时代的需要，是对学生们取得成果的肯定。我拍摄过一张未名湖观日出的照片，太阳初升，夜色未尽，湖心留下一颗明珠似的倒影。这张照片已经作为一本画册的封面赠送给获得荷花品德奖的学生们，寄托着教师的期望和鼓励。

在我捐赠的荷花艺术藏品展馆中，有许多学生讲解员，他们与我分享对立德树人的深刻理解，表示要像荷花一样履行自己的人生信条，坚持自己的人生梦想，将荷花的美好品质化为自己生活的常态、化为平凡生活中的清香。在与他们的交流中，我感受到了我们国家光明的未来，自己也备受鼓舞。"芳林新叶催陈叶，流水前波让后波。"薪火相传，生命之树总是常青的。

太阳每天都是新的，人也一样，我虽年逾鲐背，但仍然有梦想，而且要不断地付诸实践。每当我想到正在做、还要做的事情，精神上感觉并没有衰老，朋友打趣地说我头发比之前更黑了。"人生七十已寻常，八十逢秋叶未黄。九十枫林红如染，期颐迎春雪飘扬"，我真切地感受到，追求真善美的人生是无比幸福的。如果要我给离休生活做个总结，那就是：品艺术而赞美，登泰山而悟生，赏荷花而好洁，重友谊而贵诚，崇奉献而知乐，爱人民而怀恩。

收入北京市委教育工作委员会《霞辉乐章》文集

荷人归一

各位领导、各位学长、各位同学：

我今天心情非常高兴！刚才听了朱书记对我的鼓励，备受鼓舞，我以后还要朝着他指出的方向去努力。

今天我主要想谈几点体会。第一点，我在晚年始终有一种感恩的心情。我到北京大学已经五十多年了，北京大学就是我成长的摇篮。如果没有校系领导的关怀，没有恩师的培养，没有校内、校外挚友的扶持，我不可能有现在。他们也都是我学习的榜样。我的全家也都支持这次捐赠活动。我自己觉得，这个捐赠是"涌泉之恩，滴水以报"。一般所说的是"滴水之恩，涌泉以报"，而我的实际情况却是"涌泉之恩"，因为北大对我的恩情太重，我做一点事情非常轻微。这是我的第一点感受，我觉得晚年在这样一种心态下，做一些事情来回报北大，心情非常愉快。

第二点，因为我过去从事的是美学专业，离休以后，主要在学习传统文化，而且在思考怎样将传统文化与时代精神、社会发展结合在一起。我的精力主要集中在两件事情上：一件是学习泰山文化，一件是学习荷花文化。在学习当中切身感受到中国优秀传统文化对自己的生命带来的巨大影响。比如，登泰山，我登了 42 次；学习泰山文化之后，真正体会到"天行健，君子以自强不息"，激发了自己的生命力。所以，我虽然 92 岁了，在精神上还是很振奋。泰山犹如我的第二故乡。

还有就是荷花与荷花文化。荷花"出淤泥而不染"，象征高洁的品德。在学传统文化的过程当中，我首先是自我教育，人生应该有一种高尚的追求。荷花文化，一个是高洁，"出淤泥而不染"；一个是奉献，荷花从根到茎、到叶、到花、到籽，全部都奉献给人类。在《本草纲目》里面，详细记载了荷花每一部分的食用及药用价值。还有荷花文化与和谐文化是融汇在一起的。在荷花艺术里面，"荷"谐音"和"，寄托了人们对和谐、幸福、美好生活的追求。在学习的过程当中，对自己也很有影响。所以我想我收集的这些藏品，如果留在学校，从教育的角度来说，通过艺术品来进行教育，就是把美育和德育结合在一起，使得人们在欣赏这些艺术作品的同时，人生的境界变得更高尚。我自己长期以来一直收集这些作品，而且以后还要不断地收集，我觉得自己要在这个方面做一些自己力所能及的事情。在收集的作品中间，大部分是原作，非常的珍贵。还有少数的高仿的作品，有一些大幅的。虽然是高仿，但这些作品的艺术价值也很高，即便与原作放在一起，也真假难辨。我们全家都愿意把这些赠送给母校，希望能够尽到更多、更大的责任。

第三点，刚才朱书记讲到设立荷花品德奖，前面用我的名字，我自己很惭愧，因为在这个方面我做的事情很少。感谢朱书记，我希望自己在这方面多加努力。我自己感觉，到了晚年，对人生的问题还是有一些感受，我觉得人的一生最珍贵的恐怕就是品德。历史上很多文献都谈到这一点。在学校里、在万柳，都有一块石头，上面刻了一个"诚"字，是我写的。上面有一段《中庸》里面的话，"诚之者，择善而固执之者也"。你要真正做到诚，不仅要选择善，而且在一生当中坚持去贯彻践行。我觉得这样做的结果，人的精神面貌可以完全不一样。

这次展览里面，有一件邓稼先院士的作品让我也很受教育。今天邓稼先先生的公子邓志平也来到了现场。这个作品是邓稼先院士的一段话，"一不为名，二不为利，但工作的目标要奔世界先进水平"。我读了这段话之后很受震动，这就是品德在科学研究之中的力量。不是为了名和利，而是为民族作贡献，为国家作贡献。我觉得他有了这种品德就能够克服一切困难，甚至于献出自己的生命。因此这次展览，我特意把这段话写成一幅字，另外把邓院士夫人的一封来信也同时展出。这对自己也是一种教育。我觉得品德不仅对工作、对学习起着根本的作用，甚至对生命亦是如此。品德要好，思想就很开阔，胸襟也很开阔，人的精神状态不一样，整个生命状态就是不一样的境界。因此对于学校的教育而言，品德非常重要。以上这些就是我的一些感受。

这次捐赠活动得到了各界的多方支持。一是企业家，他们非常热情地支持这个活动，并做了捐献。没有他们的义举、善举，这次活动做起来会有很多困难。另一个是万柳，我觉得万柳在为师生服务方面有一种荷花精神，而且这一次举办展览，全部是由赵桂莲同志带领团队精心筹办，反复修改。还有就是基金会，基金会很有经验、很虚心地与我讨论协议的具体条文，事无巨细都考虑得非常细致和周到，这次展览的设计，他们也提了很多中肯的建议，从心里感谢他们！

谢谢大家！

2013 年 12 月 13 日

附录一：杨辛先生向北京大学捐赠荷花艺术藏品
并设立"杨辛荷花品德奖"

2013 年 12 月 13 日上午，由杨辛先生、教育基金会和特房中心共同主办的杨辛先生向北京大学捐赠荷花艺术藏品暨设立"杨辛荷花品德奖"仪式在北京大学万柳学区多功能厅举行。

中国科学院、工程院院士、清华大学建筑学院教授吴良镛先生，著名书法家、首都师范大学中国书法文化研究院名誉院长欧阳中石先生，陆军第十四集团军参谋长邓志平少将，中国科学院教授朱汝章，北京大学哲学系教授楼宇烈先生，杨辛先生之子杨乐律师，海淀区委常委、宣传部部长陈名杰，北京大学天津校友会副会长郭俊杰、王玉昌以及北京大学党委书记、教育基金会理事长朱善璐，北京大学校友会常务副会长王丽梅等出席仪式。哲学系、考古文博学院、新闻与传播学院、校基金会、特房中心、学生工作部、离退休工作部、图书馆等相关院系、职能部门负责人以及杨辛先生亲友和不少学生代表也参加了仪式。仪式由北京大学常务副校长、教育基金会副理事长吴志攀主持。

92 岁高龄的杨辛先生决定将他珍藏的 136 件与荷花相关的珍贵艺术品全部无偿捐赠给北大，而且还慷慨捐资在北京大学设立"杨辛荷花品德奖"，用于奖励北京大学品德高尚的学生楷模。这是在北大历史上第一次设立以"品德"命名的学生奖励项目。

北京大学党委书记、教育基金会理事长朱善璐首先致辞。他代表学校向德高望重的杨辛先生表示崇高的敬意，向长期关心支持北京大学建设发展的老先生和各界社会人士表示衷心的感谢。他指出设立"杨辛荷花品德奖"，引导北大青年学子敦品厉行、从德向善、学会感恩，对于北京大学培养中国特色社会主义高素质建设者和可靠接班人，以及加快创建世界一流大学具有不可替代的重要意义。他强调广大教职工要深入贯彻落实十八大精神，坚持立德树人这一根本任务，以人文精神和道德力量不断加强和改进教育教学工作、引领社会风气。他同时希望社会各界人士继续关心和支持北大的建设和发展，为国家人才培养和学科建设贡献更多力量。

著名美学家、哲学系教授杨辛先生致辞。结合在北大工作、生活五十余年的人生经历，他激动地向学校及广大亲友表示衷心的感谢，并感谢恩师汤用彤先生的培育之恩。他认为，荷花"出淤泥而不染"，其高洁的品格和奉献的精神，寄托着人们对和谐美好生活的追求。他希望大家以荷花文化和泰山文化为切入点深入学习传统文化，努力将传统文化与时代精神、德育与美育结合起来。他引用"诚之者，择善而固执之者也"和邓稼先"一不为名，二不为利，但工作的目标要奔向世界一流水平"的名句，勉励大家修身立德，将生活的精神状态与生命的思想境界统一起来，树立高尚的人生追求，展现良好的精神风貌。

北京大学常务副校长、基金会副理事长吴志攀与杨辛先生共同签署了《荷花艺术品捐赠协议》和《"杨辛荷花品德奖"设立协议》。

朱善璐书记代表学校向杨辛先生致赠"北京大学杰出教育贡献奖"。

郭俊杰校友、赵世纯先生为杨辛先生的精神所感动，慷慨捐资支持"杨辛荷花品德奖"的设立，同时基金会也对该奖项给予了配比，使

"杨辛荷花品德奖"的基金规模达到 100 万人民币。北京大学校友会常务副会长王丽梅代表学校向他们致赠感谢证书。

北京大学哲学系 2013 级硕士研究生贾祯祯作为学生代表分享了自己学习杨辛先生《泰山颂》《美学原理》等著述的心得体会。

杨辛先生之子杨乐先生代表杨辛先生家人致辞强调，荷花绝不只是文人士大夫的情怀，而是全人类的道德指向，只有道德才能照亮人类的未来。

最后，北京大学哲学系教授楼宇烈先生致辞。他认为荷花是君子之花，希望借此契机，开启"养君子之德"的风气。结合"君子之德"的培养，他分析道：一是要君子坦荡荡，做人做事要光明正大；二是要有君子气节，"富贵不能淫，贫贱不能移，威武不能屈"，"时髦不能赶"；三是要有君子的胸襟与天下的情怀，"先天下之忧而忧，后天下之乐而乐"。他强调要坚持"铁肩担道义"，发扬"为己之学"的传统，以传统文化不断夯实和提升教育教学质量和水平。

仪式结束后，在杨辛先生的亲自讲解下，各位领导、嘉宾参观了荷花艺术藏品展。

附录二：在荷花艺术藏品捐赠暨设立"杨辛荷花品德奖"仪式上的致辞

尊敬的杨辛先生，各位领导、老师、同学：

大家早上好！

我是北京大学哲学系 2013 级美学专业的硕士研究生贾祯祯。非常荣幸能够作为学生代表在这里发言。

我来到哲学系还不到半年，但对杨辛先生的仰慕之情却由来已久。初中毕业那年的暑假，父母带我登泰山、游三孔。在泰山南天门，我看到了刻在石壁上笔走龙蛇的草书《泰山颂》，"呼吸宇宙，吐纳风云"这两句超凡脱俗、气势恢宏的诗句给我留下了深刻的印象，那是我第一次知道杨辛先生。

去年秋天，我从元培学院保送到哲学系美学专业攻读硕士研究生，我第一次感觉离杨辛先生这么近，就像梦想照进了现实。

前些日子，我有幸参加了杨辛奖助学金颁奖仪式暨座谈会。会上，杨辛先生回顾了自己的求学经历，感念恩师汤用彤先生为人为学的高风亮节，和对自己的谆谆教诲，以及他自己对于人生的理解与感悟。我深受触动，久久不能忘怀。

"杨辛荷花品德奖"的设立饱含了杨辛先生对北大、对哲学系的深厚感情，和对教育事业的无私奉献，更凝结了他对后辈学生的殷切希望。金钱有价意无价，杨辛先生将才华和学问奉献给了北大，他提供给学生的不仅仅是经济上的鼓励，更是传递了一种感恩的情怀和人格的馨香。面对这样一位真诚坦荡、无私奉献的长者，我的心中满是敬意和感动。再次诵读杨辛先生的《泰山颂》，"松石为骨，清泉为心"这两句更加触动我心，这是多么高尚的人生追求！这同时也是先生的人生写照。

作为美学专业的学生，我深深地感受到，杨辛先生将他的学术境界与人生境界真正融合在了一起。先生自 1956 年调至北京大学哲学系，长期从事美学教学和研究工作，并致力于从学术研究和艺术鉴赏的角度发掘中华民族深厚的文化传统，为中国当代美学研究和美学教研室的发展作出了突出贡献。先生所著的《美学原理》一书至今仍是我们美学专业学生的必读书目。先生身上所体现的追求真理、积极快乐、淡泊名利、乐于奉献的精神品格，永远是我们后辈学生学习的榜样。

杨辛先生在 90 岁时写下了他的人生感悟：品艺术而赞美，登泰山而悟生，赏荷花而好洁，重友谊而贵诚，崇奉献而知乐，爱人民而怀恩。泰山风云，荷花风物，先生风骨。"美伴人生"是杨辛先生艺术人生的真实写照。先生毕生研究美、创作美、传播美，以美引真、以美导善。我们当感激先生，追随先生，效仿先生；常怀求真、乐善、赞美之心，登泰山而奋进，赏荷花以内涵，用身体这支大笔，书写自己的大美人生。

我们将秉承杨辛先生的精神意旨和美好愿景，继承和发扬北大传统，为建设世界一流大学贡献自己的力量。

在此，衷心地祝愿杨辛先生身体健康，长寿长乐。祝愿哲学系生生不息，百年开新。祝愿北大欣欣向荣，缔造新的辉煌！

谢谢大家！

2013 年 12 月 13 日

洗涤心灵　净化人生

——《杨辛荷花艺术藏品展》前言

　　中国人对荷花的喜爱，表现了中华民族的文化传统和心理素质。在中国文化史上最富有诗意的篇章，那就是人与自然的和谐。人的生命不仅源于自然，归于自然，而且在人的生命过程中不能须臾脱离自然。大自然为人类提供了物质生活和精神生活的粮食，大自然是养育人类的母亲。随着人类历史文化的发展，人们不仅是对五光十色的大自然的感性特征（如色彩、形状、香味等）产生兴味，而且从大自然中发现了自己，在自然中找到心灵的回响。自然成为人生的精神寄托。中国人创造了大量以山水花鸟为题材的文学艺术作品。这些作品生动地体现了"天人合一""天人相亲"的传统文化。这次展出的荷花艺术品便是一个生动的例子。

　　中国人对荷花的喜爱，蕴含着人与自然的和谐。在荷花艺术中自然与心灵融为一体，成为我们民族精神的象征。

　　中国人喜爱荷花有着悠久的历史。据中国花卉协会方面专家研究，以观赏为主要目的栽培荷花，在我国至少有 2700 年的历史；在中国工艺美术史上春秋时期的青铜器莲鹤方壶已有优美的莲花造型，象征着一种崭新的时代精神。从文学史上看，早在《诗经》《楚辞》、汉赋、唐诗中对荷花均有反映。荷花是一种素质的美，就像中国人喜爱玉一样，她是人的高洁品格的象征，唐代孟浩然诗句有："看取莲花净，方知不染心。"北宋周敦颐在《爱莲说》中云："予独爱莲出淤泥而不染"，"莲，花之君子者也"。当代学者季羡林先生亦谓："梅、兰、竹、菊旧称四君子，荷出淤泥而不染，实君子中之君子也。"在荷花中还蕴涵着一种奉献精神，明代李时珍编写的《本草纲目》中，详细记载了荷花全身，从根、茎、叶、花到果实的全部药用或食用价值。荷花把全身都奉献给人类。

在民间，荷花艺术广为流传，成为吉祥、幸福、美好生活的象征，体现了以"和"为核心价值的中国传统文化内涵。

荷花"清""净"的品格也融入宗教文化，赋予宗教一种圣洁的色彩。在佛教中表现得最为突出，莲花成为佛教的象征。

道教中也崇尚荷花，唐代吴道子的《八十七神仙卷》、北宋武宗元的《朝元仙仗图》虽然是以人物画为主，但都以荷花衬托仙境。

这次展出的荷花艺术，包括石雕、玉雕、青铜雕、木雕、根雕、牙雕、瓷器、紫砂、刺绣、剪纸、摄影、绘画、书法等十多个艺术门类。其中有不少杰出的作品展示了我们民族的创造和智慧。

故宫建筑美的时代特征

紫禁城是中国封建时代的政治性建筑，亦称"故宫"，位于北京中心地带。明永乐四年（1406 年）在元宫殿遗址上开始营建，永乐十五年（1417 年）大规模兴建，永乐十八年（1420 年）基本建成。紫禁城南北长 960 米，东西宽 750 米，占地 72 万多平方米，建筑面积约 17 万多平方米。宫殿分前朝、内廷两部分。从明代永乐帝（朱棣）到清代宣统（溥仪）共 491 年，住过明代 14 个皇帝，清代 10 个皇帝。

紫禁城历史久远，规模宏大，设计精美，保存完整，不仅是我国灿烂古代文化的一件瑰宝，也是人类文化史上的一件珍品。东方建筑的宏伟、壮丽，曾引起不少欧洲人的赞叹，黑格尔在《哲学史讲演录》中曾说："如果和东方人想象中的华美、壮丽、宏大相比，和埃及的建筑、东方诸国的宏富相比，希腊人的清妙作品（美丽神、雕像、庙宇）……可能都像一些渺小的儿童游戏。"

1961 年国务院公布紫禁城为全国重点文物保护单位。

1987 年联合国教科文组织将故宫列入世界文化遗产保护项目。

今天的故宫从封闭的、森严的、神秘的历史气氛中解放出来，每天吸引着成千上万的中外游人。人们不仅是对这种特殊的历史环境产生亲切的体验，而且在各种色彩、造型、空间的感性形式中得到一种审美享受。很自然，人们在研究故宫中会提出各种美学方面的问题。在这里，我们主要是结合故宫建筑谈谈美的时代特征。

关于美的理论是一个复杂问题。我们觉得，美的事物引起人的愉快离不开一定的感性形式（色彩、形体、空间、声音等），但并不是任何感性形式都是美的，而是当某种感性形式显示了人的创造、智慧和力量（包括对形式规律的运用），才能成为美的事物。审美的愉快是人在自己"所创造的对象世界中直观自身"所引起的。但是人们在实践中的创造并不是抽象的。人类的一切创造都是在一定的社会关系中进行的，受到历史条件的制约。同样，美的创造也不能脱离当时的社会历史条件（包括政治、经济、意识形态、科学技术水平等）。在不同时代，美的创造都留下深刻的时代烙印。

故宫作为封建时代的产物，具有两重性。它既是物质产品，又是精神产品。一方面，故宫作为精神产品，它体现了统治阶级的意志，成为封建帝王至高无上的象征。另一方面，故宫作为物质产品，又是由劳动者的血汗所造成的精美产品，里面凝聚着劳动者的智慧、灵巧和力量。

这种两重性在不同历史条件下所发挥的作用有很大的差异。在封建社会中，故宫作为统治阶级意志的体现这一特点表现很突出，劳动者的创造则被湮没在皇权、神权的迷雾之中。而现在故宫成为世界文化遗产保护项目，并供人民游览，它作为人类创造的象征这个特点，才充分显示出来，同时，使我们从一个侧面了解封建统治的历史。

下面就故宫的时代特征，从审美上谈两个问题：

一、故宫建筑作为精神产品体现了帝王的至高无上

一个时代有一个时代的美。紫禁城作为封建时代的政治性建筑，体现了封建帝王的意志——帝王的至尊。天人合一君权神授的哲学思想则为帝王至尊提供了理论基础。

紫禁城建筑的总体设计正是天人合一的思想的具体表现。紫禁城的核心建筑为太和殿，所谓"太和"意思是保持宇宙间高度的和谐。太和殿的名称象征封建统治秩序是天地人的和谐统一，天帝授权帝王统治人间是天经地义的。紫禁城许多建筑的名称和位置都是按照一定宇宙模式来确定的，如内廷的乾清宫、坤宁宫象征天和地，两侧的日精门、月华门象征日月，东西六宫象征十二时辰。还有皇城南有天安门，北有地安门，在北京城南偏东设天坛，北偏东设地坛，城东有日坛，城西有月坛等等。这种宏大的构思，使人不禁联想到一种宇宙图案。

帝王至尊的思想在建筑中的具体表现：

在总体设计上表现为"天子居中"。紫禁城方位的选择是在北京城的中心地带。"天子居中"体现中国古代的礼制。《周礼·考工记》中记载："匠人营国，方九里，旁三门，国中九经九纬，经涂九轨。"宋人聂崇义对《考工记》中所述王城，曾绘图示意，并说明"王宫当中经"。《吕氏春秋·知度》中也记载："古之王者择天下之中而立国，择国之中而立宫。"王者所以"择中"，"中"是核心，四围是从属。从整体形势看，中心是处于层层拱卫、八方呼应的重要位置。明、清紫禁城正是处在北京城中心地带，由三套方城（内城、皇城、宫城）围合而成。

从紫禁城名称的由来看，则使"天子居中"的礼制，上升到天人合一、君权神授的哲学境界。昔谓紫微星垣（北极星）位于中天，众星环绕，为天子所居，称紫宫。明清皇帝的宫城称紫禁城，位于北京城的中心地带，这正是与紫微星垣相比拟，暗含君权神授的思想。

故宫不仅是北京城平面的中心，而且和北京城南北中轴线重合，实际上京城的中轴线是由紫禁城中轴线向南北延伸的结果。故宫的建筑群是一个纵深的系列，故宫的主体建筑都位于中轴线上，中轴两侧建筑保持对称，以烘托主体。这种中轴线的整体布局，在空间与时间的结合上更强化了核心建筑的重要地位，更强烈地表现了帝王至尊的思想。中轴线的采用使人们在时间过程中逐步加强对空间、形体的感受，并引向高潮。以太和殿为例可充分说明这一点。

太和殿是故宫建筑群的核心建筑，象征帝王的至高无上。它位于紫禁城南北中轴线上，在建筑群中处于深、宽、高的集中点。

（1）深：北京古城南起永定门，北至钟鼓楼，全长7.5公里，是一条很长的中轴线。故宫建筑与这条中轴线重叠。从正阳门到太和殿全长1700米，经过一座又一座的桥，一重又一重的门，一层又一层的台阶，还有那一道又一道森严的禁卫，最后才能到达太和殿。现在我们站在天安门外向北遥望，透过天安、端门、午门的通道所见到的是一个门洞套一个门洞，最后视线消失在太和门前，太和门成为隐蔽太和殿的屏障。

这种空间的深度和空间的封闭是结合在一起的,过去的北京城从内城(正门为正阳门)、皇城(正门为天安门)到紫禁城(正门为午门),是一个层层紧缩的封闭空间。南北的中轴线正插入这个封闭空间中。由于这种笔直纵深而又封闭的空间造成了一种神秘而严肃的气氛,使人感到皇帝所在的地方简直是深不可测。所谓"隔则深,畅则浅",深的效果由于"隔"而加强。从正阳门开始层层隔断,大清门一隔,天安门一隔,端门一隔,午门再隔,最后太和门又是一隔。这种空间上的重复隔断,使人在心理上产生一种神秘感和期待感。过去所说的"侯门深似海",也体现了建筑空间的深度与封闭所形成的森严气氛。

我国宫殿建筑多采用纵深布局的传统模式。如山东泰安的岱庙、曲阜的孔庙等都具有这一特点。

这种宫殿建筑的空间布局,和我国古代园林艺术中的曲径回廊所产生的轻松愉快的气氛是截然不同的。

(2)宽:太和殿的位置不仅体现了空间的深度,而且体现了空间的宽度。如果太和殿仅仅有空间的深度,而缺少宽窄的变化,便显不出太和殿的宏大气势。从正阳门,经过狭窄的千步廊到天安门,过了天安门,在端门与午门之间,又是一段窄长的千步廊。过了午门,空间放宽,再过太和门更加开朗,展现出一个非常宽阔而明亮的空间(约三万平方米)。太和殿位于这个广场的正北面。如果说建筑的深度给人以神秘、森严的感受,那么这种突然出现的宽阔的空间,则赋予建筑以宏大的气势,使人精神上感到一种威慑和震惊。故宫的太和殿和天坛的祈年殿都是具有神韵的建筑,有很高的美学价值。当人们由南至北在中轴线上穿行时,人们的视觉反应处在不断变化中。在太和殿前人们见到的是一个最开阔、最明亮的空间,在太和殿及其东西两侧建筑的外轮廓都是直接和蓝天白云连接。在太和殿的前方是一片最宽大的庭院。无垠的蓝天与大面积深灰色的砖地上下呼应,太和殿则耸立在天地之间,而且在中轴线上,位于庭院的正北。这种布局体现了一种精神境界的追求,也就是乾清宫内所悬挂的一块匾:"正大光明"。

（3）高：太和殿通高 35.06 米，通长 63.96 米。进深 5 间，为 31.17 米，建筑面积为 2377 平方米。

重檐庑殿顶，为宫殿中的最高规格，气势庄严。

太和殿前的一排红色柱子成为殿的外部空间到内部空间的过渡，这些柱子增强了主体建筑壮丽的气势。唐代一位诗人曾写有："丹楹崇壮丽，素壁绘勋贤。"所谓"丹楹"，就是指古代宫殿前的红色柱子，可以烘托宫殿的壮丽。

太和殿的高大显现于特定的空间，太和殿不仅因开阔的庭院而形成一种宏大气势，而且由于殿的轮廓线与无垠的蓝天相接，使建筑更带有神权意味。

太和殿由于上述深、宽、高三个因素的结合，形成了恢宏的气势，象征着帝王的至高无上。也可以说太和殿是按照皇帝的形象来建造的。从太和门遥望太和殿，太和殿的形象有如君主赫然当朝。

太和殿的内部空间及色彩、装饰，也体现帝王至尊和君权神授的思想。

在太和殿的内部，更强烈地表现了封建帝王的意识形态。太和殿内皇帝所用的"宝座"安置在一个高约两米的精雕细刻的基座上，使"宝座"从平地升起，有如须弥座托着太和殿的缩影。这样，实际上重复了一次太和殿外的节奏，因为从正阳门到太和殿所表现的是一种由抑到扬的节奏。太和殿处于节奏的高潮，而殿内的宝座是把这种由抑到扬的节奏再升高一次。这就进一步加强了皇帝的至尊。特别值得注意的是太和殿内空间的处理。殿内面积达 2377 平方米，殿内有 72 根柱子，分割成许多小的空间。如果处理不好，便会显得分散。殿内所设置的 72 根柱子，不仅起着调节空间和支撑的作用，而且为帝王壮威，象征着统治者的"江山永固"的幻想。殿内的色彩也是异常的。"为了突出以宝座为中心的明间部分，还充分运用了光与色彩的装饰效果。把当心明间的六根金柱沥粉画成盘龙，而且全部贴金。这六根盘龙金柱，光彩熠熠，十分典丽而雄壮，同其余森然林立的暗红色柱形成强烈对照，不仅标志出明间的特殊重要地位和空间范围，并赋予明间以相对独立的性格。"由于殿中心这 6 根金柱划出了一个特殊的空间，围绕殿内的宝座仿佛布置了几面透明的墙，使体量很小的金色宝座与周围的金柱在色彩及装饰上相呼应形成一个整体。周围的暗红柱子，有如音乐中的和声，对明间的宝座起着烘托作用。

殿里的装饰大量采用了龙的形象，有人统计在太和殿里里外外、上上下下就有 12654 条龙的形象。柱子上缠的是龙，屏风宝座上雕的是龙，屋顶的藻井盘的是龙，皇帝的锦袍上绣的是龙……太和殿可说是龙的世界，皇帝成了所谓"真龙天子"。

在建筑体制上表现了严格的等级规范。

故宫建筑的形体、色彩等方面都有一整套的规范，在这些规范中浸透着等级观念。例如在色彩上，帝王用黄色琉璃瓦，王侯用绿色琉璃瓦，老百姓只能用灰色瓦。对房基的高度也有严格的等级规定。在《大清会典》中规定公侯以下、三品以上所使用的建筑台基其高 2 尺；四品以下的台基高 1 尺，而三大殿的台基总高达 8 米（合 25 清尺）以上。其他如门洞的大小正侧都有等级规定，如午门的 5 个门洞，正中的门洞供皇帝出入使用，皇帝大婚时，皇后可以从中间门进入一次，殿试考中的状元、榜眼、探花可以从此门走出一次。西边门洞为皇室王公使用，东边门洞为文武大臣使用。举行大典时文武大臣走左右掖门，文东武西。此外甚至连宫殿门钉的数目，都不是随意安排的，门钉的数目横竖都是九，体现了古代所谓"九五之尊"的观念。

以上是说明建筑本身如何体现皇帝的至高无上，从建筑上反映封建的中央集权制度的特点。

在《史记》上曾记载过一些封建统治者如何利用宫殿作为维护他们统治的工具。在《史记·高祖本纪》中记载汉初萧何营造未央宫并对刘邦进行劝说的故事："萧丞相营作未央宫，立东阙、北阙、前殿、武库、太仓。高祖还，见宫阙壮甚，怒，谓萧何曰：'天下匈匈苦战数岁，成败未可知，是何治宫室过度也？'萧何曰：'天下方未定，故可因遂就宫室。且天子以四海为家，非壮丽无以助威，且无令后世有以加也。'高祖乃悦。"这里所说的"非壮丽无以助威"，意思是借助宏伟壮丽的宫殿来显示统治者的威严和力量。未央宫建成，高祖命叔孙通制朝仪，御史执法，无敢失礼者。于是高帝曰："吾乃今日知为皇帝之贵也。"魏何晏所写《景福殿赋》，其中也谈到封建统治者营造宫殿的政治目的。他说："昔在萧公，暨于孙卿，皆先识博览。明允笃诚，莫不以为不壮不丽，不足以一民而重威灵，不饬不美，不足以训后而永厥成，故当时享其功利，后世赖其英声。"这里所说的"一民而重威灵"也是指营造宏大的宫殿才能显示统治者的巨大精神力量，以便他们统治人民。所谓"训后而永厥成"，意思是教训子孙，永远铭记祖宗的"业绩"。唐代骆宾王有两句诗："不睹皇居壮，安知天子尊。"这说明宫殿的雄伟是为了显示天子的尊贵。从太和殿的名称上也反映了封建统治阶级的意识。太和殿的"和"字，既体现了统治者的政治观点，也体现了他们的美学观点。从政治上看，所谓"太和"就是宣扬在封建君主统治下所形成的一切封建秩序是最"和谐"的，而且是天经地义，神圣不可侵犯的。从统治阶级的审美观点看来，太和殿建筑的形象由于体现了封建统治的秩序，因此是一种"和谐"的美。封建统治者强调"和"的目的是为了"安"，因为只有做到"和"，巩固了封建秩序，才能保持"安"。"和"与"安"在故宫建筑物的名称上表现得很明显，如"太和殿""中和殿""保和殿""天安门""地安门""东安门""西安门""长安左门""长安右门"，等等。

二、作为一种物质产品，体现了劳动者的创造和智慧

在封建社会中，农民和手工业工人是创造物质财富和创造文化的基本阶级。在私有制条件下，劳动者创造了故宫，本来是劳动者伟大创造力的表现，但由于劳动异化，故宫却变成了统治者的一种精神上的威慑力量。这里想起一件有趣的事情：1961 年溥仪（清朝的末代皇帝）曾为国内出版社编辑、博物馆专家做故宫的导游。在结束导游时，溥仪曾深有体会地说了一句话："这座雄伟的建筑里，当年住在里面的人是多么渺小。"的确，在异化条件下，历史是颠倒的。应当把颠倒的历史再

颠倒过来，真正伟大的是属于当年营造这座雄伟宫殿的那些"卑贱"的劳动者。

在私有制条件下奴隶们创造美，不仅为统治者所占有，而且要按照统治者的需要和意志去进行创造，因此在产品上留下了统治者精神的烙印。正像马克思所提出的："统治阶级的思想在每一时代都是占统治地位的思想。……支配着物质生产资料的阶级，同时也支配着精神生产的资料，因此，那些没有精神生产资料的人的思想，一般的是受统治阶级支配的。"故宫建筑的宏大、威严、豪华、严格的等级规范深刻地体现了封建中央集权制国家君权至上的特点。在这种特殊的历史条件下，奴隶虽然创造了美，但并不体现自己的意志，而是体现统治者的意志。劳动者不仅丧失了所创造的对象，而且和自己所创造的对象相对立并受其奴役。

故宫的建筑艺术生动地体现了劳动者的智慧。尽管这种智慧是在歪曲的形式中表现出来的。尽管从整体上看，一切形式的运用都要服从于统治者的意志和需要，但是在实际的营造过程中处处都表现了劳动者在长期生产实践中所积累的经验，其中包括了美的创造方面的经验。

从故宫看劳动者对美的创造，有两点特别值得注意：

1. 创造了具有相对独立性的富有民族特色的形式美，在形体、空间、色彩等方面采用了一系列的对比手法，造成了一种多样的统一。

例如：

（1）大与小对比：在宏伟的天安门城楼下，巧妙地安置了两间火柴盒子似的小屋，这小屋除了它的特定的用途外，在艺术上起着对天安门的烘托作用。在高耸的午门前也安置有类似的两间小屋（系明锦衣卫值房），有没有这种对比虽然并不改变天安门原有的体量，但是经过对比可以使人对天安门的宏伟产生更强烈的感受。山东岱庙天贶殿两侧的御碑亭也是以小衬大的例子。此外，在我国各种艺术中也经常运用这种对比的手法，如四川乐山大佛的脚下所设置的小型建筑，徐悲鸿的彩墨画《古柏》，在巨大的柏树下有意画上一个小小的人物，这些都是运用大小对比的方法以加强主体形象的范例。

（2）高与低对比：为了烘托太和殿的崇高，周围采用了低矮连续的回廊。这种回廊是由汉代的廊院、唐代的廊庑逐渐演变而来的。在少数民族建筑中，如傣族的曼飞龙佛塔，在一组佛塔中，中央的佛塔特高，周围的佛塔很低，形成鲜明的高低对比。这种高低、大小的对比不但运用于建筑中，在中国山水画中也经常应用。唐王维论山水画曾说："主峰最宜高耸，客山须是奔趋。"宋郭熙也说："画山高者、下者、大者、小者，盎碎向背，颠顶朝揖，其体浑然相应，则山之美意足矣。"

（3）宽与狭对比：这是一种欲放先收的手法。从正阳门到太和殿所形成的狭长空间与太和殿前广阔空间形成强烈对比。在中国的草书中也经常运用这种欲放先收的手法。例如草书中怀素的《自叙帖》，开始叙述他的身世，用笔平缓，字形较小，写到后面随着情感的变化，字形愈来愈开展奔放，表现高潮的地方一个字所占的空间比几个字加在一起都大。

在园林艺术中这种收与放的对比更是常见，如进北京颐和园，是先穿过仁寿堂前一段收敛的空间，然后才看到宽阔的昆明湖湖面，使人感到豁然开朗。

（4）明与暗对比（或冷色与暖色的对比）：故宫在色彩上给人的强烈印象是金碧辉煌。金黄色的琉璃瓦与青绿色为基调的檐饰相对比，在蓝天、白云的辉映下显得非常辉煌。在中国古代工艺品中也常用这种对比色彩造成辉煌的效果，如唐三彩主要是运用金黄色与蓝色、绿色的对比，这种冷暖色调的对比，加上瓷釉的光泽使人感到斑斓淋漓。宋、金的宫殿逐渐使用白石台基红色的墙、柱及黄绿色的琉璃瓦顶，在檐下用青、绿彩画。这种方法在元代已基本形成。

（5）繁与简对比：雕梁画栋，镂金错彩，这就是繁。在太和殿内的各种陈设都是精雕细刻，屋顶藻井的各种图案更是细密繁复，这和殿外大面积单色调的红墙和黄色琉璃瓦屋顶形成一种繁简的对比。

在中国绘画中也经常运用这种繁简对比，如齐白石有一幅画题名《秋色佳》，采用写意与工笔相结合的手法，蝉画得很细致，连蝉翼的透明、轻薄的质感都画出来了，但枫叶却是写意，大笔渲染，很简洁。

（6）方与圆、曲与直的对比：在造型上注意方圆变化。如天安门、端门的门洞是圆形，而午门的门洞是方形，这种方圆的变化又是与建筑的特定性质相联系的（午门较威严，用方门与整个建筑的气势很和谐）。

在故宫笔直的中轴线上穿插了弧形的金水桥，而金水河也是以半圆的弧形环绕于太和门南边。

（7）动与静的对比：建筑本身是静止的，但由于空间与形体的变化，却呈现出流动的节奏感，有序曲，有高潮，有尾声。正阳门是序曲，太和殿是高潮，景山是尾声。

从审美上分析有三点值得注意：

①从正阳门到太和殿地平标高逐渐上升，形体逐渐加大，庭院逐渐加宽，人对建筑的感受也逐渐强烈，正如刘敦桢对故宫所作的审美评价："恰如一幅中国的手卷画，只有自外而内，从逐渐展开的空间的变化中方能了解它的全貌和高潮。"

②过三大殿（太和、中和、保和）转向内廷，地平标高逐渐降低，形体逐渐缩小，庭院逐渐变窄，过渡到松快的御花园。乾清门前的横向空间，标志着这一过渡的开端，乾清门红墙上的照壁采用了黄绿相间的花卉琉璃装饰，使环境的气氛缓和下来。由前朝太和殿"神"的尺度，逐渐转向人的尺度。在前朝，气氛森严，过午门连一棵树都没有，到御花园才轻松下来，有了一点绿色的诗意，狭长的路面布满了碎石砌成的图案。

③景山作为尾声，构思很精妙。建筑家把景山称作"故宫全部宫殿的大气磅礴的总结"。清乾隆年间增建的景山上五亭的设计也别具匠心。万春亭处于正中，左为周赏亭、观妙亭，右为富览亭、辑芳亭。五亭的体量、造型、色彩都有变化，万春亭体量大，黄色，方形，显得庄严。周赏、富览两亭体量较小，黄绿相间，呈八角形。外侧的观妙、辑芳两亭，体量更小，圆形，绿色，与景山上树木相连接，溶入绿色的自然中。这一构思打破了由对称形式带来的呆板布局，隐显之间的变化又很自然，这里面体现了我们民族在美的创造中的智慧。故宫的壮丽和劳动

人民的智慧，就连封建统治阶级也不禁赞叹。清初工部一位叫江藻的官员，在他所辑的《太和殿纪事》一书的序中曾说："琼楼玉宇，奕奕乎崇且邃也；云栋璇题，秩秩乎雄且丽也；绮窗兰阰之葱倩，金丹绀碧之炜煌，郢人运斤，承福操墁，公输轮扁，巧构通神。"

由于上面所说的这些大与小、高与低、宽与狭、明与暗、繁与简、动与静、方与圆等对立因素的统一，造成了一种和谐的美，有如音乐中的和声。早在两千多年前，中国古代就提出了以和谐为美的思想。如《国语》中"声一无听，物一无文"，这里所说的"一"，有"单一""单调"的意思，就是说单调的声音和色彩引不起音乐的美感、色彩的美感。当声音的长短、高低、轻重等对立因素统一在一起造成和谐，才能有音乐美感，各种色彩协调地统一在一起，才能有色彩的美感。古代所谓的"五色成文而不乱"（《礼·乐记》）便是指色彩上的和谐。晋代葛洪曾说："单弦不能发韶夏之和音，孑色不能成衮龙之玮烨"，"五色聚而锦绣丽，八音谐而箫韶美"。这些论述都说明和谐是以差异为前提。当然差异并不等于和谐，差异也可以产生杂乱，有规律地组合各种对立的因素，才能造成和谐。在古希腊也提出过类似的思想，"和谐起于差异的对立"（毕达哥拉斯派）。复兴时期阿尔伯蒂在论述建筑艺术时也曾说："我认为美就是各部分的和谐。"

2. 在故宫建筑中美和实用的结合。

建筑艺术不同于其他艺术的一个重要特点就是实用与美的结合，一般说建筑艺术是在实用的基础上讲求美观。在紫禁城建筑中，生动地体现了实用与审美结合、科学技术与艺术想象的结合，把功能融化在建筑形象中。建筑的形式美与建筑的功能有机结合，才能显示出一种更高的智慧。

中国对技术高明的工匠称为"能工巧匠"。在修建紫禁城时曾征用了全国木工、瓦工、石工中的精英，其中不少是身怀祖传绝技的工匠，如明代的蔡信（木工）、蒯祥（瓦工），明清之际的梁九、雷发达等等。"能工巧匠"的"巧"与"能"，其重要表现之一就是善于把实用功能与审美功能巧妙地结合。紫禁城的许多建筑形式乍看起来好像是一种纯艺术装饰，而实际却隐藏着实用。

在故宫建筑中有大量的实例：

（1）太和殿的基座（即须弥座）：基座既有防潮的作用，同时也使太和殿显得更宏大、更安定、更舒展，也更美。如果太和殿没有宽大的台基衬托就很难看，大屋顶配上矮的屋身就像一个矮人戴了一顶大帽子显得很不协调。基座上的排水管道采用螭首（螭是传说中蛟龙之类的动物）的造型，三层台基共有1142个螭首，大雨时群龙吐水，既达到排水目的，又能保持壁面清洁，而且呈现"千龙吐水"景象，颇为壮观。

河北出土的战国燕下都排水管道也采用兽形装饰。

（2）宫殿内的藻井：由于中国古代的建筑大都是木结构，木材很容易受潮腐蚀，涂上油漆彩绘既显得华丽，又能起到防潮防腐的作用。

（3）琉璃瓦：琉璃的发明是劳动人民在生产实践中不断试验的结果，在釉中加入各种金属的氧化物，经过烧制产生不同的色彩。如原料中加入氧化铁就会得到黄色，加入氧化铜会得到翠绿色，加入氧化钴会得到蓝色等等。琉璃瓦虽然经受几百年的日晒雨淋，风吹雨打，仍然能保持鲜艳的色泽，而且琉璃瓦不像一般砖瓦那样吸收水分，雨后并不增加建筑负荷的重量。

（4）屋顶和脊饰：屋顶上部巍然高耸，檐部如翼轻展，也体现实用与美观相结合。林徽因曾对这种屋顶的形式作了分析："因雨水和光线的切要实题，屋顶早就扩张出檐的部分。出檐远，檐沿则亦低压，阻碍光线，且雨水顺势急流，檐下亦发生溅水问题。为解决这两个问题，于是有飞檐的发明……屋顶的曲线不只限于翼角翘起与飞檐，即瓦坡的全部，也是微曲的，不是一片直的斜坡……屋顶斜度越上越峻峭，越下越和缓。《考工记》……'轮人为盖……上欲尊而宇欲卑，上尊而宇卑，则吐水疾而溜远'。"这说明古建筑屋顶的造型，并不是为了造型而造型，而是含有实用的价值。结合实用，使建筑的外观也更美，从造型上看，屋顶上部高耸，下部轻展，在静中有动，所谓"如翚斯飞"。由于檐角的轻轻挑起，也减弱了庞大屋顶的沉重感，更能引起人的美感。

宫殿的屋顶上的瓦脊和一些装饰物，同样体现了实用与美观的结合。"脊瓦是两坡接缝处重要的保护者……正脊上的正吻和垂脊上的走兽等等，无疑的也曾是结构部分。我们虽然没有证据，但我们若假定正吻原是管着脊部木架及脊外瓦盖的一个总关键，也不算一种太离奇的幻想；虽然正吻形式的原始，据说因为柏梁台灾后，方士说：'南海有鱼虬，尾似鸱，激浪降雨'，所以做成鸱尾象。垂脊下半的走兽仙人，或是斜脊上钉头经过装饰以后的变形。"

（5）斗拱：斗拱是中国系建筑所特有的形制，是较大建筑物的柱与屋顶间之过渡部分，其功用在承受上部支出的屋檐，将其重量或直接集中到柱上，或间接先纳至额枋上再转到柱上，所以斗拱首先也是出自实用，而后加装饰，在外形上有一种错综精巧的美。

以上事例说明在建筑中实用和美的结合体现了劳动者的智慧。尽管在私有制条件下劳动者的创造才能受压抑和摧残，但仍然不能泯灭劳动者智慧的光辉。关于中国建筑的美和实用的内在联系，林徽因曾说："这建筑的'美'却不能脱离适当的、有机的、有作用的结构而独立的。中国建筑的美就合于这原则；其轮廓的和谐，权衡的俊秀伟丽，大部分是有机的、有用的结构所直接产生的效果。并非因其有色彩，或因其形式特殊，我们才推崇中国建筑；而是因为产生这特殊式样的内部是智慧的组织、诚实的努力。"

这段话深刻分析了建筑的美，不是一种生硬加到建筑上去的形式，而是和建筑结构的功能紧密相联系，从审美角度看，是把功能溶化在美的形式中。这标志着劳动者的智慧和诚实的努力。在美的事物中总是生动地体现了人的自由创造的本质特征。高尔基曾把人民群众的创造比作海中的珊瑚虫用自己无数微小躯体累积成美丽的珊瑚礁。

天坛的美学探索

　　天坛是中国古代文化的瑰宝，也是世界建筑艺术的杰作，它始建于明永乐十八年（1420 年），是明清帝王祭天祈谷的神坛。但今天所见到的天坛，并不是一次建成的，而是经过长期的扩建改建。天坛具有一种独特的意境，游览天坛的感受就像读一首哲理诗，也像欣赏一幅写意画；它的意境不是停留在一般个人的情趣上，而是体现了天地间的化育生机，具有崇高、祥和、清朗的意境。

　　天坛意境的魅力，在于它以凝练的艺术形式表现了它的博大深邃的精神内涵。在天坛建筑中蕴含着中国古代的哲学观念、美学观念，体现了古人对宇宙的思考、想象、情感、感受。到天坛不仅可以了解我国古代祭天的历史，而且是一种美的享受。

　　构成天坛意境的主要因素是：

高

　　高是天的特性之一。在《说文解字》中云："天，颠也，至高无上，从一大。"

　　天坛的高是在一种上升运动中显示出来，从天坛南北纵轴线看，从南到北建筑逐步升高，南端的圜丘高 5.18 米，皇穹宇高 19.2 米，祈年殿上升到 38 米（加祈谷坛），比故宫太和殿高出约 3 米，祈年殿成为纵轴线上的高峰。

　　在天坛纵轴线上的丹陛桥，连接皇穹宇北的成贞门与祈年殿南的祈谷坛门，长 368 米，宽 30 米。桥体是南低北高，南端十足 1.1 米，北端则上升到 4.5 米。桥东西两侧的地面则南高北低，自然倾斜，愈向北愈低于桥面，树木也随着地面下降，在桥的北端树木在桥面仅露出树冠。这种升降运动的组合，形成一种奇妙的艺术效果，使人产生丹陛桥上升的错觉。

在祈年殿、圜丘四周设置的垣墙，与主体建筑形成高低对比，衬托了主体建筑的崇高。圜丘本身仅 5.18 米高，它的外围有两重垣墙，内垣高仅 1.76 米，外垣高 2.15 米。垣墙不仅墙体低矮，而且拉开了墙和祭坛之间的距离，由于距离远，在视觉效果上墙就显得更低，墙外的高大树丛也被推远。如果树丛距祭坛很近，祭坛则被高大的树丛压低，好似盆地的空间。

由于主体建筑四围空间开阔，因此，祈年殿和圜丘的整个外轮廓都直接和天空连接，祭坛仿佛高入云霄，人站在祭坛也好像升上蓝天。特别是在晴朗的日子里，在蓝天下祈年殿的周围飘浮着白云，祈年坛上也刻有石雕的云纹，使人不禁产生"云拥天帝"的联想。如果说紫禁城的太和殿是皇帝的象征，天坛的祈年殿便是天帝的象征。

祈年殿内部的空间设计也是突出纵向的高。祈年殿的内部面积很狭窄，殿内直径仅 23.4 米，在这狭窄的空间里又集中了 28 根柱子，如果处理不当，便会形成拥挤。聪明的设计者把三层柱子密集于殿内的外沿，中心部位留出空间，由内层的 4 根通天柱（高 19.2 米，直径 1.2 米）围合成一个纵向的空间，逐层向殿顶的藻井收缩。在这种由下而上的空间过渡中，结构、色彩、装饰的变化都作了精妙的处理。殿顶的龙凤藻井和地面中心的"龙凤呈祥石"上下呼应，增强了殿内纵向空间的整体感，这也是天的崇高的象征。一进入祈年殿，便不由自主地仰视，注意力为纵向的"高"所吸引，减弱了殿内空间狭窄的感觉。

这里还要特别说明一点，天坛建筑象征天高，不仅指上面所举的视觉中的具体形象，而且还通过数字作一种理性的暗示，如采用九的数字象征天的至高无上。古代称天为"九垓""九霄""九重""九天"。天坛圜丘的设计是把紫微星垣形象化，可说是人间的天庭。圜丘上层坛面的中心是一块圆石，称为"太极石"，也称"天心石"。围绕天心石铺设扇面状的弧形石，紧接天心石的一圈是九块，每向外一圈递增九块。

中、下层坛面的处理也依此类推。每层坛面外侧有汉白玉石护栏，栏板的数字以及台阶的级数也都是九或九的倍数。九在单数中是最高的数字，在人间用来象征帝王的至尊，在宇宙中则是皇天上帝至高无上的象征了。

在祈年殿东南有七星石，象征北斗七星，每一块石头上刻有山纹，有的学者认为这七星石也是泰山的象征。所谓"泰山北斗"，这里面蕴含着敬天的思想。（在中国对事业上有很高成就的人尊称为"泰斗"。）清乾隆时增加一石，一种说法是：增加的这一石是象征北极星。

圆

圆不仅指外形的圆，而且是一种哲学境界，是一种宇宙观，也是一种审美观。"天圆地方"是中国古代对天的一种看法。《晋书·天文志》中谈到天圆说源于周代，"天圆如张盖，地方如棋局"（《二十五史·晋书》）。汉代《白虎通》也提到"天圆地方"。圆具有审美的特性。在中外美学史上对圆的审美特性都有所论述，如古希腊毕达哥拉斯派就提出："一切立体图形中最美的是球形，一切平面图形中最美的是圆形。"在中国古代美学中，圆是一个重要的美学范畴。圆不仅指外形的圆，而且富有哲学和美学意味，圆是一种生命的流转，蕴含着宇宙万物，循环往复，周而复始，生生不已的运动，体现了一种"天行健"的精神。圆是一种生命的象征，中国的太极拳全部动作都贯穿着圆的运动。圆也是祥和、美好的象征。圆具有完整、流畅、柔和的特点，圆无偏缺，无障碍。生活中常说的"圆满""圆梦""花好月圆""破镜重圆"等都是吉祥和美好的用语。

在天坛建筑中突出圆的造型。天坛南北纵轴线上主体建筑——圜丘、皇穹宇、祈年殿都是圆形，而且在每一座建筑中又形成很多同心圆。如祈年殿以圆形宝顶为圆心，扩展为三层圆形琉璃檐和殿基的三层台阶，再扩展为三层圆形祭坛。圜丘则以太极石为中心，扩展为三层圆形祭坛，每层祭坛坛面铺设的石板也都形成同心圆，由于石板是扇面形状，形成一种辐射线，更增强了层层同心圆向外扩展的效果，使建筑中圆的扩展与穹隆形的天空成为一个圆融的整体。

当人们从不同距离看祈年殿的三层檐，会产生不同的视觉效果，从远距离看三层檐近似于平行线，有安稳感，使人联想到乾卦"☰"；中距离看檐边呈环转的弧线，出现螺旋上升的动感；近距离看这种环转运动更为显著，升腾感更为强烈。从这里可以看到同心圆的空间效果，一是扩展，一是上升，静中藏动。

天坛建筑的圆不仅表现于空间，也表现于时间的推移，祭天祈年体现了中国农业社会的特点，不仅祭天时间的选择都是在特定的时令，如冬至、正月、上辛和孟夏等，而且也体现在建筑的构思上。如祈年殿内，内层4根柱子象征四季，中层12根柱子象征12个月，外层12根柱象征12个时辰，这种周而复始的时间推移，也是通过圆形来表现的。

天坛虽然突出圆的象征意义，但也纳入方的因素，象征着一种"天地境界"。如祈年殿四面的墙是方形，这和明初天地合祀有关。天坛的内外两道坛墙，也是北圆南方，乃至圜丘棂星门的柱子也是上圆下方。方圆的结合，既富于哲理，又能达到变化中求统一的艺术效果。

在这里特别值得提到的是天坛的回音壁，它是我国最著名的声学建筑。近年来部分学者对回音壁的声学现象作了深入的专题研究，揭示了圆形光滑的墙面在声波连续反射中的作用，丰富了人们的科学知识。从艺术与科学结合看，回音壁还使得建筑环境更富有情趣，使游人与建筑的关系变得更亲切了。回音的效果仿佛是建筑向游人发出的"微笑"，在回响中隐藏着一种"圆"的魅力。

清

清也是天的一种特征。天空明净、清朗、宁静，也称"太清"。中国古代哲学中，"气"是构成万物和宇宙的始基物质，天和地都是气的不同形态。古人说："清阳为天，浊阴为地"（《黄帝内经》）；"清阳者薄靡而为天，重浊者凝滞而为地"（《淮南子·天文训》）。"天得一以清，地得一以宁。"（《老子》三十九章）这里所说的"一"是指"道"。天的"清"、地的"宁"都是道的体现。故宫内廷中有乾清宫、坤宁宫，象征天和地。

清也是中国古代的一种美学范畴，体现一种人格精神，或艺术境界，如文学或艺术品评常见的"清新""清真""清和""清淡""清妙""清远"等等。对兰花的赞赏是"清气若兰"，"清"是一种空灵的美。

"清"很富有哲学、美学意味，可以说是一种境界。这种境界在天坛建筑中的表现，首先在整体构思上不是着重在追求富丽堂皇、繁琐雕琢，而是追求自然、天然、清淡、旷远。其次就是通过色彩的暗示。古人在礼制上有"苍璧礼天"之说，苍是指青色，也包括蓝色。通常我们称天是"青天""蓝天""苍天"。为什么要用"苍璧礼天"，因为苍璧的圆形、青色都是天的象征。在《周礼郑氏注》中写有"礼神者必象其类，璧圆象天，琮八方象地"。古时还称天帝为青帝。天坛建筑采用蓝色琉璃瓦也是有象征意义的。

祈年殿、皇穹宇所覆盖的琉璃瓦都是深蓝色。在明嘉靖时大享殿（祈年殿的前身）的三层檐采用蓝、黄、绿三色琉璃瓦，上层蓝色象征天帝，中层黄色象征帝王，下层绿色象征臣民。乾隆时整修三层檐都换成蓝色琉璃瓦，还有纵轴线上内部城墙，也大都换成蓝色琉璃瓦。这和蔚蓝色的天空很协调。由于深蓝的琉璃瓦与浅蓝色的天空形成色彩上深浅的对比，更显出天的澄清、明朗。反过来，天的澄清、明朗又使得祈年殿的外轮廓显得分外醒目。这就是中国传统美学中"虚实相生"的道理。从建筑实体的色彩，唤起人们对蓝天的联想，感悟到"清"的境界，享受一种空灵的美。

在天坛还有大面积的植树，特别是种植了大量经冬不凋的柏树。因此，天坛的基本色调是青绿色。据统计，天坛有绿地面积163公顷，各种树木6万多株，其中柏树近2万株，百年以上古树3500多株，500年以上的1100多株。（见姚安著《天坛》）不论什么季节，人们一进入天坛，都会感到一片青绿，生意盎然。这种特殊的环境，蕴含着深刻的哲学意味，这就是"生"。古人云："天地之大德曰生"（《系辞传》），"大哉乾元，万物资始，乃统天"（《周易·乾·彖》），"至哉坤元，万物资生，乃顺天"（《周易·坤·彖》），"有天地然后万物生焉"（《序卦传》）。郁郁葱葱的树林，象征着大地顺天而孳生万物。

这里有一个值得探讨的问题，就是从圜丘到祈年殿这条纵轴线，并不是在内、外坛的正中，而是偏东。不少文章都谈到这是因为过去帝王祭天是从西门进入，轴线偏东，可以拉开祈谷门（西门）到祈年殿之间距离，在空间上增强深远感，形成一种肃敬的氛围。这种分析对我很有启发。此外，轴线偏东还和中国历史上尊崇东方的观念有关。泰山居五岳之首，主要不在于泰山的高度，而是泰山居于东方，名为东岳，东方主生，东方是太阳升起的地方，是万物生长之源。天坛圜丘有四门：泰元门、昭亨门、广利门、成贞门。四门的名称源于《易经·乾卦》卦辞："乾，元亨利贞。"泰元门位于东方，"泰元"一词含意为万物之始。还有斋宫的坐落不是坐北朝南，而是坐西朝东，这里面也蕴含着一种敬天的思想。

人们常说"天坛神韵"，这是说天坛有很高的艺术境界。"神韵"和"意境"都是属于艺术美的范畴，指的是一种美的境界。但两者的角度不同，意境侧重于情与景的结晶，神韵则侧重于内容与形式的关系，是精神内涵在艺术形式中的完美显现。意境与神韵的共同点则是：1. 以意蕴、情趣取胜，对人的精神产生深刻影响。2. 艺术形象是一种暗示诱导，引发欣赏者的想象，从有限中去领悟无限。

古人曾说："笔圆，下乘也。意圆，中乘也。神圆，上乘也。"所谓"笔圆"指仅着眼于形式本身，或者说仅掌握圆的外表；"意圆"指赋予艺术形式以某种意味；"神圆"则是把艺术形式和精神内涵高度融合，形成一种"化境"，产生隽永的韵味。我觉得天坛的建筑正是"神圆"的体现。天坛的建筑群不论在整体的布局上，还是造型、色彩上都是在创造一种天人合一的圆融境界。现在我们见到的天坛建筑群，虽非一次建成，但每一次扩建、改建都能保持连续性和整体性。

从现在的天坛的纵轴线看，祈年殿和圜丘一北一南，一高一低，一浓一淡，一实一虚，在对比中保持呼应。皇穹宇处于祈年殿与圜丘之间，在空间、造型、色彩等方面都是一种过渡。皇穹宇紧靠圜丘，不仅是祭天活动的需要，而且拉开了和祈年门的距离，使丹陛桥得以充分展开，预示祈年殿作为高潮即将展现。纵轴线两侧还有一些分散的精美的附属建筑，如双环亭、扇面亭、百花亭等，在绿树掩映中与主体建筑相呼应。这一切都是在变化中求统一，达到整体的和谐，也就是"神圆"的境界。

一位学者曾评价天坛是"世界独一无二的建筑杰作"。一位外国朋友也激动地说："天坛是世界上最美的建筑！"天坛的美凝聚着我们民族的智慧和创造，体现了一种艺术上的"大手笔"。它不仅引起我们对历史的沉思，而且从一个侧面引发我们对当代天人之际的哲学和美学的新的探索。

颐和园的园林艺术

　　颐和园位于北京西北郊，为清代皇家园林，建于 1750 年，原名为清漪园。1860 年清漪园被英法联军焚毁，1886 年慈禧重建，改名颐和园。1900 年又遭八国联合侵略军严重毁坏，建国以后，特别是改革开放以来才得到大规模恢复与修建。全园面积 4350 亩，大体可分为苑林区、宫廷区两大部分。苑林区是主要部分，由万寿山与昆明湖组成。全园以万寿山上的佛香阁为核心，形成一个建筑与自然相结合的和谐整体。

　　颐和园的美体现了中国的传统美学思想——"和"。

天人之和

　　中国园林艺术崇尚意境，把意境看作园林艺术的灵魂。颐和园意境的营构是以天人合一为指导思想的。具体表现在：

1. 源于自然

　　中国园林艺术设计的指导原则是"因地制宜"。园林艺术不仅是对自然美的发现，而且以自然美作为园林设计的依据，在自然美的启示中孕育"构园"的蓝图。

　　颐和园的前身是清漪园，为乾隆帝所建，乾隆帝之所以看中这片地方，是因为这里有山又有水。园内有西湖（昆明湖前身），有瓮山，园外又有西山、玉泉山可资借景，北雄南秀兼而有之，气势恢宏，能更好地体现皇家园林的特色。

　　颐和园前山与后山的设计也体现了因地制宜的原则。在自然中万物都是"负阴而抱阳"，万寿山的后山与前山，便是一阴一阳。乾隆帝有诗句："山阳放舟山阴泊"，这蕴含着刚柔、隐显、动静等变化。园林建筑设计正是以这种自然的特点为依据进行构思，使前山与后山的景观在变化中保持统一。从色彩上看，前山富丽，后山朴素；从布局看，前山建筑严整、集中，显得庄严，后山自由、分散，显得轻松，包括带有江南水乡民间特色的苏州街，增添了后山的轻快的情调；从空间看，前山开阔，后山收敛。从总体看，前山以气势取胜，属阳刚之美；后山以情趣见长，属阴柔之美。

2. 高于自然

"巧于因借"，"精于体宜"。"巧"主要指在自然与人工的结合上表现了人的创造与智慧。"因"是指"因地制宜"。"借"指"借景"。颐和园的美体现了自然美与建筑美的结合。在自然中原来分散的东西在园林艺术中成为和谐的整体，自然中的优点得以显示，自然中的缺陷得以弥补，而且融入了人的情趣。

颐和园的主体部分在湖山区，全园的核心建筑在万寿山上的佛香阁。佛香阁的构思体现了园林中如何"巧于因借"，使自然与人工建筑相得益彰。佛香阁具有一种崇高而开阔的美学境界，这种美学境界的形成有两点值得注意：

（1）倚山势，显崇高。

万寿山本身山势平缓，缺少气势。远看不过一座不起眼的山丘。聪明的设计者却能化不利为有利，借山势烘托主体建筑的崇高。万寿山前中轴线上，从湖岸"云辉玉宇"牌楼经排云门、排云殿、佛香阁、智慧海形成一组建筑群，呈上升节奏。在中轴线上突出佛香阁，佛香阁高41米，它的宝顶高出万寿山的主峰18米。两侧延伸的山脊有如佛香阁的宽阔的披肩。这样既弥补了自然本身气势不足的缺陷，同时又借山势烘托了中轴线的主体建筑的雄伟。

从建筑本身看，佛香阁是建造在一座石砌的高达20米的方形台基上。这不仅加大了佛香阁的体量，而且由于台基陡峭，与湖面大体垂直，这对增强佛香阁的气势起重要作用。一件物体同样的高度，一个是坡度平缓，一个是坡度陡峭，后者的气势就大于前者。

佛香阁建筑本身是三层八面四重檐的木结构建筑，造型稳重而开张，和横向扩展的山势以及中轴线上宏大建筑群很协调。

佛香阁东西两侧各有一方亭，名为敷华、撷秀，方亭外侧东有万寿山昆明湖石碑和转轮藏，西有宝云阁铜亭，这些对称的建筑对佛香阁的中心地位起陪衬作用。

（2）面苍茫，纳宇宙。

佛香阁不仅本身具有宏大的气势，而且为全园开拓了广阔的宇宙空间。在佛香阁眺望，东、西、南三面景色，尽收眼底，下面是浩渺的湖面，上面是无垠的碧空，西边是蜿蜒的西山。湖岸的一切建筑都处于拱卫的地位。如果从虚实关系看，万寿山是"实"，湖水、天空则是"虚"。颐和园景观虽然显处在"实"，但妙处却在"虚"，昆明湖万顷空明便是"虚"。颐和园的水域占全园面积的四分之三，颐和园是山水园林，尤其是以水取胜的园林。乾隆帝建园时取名清漪园，"清漪"一词便是对湖水的赞美。

水富有审美特性：清澈；柔和（涟漪）；空灵（镜花水月，天光云影）；流动；凉爽（去暑）；生命之源，水能"润生万物"。昆明湖四围建筑的名称及楹联大都是对湖景的吟咏，如绣绮桥对联"螺黛一丸银盆浮碧岫，鳞纹千叠璧月漾金波"。乾隆帝还有不少吟咏昆明湖的诗句，如"布席只疑天上坐，凭窗何异镜中游"。"虚"是一种空灵的境界，它能使人的心灵和自然拥抱。颐和园的园林设计很重视"虚"，东宫门前牌楼题额之一为"涵虚"，在南湖岛的北岸有"涵虚堂"。虚是一种园林的境界，它把大自然的广阔空间纳入视野，而不局限在建筑实体本身。这种境界也可称之为"天地境界"。园林艺术中的"借景"，不仅是一种艺术表现手法，而且是一种美学境界的追求。有的建筑不利于园林空间的扩展，就要隐蔽它，如昆明湖西面的围墙就有意以树丛掩蔽，使园内外景物连成一片。中国古诗描写建筑空间与大自然融会的名句很多，如"山川俯绣户，日月近雕梁"（杜甫），"檐飞宛溪水，窗落敬亭云"（李白），"赖有高楼能聚远，一时收拾与闲人"（苏轼），"轩楹高爽，窗户临虚，纳千顷之汪洋，收四时之烂漫"（明计成《园冶》）。

宗白华先生曾说：古希腊人对于庙宇四围的自然风景似乎没有发现，他们多半把建筑本身孤立起来欣赏。

以上说明中国园林艺术高于自然，它蕴含着民族的创造与智慧。

3. 归于自然

"虽由人作，宛自天开。"所谓归于自然，是指园林艺术的一种很高境界，也就是中国传统美学中的"天趣"，人工与自然融成一片，见不到斧凿的痕迹。

例如，万寿山原名瓮山，最初并非现在的样子。昆明湖原名西湖，是瓮山西南的一个小湖。清乾隆时为了兴修水利拓西湖，汇集西山诸泉，西湖的湖面向东西扩展，达到南北长 1900 米、东西宽 1600 米，是原湖面积的 3 倍。昆明湖成为北京的一座人工水库，对于当时城市用水和西郊农田灌溉起了积极作用。这在万寿山乾隆的碑记中有具体的记载。

但乾隆时对西湖的扩展并非只是为了水利，而是和建园结合进行的。西湖扩展后湖山的关系在格局上有很大的变化。湖面扩展后，以湖中挖出的泥土，加宽了万寿山的东侧，使万寿山的主峰与湖面由原来的错位，变得协调起来；万寿山中轴线建筑，正面向湖面，与南湖岛上龙王庙遥相呼应，龙王庙成为万寿山中轴线的延伸。湖的东岸扩展后留下两个点，这就是南湖岛和知春亭。昆明湖扩展后，水大则分，西堤把湖面水域分为东西两部分，南湖岛和十七孔桥把湖面分为南北两部分。从万寿山往南看可透过十七孔桥桥洞隐约见到另一水域，显得很深远，而不是一览无遗。

这些设计都是人为的，却没有雕凿的痕迹。这就是"虽由人作，宛自天开"。

昆明湖的北部水域，从东岸知春亭到南端的南湖岛、西岸的西堤都是处在拱卫万寿山的位置。从东、西、南任何一个视点看万寿山，都能感到万寿山的气势。皇家园林的特征在这个景区得到集中的表现。

在十七孔桥以南的水域则显得十分幽静，但又不同于万寿山后湖的幽静。后湖的幽静是一种幽深，一切都是收敛、曲折、隐蔽的。南湖的幽静则是在开阔中见幽静，在这个水域，游人、游艇很少，人工建筑也很少。走在堤岸上见到的大片碧绿的湖面、蓝色的天空、茂密的柳树，还有岸边的芦苇，在这里一切都静下来，可以听到风吹柳树的声音，湖水拍打石岸的声音，还有雀鸟的鸣叫声，在这一带散步可以体会到一种人与自然融合的乐趣。有一次，我坐在堤岸边发现湖面的色彩的美妙变化，当天空大片白云飘过，在湖面投入倒影，湖水顿时变得澄蓝；待白云飘走，湖面明亮起来，又变成碧绿；有时在大的湖面上一半是澄蓝的，一半是碧绿的。这种天光云影的变幻使人从自然中得到美的享受。

艺术之"和"

在颐和园的天人之和中还包含了各种艺术之和。各门艺术有机结合在一起，形成诗情画意，有建筑、绘画（如长廊彩画）、书法（匾额、楹联、碑刻等）、雕塑（如佛香阁的佛像、智慧海的琉璃影壁、十七孔桥望柱上的石狮、廊如亭侧的金牛等等）、文学（诗、文等）。

例如，在庭院的楹联中，书法的风格清秀、圆润、平和，近于赵孟頫书法风格。在黑底上衬出金字，显得雍容、华贵，和院落中恬静的气氛很协调。在庭院中楹联多采用行楷或楷书，而不用草书。因为草书与环境的气氛不协调。

在同门类的艺术中有形式的各种变化。如建筑中有殿、堂、楼、阁、轩、亭、榭、廊、桥等等。这些不同建筑形式都与不同的自然环境相协调。所谓"宜亭斯亭，宜榭斯榭"。

在同一建筑形式中也存在各种变化。整个颐和园有四十多座亭子，无一雷同，亭的造型、大小、位置都富有变化，有方亭、圆亭、八角亭，以及由两个六角亭组成的荟亭，还有在乐寿堂西北有一座造型奇特的扇形亭"扬仁风"等等。

同样，桥也有变化，最长的是十七孔桥（长 150 米），最短的是谐趣园内单面临水的"一步桥"，最高的桥是玉带桥，最低的桥是知鱼桥。西堤六桥（界湖桥、豳风桥、玉带桥、镜桥、练桥、柳桥）是仿照西湖苏堤建造的。六座桥的造型也各不相同，特别值得提到的是玉带桥。桥身是用汉白玉和青石造成的，桥的造型秀丽、轻盈，"桥拱高而薄，像一条玉带，半圆形桥洞与水中倒影交织成一轮透空明月"（《中国山水文化大观》），在桥栏望柱上雕刻着不同姿态的仙鹤，白玉般的桥体在碧绿湖面和岸边树丛的衬托下显得分外素洁。颐和园的廊富有变化，有长廊、曲廊（如谐趣园的曲廊）、爬山廊（如佛香阁前的廊）、抄手廊（如乐寿堂内的廊）等等。廊是一种有覆盖的通道，它使分散的建筑连结为整体，可使游人避免日晒雨淋。

这里着重分析一下颐和园的长廊：

颐和园长廊全长 728 米，273 间，犹如系在昆明湖与万寿山之间的一条彩带。由昆明湖过渡到万寿山，在湖岸是由三个层次构成的，紧靠湖面是一层汉白玉石栏杆，第二层是柏树和树间小路，第三层是长廊。从湖心看万寿山湖岸，在茂密的翠柏映衬下，汉白玉栏杆显得很素洁，而长廊则隐约出现在柏树丛中。从美学上考察，长廊建筑生动地体现了多样统一的美的法则。梁思成先生曾说颐和园长廊是"千篇一律与千变万化"的统一。"千篇一律"指"统一""整齐"，"千变万化"指多样、差异。长廊可说是在变化中求统一的一个范例，主要表现在以下几方面：

（1）长廊从东到西有"留佳""寄澜""秋水""清遥"四座亭子，暗示春夏秋冬四季对湖景的观赏。这四座亭子仿佛乐曲中的停顿，使长廊显出一种节奏感，使长廊的造型、结构、空间、色彩都出现变化。如在造型上由廊的线形变为亭的八角形；结构上由廊的单层檐变为亭的双重檐，内部空间也随之扩大；在色彩上，方形绿色的廊柱变为圆形红色的亭柱，每座亭的南北面都有石阶和两侧的小路相通，显得灵活自由。

（2）长廊道路在东西延伸中存在曲直和起伏的变化。如从东面入邀月门，经留佳亭到寄澜亭，这段道路笔直，过寄澜亭道路变为弧线。由于寄澜亭正安置在这种曲直变化的转折点，游人由于外部景物的吸引，分散了注意力，往往不觉察这种微妙的变化。到了排云门前道路变为直线转折，向北紧紧连接排云门。排云门西边的长廊也作了类似的处理。这样形成万寿山中轴线上东西向的两条飘带。在排云门前的广场上长廊似断还连，好像书法中的笔断意不断。

（3）在长廊的东部和西部设置了"对鸥舫""鱼藻轩"，使长廊向南直接延伸到湖岸，这些建筑的名称（"对鸥""鱼藻"）体现了对湖水的一种亲近关系。这种对称布局对万寿山中轴线上主体建筑的中心地位起着烘托作用。

（4）廊内梁枋上的油漆彩画题材多样，共有14000多幅，有人物画、山水画、花鸟画，都作了有秩序的相间的安排，里面还穿插了许多历史、神话故事，如《三国演义》中的"桃园结义""三顾茅庐""草船借箭"；《水浒传》中的"鲁智深倒拔垂杨柳""武松打虎"；《红楼梦》中的"晴雯补裘""黛玉焚稿"；《西游记》中的孙悟空"大闹天宫""三打白骨精"；还有《白蛇传》《包公案》中的故事情节，以及一些文人轶事，如"羲之爱鹅""米芾拜石"等等。此外，长廊每间的上方都画有飞翔的仙鹤，姿态各异。这些彩画的特点是：①富有民间色彩，能雅俗共赏，为山水园林增添了人文气息。②科学利用廊内上方的梁、枋木结构作画。繁复画面集中于廊内上部，下部廊柱则用单色、绿色，做到繁简结合，使绘画与建筑融为一体。③彩画安排的高低、大小、尺度适中，与游人保持合作距离。

在廊内还设有"坐凳栏杆"，游人可以随时坐下歇息，还可以眺望湖景，或欣赏廊内彩画，使游人乐而忘倦。

（5）长廊建筑不仅有变化，而且在变化中保持统一。寓变化于整齐，多而不乱。如廊内等距离的柱和枋，一纵一横，在廊的两侧和上方，有秩序地反复，形成一种轻快的节奏。廊柱和栏杆的色彩都是统一的。通过透视关系，柱与枋、路面在远方聚集在一起，使人产生一种柔和的音乐感。在阳光的斜照下，长廊栏杆的投影更增添了廊内的情趣。

梁思成先生画过一幅画《长廊狂想曲》，画中长廊的柱子，一根方，一根圆，一根直，一根曲，有的还饰以蟠龙……五花八门。我理解作者的寓意是说明片面强调多样而无统一，便会流于杂乱。这幅画可以理解为对长廊整体和谐的一种反衬。

这里转引一份材料，这是英国伦敦的吉尼斯世界大全总部向中国有关方面发来的一条消息："中国北京颐和园的长廊，经过多方面权威人士的认真评估，以建筑独具特色，绘画数量多，内容丰富多彩，而被评为当代世界上最长的画廊。"这份材料说明颐和园长廊的艺术价值在国外所产生的广泛影响。

　　谐趣园的构思也是体现变化中求统一的美学思想。谐趣园仿无锡惠山的寄畅园建造，在颐和园中是园中之园，它对全园起着"以小衬大"的作用，同时又使自身在全园中显得很精巧，形成一个完整的小天地。在这个小天地里也是有山有水，轩、堂、亭、榭一应俱全，特别是游廊"三步一曲，五步一折"，把湖岸的建筑连结成一个和谐的整体。大园难于紧凑，小园难于宽绰。但颐和园虽大，仍能紧凑；谐趣园虽小，却不觉局促。

　　颐和园作为皇家园林，集中了全国园林艺术的精粹，把江南园林艺术融于北方山水中，还纳入一些汉藏佛教建筑。在一定意义上，它可以说是我国园林艺术的博物馆。

　　颐和园作为一种文化现象，它是以儒家思想为主，儒、道、佛诸家思想的融会。颐和园的园林构思深受儒家思想的影响，全园景观生动地体现了"仁者乐山，智者乐水""仁者寿"的思想，在建筑名称及题匾中如"仁寿殿""仁以山悦""扬仁风"等都是这种思想的直接表现。

　　颐和园的构思还渗透着佛教和道家的思想。全园的核心建筑佛香阁，供奉着佛像，万寿山前山后山分布的汉藏佛教建筑都直接表现了对佛教的信仰。但是从构园中所追求的"天地境界"来看，又是道家崇尚自然的表现。昆明湖的"一池三山"的设计也是道家的神仙境界。

　　颐和园的兴衰为我们留下了不少历史的沉思。颐和园从乾隆年间建清漪园算起，到现在已近250年的历史。颐和园虽然历尽坎坷，而今终归于人民，焕发了青春。颐和园作为东方文化的瑰宝，吸引了成千上万国内外的游人，使他们从中得到美的享受。

长城——大地的艺术

　　长城是中国古代一项伟大的军事工程。经过两千多年沧海桑田的历史变迁，长城作为战争防御工具的实用性功能已经消退，而它的审美特性却在历史的演进中不断积淀、增长。因此，今天的长城，其历史文物的性质虽未改变，但从审美的角度看，完全可以被视作一件伟大的艺术作品，成为我们民族精神、审美理想的象征。

　　长城的建筑形式初始都是按照实用的目的而设计的，今天却呈现出一种巧夺天工的艺术魅力。如城墙的垛口之间均等的距离，当初是为了合理地布置兵士，利于防守，现在却呈现出一种均匀、和谐的节奏感。敌楼的设置，是为了住兵和储存粮草、武器。没有敌楼，长城只是一道无人防守、徒具虚名的石墙。而在今天看来，敌楼却成为长城上美妙的景观，它就像气韵生动的植物的节，没有它，绵延万里的长城就显示不出内在的律动与节奏。如果把长城比作一件巨幅草书，敌楼就是线条流动之中的顿挫。敌楼之间的距离，也是依实际需要而定。河北滦平的金山岭长城，由于战略地位险要，仅在十多公里的地段上，敌楼就达67座之多。这些当初为了陈列重兵的密集的敌楼，今天成为金山岭上最壮观的景象。我们看到长城整齐、流畅的墙体线条，以及方形、圆形、多角形等形态各异的敌楼，本身都具有很高的审美价值。尤其是关城城楼的设计与建造更具有艺术的匠心。它的城楼层数和高度、建筑的式样以及悬挂其上的横匾，都与整个关城处于一种整体的和谐之中，显得威严、雄伟、壮观。

　　中国传统宇宙观认为："一阴一阳之谓道。"这种阴阳两极在中国传统美学中体现为优美与壮美，也就是阴柔之美与阳刚之美。长城的美属于壮美。正如宗白华先生所说："中国伟大的美术，最壮丽的美，莫过于长城。"长城的壮美首先表现在它的整体规模上。长城以它绵延万里的雄姿，征服了无数的瞻仰者。万里长城从苍茫的西北戈壁，至浩瀚的东部海滨，涉大河巨川，穿崇山峻岭，跨危崖绝谷，过荒漠草原，腾挪跌宕，气象万千，宛如神奇巨笔在北国山河一笔挥就的气势磅礴的草书。

长城建基于大地之上，以群山为座，以云天为幕，把奇伟的自然美与建筑美融为一体，展示出一种人文与自然相融合的天人合一的境界，可以说是真正的"大地艺术"。

长城本身富于强烈的生命节奏。这种节奏感源于自然。譬如高而为山陵，低而为溪谷，陵谷相间，岭脉蜿蜒，这便是地壳上的节奏。而长城把自然中的节奏以线的运动变化形式显示出来，成为一条有生命的线，神奇的线。

在不同的地域，由于自然环境的变化，长城也呈现了不同的风姿。东部的长城，多建于崇山峻岭之上，与山石一体。这里的长城都是用条石和砖砌成，利用高山深谷筑成屏障城垣，"用险制塞"，城体顺山势盘腾于陡峭的山峦脊背。敌楼则虎踞制高点处，两翼曲直回环。关塞则坐落在谷间峡口，扼险制要。群峰之巅，常常矗立一座威严的敌楼，它在人们的视角中，起到了与塔相似的审美效果，并且更具有险峭峻拔的气势。这样，长城和峻崖危谷互为映衬，相得益彰，使雄者益雄，峻者益峻。

而且，同是在东部的崇山峻岭中，因山势不同，长城也显示出不同的风致来。例如在北京西北的崇山峻岭中，八达岭长城雄伟壮丽，长城沿南北两峰倚山而上。登上北八楼极目远眺，长城宛若游龙，曲直伸展，无穷无尽，景象十分开阔壮观。可以说，这里的长城是沉雄中见"阔大"。它使登临者目举高远，胸襟大开，浮想联翩。位于八达岭东边的慕田峪长城则建于悬崖峭壁之上。在关城西北的"牛角边"，长城从东山迂回而下，又附山势转身而上，向西从山腰直奔千米山顶，然后，又翻身径直而下。这段大起大落的长城，恰似一个牛角的形状。由此继续向前，便是"箭扣"地段。这里的山峰嶙峋陡峭，长城沿山脊忽而直上云天，忽而飞越深谷。有的地方仅宽1米，长城只用单墙相连。两侧绝壁，面临断崖，而长城竟在两根铁梁之上飞崖而过，真是奇险之极，令人不寒而栗。这段长城，可谓雄伟中见"奇险"。它使登临者身入险境，摄魂动魄，惊奇赞叹。从慕田峪往东便是金山岭长城。金山岭长城以司马台水库为界，沿雾灵山伸展。雾灵山海拔2116米，山峦雄壮，而山势平缓。因而长城敌楼密集，设计巧妙，各不相同。长城恰似一件精工细笔的工艺品，它于雄伟之中见出"灵秀"。

与东部的崇山峻岭不一样，西部的长城大多坐落于戈壁大漠之中。由于缺少砖石材料，这里的长城基本上都用黄土夹以芦苇和柳条夯制而成。这种土夯的城墙却与沙漠和戈壁的色调融为一体。西出敦煌80公里的戈壁之中，留有玉门关遗址。这座土坯垒成的城堡式建筑，外表本身并无特别之处。还有距敦煌西70公里的阳关遗址，仅残存一座烽火台。可是，在四周无垠的戈壁之中，这两座颗粒似的建筑，不仅没有因它们体积的微小而为大漠的苍茫所淹没，而是突兀地矗立在滚滚黄尘和砂石之上，宛如铁骨凌空，它们在沙漠戈壁的广袤无垠和千古岁月的时空交错中，展示出一种纪念碑式的历史永恒感。站在这些被岁月消磨而变得残缺、颓倒的墙垣、烽火台面前，自然感受到一种"沧桑的美"。不仅能直接体验"大漠孤烟直，长河落日圆"（王维）的悲凉壮丽，还能激发起对现实生活的强烈感受。张爱萍将军有诗云："独立阳关上，心旷神怡，古人西出叹凄凉。今日绿苗万里浪，风障林墙。"正是写出了古今交错中独特的诗意。

嘉峪关是明代长城西边的终点，也是现在所能见到的最完整的一座西部长城上的综合建筑体系。嘉峪关位于祁连山和黑山之间，是中原通向西域的必经之路，古称"河西第一隘口"，是古代著名的战场。关城建在峡谷中的嘉峪山上，在低地上仍呈雄踞之势。城墙南起祁连山支脉文殊山脚下讨赖河北岸80米高的悬崖边，北衔鸟兽绝迹的黑山峭壁石关峡，形成一道铜墙铁壁。由于嘉峪关地处戈壁之中，与东部山海关呈现出迥然相异的风貌来。登上城楼，西望茫茫戈壁，悲凉慷慨之情油然而生。再往石关峡，沿悬壁城墙攀登而上，回眸大漠中的嘉峪关，正可谓"一片孤城万仞山"。再朝南走向讨赖河边,明长城西部第一墩在绝壁之上拔地而起。俯视讨赖河水奔流不息,北岸陡峭壁立,如鬼斧神工,令人惊心动魄。而举目南眺,则见祁连山巍峨壮丽的雪峰,在白云缭绕中闪闪发光。嘉峪关在这荒凉而又奇异的西北景象映衬下,虽"一片"关城而愈见沉雄。长城在四季时令,雨雪云雾,晦明晨昏,都有着各种不同的风姿和美。春华烂漫明丽,长城如展笑颜;夏日万绿葱茏,长城如腾碧浪;秋霜层林尽染,长城如披盛妆;冬寒冰天雪地,长城如舞银蛇。月夜下之长城,孤峭冷峻;晨光中之长城,新美壮丽。古诗中写长城月夜的,有"缭乱边愁听不尽,高高秋月照长城"(王昌龄);写长城旭日,有"朝晖开众山,遥见居庸关"(谢榛),等等。

云对长城的崇高形象有奇特的烘托作用。特别是夏天的云,常有变幻,使长城更显出升腾的节奏。高山本身便具有升腾的特性,长城建在山脊之上,是升腾山势的延续。而白云又在长城之上,使长城的气势与宇宙相通。

我们1994年夏天考察陕北榆林镇北台时,强烈体会到了云对长城的烘托作用。镇北台是明代长城中最大的一座烽火台,建于万历三十五年(1607年)。镇北台基础宽大而严整,分四层,总高30余米。台基北长82米,南长76米,东西各长64米,周长286米,向上逐层收缩。第一层高10.74米,第二层高11.35米,第三层高4.15米,第四层高4.5米。第四层的周长缩小到60米。镇北台有着强烈的上升节奏,由于它雄踞在红山山顶,又是台式建筑,因此在升腾的动势中仍然保持高峻、稳定的性格。我们在攀登城台过程中,仰望台的上部,正好白云飘过蓝天,笼罩在镇北台顶,云峰成为镇北台上升节奏的延续。在这种亲自体验中,长城的壮美更加震撼心灵。

长城的种种不同的美,在绘画、音乐、舞蹈、影视以及民间工艺等各种形式中,得到广阔的表现和描绘。

长城的美还来源于它深厚的精神内涵。我们把这种精神内涵概括为"悲剧性"精神内涵。这里的"悲剧性"是指一种与崇高美相关的美学范畴。它与日常所说的悲剧和悲惨的含义有相联系之处,但在美学理论上，它们却有着严格的分野。

长城的悲剧性一方面是指，一部长城史，是一部劳动人民的苦难和血泪史。据大略统计，我国历代所修长城总长约 11 万里，遍及 16 个省、市、自治区。修筑长城的人力，主要是戍边的官兵和征招的民夫。他们为建造长城付出了汗水、血泪，甚至生命。"君独不见长城下，死人骸骨相撑拄。"（陈琳）用千万人血肉筑成的这个人类的奇迹，本身就是一部如怨如诉的悲剧。长城的历史还蕴含着我国劳动人民勤劳、智慧、勇敢、善良等美好品质。孟姜女的故事，不仅表现了爱情的真挚，还表现了善良的品质和反抗暴政的精神，显示出令人震撼的崇高感。

另一方面，一部长城史，也是一部民族独立、自强不息的斗争史。从秦、汉大规模筑长城抗击匈奴，到 20 世纪三四十年代，中国军民还在古北口、喜峰口、山海关一带奋勇抗击日本侵略军。长城脚下，几千年来演出一幕幕气吞山河的英雄悲剧。"用我们的血肉，筑成我们新的长城"，这是中华民族英勇不屈的民族精神的鲜明写照。这些惊天地、泣鬼神的英雄悲剧，展示出激动人心的崇高美。

由于长城具有这种悲剧性的精神内涵，才显示出具有永恒意义的崇高和壮美，从而成为我们民族精神的一个象征。长城正是以它的雄伟外观和深厚的精神内涵，震撼我们的心灵。它无愧于"中国脊梁""民族魂魄"的称号。

杨辛　章启群

人民大会堂的建筑艺术

　　人民大会堂是社会主义时期的产物。它是人民的会堂，而不是帝王的宫殿。在历史上，由于剥削阶级垄断了物质和精神财富，世界建筑史上的宏伟建筑大都是宫殿、庙宇、陵墓、教堂。在社会主义条件下，劳动的性质发生了根本的变化。劳动者重新发挥了自由创造主体的作用。不但建筑是人民创造的，而且在建筑中体现了人民的意志，成为新中国人民精神的象征。

　　人民大会堂的美体现了政治思想的内容和完美的艺术形式的统一。

　　人民大会堂所表现的我们的时代新的美，在内容与形式上有哪些特点呢？

　　1. 壮丽：壮丽是一种崇高的美。人民大会堂仿佛是一个站立起来的巨人，象征着中国人民从几千年剥削制度的桎梏中获得了解放。在建筑形象上，除了整个建筑的巨大形体外（南北 336 米，东西 206 米，最高点为 46.5 米），给人突出印象的是那些巨大的圆柱，特别是主体部分的圆柱。柱子是有性格的，过粗则臃肿，过细则纤弱。黑格尔在《美学》中曾对柱子的性格作过深入细致的分析。他认为，"柱式的要点涉及高度与粗度的比例关系，柱基和柱头的差异以及柱与柱之间的不同距离"。并且具体地分析了道芮斯、伊俄尼亚和克林特三种柱式的不同风格。人民大会堂主体部分的柱子的设计经过反复研究，高与粗的比例为 12.5∶1，而且与两侧的柱子在粗细色彩上都加以区别。当人站在距柱子几米远的近处，由于柱子过于高大，看不见柱子的全身，从柱子的内侧看出去，上面是一片蓝天，就好像一根根的擎天柱。加上石头的坚实质感，使人感到柱子更加雄伟，一种伟大的力量震撼着人的心灵。如果从东面的历史博物馆远看，则是另一种效果，使人感到很挺拔。这时候，由于观赏者和建筑的距离较远，我们所看到的是整个建筑的立面，和柱列的整体，柱子的形象是溶化在整个建筑中的。因此给我们突出的感受是整个建筑的宏伟，而柱子作为对建筑支撑力量的象征，则给人一种挺拔有力的感受。柱子本身的色彩与装饰对柱子的性格也有影响。黑格尔曾对柱子的结构作过分析，他认为柱子要有起点和终点，柱础表示"石础从这里开始增强柱子的稳定感。柱头（柱托）表示柱子到此为止。这就像音乐里的旋律要有一种明确的结束。也像书里的一句话要用一个大字母开头，用一个句点符号结尾"。人民大会堂的柱子也是由柱础、柱身、柱托所组成。在色彩和图案的设计上，柱础采用了枣红大理石，柱身是浅灰色大理石。柱础、柱托的图案纹饰采用了传统的莲花瓣和束腰卷草花纹。这些装饰给人的感受是在雄伟中带有华美愉悦（柱上设枋可增强厚实感，柱穿枋直接连平檐，则显得单薄）。园林艺术中的亭柱则很纤细轻巧，给人一种舒适轻快的感受。

为了从大小对比中增强雄伟效果（同时也是实用需要），还设置了一些建筑小品如照明用的灯柱，作为主体建筑的衬托。

2. 开朗：人民大会堂在雄伟中还显出开朗。中国人民摆脱了旧社会的悲惨生活，好像拨开乌云见青天，人们为了实现自己的革命理想而积极参加社会主义建设，心情是开朗的。在建筑形象上如何体现这个特点呢？首先，整个建筑的基本色调是采用浅杏黄色的暖色调。不论是晴朗的日子还是阴雨下雪，这种墙面色调都能给人一种温暖而明朗的感觉。细看暖色调中还有许多层次。如黄色就有好几种层次。台基是黄中微红，墙面是杏黄，枋是淡黄，平檐是金黄，国徽是耀眼的金色，并加上红底。这些色调配合在一起，很协调，在单纯中见出丰富。和故宫深沉的紫红色的墙面相对比，这种杏黄色的浅色调有如春天般的明朗，使人感到一种新的时代气息。其次，建筑物与天空交接处形成了鲜明的轮廓线。大会堂的檐部是采用一种黄绿相间的琉璃瓦，色调较深。亮处是橘黄色，暗处是深绿色。这是吸收了中国传统的冷暖色调对比的方法。由于这种较深的色调使建筑物在浅蓝色的天空下轮廓线分外鲜明、醒目，加上金烁烁的国徽色彩显得更加丰富。周围的松林郁郁葱葱，一片深蓝，对建筑的开朗也起了衬托作用。

开朗的特点不仅表现在色彩上，还表现在空间的变化上。人民大会堂建筑是一个集中的整体，不像故宫那样由一个建筑群组成。因此廊柱的设计不仅增强了建筑的雄伟，而且使建筑显得开朗。恩格斯曾说："希腊的建筑如灿烂的阳光照耀的日昼，伊斯兰教建筑如星光闪烁的黄昏，哥特式建筑则像是朝霞。"为什么希腊的建筑像灿烂的阳光呢？因为这些建筑采用了廊柱式，又是建筑在希腊雅典市中心的山顶上，所以显得阳光般的明朗；而伊斯兰教建筑则是较封闭的，看不见有窗子，所以较沉闷。墙面是用带装饰性的光泽的琉璃砖镶嵌而成，所以使人有黄昏中星光闪烁之感。哥特式建筑则高耸入云使人联想到朝霞。人民大会堂虽然不是建筑在高地上，由于四周开阔，加以建筑四周的廊柱和明亮的墙面，同样使人感受到一种阳光灿烂的美。

3. 严整：人民大会堂很严整，它采用对称的布局，使主体部分突出。建筑设计和写文章一样不能没有重点。人民大会堂整个建筑的立面像个"弓"字，分为五组，中部略高，两翼稍低。中部高 40 米，两侧高 31.2 米。在严整中见出变化，既突出主体，又显得有变化，不呆板。从南到北宽 336 米，宽与高成 10∶1，因此显得坚实、厚重、稳定。生活中的经验告诉我们，基础平的东西具有稳定的特点（太和殿的基座也是如此），反之如物体下小上大，则不稳定，狭窄而高耸就显得险峻。欧阳询的书体（如《张翰思鲈帖》）就是高而窄，并略带倾斜，如孤峰崛起，四面削成，有一种险峻、峭拔的美。

4. 亲切：为什么会使人感到亲切呢？首先因为这座建筑不仅是人民创造的，而且是属于人民的，体现了人民的精神风貌。因此从情感上就对它感到亲切。

除了建筑的性质使我们产生亲切感以外，建筑的造型也具有一种平易近人的特点。例如台阶很宽平，坡度也缓徐，台阶分为三层，一层 16 级，中间间隔一条平台台面，然后再连续上升两层台阶（各为 12 级），进入东门的门廊。在上台阶时使人感到很平缓，很轻松自然地就登门入室，从而使人和建筑的距离较近。人民群众路过时可以自由地瞻望，欣赏。大会堂附近还点缀了一些松树，还有一些花圃，显得很轻松，有时阿姨带着幼儿园的孩子们成队地在那里玩耍；还有些游人在附近拍照。整个广场是那么辽阔而且自由，和故宫那种森严的气氛是一种强烈的对比。以前的故宫是层层密封，又是皇城，又是紫禁城。在清代北京的东西长安街是不通的。老百姓从城西到城东，南面要绕道正阳门，北面要绕道鼓楼。

人民大会堂的内容很丰富，这里只特别谈一谈万人大会堂的美。

首先谈谈大会堂设计的思想性。这个问题在政治、宗教建筑中是必须考虑的。在宗教建筑中一切设计安排总是把人引向虚幻的天堂（如哥特式教堂）；帝王的宫殿则是处处表现皇帝的至尊和君权神授的思想；而人民大会堂的设计应当有我们时代的特点。周总理对人民大会堂的设计曾指出"要以人为主，物为人用"。在社会主义国家，人民群众是国家的主人，要让使用它的广大人民群众感到心情舒畅，感到自己是建筑的主人，这就是说要从内容出发去考虑形式，不要忘记这是"人民的"大会堂。在中国的建筑史上曾有过许多著名的建筑，如秦代的阿房宫、汉代的未央宫、隋代的显仁宫……但是在中国的历史上修建人民自己的会堂这还是一个创举。这件事在延安时毛主席曾和周总理谈过，当时还是一种革命浪漫主义的想法，解放后终于实现了。

其次谈谈大会堂的艺术性。这里面遇到一个难题就是空间的处理。人民大会堂比普通的礼堂要大十倍，这么大的空间如果设计成平顶直墙，不仅空旷，而且很生硬，如果把顶棚设计成向下倾斜，这种大面积的天花板又会使人产生压抑感。后来在讨论过程中，周总理提出了一个很有启发性的问题，他说："人站在海边，看海不显远看天不显高，人并不显得渺小，这是什么原因呢？"还亲手画了一个扇形的顶棚图。这个意见很有启发性，提出在空间处理上如何利用人的错觉，人们站在海边或草原上感到天是圆的，所谓天似"苍穹"，在穹窿形空间中，主体与环境的关系显得融和、接近。而方形的空间则显得高而远。后来设计的"水天一色"的顶棚就是采用的穹窿形。顶棚与墙面圆角相交，再加上暗槽中灯光的效果，在屋顶与墙面圆角相交处，柔和的光亮溶成一片，使空间变成一个浑圆的整体。当我们坐在大会堂里，仰望屋顶看到顶棚的中心是一颗五角的红星，红星周围放出一束束的金光。光芒的外环是镏金的花瓣。外圈有三环波状形暗灯槽，槽板上有 500 个灯孔，有如夜空中群星灿烂，象征着全国人民紧密团结在共产党周围。和这种圆的空间相适应，建筑的其他部分大多采用流动的曲线，如楼上外沿栏板的造型也是采用轻快流动的弧线形。这一切使我们既感到柔和、亲切，又感到壮丽、雄深，使人们仿佛看到壮丽的社会主义事业的前景，产生一种自豪感。

从人民大会堂看社会主义条件下美的创造的特点：

1. 人民大会堂的建成是对劳动群众的自由创造的积极肯定。这项工程从动工到完工仅用了 10 个月的时间，这说明了在党的领导下人民群众可以创造出多么惊人的奇迹。中国人民为此感到自豪。有不少归国华侨在参观人民大会堂以后在留言簿上写道："伟大的祖国！伟大的人民！伟大的建筑！""祖国啊！我们为你感到骄傲！"

2. 人民大会堂体现了我们新的时代的美。它具有一种雄伟、开朗、朴素的特色，和故宫建筑的威严、豪华、严格的等级规范有着明显的区别。故宫的建筑深刻地体现了封建中央集权制国家君权至上的特点。同样，人民大会堂建筑深刻地体现了社会主义制度下人民当家做主的特点，人民大会堂的雄伟、开朗、朴素的美，体现了新中国人民的精神特征，体现了新中国人民的智慧、创造和力量。

3. 人民大会堂的诞生体现了美在历史上的辩证发展。新的时代的美并不是突然产生的，总是在继承前人积极成果的基础上进行创新。鲁迅曾讲："新的艺术，没有一种是无根无蒂，突然发生的，总承受着先前的遗产。"又说："采用外国的良规，加以发挥，使我们的作品更加丰满是一条路；择取中国的遗产，融合新机，使将来的作品别开生面也是一条路。"鲁迅在这里指出"推陈出新"是美的发展规律。任何美的创造都不能脱离人类在长期实践中所积累的经验。在建造人民大会堂的过程中，就是贯彻了古今中外一切为我所用的精神。所谓"为我所用"，就是从新的内容出发（也就是"融合新机"），择取遗产中的精华，特别是注意吸取那些在建筑技巧、形式方面有价值的东西。例如在人民大会堂的建造中，很注重整体布局的规划，不仅人民大会堂本身局部和整体的关系安排很协调，而且和周围其他建筑的关系也安排得当。在建筑群中，某一建筑不但作为局部是美的，而且在总体上，即各个建筑的连结上也应当是美的。这种注重整体和谐的设计思想是从古代中国建筑中吸取了有益的经验。此外，在建筑的技巧、手法上同样根据内容的需要吸取了中外建筑的积极成果，对遗产既有所删除，又有所增益。如色彩方面，人民大会堂的平檐所采用的冷暖色调的对比，在形体方面东大门的圆柱和灯柱的大小对比，在美和实用的结合上，万人大会堂屋顶灯孔的设计，既科学地解决了照明问题，又显示了我们时代的美。对于那些不适合人民审美需要的，过于陈旧的东西，则加以抛弃。

关于书法美学的一些思考

我是在退休以后才开始学习书法，在写字当中也思考一些问题。现在把我学习的情况向大家汇报一下，请大家多批评。

一、书法的民族特色与艺术魅力

书法是一门非常有民族特色的艺术，也可以说是中国审美经验的集中体现。写字在生活当中本是为了交流思想，具有实用的功能。但是在中国，汉字的书写，能从实用上升为美的艺术，这体现了我们民族的创造和智慧。

这些年我到国外去办书法展览，也听到一些外国人对中国书法的评论。我举一个例子：我的朋友钱绍武送给前法国总统希拉克一副对联，内容是"长江苍龙起，塞纳彩凤飞"。希拉克看了以后很激动，给他写了一封回信。信中说："我非常敬佩你在这些字当中所表现出来的力度和气势，使作为中国文化核心的千年艺术得以永存。"这个评价是很高的。

还有熊秉明先生，已经去世了，他和我同岁，他80岁的时候在北京过的生日，我也参加了。他曾在一篇文章中提到，中国的书法是中国文化核心中的核心。他这篇文章我没有看到，但我觉得他讲得颇有哲理。中国书法是一门非常有哲学意味的天人合一的艺术。

中国美学界对书法的评价也是很高的。宗白华先生是研究美学的老前辈，他在50年代末，发表了研究中国书法问题的文章，对中国书法评价很高。他认为中国的书法，在艺术风格的发展史当中，相当于欧洲的建筑。要研究欧洲的艺术风格史，离不开建筑；要研究中国艺术风格的发展史，离不开书法。通过书法，你就可以了解那个时代人们审美的一种趋向：研究王羲之的书法，就可以了解晋人对艺术的追求；研究唐代颜真卿的书法，就可以了解盛唐时期艺术的一些特点。所以他对书法的评价很高。在宗白华先生之前，还有邓以蛰先生，他是完白山人的后代。他评价中国书法是性灵之自由表现，为"艺术之最高境"。沈尹默先生认为书法艺术"无色而具图画之灿烂，无声而有音乐之和谐"，他也认为书法是最高的艺术。这些都充分肯定了书法艺术的美学价值。

中国的书法除了本身积累了丰富的经验，还吸收了姊妹艺术的表现经验，比如音乐、舞蹈、绘画、建筑、工艺……特别是当书法和文学结合起来，它的精神内涵就更深刻了，具有很高的审美价值。现在，随着科学技术的发展，电脑的使用在很大程度上代替了汉字书写的实用功能，但代替不了书法艺术。书法艺术的纯艺术的特质显得更为突出。书法不仅有悠久的历史，直到今天仍然有很强的生命力。在少年、青年、中年、老年人中，喜爱书法的人很多，特别是在老年人中，练书法成为一种养生之道。不论古今，爱好书法的人长寿的很多，原因何在？我觉得人的精神状态直接对生命产生影响，从事书法能对人产生积极的影响。在书写过程中精神集中，很安静，而且在书写中有一种美的追求，会带来很多愉快，在愉快中自然而然地忘记衰老，忘记烦忧。这是一种很好的养生方法。

这里我想补充一点：中国书法，由实用上升到艺术，我觉得是有条件的。可能大家都有北大书法所的资料，那里边谈到过条件问题：一个就是汉字。第二就是工具，主要是毛笔。它有弹性，书写的线条千变万化。第三，就是文化的综合作用。我觉得这是很重要的一个因素。中国的文化不是说写字就是写字，而是把写字联系到整个的文化。所以古人讲：书虽一艺，与性道相通。书法与"生"，也就是人的心灵，是相通的。心灵包括一个人的理性、情感、想象、感知、感觉……这些心灵因素都凝结在书法里头。从一幅字可以看出人的心态。

"道"，就是自然的生命规律。所以书法既包括了人的心灵，又包括了自然的生命规律。书法的信息量很大，它的内涵非常丰富。刚才那句话，"书虽一艺，与性道相通"，正是谓此。

就思维方式来讲，西方是分析的，而中国是综合的，总是联系到文化整体。这对书法也有影响。正因为有上述种种条件，中国的书法才形成了一门独立的艺术。

二、书法是心灵的艺术

我从美学的角度谈一下自己的体会。第一点，书法是心灵的艺术。

我自己感觉，写字实际上体现了人的一种精神面貌。写字不仅是用手在写，更重要的是用心在写。只有自己真正动了感情，有感受，写出来的字才有可能打动别人，才能引起别人的共鸣。如果仅仅是把字写得好看，打动不了别人的心灵，只能是"悦目"，而不能"赏心"。正如鲁迅所说"意美以感心""形美以感目"。（《汉文学史纲要》）古人说书是"心画"，也有的说是"心迹"；也有人将它比作情感的心电图。情感是什么样的，书法就像心电图一样记录下来。但是心电图是生硬的直接记录，书法是真正将自己的情感融入到一种结构之中。书法之所以美，就在于它表现了情感，体现了艺术家美的创造。所以先贤讲书之美，在于情，在于德。实际上不仅是书法，所有的艺术，只有通过一定的艺术形式，充分表现了情感，才能使人感受到它深层的美。所以对书法美的鉴赏，是有层次的。书法的字（外形）写得好、工整，这是一种形式美；但是书法美的最高境界，不仅仅是字写得漂亮，而在于体现了精神。而且书法艺术，只有在体现了精神内涵的时候，才能进入到比较高的境界，光是字写得好看还不行。历史上那些杰出的书法家，都是既体现了他的精神，字又很有功力，把两者融会在一起。孙过庭的《书谱》，是书法理论中非常重要的一部著作。过去我们美学教研室编了一本中国美学史的资料，编好以后曾送给郭沫若审查，听听他的意见。他看见孙过庭的《书谱》是节录，就回信说，这篇论文非常重要，一定要全篇收入。《书谱》中有一个非常重要的思想，就是强调"情动形言，取会风骚之意"。情感用言语表现出来，这是在文学里面。"风"，就是指《诗经》的《国风》；"骚"是屈原的《离骚》，都是很真挚地流露出自己的情感，这也正是其价值所在。书法也是如此。他还举了几个例子，说明不同的书法家由于个性差异，表现方式不同，即使在同一个书法家——他举了王羲之——每一件作品由于情感的不同也显出不同的特色。他认为这是非常重要的。

我在书法实践的过程中也是向这个方向去探索。我把书法看作一门心灵的艺术，努力通过书法写自己对人生、对自然的感悟。例如，我对泰山非常热爱，因为它是我们民族精神的象征。泰山的文化精神，影响广泛而深远。泰山的壮美，可以激励人生，鼓舞人生，启迪人生，我认为泰山是一所人生的大学。我在登泰山的过程中（我42次登上泰山，有37次是徒步登上去的），逐步加深了对泰山精神的理解。特别是我参与了一个与泰山有关的工作——说来和泰山有缘，1986年泰山申请了世界自然文化遗产，要论证它的价值，北大文理科的教授有很多人参加调查研究。我承担研究泰山的美学价值，因此有机会对泰山的重要景观作较全面的考察。在考察过程中，我写了一首诗，叫《泰山颂》，内容是："高而可登，雄而可亲。松石为骨，清泉为心。呼吸宇宙，吐纳风云。海天之怀，华夏之魂。"这首诗和这幅字表达了我对泰山的崇敬之情，也是我的人生感悟。

我除了研究泰山，还研究长城。要研究长城，需要实地考察。20年前我已经近70岁了，一个人去不行，所以与一位青年教师结伴，一直到敦煌、阳关、玉门关。在去玉门关的路上是一片大戈壁滩，非常荒凉，坐了半天汽车，一个人也没有看见。然后从甘肃、宁夏、内蒙古，经过河北，回来以后写了"大地艺术"。下面小字写的是："长城，从荒凉的西北戈壁，至浩瀚的东部海滨，涉大河巨川，穿崇山峻岭，跨危崖绝谷，过荒漠草原，腾挪跌宕，气象万千，不愧为大地艺术，人类文化之瑰宝也。"

书法的创作有字内功夫和字外功夫。我觉得字内功是基础，没有这个基础，感情再充沛，也写不出好的作品；但是字外功夫是灵魂。曾经有位艺术家打了个比方："大力士力气再大，也不能把自己举起来。"

师道师说

杨辛 卷

他的意思是一定要靠画外功、字外功。作为一种精神产品，书法要有这两方面的结合。

"气壮山河"是为一次纪念活动而写，写了两幅。有一个同学采访我，他说：老师，我有一个问题问您，过去讲"字如其人"，见到您以前，我想象您是一位山东大汉；可是见到您，原来是个干巴老头，这么瘦。开始他有点迷惑，觉得字与人不一样，后来他说他想清楚了，所谓"字如其人"，不是指人的外表，而是指内在的精神。我受泰山雄伟的熏陶，在书法上也更喜欢刚健、雄浑。以上都是我在书法实践中的一些粗浅的体会。这些作品有不少毛病，请大家批评。

"罗汉崖"是有一次在离开泰山前一小时不经意写的，比较稳重、开阔。可能是去泰山的次数多了，就慢慢受到那儿环境、气氛的影响，仿佛笔墨中也蕴含了几分泰山的元气。过去朱光潜先生特别喜欢写朱熹的《观书有感》，在其一生中共写了几十次，并把其中一幅送给了我。这首诗是："半亩方塘一鉴开，天光云影共徘徊。问渠那得清如许，为有源头活水来。"书本像半亩方塘一样"一鉴开"，像镜子一样，那么明澈；"天光云影共徘徊"，这个里面有天光、有云影，暗示书的内容非常丰富。"共徘徊"，有流动的感觉。"问渠那得清如许"，如果问，这水为什么这么清啊，"为有源头活水来"，就是因为它的源头不断地有活水涌来。朱光潜先生特别喜欢最后一句，因为做学问也要有源头活水来，没有源头活水，没有掌握充分的第一手的资料，他就不可能在学问研究中取得很大的成就。

"荷"，出淤泥而不染，是人的高洁品德的象征，还蕴含着一种奉献精神。我加了一点绿颜色。裱的时候，全是用白的，轴头也是白的，一尘不染，非常干净。我现在有关荷花的艺术品收集了有 200 件，准备将来送给学校，有玉雕、石雕、刺绣、紫砂、绘画、书法等。

"春"字我写了 13 年了，每一年都有一些变化，包括题字。为什么我要反复地写这个字？因为我觉得春就是生命的象征。我还题过一些字："春为岁之始，夏乃春之生。秋是春之成，冬实春之藏。是谓长春。"就是说不是伤春，不是说春天过去了，而是说一年四季都像是春天。古代有些伤春的诗，有的人觉得春天太短，为之感伤，我觉得在人生的过程当中，青年时候是第一个春天，幸福晚年是人生中的第二个春天。我在哲学系给外国朋友讲书法，有一次我讲到这个"春"字的时候，一个美国人掉泪了。这种情况至少发生过两次，可能是触动了他经历的什么往事。我写"春"字，是表达一种人生感悟，体现了一种乐观精神。我用一种柔和的、流畅的线条来表现。这个字是一笔完成的，用的是长锋。只有用长锋，到了字末，积墨才能挤出来。这个字的线条虽是一笔写成，但含有粗细的变化、刚柔的变化、枯润的变化、断连的变化……有的人说像一个人在跳舞，我倒是没有想过要写得像一个人在跳舞，因为书法不能太象形了，不能与绘画争功。但欣赏者可以通过自己的想象丰富作品的内容。这个字有一些象形的因素，但是更多的是音乐感。我加了一些绿色的点，像春姑娘把绿色洒向大地。有线又有点，形象上富有变化。书法中的线就像音乐中的弦乐，点则像打击乐。

"立地顶天博雅塔，含珠蕴玉未名湖"是我写的一副对联。我在北大生活了五十年了，北大是一个培养英才的地方，所以说"立地顶天""含珠蕴玉"。上联是"阳刚之美"，下联是"阴柔之美"。

以上是我结合自己的体会讲的第一个问题——书法是心灵的艺术。

三、书法与自然的关系

第二个问题讲书法和自然的关系。中国书法和自然有一种非常亲密的关系，也可以说中国书法是自然的生命节奏的升华。唐代的张怀瑾有两句话："囊括万殊，裁成一相"，意思是书法是对万物的一种高度的概括。"一相"，即变成抽象的点画。中国的文字最初是象形文字，象形文字近于图画，是把对象的感性特征加以概括。它是一种很具体的个体的形象。但是在书法的发展过程中，逐渐脱离了象形文字，变得比较抽象。这种抽象的东西仍然是来自自然。但它不是自然中的个体特征，而是反映自然当中的生命节奏。这样一种演变，由近似于图画，变得近似于音乐。这种情况，不是说明书法的表现力缩小了，而是更扩大了，也更含蓄了。因为它抽象了，比较概括，你看了以后可以产生各种各样的联想。像"春"字，你可以想象成一个少女在跳舞，也可以想象成春风吹动柳条……总之可以唤起各种各样的联想，可以更多地启发人的想象力。这是书法的一个发展过程。它越来越接近人主体的情感。

古代杰出的书法家都重视师法自然。比如怀素，怀素自己说"以夏云为师"。为什么要以夏云为师？因为夏天的云是流动的，富有变化。而且夏天的云具有一种磅礴的气势。夏云中所表现的这种生命节奏，正是草书所需要的。怀素的《自叙帖》，讲述自己的身世，"幼而事佛，颇好笔翰"，从小就喜欢写字。开头写得比较平缓；写到后面，写到别人都夸奖他怎么怎么好，用诗来夸奖他。他自己也越写越兴奋。特别是写到戴叔伦（唐代的诗人，也写了诗称赞怀素），他把戴看成知己，写到"戴"这个字的时候，那一个字就有几个字那么大，这就像夏天的云那么崇高。因为在草书里头，表达激情的时候，常常需要收放、大小的对比，这样才能显出狂草的气势。在历史上，很多书法家都是重视自然的。听见嘉陵江水的声音，有一种节奏，对他的书法也很有启发。所以元代的盛熙明就讲"世间无物非草书"。世间万物，动的也好，静的也好，都可以看作是草书。实际上他是说，世界上的万事万物，都有一种生命的节奏。

在书法实践中，为了吸取前人的经验，临帖是很重要的。但是还有一种帖，是无字之帖，那就是自然。我去泰山，就特别喜欢观察泰山的松树和柏树。有些松树、柏树都有上千年了，盘根错节，扭曲延伸，充满了生命的活力。这对书法非常有启发。所以我有两句话："云无意安排布局皆精品，树不求弄姿体态俱妙舞。"我最喜欢观察自然中的云和树。我看过各种各样的云：夏天的云、秋天的云……有的云表现得很奔放，有的云很平静；有时候只有一朵云，"孤云独自闲"，非常悠闲。各种各样的云在天空出现的时候，它不是有意安排，但布局都是精品。"树不求弄姿"，树不是有意卖弄它的姿态，完全是出于它生命发展的需要，向上向左向右生长，形态俱妙。特别是在秋天，树叶落尽的时候，只剩下树枝树干，那就是一个舞蹈演员，怎么看都跳得特别美。这就是在观察自然中，临无字之帖。把自然当中的那种生命节奏，吸收到书法中来，使自然的生命节奏、人的情感节奏融为一体。

四、书法美的创造

第三个问题，谈书法美的创造。仅仅心灵和自然结合，还不能出现书法作品，还需要书法艺术本身的实践。观察自然，增强自己的文化素养，这些都是字外功。还需要字内功，没有书法本身的创造，也形成不了书法作品。这是一种美的创造。

美的问题，一度争论不休，搞得很神秘。美有广义和狭义之分，狭义的美，即形式美。形式美最基本的法则就是多样性统一，就是和谐。不管是在艺术中，还是生活中，还是自然中，和谐美就是在变化当中保持统一。广义的美，是和真、善相联系的。在书法中，就不仅是点画、结构给人形式美感，还要表达情感，把深厚的精神内涵，和书法的点画形式，融为一体。书法，从美学本质上来讲，就是用书法的形式，包括用笔、结构、布白，来充分表达精神内涵。形式美指的是多样统一。孙过庭的《书谱》里头，说"违而不犯，和而不同"。在变化中保持不杂乱，在变化当中保持统一，这就是"违而不犯"。"和而不同"，就是整体是和谐的，而不是单调的，在统一中保持变化。和，以不同、差异为前提，没有差异就没有和谐。所以在书法里面点画运动应保持在变化当中的统一，做到统一而不单调，变化而不杂乱。

大家熟悉的《兰亭序》，其中有二十多个"之"字，都不一样。我曾经仔细分析过他每个地方的不一样是怎么处理的。遇到三个字都带捺的时候，遇到左右重复的时候，上下重复的时候，他都处理得非常自然。三个字在一起，这个字是捺，第二个字是个长点，第三个字是一个短点，他都处理得非常自然，根据字的上下、前后、左右，都是在变化当中因势利导。因为这些变化，要随着情感变化而变化，不是为了变化而变化。为什么怀素写戴叔伦的"戴"字就写那么大呢？因为要表达他对戴叔伦的崇敬之情。书写中的变化还有一个原因：每个字都有它自

师道师说

杨辛 卷

然的结构，有的字势长，如"东"；有的字势扁，如"西"；有的字小，如"口"；有的字大，如"国"。这需要根据字的自然结构的变化而变化。这种变化在书写的过程当中，不是说每个细节都是事先计划好的。写字不能一边写，一边想，忌讳刻意的安排，而要随着情绪的发展一气呵成。这里头有几点我想谈一谈。

第一点就是布白。布白是一个哲学的问题，也是个美学的问题，涉及"虚实""有无"。西方的哲学在分析宇宙的本体的时候，重实体，讲求的是实证。而中国的哲学，重视有无、虚实的结合，无中生有。中国的哲学很重视虚，黑颜色的字，这就是实；点画以外的空白，就是虚。一个字里头有黑白，一行字里头也有布白的问题，整篇也有布白的问题。

布白也体现了一种美学观。庄子讲"虚室生白"，这是非常深刻的一个思想。这是说房间空了以后，才有一种光辉。我曾经就这个问题向宗白华老先生请教，他当时跟我说，如果一个房子东西装得满满的，杂乱的一大堆，就没有清辉了。只有把它空出来，才能显出一种清辉。宗先生有一个提法，他说，黑白、虚实是一个意境的结构，中国人强调意境，而意境在结构上就必须虚实结合。如果太实了，处处都是实的，把欣赏者的想象堵死了。所谓"虚"，就是要给欣赏者留有想象的空间。我觉得意境中的虚实结合，是一种智慧。各门艺术都有这个问题，比如说绘画，吴作人画的金鱼，他没有画水，就是画几条金鱼在游动，但是满纸都是水；齐白石的虾，也没有画水，但是虾就是在水里游动；戏剧中的《秋江》，船的颠簸是借人身体起伏来表现的。用这种形式引发你的想象。艺术家的创造是用最少的笔墨，表达最丰富的内容，并调动欣赏者的想象。音乐也是如此，"此时无声胜有声"。还有篆刻，齐白石的篆刻，疏处可以跑马，密处密不透风。宗白华先生有一段话说得很精彩："中国画的空，在画的整个意境上，并不是真空，乃是宇宙间灵气往来，是生命流动之处。"这都是讲虚实的关系。

在书法里头，讲究"计白当黑""知白守黑"，黑的字是表现，空白处也是表现，而且"白"是更重要的表现，是一种更高的境界的表现。在书法家里头，林散之先生有很深刻的体会，他的老师黄宾虹给他提过一个意见，黄宾虹讲："古人重实处，尤重虚处；重黑处，尤重白处。所谓计白当黑，知白守黑，此理甚微，君宜体会。君之书法，实处多，虚处少，黑处有力量，白处欠功夫。"这段话见于《林散之书法集》，前面他自己写了序，引了这段话。林散之又说，今闻此语，恍然有悟。他就找来古代的名碑佳帖，细心潜悟，感觉到黑处沉着，白处虚灵。

书法里边白是生命的流动，灵气的往来。但是要守黑，为什么？不守黑，白也谈不到，因为写字的时候，一笔下去，既出现了墨写的字，同时又创造了空白。墨写的字和留下的空白都很重要，只有把黑和白、虚和实从整体上安排妥当，这样才能全篇有生命，才能空灵，而不是拥塞的。黑白处理好了以后，整篇大的效果才会好。白的处理得好，黑的也就显出来了。比如写一竖，拖长了以后，这一竖周围的空白就多了，这一竖就特别显著。建筑里头也是这样，太和殿如果没有三万平方米的那个广场，而是在一个小的空间出现，它也显不出它的美。三万平方米的平面在它的面前，太和殿才显出宏大的气势。所以实体都是在空间当中显出来。欣赏中国古代建筑最本质的就是空间，像天安门广场，给你的第一个感觉，是空间非常开阔。所以建筑艺术讲究内部空间、外部空间。书法也是这样，只有在空间当中，黑的东西才表现得很明显。

第二点就是结体。中国的书法是汉字的书写艺术，而汉字本身的结构，是非常丰富的。它的组成部分，有上下的关系，有左右的关系，还有上中下的关系、左中右的关系，还有内外的关系。书法在处理结构的时候，就好像建筑师一样，结构处理得好不好，会直接影响到效果。沙孟海先生曾经把这个问题概括成两种，一种是"平画宽结"，一种是"斜画紧结"。"平画宽结"，外面是满的，里面是虚的，颜真卿的书法就是这样。王羲之的《兰亭序》，则是"斜画紧结"，王羲之写的左边低，右边高，是斜的。内紧外松。王羲之的斜画紧结就比较飘逸，颜真卿的平画宽结给人一种开阔庄重的感觉。钱绍武的字是平画宽结，比较开阔。这两种都可以研究。

第三点是用笔。用笔是指行笔的方式、方法，如运笔中的刚柔、缓急、轻重、藏露、提按等。历代书家都重视用笔，因为用笔直接涉及情感、意蕴如何转化为点画形式。中国书论中所谓"棉裹铁""折钗股"，都是指用笔中刚柔相济的艺术效果。

中国的书法讲究逆入、涩行、紧收。以中锋为主，侧锋为辅。中锋为主写出来的字比较刚劲。胡小石先生有一个说法，写出来的字要像钟表的发条，不要像煮得稀烂的面条。稀烂的面条就没有力度。书法是讲究线条质量的，线条本身要能引起人的美感。就像唱歌一样，如果你的嗓子不好，感情再丰富也不行。

唐代孙过庭《书谱》中有一段精彩的论述："心不厌精，手不忘熟。若运用尽于精熟，规矩谙于胸襟，自然容与徘徊，意先笔后，潇洒流落，翰逸神飞。"

这是强调在书写的基本功方面要精熟，达到心手相畅。书写时好像是无意识写出的，实际上是由于在平常下了功夫，积累了经验，也就是"规矩谙于胸襟"，到了写的时候就能做到"自然容与徘徊"，一气呵成了。最后写出的作品便能达到"翰逸神飞"的境界。孙过庭对这个过程的分析非常全面——既强调要有精神上、文化上的修养，同时强调书写本身基本功的重要。

书法艺术欣赏

　　中国书法是中华民族审美经验的集中表现。中国的书法不仅本身具有悠久的历史，形成了各种书体、流派和许多独具风格的书家，而且在发展的过程中吸收了姊妹艺术（如绘画、音乐、舞蹈、建筑等）的经验，丰富了自身的表现力。因此，中国的书法具有重要的审美价值。我国现代书法家沈尹默曾说："世人公认中国书法是最高艺术，就是因为它能显出惊人奇迹，无色而具图画之灿烂，无声而有音乐之和谐，引人欣赏，心畅神怡。"特别是书法与文学的结合，更加深了书法的精神内涵，使书法成为一种表达最深的意境和最高的情操的民族艺术。书法的这种独特的审美价值，使它在中国艺术史上占有特殊的地位。有的学者认为，西方研究艺术风格的发展，往往以建筑作为骨干，而研究中国艺术风格的发展，则和书法有密切联系。

第一节　书法艺术语言

　　书法是以汉字为基础，通过点画运动来表现一定情感、意蕴的艺术。它的艺术语言包括用笔、用墨、结构、章法等。

　　用笔　指行笔的方式、方法，如运笔中的刚柔、急缓、轻重、藏露、提按等。历代书家都重视用笔，因为用笔直接涉及情感、意蕴如何转化为点画形式。初学书法常易飘滑，一带而过，写出的字像薄片贴在纸上，缺少意趣，所以许多书家主张用笔要"逆入、涩行、紧收"，也就是落笔要藏，运笔要涩，收笔要回。这是指以中锋为主、侧锋为辅的用笔方法，中锋取劲，侧锋取妍，可使点画达到刚柔结合。

　　用墨　指墨的着色程度及变化，如浓淡、枯润等。墨色对于烘托书

师道师说

杨辛　卷

法的神采、意境和情趣有着重要作用。所谓"润含春雨，干裂秋风"，"润取妍，燥取险"，"带燥方润，将浓遂枯"，都是描述用墨的审美特性。墨色处理得当，可以产生血润骨坚的艺术效果。

用笔和用墨相结合，"以笔取气，以墨取韵"，可以使书法更加气韵生动。

结构　是指字的分间布白、经营位置。如果说用笔体现书法的时间特征，结构则体现了书法的空间特征，如大小、宽窄、奇正等。用笔赋予线条的美是在字的结构中表现出来的。字的结构有如建筑。结构对于表现情感也很重要，王羲之和颜真卿写同样的字，由于各自结构的差异，会产生不同的艺术效果。

章法　是指书法作品的整体布局，也称作布白，体现作品的整体效果。欣赏一幅字首先感受到的是通篇的黑白大效果。考虑布白，重要的是处理好虚实关系，书法中点画的运动是一个连续的过程，积画成字，积字成行，积行成篇，全篇是一个有生命的整体，在创作中一气呵成。书法创作中的"计白当墨"，就是把空白作为一种表现因素，它和点画的实体具有同等美学价值。布白体现了艺术家的空间意识，是一种深层的审美追求。

第二节　书法艺术作品欣赏

一、王羲之《兰亭集序》

晋人的书法，唐人的诗，宋人的词，都是中华民族历史上的艺术瑰宝。其中晋人的书法以"尚韵"为特征，所谓"尚韵"，既是书法上的，又是人格上的。

魏晋时期，中国历史上出现了空前的思想解放，宗白华说它是"具有浓郁色彩"的时期，并把它与西方的文艺复兴相提并论。但晋人的"复兴"与西方的复兴有别，晋人走向自然，与山林为伴，倾向简淡玄远、超脱世俗的哲学意味，着重人物的风采、风姿、风神、风韵。在这一派士大夫中，王羲之是典型。刘义庆在《世说新语》中说："时人目王右军，飘如游云，矫若惊龙。"这种"风韵"表现在他的书法上，正像宋代的袁昂在《古今书评》中所说："王羲之书如谢家子弟，纵复不端者，爽爽有一种风气。"人格的"风韵"与书法的"风韵"在王羲之身上融为一体。就"尚韵"的书法来说，王羲之的书法又是晋人书法的代表。唐代的李嗣真在《书后品》中说王羲之的书法是"盛美""朱粉无设"。张怀瓘在《书断》中也说它是"真行妍美，粉黛无施"。他们概括得比较准确。虽说王羲之的书法有着多样的气质，在不同的发展阶段，其书法的风格也有所不同，比如《姨母帖》以古朴偏胜，《丧乱帖》《得示帖》则以潇洒显优。但从他的书法的总体来看，从他最有代表性的行书来看，从他与其前人的关系来看，主要是妍美。而且这种妍美没有涂脂抹粉的造作，而是出于自然的天性、人格的风采。体现这一气质的代表作当是《兰亭集序》。

《兰亭集序》是王羲之与友人举行修禊之礼（一种祓除疾患与不祥的礼节）时，在"天朗气清，惠风和畅，少长咸集"的情形下，乘兴为他们的诗集作的序。原作早已失传，唐代书法家冯承素的临本，基本上反映了原作的面貌。下面我们从几个方面对《兰亭集序》作些具体的分析。

1. "博涉多优"，兼蓄众美。

王羲之是书法的集大成者，他在书法中吸取了前人丰富的优点。他自己曾说初学卫夫人，在北游中见过李斯、曹喜的书迹，在许下见过钟繇、梁鹄的书法，在洛下见过蔡邕的三体《石经》，后来又见过张昶的《华岳碑》。王羲之在对前人的研习与博取中，对张芝和钟繇的吸取最多，改造得也最多。他学张芝，克服了章草字字不连的停留，而"浓纤折中"；他学钟繇，"增减骨肉"，强化"润色"与"婉态妍华"。如果我们把他的《乐毅论》《黄庭经》和钟繇的《宣示表》《荐季直表》放在一起比较，便会发现：钟繇书法的特点是笔画粗细悬殊，平稳含蓄，结体散扁，隶意较多，比较古朴；而王羲之书法的特点是体势较为纵长、倾斜，笔画匀称，很少隶意，比较秀丽。王羲之的行书是对章草的折中，对楷书的升华，又是对钟、张的"运用增华"，其"婉态"与

师道师说

杨辛 卷

"润色"表现得最为鲜明。《兰亭集序》便是这样，以曲折的线条和纵长的体势相结合，充分地显示了妍美的特征。

2. "欲断还连"，以侧取妍。

《兰亭集序》在连断的处理上很有特色，笔与笔之间有俯仰、有牵丝、有顾盼、有反折、有弛张，似断还连，显示了王羲之纯熟的笔法和清丽的笔调。在用锋上，王羲之自称"又有别法"，他认为作行、草"须缓前急后，字体形势，状如龙蛇，相钩连不断，仍须棱侧起伏，用笔亦不得使齐平大小一等"。以侧毫为主的行笔，是王羲之的首创，在侧毫的行驶之中，用笔搅动，四面用到，形成棱侧的起伏线条，以显示龙蛇游动的姿态，使视觉上感到生动、活跃、优美。王羲之以后的张旭、颜真卿都是以中锋用笔，也很生动，但他们是以强烈的震颤表现了凝重的意态，而王羲之是以搅动的侧毫表现了优美的韵律。在《兰亭集序》中，这一侧锋横贯全幅，如"快然自足，不知老之将至"等字都很突出。王羲之的《初月帖》《快雪时晴帖》《得示帖》《哀祸帖》《丧乱帖》等，都是这样用锋。这种表现手法直接影响了孙过庭的《书谱》。包世臣认为："《兰亭》神理在'似奇反正，若断还连'八字。"道出了《兰亭集序》的关键。

3. 笔势遒劲，富有力度。

王羲之曾说"笔者刀削也"，"落笔混成，无使毫露浮怯"，自觉地追求力感。他的字素有"入木三分"的美称。在《兰亭集序》中，不论是分散的结体还是凝聚的结体，笔笔富有紧劲的拉力。像"永""六""放"字的点画，如"高峰坠石"；像"一""不""所"等字的横画，笔势劲挺，如"千里阵云"；像"斯"等字的竖画，"下细如针芒"。像"比"字的竖画，如"春笋之抽寒谷"；像"少"字的撇画，如"长刀利戈"；像"人"字的捺画，如"投枪匕首"；像"哉""或"字的戈画，如"百钧之弩发"；像"九""为""死"等字的转折，"屈折如钢钩"。在这些笔画里充满了力量。

4. "万字不同"，变化多样。

王羲之说："若平直相似，状如算子，上下方整，前后齐平，便不是书，但得其点画耳。"李嗣真说："羲之万字不同。"《别传》中说他"千变万化，得之神功"。《广川书跋》中也说："一字为数体，一体别成点画。"《兰亭集序》所体现的变化，与以上的王羲之的追求和别人的评价是完全一致的。相同的字，像二十个"之"字、七个"不"字、六个"一"字、三个"足"字，等等，绝不雷同。相同偏旁的字，像"系""化""信""俯""仰"，"迹""遇""游"字，等等，也都呈现出差异的特征。在此我们只分析一例，以见一斑。如"足"字在前后书写中的变化：第一个"足"字，起笔竖画，以点完成，第二笔与第一笔之间留有空隙，最后的直反捺运笔扭转，字势纵长，工稳优美。第二个"足"字，上边的"口"方正封闭，下边的部分与"口"断开，笔力加重，线条粗厚，倔强拙重。第三个"足"字，上边的"口"较小，体势倾斜，下边的部分以侧锋和尖笔旋转伸展，尾端呈尖状，潇洒飘逸。

5. 变化统一，"尽善尽美"。

《兰亭集序》虽然变化如此巨大，但却达到了非常和谐的程度，真是令人叹为观止。这一成功的表现，是王羲之"动必中庸"的追求和笔法高度纯熟的结果。从"中庸"的意义上说，他对笔法之间的关系处理是："重不宜长，单不宜小，复不宜大，密胜于疏，短胜于长。"他认为"不偏不激"是"正法"。尤其是他对于风格之间的关系处理，在妍美的主调中富有对应的变化。像"群"字中的"君"，"视"字中的"示"，以及"右""足""然""固"等字，这些对应的因素使得作品在俊秀妍媚之中有强健、有质朴、有粗犷，整体显得非常和谐。从纯熟的意义上说，笔势起伏流动，淋漓畅快，姿态飞扬，分布有对称，体势有变通，初看引人，百看不厌，变化莫测而有法度，清俊典雅而又活泼。正像唐太宗李世民在《王羲之传论》中所说："详察古今，研精篆、素，尽善尽美，其惟王逸少乎！观其点曳之工，裁成之妙，烟霏露结，状若断还连；凤翥龙蟠，势如斜而反直。玩之不觉为倦，览之莫识其端。"

二、张旭《古诗四帖》

张旭是唐代著名的书法家，人们把他称誉为"草圣"。他的书法不同于"不激不厉"的王羲之，更不同于"尚法"的唐初四家，而是在强烈的感情驱使下尽情挥洒，开拓了一派狂放浪漫的书风，《古诗四帖》就是这一书风的典型。

这件作品给我们的感受是：行笔迅急，纵横驰骋，气势磅礴，从头至尾没有一丝懈怠之意。字字之间，行行之间，气势连贯。笔画连带之中，其字忽大忽小，忽轻忽重，忽虚忽实，出乎意料。线条的飞腾跳跃之中，笔画丰满、敦厚、淋漓、畅惬，富有自然的起伏波动（如"帝"字最明显），使得行中有留，急中有缓，动中有静，韵律特别生动，给人以豪放激昂的美感。

古人称《古诗四帖》"非人力所为"，"出鬼入神，惝恍不可测"，"变动犹鬼神，不可端倪"，难以把握。我们且看张旭的创作过程，便可以知道他的作品的丰富性与难解性。韩愈在《送高闲之人序》中说："张旭善草书，不治他技，喜怒、窘穷、忧悲、愉佚、怨恨、思慕、酣醉、无聊、不平，有动于心，必于草书焉发之。"杜甫在《饮中八仙歌》中说："张旭三杯草圣传，脱帽露顶王公前，挥毫落纸如云烟。"《新唐书》中说张旭："每大醉，呼叫狂走，及下笔，不可复得也。"从以上这些话里我们可知，张旭作书，不是在心平气和、澄神静态、意在笔先的理性状态之下，而是在充满了激情，在非理性、无意识的状态下挥洒。尤其是他在酣醉的时候作草书，就同在梦境里邀游，使潜意识中埋藏的、压抑的各种情感、想象，在笔下如同鬼神一样地出入，他自己在清醒过来时便感到"不可复识"，别人就更加难以诉说了。

但在这难以辨识的《古诗四帖》中，我们能够品出一些关键性的东西，这就是张旭所悟到的"如锥画沙""如印印泥"的"藏锋""沉着"的笔画，即线条的生动的韵律。这韵律不是王羲之的"棱侧取之"的中和之韵，不是后来的董其昌的清淡之韵，而是意态之韵，即浑厚、放逸、苦涩的线条，特有的中锋振颤。苏轼在《东坡题跋》中说："长史草书，颓然天放，略有点画处，而意态自足，号称神逸。"在所见的历史上的书法鉴赏理论中，用"意态"二字评价书法，还是初次。张旭的亲传弟子怀素没有继承这一意态，却发展了它的狂放气势。而颜真卿则弘扬了这一意态，尤其是其《祭侄文稿》表现得最突出。杨凝式的《神仙起居法》《卢鸿草堂十志图跋》，与其说是对颜真卿的行书意态的直接继承，还不如说是对张旭狂草意态的再传。黄庭坚的行草书，特别是倪元璐的行草书，把这一意态发展到了极为生动、极为成熟的程度。

在酣醉迷狂的状态下，一种前所未有的狂放、浪漫的书风出现了。张旭摆脱了不偏不激的王羲之，冲破了"尚法"的唐初四家的樊篱，树起了"非法"的旗帜，成为真正纯艺术性，而非实用性的创作。这种浪漫的书风，影响了唐代的怀素，宋代的黄庭坚，明代的徐渭、张弼、张骏、张瑞图、王铎、倪元璐、黄道周、傅山、詹景风等书家。就这一浪漫书风的程度而言，张旭既是首创者，也是后人无法企及的。

无意识的狂醉的创作心理、生动的意态的韵律、狂放浪漫的书法风格，这是张旭的创造。

三、颜真卿《祭侄文稿》

颜真卿是唐代著名的书法家，是"颜、柳、欧、赵"四大楷书家之一。对于他的楷书，人们有褒有贬，但对于他的行书却一致称道。其《祭侄文稿》被人誉为"天下第二行书"，它是颜真卿为追祭以身殉国的侄儿颜季明所写的一篇祭文。

可以想见，在十分悲痛、愤慨的心情下，颜真卿没有心思顾及笔墨线条、章法布局，唯一考虑的就是文字的内容。且看文稿，卷首几行关于祭文的写作时间和颜真卿自己身份的字，书写时心情沉郁、线条稳缓。当他写到季明的身世时，想起死去的骨肉，激动得笔不随心，错字、圈改开始增多。当写到土门一战时，"贼臣不救，孤城围逼，父陷子死，巢倾卵覆"这16个字，对奸臣的恨，对烈士的爱，在他的心中激起起伏的波澜，线条从细而粗，又由粗而细。"天不悔祸，谁为荼毒"至第一次出现"呜呼哀哉"这段，无可奈何的哀叹使笔速明显加快。当写到泉明只找到季明被砍掉的头颅时，想到那惨不忍睹的情景，他再也控制不住手下的笔墨，其字一错再错，圈了又写，写了又圈，姿态离奇，点画狼藉。到了尾端的"呜呼哀哉"这几个字，点画变得纤细，纵笔抒发了他胸中悲痛的感情。

在这样强烈的感情驱使下，一件浑然一体、气韵生动、不可复得的杰作诞生了。它不是上书的奏章，不是出示的展件，而是无意作书的成果。或许在有意作书的时候，出现这样的一错再错，他会信手撕掉。但正是无意而为，这样的圈圈画画七零八落地与祭文的内容结合在一起，使颜真卿坦露得最自然、最真诚。正像张晏所评价的："告不如书简，书简不如起草，盖以告是官作，虽端楷终为绳约；书简出于一时之意兴，则颇能放纵矣；而起草又出于无心，是其心手两忘，真妙见于此也。"

就点线形式来说，《祭侄文稿》融会了丰富的内涵，是颜真卿继承和发展的自家风貌。文稿中生动的韵律，是张旭草书意态的伸延与创造。但它不是表现在草书中，而是表现为行书。这里没有露出的锋芒，没有侧毫的棱角，是对张旭"如锥画沙""如印印泥""使其藏，画乃沉着"用笔的领悟。同时，颜真卿发现了"屋漏痕"的自然效果，自觉地运用它来丰富线条的韵律，形成了与张旭有所不同的地方。

《祭侄文稿》之所以使人们越看越自然，越看越耐看，除了特殊的情感带动和行草书本身的发展原因外，还有另外的一个重要原因，这就是它同楷书的血脉关系。

颜真卿的楷书不同于前人，他以篆书和隶书的笔法、自己的气质改造了楷法，中断了钟、王一派楷书的发展。其笔画拙重丰腴，结体茂密森严，开辟了一派雄伟、刚健的楷书书风。这样的楷书，自然奠基了他的行书。或者说，在行书中蕴涵了楷书的隐形，如文稿中的"何""图""郡""逼"等字较为明显，但其他许多字是不容易一眼看出来的，需反复地揣摩才能感受到楷书的精神，这就好像化在水里的糖，喝起来只感到它甜，却看不到它的形体。特别是在这激烈的感情、悲痛的心绪下挥洒，把楷书中的"蚕头燕尾"一扫无遗，结体中不必要的啰嗦荡然无存。如"呜呼哀哉"几个字，线条极为精简，具有较高的概括力，令人回味无穷。

从以上的分析中，我们可以得到这样的启示：追求自然，往往难以实现自然；有意作书，往往难以达到预期的结果。而颜真卿无意的创作，却获得了难以达到的结果，真是"无为而无不为"。但这无意的背后又有多少有意，没有楷书的功底和成就，没有对行草书的继承和发展，没有以往的积累，是达不到这无意的结果的。

四、黄庭坚行草书

黄庭坚的画论、诗论、题跋显示了一个重要特色，那就是追求不俗的个性。特别是在他的《论书》中，就有好几处出现过"不俗"的词句："东坡先生云：'大字难于结密而无间，小字难于宽绰而有余……此虽难为俗学者言，要归毕竟如此。'""学书须要胸中有道义，又广之以圣哲之学，书乃可贵。若其灵府无程政，使笔墨不减元常、逸少，只是俗人耳。余尝言，士大夫处世可以百为，唯不可俗，俗便不可医也。""学字既成，且养于心中无俗气，然后可以作，示人为楷式。"

从这些话里可以看出，黄庭坚认为的"不俗"既是指书法形式的不俗，又是指人的心灵的不俗，而且心灵的不俗尤为重要。没有心灵的依托，只能得到钟、王的表面，不能成为"楷式"。黄庭坚在他写的《道臻师画序》中还说：吴道子的画之所以能超过他的老师，是因为他"得之于心"。张旭的草书之所以能够"入神"，是因为他"不治他技，用智不分"。黄还认为要"得妙于笔"，首先要"得妙于心"。

黄庭坚"不俗"的追求，在他的作品中充分地体现了出来。在风格上，他主张"拙多于巧"，"书贵沉厚，姿媚是其小疵，轻佻是大病"。他厌恶如"新妇子妆梳，百种点缀，终于无烈妇态"的流行书风。在书体上，他主张楷书要"快马入阵"，在严整中蕴涵动势；草书要"左规右正"，奔放中仍不失法度。这些独到的见解，他认为是"古人之妙处"。在继承与创新的关系上，他重视独创性，追求自我。他说："随人学人成旧人，自成一家始逼真。"在黄庭坚的书法里，虽然有颜鲁公《瘗鹤铭》强健、峻拔的体势，有杨凝式奇侧、紧劲的笔调，但绝不与他们苟同，而是具有个人的强劲奔放、格调雄奇、变化多端、浑朴自然的不俗气质。下面让我们解剖一下这一风格的表现形式及其意义。

在结体上，黄庭坚书法一反常态，或左正右斜，或右正左斜，字的上下两部分也有这样的变化，扭曲盘结，体势由左下向右上上扬（行书更明显），造出一番超凡的险峻姿态。在行草书中，造型如此丰富、弄险如此大胆的还是少有的。尤其是黄庭坚行书的结体、横画、撇画、捺画尽情伸张、体势峻拔。如《经伏波神祠诗》《黄州寒食帖跋》《华严疏》等，异常豪健。他的行书可以作出较大的字，而且愈大愈佳。黄庭坚以前的行书作品，在大字上往往表现不佳，就是被誉为天下第一行书的《兰亭集序》，放大之后便感到支撑不住，没有雄强之气。而黄庭坚的行书，劲健的长横、长撇、长捺，能够矗立起雄强的框架。这也是为什么祝允明、沈周、文徵明、郑板桥、吴昌硕等人都学黄庭坚的行书，都以写行书大字条幅擅长的原因。

在韵律上，黄庭坚书法行笔的速度较缓慢，并以隶书、篆书的笔法入行草，使线条富有更多的含量。在硬毫的行驶中，很少带有枯笔，连带的长笔中富有自然的、强烈的波动，韵律特别生动。这样强烈的振颤韵律，是张旭、颜真卿、杨凝式未能企及的。黄庭坚所说的"字中有笔，如禅句中有眼"，就是指这不单调、不光滑、不枯燥的意态自足的韵律。这种韵律的表现手法十分独特，它不是快笔，不是短线条，因为它们不能显示这一韵律，而是通过较缓的长线条的伸拖、强烈的振颤来表现的。这就好像京戏中的老生的长腔，给人以咀嚼、寻味的感受，也确实如康有为所称誉的，是"意态更新"。与黄庭坚同时代的晁美叔称赞他的书法是"唯有韵耳"，并认为即便是王羲之的波戈点画，也没有这般韵律。"尚韵"确实是黄庭坚书法的一大特色。

在章法上，如此鲜明、自觉地在整体的秩序中追求平衡、对称的原则，是历史上的行草书所没有的。黄庭坚的行草书的体势，特别是草书的体势，多由右上向左下倾斜，上一字的最后一笔与下一字的第一笔之间，常常连为一条耀眼的实笔，以表现气势贯通。行与行之间有对应，有时完全打破，穿插争让，连续的长笔有断点相分割。字与字之间充分运用大小、正斜、曲直、轻重的对比。有的字和笔画单独看来并不圆满，但左右上下总有相救应的笔画和字。他不以"一画为准"，在过与不过之间求得自在，在总体中见出一致与和谐。他曾这样说："譬如周公、孔子不能无小过，过而不害其聪明睿圣，所以为圣人。"总体的变化和统一，是他的行草书的又一大特色。

这样的总体效果，正如赵孟頫所说："黄太史书，得张长史圆劲飞动之意，望之如高人胜士，令人敬叹。"

第三节　书法艺术欣赏力的培养、提高

一、对书法艺术特征的理解

书法的艺术特征是：

（一）书为心画。书法是一种心灵的艺术，是人的精神美的表现。古人把书法称为"心画"（汉扬雄）、"心迹"（元盛熙明）。书法善于更直接地表现情感，欢快时写出的字像开放的"心花"；恬静时写出的字像流淌的"心泉"；激越时写出的字好似澎湃的"心潮"。书法不但可以抒情，而且能移情，还能交流情感。书法的鉴赏可以是多层次的，字的外形写得好看虽不失为一种形式美，但书法艺术的最高要求仍在于它的精神内涵，即书法所表达的意蕴、情趣。书法的极致和人的精神相通。书法的这一特点体现了诗与书的内在联系，诗是书法的灵魂，诗情不仅是探索书法形式的动力，也是衡量书法审美价值的重要依据。

（二）书肇于自然。书法是自然的节奏化。唐张怀瓘论述书法与自然的关系是："囊括万殊，裁成一相。"这里面包含两层意思：一是讲书法艺术的表现形式根源在客观现实，所谓"囊括万殊"，就是指对万物的高度概括；二是指书法在反映现实的时候，不是像绘画、雕塑那样直接地表现生活、自然中的个别物象，而是把"万殊"裁成"一相"，所谓"一相"就是把万物化作"点""线"。书法的这种高度概括性给欣赏者提供了想象的广阔天地。

书法艺术从"万殊"发展成为"一相"，经历了一个历史过程。徐悲鸿曾说："中国书法造端象形，与画同源，故有美观。演进而简，其性不失。厥后变成抽象之体。遂有如音乐之美，点画使转，几同金石铿

师道师说

杨辛　卷

锵。人同此心，会心千古。"这段话说明了书法艺术由低级向高级发展的过程，也就是由再现到表现的发展过程。象形文字侧重于客体，即对个别事物的描绘。当书法由具象发展到抽象时，其重点便转移到点画形式与主体情感之间的联系，但并非完全脱离客观，而是概括地表现自然的运动节奏。书法反映自然的节奏，其目的并不是在自然本身，而是凭借情感与自然形式之间的内在联系，表现情感。例如借"行云""流水"的舒缓流畅的节奏表现人的愉快；借苍松盘根错节、扭曲延伸的节奏表现人的坚韧不拔。宗白华曾在《美学散步》中说："书法反映物象中的'文'，就是交织在一物象里或物象与物象的相互关系里的条理：长短、大小、疏密、朝揖、应接、向背、穿插等规律和结构，而这个被把握到的'文'，同时又反映着人们对它的情感反应。这种因情生文，因文见情的字就升华到艺术境界，具艺术价值而成为美学对象了。"所以中国书法把人的情感、自然的节奏、点画的形式熔为一炉，三者之中关键在情。体现自然的节奏、点画的运动都是为了表现情感、意蕴。书法从具象到抽象，其艺术的表现力不是缩小了，而是更自由、更广阔，也更含蓄了。书法具有一种朦胧的美，是一种浮游的意象。徐悲鸿所说的书法"演进而简，其性不失"，也就是指文字虽脱离象形，但仍在结构中暗含一种表现力，是一种不象形的象形文字。

在中国古代书法家中，师法自然的事例很多，例如怀素"夜闻嘉陵江水而草书益进"。为什么江水有助于草书呢？因为水流的节奏感正是怀素奔放流畅的草书所需要的。怀素还说过："观夏云多奇峰尝师之。"为什么奇峰对草书有启示呢？因为奇峰的崇高气势，能对草书的布局、结构产生影响。黄庭坚也曾说："余居开元之怡思堂，坐见江山，每于此中作草，似得江山之助。"自然界千变万化的运动、节奏都可作为草书的借鉴，故清人翁方纲尝言："世间无物非草书。"书法中临帖对于丰富点画的表现力很重要。除了临有字之帖，还可以临"无字之帖"。自然就是"无字之帖"。当然在书法中师法自然不像绘画那样去具体描绘客观对象，而是从自然的生命节奏中吸取表现力，创造出富有精神内涵的书法作品。

以上两方面是从主体与客体、表现与再现说明书法的特征。

（三）书法鲜明地体现了形式美的基本法则——多样统一。杰出的书法作品都是一个个有生命的整体。美在于整体的和谐。中国古代书论、乐论都提出了"和"这一重要美学范畴。孙过庭在《书谱》中提出"违而不犯，和而不同"，意思是指变化而不杂乱，统一而不单调。书法艺术是在点画的运动变化中达到统一，是一种造型运动的美。在书写过程中，点画的运动不仅随感情而变化，而且点画之间由于字的自然结构不同（汉字结构本身有长短大小的差异），排列组合千变万化，需要因势利导，笔笔相生相应。有些微妙的艺术效果是在书写过程中引发的，往往是难以重复的，甚至有时出现意想不到的"神来之笔"。书法所体现的动态均衡，往往不是事先设计好的（虽然大体上的构思也是需要的），而是像杂技中走钢丝，在运动中自然调节，不可能在走钢丝前先安排好第一步身体偏左，第二步偏右。在书写过程中，各种形式的对立因素（刚柔、枯润、浓淡、舒敛、大小、长短、正斜、疏密、虚实等等）相反相成，使作品成为和谐的整体，生动地体现了形式美的基本法则——多样统一。这和自然中普遍存在的对立统一规律相通。古人认为："书肇于自然"（汉蔡邕），"书画与造化同根，阴阳同候"（清龚贤），"书之气，必达乎道，同混元之理"（佚名《记白云先生书诀》），因此书法又是一门富有哲理的艺术，充满了艺术的辩证法。

二、欣赏旨要

（一）观神采。书法欣赏首先要从作品大的艺术效果着眼。所谓"神采"，是指作品所显现的一种精神气韵。唐代张怀瓘曾说："深识书者，唯观神采，不见字形。"从艺术家的创作看，书法是一种"心画"，是精神的物化。从欣赏者看，对作品意蕴的接受往往是一种感悟，即心领神会。沈括曾说："书画之妙，当以神会，难可以形器求也。"（《梦溪笔谈》）书法的神采贵有"天趣"，所谓"风行水上，自然成文"。如果把"风"比作情感，把"水"比作纸面，那么"文"就是情感融化在纸上用墨写的字。这"天趣"是书法家情感的自然流露，是"既雕既琢，复归于璞"。这是一种很高的审美境界。观神采是欣赏者对作品的精神内涵的感悟。所谓"唯观神采，不见字形"，并不是说看不见用墨写的字，而是指作品的精神气韵直接给欣赏者以强烈感染。例如在欣赏毛泽东自书的《娄山关》一词时，感到笔墨中弥漫着红军在长征战斗中的悲壮气象；欣赏毛泽东自书的《长沙》，则使人产生一种酣畅愉悦之感，为作者所抒发的革命情怀所感动。

（二）审法度。艺术美的生命在于创造。书法中的"神采""天趣"都是书法家创造的产生，是作品的精神内涵与艺术形式的完美统一。书法中的神采都是凭借布白、结构、用笔来表现的。神采必须寓于形质之中。而这种表现都是按照美的规律，遵循一定的形式法则来进行的。因此，神采的表现离不开一定的法度。欧阳询曾说："书法者，书而有法之谓，故落笔纸上即入法中。"各种不同的书体均有各自的法度。传为欧阳询撰写的结体三十六法，就是楷书的法度。草书、行书看似随意，也有它们自己的法度。这些法度都是书法家美的创造的经验总结，但并不是凝固不变的，须在创作实践中灵活运用，并不断得到丰富和发展。书法须从用笔、结构、布白诸方面去赏析，这样可以更深刻地了解书法家的创造，从最能表现情思、意蕴的地方去发现美。例如，对作品布局的分析，便可以体会到书法家如何使作品在变化中保持和谐统一。丰子恺在谈欣赏吴昌硕作品的体会时说："各笔各字各行，对于全体都是有机的，即为全体的一员。字的或大或小，或偏或正，或肥或瘦，或浓或淡，或刚或柔，都是全体构成上的必要，绝不是偶然的。"他还说："有一次我看吴昌硕写的一方字，觉得单看各笔画，并不好；单看各个字，各行字，也并不好。然而看这方字的全体，就觉得有一种说不出的好处。单看时觉得不好的地方，全体看时都变好，非此反不美了。"这段话说明书法的美在于整体的和谐，局部的审美价值也须从整体去衡量。

（三）识独创。杰出的书法作品都有自己独特的个性，即所谓"书如其人"。王羲之的妍美潇洒，颜真卿的雄浑刚健，张旭的狂放激越，赵孟頫的秀媚温润，无不体现书家的人格、个性。所以朱光潜说："书法往往表现出人格，颜真卿的书法就像他为人一样刚正，风骨凛然；赵孟頫的书法就像他为人一样清秀妩媚，随方就圆。我们欣赏颜字那样刚劲，便不由自主地正襟危坐，摹仿他的端庄刚劲；我们欣赏赵字那样秀媚，便不由自主地松散筋肉，摹仿他的潇洒婀娜的姿态。"

　　杰出的书法作品不仅有鲜明的个性，而且带有时代的特征。书法艺术的风格是随时代而变化的，一部中国的书法史，也就是一部书法创造的历史，不仅创造了各种书体，还形成了各种书法流派和各个书家的独特风格。艺术风格的演变，体现了各个不同时代的审美理想和审美趣味。如王羲之书法的潇洒体现了晋人的风度，颜真卿书法的雄浑表现了盛唐景象。

　　（四）欣赏者的再创造。艺术（包括书法）是一个再创造的过程。由于书法本身的表现形式带有一定的抽象性，因此点画所表现的精神内涵，往往呈现某种朦胧的特点。这种朦胧，不同于晦涩，更能引发欣赏者心理上的活跃。欣赏书法时，欣赏者在脑际经常出现种种浮游的意象，由点画而产生各种联想、想象。例如怀素在《自叙帖》中记述了别人对他草书的赞赏："奔蛇走虺势入座，骤雨旋风声满堂"，"初疑轻烟澹古松，又似山开万仞峰"，"寒猿饮水撼枯藤，壮士拔山伸劲铁"，"笔下唯看电激流，字成只畏盘龙走"等等。这些诗句生动地描绘了书法欣赏中的联想与想象。

杨辛　张以国

独字书法艺术的创作

　　独字书法在中国书法史上虽渊源有自，但实为尚未开拓之领域。我在这方面做过一些探索。十年前曾出版十二字，今再版扩为十六字。

　　"书以载道"，我尝试在独字书法中融入中国传统文化中有关人生的哲理，用最凝练的艺术语言体现对人生境界的追求。每一个字都是我对人生、对自然的感悟。这些字不仅是用手写的，更是用"心"写的。在漫长的岁月中，它们成为我生活中的精神支柱。正像我所书的"春"字，我虽年届八十又九，但仍处于人生的第二个春天。

　　中国的文字和书法都很美，里面凝聚着民族的创造和智慧。我怀着深情去发掘每一个字所蕴含的美的特质，力求把现代艺术品位与中国传统书法相结合。虽带有画意，但并不与绘画争功；即便有色彩的融入，也是从属于意境的需要。

　　下面谈谈我对独字书法的创作过程：

一、春

　　春是生命的象征，青年是人生的春天，幸福的晚年是人生的第二个春天。

　　这是一个草书的"春"字，用流畅的曲线一笔写成，一笔中蕴含着刚柔、枯润、粗细、断连的变化。我在创作中开始并未想过要把这个字写成像什么，只是借流畅的曲线表达自己在春天的愉快感受。写成后却引发了欣赏者的各种想象：有的联想到一位翩翩起舞的少女，有的觉得像春风中摇曳的柳枝……

二、舞

书法与舞蹈相通。唐代张旭观公孙大娘舞《西河剑器》，自此草书日进。这说明舞蹈与书法在表现生命节奏上是息息相通的。书法可说是纸上的舞蹈。

此字也是一气呵成，表现一种欢快的情感。线条旋回、舒展，呈现出生命的活跃。舞字中间一横，有意加长，由左下到右上形成一条斜线，增加了字的运动感。字的左下方掸上些墨点，增加了欢乐的气氛。有时写在洒金纸上，金色的斑点也仿佛一种音乐伴奏。

三、乐

这里主要表现的不是生活中的一般的欢乐，而是表现一种对人生、事业的追求。这个"乐"字是写在"其"字之中，隐喻"乐在其中"。孔子说："知之者不如好之者，好之者不如乐之者"，意思是：知道这件事应该去做，不如有兴趣去做，有兴趣去做又不如充满热爱地去做。

这个字笔墨饱满，有一种充实感。在沉稳中见活跃，流露出了对事业炽热的爱。

黑字写在红色洒金纸上，用黄锦装裱，表现了热烈的气氛。

四、龙

中国人是"龙的传人"，"龙"字也可说是中华民族生命力的象征。

这幅字也是一笔写成，刚健、粗犷，有强烈的运动感。线条中藏有枯润、断连、虚实的变化。下笔时墨色浓重，收笔时墨色枯淡，最后把笔根中积墨挤出。在结构上字的左半部收敛，右半部舒展。书写时速度较慢，在动感中保持沉稳。有些地方笔断意连。字后的褐色，初为茶水污损，后略加淡墨，反成天趣，宛似中国画中之"云龙"。

五、虎

"虎"字表现了一种刚健之美。所谓"龙腾虎跃""虎啸龙吟""龙盘虎踞",都是刚健之美的体现。

此字通过用笔的顿挫表现了字的内在力度。上半部圆实厚重有一种雄浑感,中部出现飞白效果,显出苍劲,收尾的一竖用逆锋写出,积点成画,无意中形成虎尾节纹的画意。

六、鹰

书法不与绘画争功,但可蕴含画意。此字不求与鹰形似,但在点画间流露出鹰的矫健、英武的神韵。对左边一长撇作了夸张的处理,向左下方延伸时出现有力的波折,仿佛"鹰击长空"。左上方题有杜甫《画鹰》诗一首:

素练风霜起,苍鹰画作殊。㧐身思狡兔,侧目似愁胡。
绦旋光堪摘,轩楹势可呼。何当击凡鸟,毛血洒平芜。

七、健

"天行健,君子以自强不息"(《周易·象传》),刚健有为是中国文化的基本精神。它激励人们不断进取。

此字用笔圆劲,顿挫有力。收笔时用逆锋,呈现飞白,更觉苍劲。

八、荷

荷象征人的美好品德。季羡林先生曾说:"梅兰竹菊旧称四君子,荷出淤泥而不染,实君子中之君子也。"

此字用淡墨一笔写成。下笔时含水较多,淡墨外渗,湿润如带雨荷叶,收笔时水渐干枯,呈飞白,宛如荷梗。运笔时上下重叠,层次清晰。"荷"字左下方用浓墨书写"出淤泥而不染"，形成浓淡相间，枯润相济。装裱用白锦，显得素洁、淡雅，一尘不染。

九、梦

生活中也需要一些幻想。梦有时蕴含着深层的情感。

此字书写前，先将宣纸揉皱，书写时在淡墨中略加花青，线条柔和，使人感到朦胧、虚幻。最后一撇，以轻盈、飘忽的曲线烘托梦幻境界。

十、兰

兰也是人的美好品质的象征。

写兰字须写出娟秀、娴静的特色。在字的结构上避免过于方正，用笔较多侧锋。寓劲健于婀娜之中。右边一竖拖长，一直延伸到左下方，运笔中形成粗细转折的变化，吸收了国画中画兰草的笔意。写中间的"柬"字，用笔婉转、轻盈，墨色清淡，有兰花意味。

十一、道

古人云："一阴一阳之谓道。"（《易传·系辞》）

宇宙中万物皆"负阴而抱阳"，阴阳的对立统一，是一切事物发展的源泉。

草书的道字象征宇宙间大气的运转、万物的生命节奏，富有哲学意味。用笔柔中含刚。字的结构洗练。布局上留出大量空白，显得空灵、开阔。全字由三个"S"形构成，线条回转暗含太极图意味。右侧用浓墨书写"一阴一阳之谓道"，形成苍润对比。

《罗荣渠书法集》序

罗荣渠先生和我虽然同在北大担任教学工作 40 多年，但接触较多还是从 80 年代参加燕园书画会以后。在书法上我们是同道，常在一起切磋书法艺术，又都是四川老乡，交谈起来很亲切、投机。荣渠先生为人正直坦诚，性格开朗，治学谨严，富有开拓精神。他是历史系教授、博士生导师，并兼任学术界多种职务。他治学领域很广，涉及世界近现代史、拉美史、美国史等等，最后十几年又致力于现代化理论研究，是我国现代化理论研究开拓者之一；著作宏富，发表过文章百余篇，有著名的《现代化新论》（1993）及其《续篇》（1997）、《美洲史论》（1997）等传世。

荣渠先生多才多艺，他不仅是一位学贯中西、融汇古今的学者，而且在文学艺术上也有很高的素养，在书法艺术方面尤有深厚功底。晚年教学和科研任务虽十分繁重，但仍钟情于书法，挤出业余时间写字，留下许多精彩的作品。有不少作品曾在海内外参展或发表，他生前是中国书法家协会会员、北大燕园书画会会长。

荣渠先生的书法使我深受教益。我觉得他的书法艺术有以下特色：

一、学者型的书法，重在精神内涵。荣渠先生的书法蕴含着很高的精神境界。他的每一件作品都是他心灵的写照。在字里行间洋溢着他对祖国的热爱、对事业的追求、对人生的感悟以及对家人、朋友的真情（作品中有一部分是他自己的诗词）。荣渠先生的书法作品之所以感人，给人以美的享受，正在于他的书法体现了崇高的精神境界和深厚的学术素养。

二、独特的艺术个性。荣渠先生的书法风格属于豪放派，正所谓"字如其人"。他性格爽朗，胸怀坦荡，才华横溢。读他的书法作品强烈地感到有一种英爽、豪迈之气，表现出生命的活跃。他的书法整体感很强。整幅字一气呵成，酣畅淋漓；似长江大河，一泻千里，没有丝毫拘谨、迟疑。有的作品则如行云流水，高雅飘逸，体现了他在书法艺术上的丰富表现力。

三、深厚的书法功力。荣渠先生的书法有很强的力度，提按顿挫，稳健有力。他写出的字圆劲、饱满，如屈铁盘金，富有立体感、节奏感和弹性。正如我国古代书论中所说的"棉裹铁"，柔中含刚。这充分体现了中锋用笔的艺术魅力。在章法上严谨而富于变化。荣渠先生的书法功力与他幼年的家庭环境以及自己的刻苦书法实践密切相关。他出身书香世家，父亲罗文谟是著名的书画家和美术教育家，与张大千、徐悲鸿等在艺术上有深交。荣渠先生秉承家学，从小就酷爱书画，但更侧重书法。从小学到初中一直临帖练字，他在临写二王、欧阳询、柳公权、米芾等名家的作品上下过很大功夫。从初中到高中，国文课所选的古文，他都用小楷抄在作文纸上，装订成册，既熟读了选文内容，又练了字。他青少年时代的勤奋努力，为他的书法打下了坚实的基础。正如他自己在论书法的文章中所说："熟能生巧，然后才能取得自己独创的自由。"

最后，还应特别提到他对书法理论的贡献。在他的遗作《略论中国书法艺术的文化特征》一文中，他从文化发展的高度，通过中外比较，对中国书法的美学特征作了精辟的论述，这对弘扬中国书法艺术有重要意义。

荣渠先生去世已一年多了，临笔凝思，倍增怀念之情。这个集子的出版，我认为是很有纪念意义的。读这部书法集使我们从一个侧面更加深了对荣渠先生精神境界和艺术素养的理解。

1997 年 9 月 3 日

清新宁静的《雪怀小楷》

——怀念闵庆全先生

闵庆全先生是我很尊敬的学长，我们相识有一段"翰墨缘"。我们都酷爱书法，在 20 世纪 70 年代末，我们都是北大燕园书画会的成员，常在一起切磋书艺；离休后我们又一起参加北大老教授书画会，闵先生在书画会中担任顾问。1998 年，也就是闵先生八十华诞时，我很荣幸能与闵先生在北大校内合办了一次书法展览。出席这次展览开幕式并讲话的有北大校领导同志、张青莲院士、徐悲鸿的夫人廖静文女士等，大家都很赞赏闵先生的书法艺术。在这次展览中，闵先生的小楷书法最吸引人，也使我深受教益。我当时有一种强烈的感受，觉得一位八十高龄的老人能写出这么多精美的小楷作品，这真是生命的颂歌。在展览会后出版了一本闵先生的书法集——《雪怀小楷》，这本集子很有品味，格调高雅，风韵天然，令人读后爱不释手。

闵先生的小楷艺术有很高的美学价值。书法是心灵的艺术，古人称之为"心画"。当我展读《雪怀小楷》时，我感到有一种美的享受，一行行清秀的字迹，像一股清泉从心上流过，把一切尘埃都洗净了。字里行间充满了宁静，空灵的布局、舒展的结构、轻缓的用笔都是作者心灵的化境。这体现了学者型书法的独特精神境界。在《雪怀小楷》集子中书写了诗词名篇 139 首。诗书交融，诗词的意境与书法的韵味合而为一。诗意成为书法的灵魂。两者的结合没有刻意的安排，诗情的流露就像"风行水上，自然成文"。《雪怀小楷》就像无声的诗。

闵先生的书法境界形成给我一个重要启示，就是字内功与字外功的结合。字内功就是书法本身的基本训练，这是基础。闵先生在这方面下过许多功夫，早年曾学写大字，临过颜真卿的《多宝塔》、柳公权的

《玄秘塔》；进中学后，开始学小楷，临过王羲之《黄庭经》《乐毅论》等法帖。闵先生还重视读帖，读帖是一种很好的学习书法的方法，有人曾说"三分临帖，七分读帖"。静心读帖，在观摩赏析中如同和古人在精神上交流，能更好地领悟前人作品的神韵。闵先生晚年读帖包括大令《玉版十三行》、赵孟頫《闲邪公家传》、文徵明《真赏斋铭》。由于闵先生博采众长，所以他的小楷能在秀美中蕴含刚健，富有魅力。闵先生更重视字外功，这指书法的精神内涵，体现书家的全面的文化素养。这是书法的灵魂。闵先生是我国著名的经济学家，是国民经济计划与管理专业博士生导师，同时对中国传统文化有深厚素养，特别是对中国古代诗词、书法等造诣很深。在他书写的古诗词中，表达了自己对人生对自然的深切感悟，表达了对真善美人生的追求。

闵先生虽然离开了我们，当重读他的作品，缅怀往事，他的高尚的品德、谦和的神态、刚健的身影会永远珍藏在我的记忆中，真挚的友情有如松柏是常青的。

2011 年 12 月 31 日

和老年朋友谈书法艺术

我很高兴和大家一起交流书法方面的经验，谈谈我的体会。我今年78 岁了，也是老年队伍的一员。我在学习书法的过程中常常有一种民族的自豪感，我觉得中国书法是一门非常有民族特色的艺术。在生活中，书法是实用的，但中国书法能从实用上升到艺术，这体现了我们民族的创造和智慧。中国书法有很悠久的历史，从甲骨文、金文、小篆、隶书、草书、楷书、行书，形成了各种书体。这些书体的演变都是源于生活中实用的需要，从简到繁，从繁到简。但文字的书写还有一种审美的需要，就是希望字要写得更美，写得更好看一些，这种审美的需要是逐步发展的，最后使汉字书写成为一种独特的艺术。

一、中国书法为什么会成为独特的艺术

在中国书法史上，各种书体都有一种审美的特色，如小篆。小篆的结构是一种纵势，十分挺秀，线条像玉做的筷子，人们称为"玉箸篆"，柔中有刚，而且很流畅，给人一种庄重感。到了隶书，隶书由篆书的纵势变成了横势，而且显得很雄健、方劲、质朴、厚重，所以汉代隶书有自己的特色。草书连笔省笔很多，整体气势非常连贯，好像长江大河一样，一泻千里，所以草书很富有表现性，音乐感也很强。行书很自由潇洒，给人一种轻快的感觉，适合抒情心理。楷书很工整，很庄重，而且笔法、结构很规范化。所以各种书体都有自己独特的美学方面的特色，在这个方面积累了很丰富的经验，而且每一种书体里又有各种不同的流派和具有独特风格的书家，在中国书法史上积累的经验非常丰富。中国书法在发展的过程中不仅积累了书法本身的经验，而且还从许

多姊妹艺术如音乐、绘画、建筑等方面都吸收了营养，所以书法非常富有表现力。在中国艺术之中，书法是一种很高级的艺术，在表达情感方而非常深刻，非常细腻。我们如果进一步研究，中国书法从实用上升到独特的艺术，究竟有些什么因素在起作用，我觉得主要有以下几个方面：

第一点是汉字。中国书法离不开汉字。中国书法是汉字书写的艺术，因此首先要多研究汉字的特点。

汉字一般都说是方块字，实际上是方圆结合的，特点是方中有圆。吴鸿清老师创造的乾坤格就是方圆结合的。汉字看起来好像是方，而实质上蕴含着圆。圆是一种生命的流动，是生命的活跃。汉字非常富有变化，如左右的构成的合体字，"脏"字是左右结构，"谢"字是左中右结构，还有上下结构，如"苍"字，上中下结构，如树叶的"葉"字，还有内外结构，如"固"字，还有穿插结构，如"册"字。所以汉字本身就好像一座座的建筑一样，在造型方面很富有变化。过去欧阳询曾经提出楷书结构三十六法，都是讲结构的。宗白华先生说，在欧阳询的三十六法中，各种结构变化的阐述包含了非常丰富的中国美学的思想。清代黄自元把欧阳询楷书结构又归纳为九十二法，这些都是讲汉字书写结构的，其中所体现的形式美的规律是非常丰富的。因此中国汉字本身就具有美学价值。

汉字的发展最初是象形文字。象形文字本身就具有艺术造型的特点，而且里面包含了各种形式美的规律，如对称、均衡、变化统一等等。到了隶书出现以后，象形的特点逐渐消失了，但在隶书以及其他各种书体里面，那种形式美的规律都保存下来了，而且得到了发展。

第二点，书写的工具。中国书法之所以发展成为艺术和书写工具密切相关，这里主要谈一下毛笔。毛笔在书法形成发展中起了很重要的作用。毛笔富有弹性，是可以产生各种变化的。中国的毛笔对书写产生了很重要的影响。人们常说"工欲善其事，必先利其器"。最近我参观了北京华京海制笔厂，向制笔的代秋波老师傅请教了一些问题，老师傅说："中国的毛笔是中国书画的兵工厂"，这句话说得很好。如果没有

师道师说

杨辛　卷

兵工厂提供武器就不能打仗，如果没有毛笔就不能创作出好的作品。老师傅还说，中国对于毛笔是非常讲究的，古代人很讲究毛笔制作，要尖、齐、圆、健。尖指笔锋要尖锐，齐指笔锋铺开后要平齐，圆指笔是饱满的，健是指要有弹性，不论铺开也好，收敛也好，都很迅速，有很好的弹性，只有使用这样的毛笔，写作品时才能得心应手。制作毛笔使用的材料也很多，有硬毫（如黄狼毛、兔毛）、软毫（如羊毛、鸡毛），也有兼毫，就是一支毛笔中硬毫软毫都有，如七紫三羊、三紫七羊，根据书写的需要和制作者的爱好自由选择，写出各种不同艺术效果的作品来。如果用钢笔就写不出这种效果。汉字中包含了我们民族的智慧，毛笔的发明与制作也体现了民族的智慧，而且毛笔的制作越来越精良。

此外还有书写材料，如纸张，有生宣、熟宣。

第三点是中国文化的综合性。中国书法蕴含的信息量很大，这也是一个重要的因素。

中国书法包含的信息量至少有三个方面：

（一）书法中包含了大自然中生命的节奏，是自然界生命的流动，所以中国书法是非常接近自然的。

（二）书法中包含了人的各种心理因素。书写者把他的理性想象、情感、感觉全都留在了书写的字当中，所以中国书法中人的心理因素非常活跃。如我写的"梅"字，左边"木"字旁很粗壮，右边"每"字很挺健，有一种自然中的节奏感，同时也表现了书写的人的情感、想象、感觉。

（三）书法中蕴含着丰富的艺术信息，不仅是书法史上各种书体，而且还把音乐、舞蹈、绘画的各种信息包含在其中。有人说中国书法是没有声音的音乐，还有人说中国书法是纸上的舞蹈，蕴含量很大，甚至于一些哲学的观念，如宇宙间运动变化、阴阳结合、阳刚之美与阴柔之美等等，都蕴含其中。所以中国书法是一门富有哲学意味的艺术。

中国书法体现了我们民族的创造和智慧，而且在我们今天的生活中仍然表现出很强的生命力，在儿童、青年、中年、老年人中都有很多爱好者。尽管现在电脑可以代替书法中实用的功能，但代替不了书法艺术。

二、为什么老年人学书法有益于身心健康

下面我结合自己学习书法的体会，谈谈书法对老年人的身心的好处。

很多老年朋友在练中国书法的时候，常常把它作为一种养生之道，我自己感觉学习书法对老年人的身心健康确实有很大的好处。有一些朋友见到我说："你现在比在职的时候更精神了"，问我有什么好的养生办法。我说这些年书法对我起了很重要的作用。养生当然要注意营养，注意运动，这些都很重要。但是我觉得养生贵在养心，就是要特别注意人的精神状态。我觉得书法带给我最重要的好处就是使我的精神保持一种非常开朗、乐观的状态。故宫有个养心殿，养心殿里有三稀堂，三稀堂是乾隆皇帝把王羲之、王献之、王珣三件非常珍贵的墨宝保存在那里，他在那里欣赏书法，也在那里写字。这给我一个启发，乾隆是清代帝王中长寿的，他就特别注意书法，他就是养生贵在养心，字也写得不错。我自己在写字过程中也有这样的体会。一个人的精神状态实际上就是这个人生命存在的状态。你精神上老是痛苦压抑，生命也就处在一种压抑状态，如果你的精神很宁静、很开朗，你的生命也处在一种非常健康的状态。我觉得中国书法就能够使人精神保持一种开朗的境界，而且我感觉到在写字的过程当中，它需要我们的精神高度集中，很安静，排除外界一切干扰，排除一切杂念。这一点和气功有些相似。人在整个写字的过程是很愉快的，不仅字写出来成功了，看见作品了很愉快，而且这个过程都是很愉快的。所以学习书法可以使人的精神沉浸在一种爱好和喜悦之中，忘记了衰老。在这方面我有较深的体会。我从来不去想我现在 78 岁或还可以活几年，忘老是最好的养生办法，如果你老是在那里考虑我怎么能够不老，想尽种种办法怎么能保持不老，那说不定老得更快，因为这个问题已经成为负担了。我觉得中国书法对老年人很有好处，具体说有以下三点：

（一）**书法可以培养一种乐观的精神，宁静的心境**。我在写字的过程中，在这方面有较深的体会。比如我特别喜欢唐代贺知章的两句诗，

"莫言春度芳菲尽，别有中流采芰荷"。不要说春天花都已经凋谢了，夏天还有荷花可以欣赏。这诗句我反复写了多次，写字的时候我就想到春天过了有夏天，夏天有荷花。夏天过了还有秋天，秋天有菊花，菊花更美。菊花完了冬天还有梅花，傲霜雪。梅花之后春天又来了。写的时候充满了乐观精神。又如我也喜欢王维的诗"行到水穷处，坐看云起时"，这也很富有哲理，我也很喜欢写。行到水的尽头，但水的尽头并不是一切都完了，还可以发现一些美妙的东西，可以坐在那里看云怎样飘起，这都是一种乐观的精神。这两年我还喜欢写李商隐的"夕阳无限好，只是近黄昏"，这是大家都很熟悉的很有名的诗句。我感觉诗中"只是"多少带有惋惜、无可奈何的心情，我就把"只是近黄昏"改为"妙在近黄昏"，这是根据生活中的体会，老年人如果保持生活健康还可以做很多的事，而且可以把你几十年积累的经验都融化在你现在的成果之中。老年确是一种金秋的季节，在青年时努力增长知识，勤奋学习，到老年时已经有几十年的积累，如果能够保持身体健康，继续做一些事，那就能够取得一些很有质量的成果，所以"妙在近黄昏"。只有在晚年才能有这样的优点，而且人到了晚年比较超脱，真正能够做一些自己喜欢的事情，也没有星期天、星期六，喜欢做什么就做什么，在写字的时候、画画的时候非常自由自在，也容易出一些好的成果。我还写了一个"乐"字，周围用金线画的"其"字，乐在其字中间——"乐在其中"，这些字都体现了我在晚年的体验，也都反映了我的一种心境，一种开朗、乐观的心境。

（二）书法可以使自己各种心理因素保持一种活跃的状态。我深切地体会到，在写字过程中，各种心理因素都处在一种和谐的状态，也是一种活跃的状态，如我要写某一个字的时候，这里边就有我的想象、我的理性、我的情感，也有我的感知，各种心理因素都处在一种活跃的状态。这一点是很重要的。人身上的各种器官都是不用则退，而且用的时候，特别是在一种很愉快的情绪中使用它，效果就更好。比如我写"馬"字，写的时候我的各种心理因素都凝聚在这个字上，有理智的东西——马是充满了生命的活力，字的四点有一种流动感、运动感，体现了马的奔驰，充满了生命的活力。我上面题的字是"骏马秋风"，好像一匹骏马在秋风中奔驰，上面一横把它斜着向上一甩，出现一种飞白的效果，就好像马的鬃毛在秋风中飘荡，整个字体现了马的精神，充满了生命的活力，一种矫健。这里面就体现了我的想象，也体现了我的情感——奔放的情感。点画的运动中也体现了我的很敏锐的感觉，这些心理因素都在那里综合起作用。我觉得到现在为止，我的想象力并不比我年轻的时候差。现在我不敢说我写的每个字都很富有想象，但一般地说，要写一个不同内容的作品，我都可以把我的想象、我的情感、我对人生的体验融化在作品里头。这一点我想在后面再举实例来说明。总之，写字可以使人的精神、人的各种心理因素处于活跃状态。我想写字的人绝不会得老年痴呆症。

（三）**书法可以促进人际关系的和谐，增进友谊**。中国书法在体现人与人之间的关系方面，在体现朋友之间友谊方面是很突出的。我自己这些年能够通过书法为社会为朋友做一些有益的事情，如1998年抗洪救灾中，解放军在抗洪中感人的事迹深深打动了我，我有一种激情，就写了"风雨同舟"这四个字，后来被中国军事博物馆收藏了，还举行了收藏仪式。这是对我的鼓励。像这样的事做了以后，我心情特别高兴。又比如，北大附中成立四十周年时我写了"铸魂"两个大字，这是对教育工作者的歌颂。其他比如祝寿、结婚、远行、事业的开创发展，我都经常做一些事情，做了以后都使我心情很愉快。

老年朋友在从事书法艺术时是比较超脱的。老年朋友从事书法最重要的是保持身心健康，而且我觉得老年人学习书法有很多有利的条件。有的老年朋友说我现在学书法是不是太晚了，我说并不晚，因为老年人对问题的理解力很强，而且最重要的是比较超脱，没有任何负担，所以只要坚持练习，就能收到很好的效果，这方面各位老年朋友都很有体会。老年人学习书法的益处最主要的是培养人的精神境界，一种乐观的境界，这是养生之道中最重要的一点，也是我个人体会中最重要的一点。

谈书法在儿童美育中的作用

一、中国书法是一门独立的艺术，它表现了我们民族的创造和智能

听了吴全德先生的讲话，我觉得吴先生讲得非常深刻。吴先生从科学的高度讲清楚了中国书法对于提高少儿智力素质的好处，我觉得非常有创见。吴先生的讲课也是科学与艺术的一种完美的交融。我现在主要想从美育方面做一点补充。因为近年来我也到国外走了一些地方，我感觉到中国的书法艺术确实是很有民族特点的一门艺术，写字本来是实用的，是交流思想的，但是在中国却把写字从实用上升到一门独立的艺术，这也是一种创造。它表现了我们民族的创造和智能。

这些年在中外文化交流中，很多外国朋友对中国书法都给予了很高的评价。我这里想举一件具体的事。去年，我的朋友钱绍武写了一幅字赠送给法国总统希拉克。希拉克看了以后非常兴奋，对钱先生通过写汉字所表现出来的力度和气势非常敬佩。希拉克总统在给钱先生的信中还提到："您使一项作为中国文化核心的千年艺术永存。""中国文化核心"的评价非常高，这也说明中国书法是非常有魅力的。

另外，前两年我到日本讲学的时候，日本人对于中国书法也非常推崇。他们认为书法的故乡就是在中国。我也亲自到课堂听他们讲书法课。在日本的中小学里书法是必修课，每个年级都有教材。我们这些年也做了很多工作，比如这次举办亲子书法课堂，宣传少儿学习书法的意义，教少儿学习书法，这是一件非常好的事情。少儿的未来就是中国的未来，也是中国书法的未来。因为再过几十年，搞书法的就是现在的少年儿童中的一部分。所以如何培养少儿学习书法是非常重要的事情。

二、少儿学习书法也是一种美的熏陶

　　吴鸿清老师有一个比喻，说"书法是个'宝葫芦'"，里面包含智力的问题、德育问题、美育问题等等，通过学习书法可以使少年儿童的综合素质得到提高。现在我从美育的角度谈谈少儿学习书法的好处。在写字的过程中，不管是结构还是运笔，都充满了美的追求。而且在写字的过程中，少儿的各种心理因素是非常活跃的，理性的因素、想象、情感等等，这些都贯穿在里头。我今年就八十岁了，回想七十多年以前，那时候我还在私塾里读书，在私塾里学写字，描红、临帖。现在我想，在写字的过程中确实就是一种美的追求，而且充满了想象。比如字的结构，在写字的时候就想到字就是一个人。比如"東"字，在写的时候就往往想到它就是一个人。这一横、一竖就是人的骨架，没有这个骨架就支撑不起来。这一撇一捺就是人的四肢，很舒展。字上面的一点，有的时候就好像一个人的头部，比如"永"字的一点。有的又像人的眼睛，字要有神采，就要把这一点处理好。这里就有想象的活动。一点、一画也能唤起人的想象。我小时候写字的时候，老师说这一点怎么才能写得好看，要写得像桃子一样，这就是"一点如桃"；"一撇如刀"，撇要写得像刀一样，刀有刀刃、刀尖，要把全部的思想、精神贯注到刀尖上去，要一丝不苟，一点都不能马虎。在写字的过程中，也可以培养孩子整体的和谐感。不管写什么字，中间都有变化。比如"春"字，这三横就不能写得一样。第一横短一点，第二横稍长一点，第三横再长一点，这三横是不一样的，而且在粗细和斜度等方面也不一样。写字还要在变化中求统一。比如"国"字的两竖，左边的竖比较短，右边的竖比较长，也比较粗一点，长短、粗细都有变化。如果把左右都写得一样长，完全一样，这个字就显得呆板。点也是这样。比如"心"字的三点，要互相呼应，就好像人的眼睛顾盼有情。你看我，我看你，就像眼睛在传情一样。"三点水"从上到下也是有变化。这些在写字的过程中就会不知不觉地受到美的熏陶，这对于培养幼儿审美的能力是非常有好处的。由于写字过程中充满了想象，这对提高形象思维的能力、开发右脑都是有好处的。随着年龄的增长，又越来越多地理解了汉字的魅力。比如到了小学高年级或者是初中，乃至到大学，随着年龄的增长，知识的增加，慢慢地对书法有一种更深的感受，就能够把历史上这些大书法家创造的各种风格和这个人内在的性格与精神境界结合起来，透过字去感受书法家的精神境界。比如颜真卿的字非常雄浑、刚劲，大气磅礴，看见颜真卿的字很自然会想到颜真卿这个人是个忠臣烈士。赵孟頫的字很秀气，比如他写的《洛神赋》非常妩媚，也使人产生一种联想，联想到这个人的性格是属于比较柔和的、温和的那种。随着年龄的增长，知识的增加，小时候学的书法也使人产生一种想象，并且想象更深刻、更丰富了——能够透过字去感受人的精神境界，这是书法的更高的境界。而且对生活当中的各种感受，对人生的感悟，对自然界的各种体验，这些都可以通过字表现出来。比如我们看毛主席写的诗词《娄山关》，这是在长征的途中写的，战斗非常紧张，非常激烈，写出来的字有一种动荡的、非常紧张的气势，看了以后给人一种粗犷的感觉，是一种悲壮的气氛。但我们看《沁园春·长沙》，写湘江上畅游，那个字就写得很流畅，也很舒缓，给人一种非常愉快的感觉。这些都是随着年龄的增长，对书法的感受也不断加深。

少儿学习书法不仅是少儿时期得到很多好处，长大以后也有很多好处，可以陪伴他一生。到了成年以后，虽然绝大多数不是从事书法，而是从事各种各样的职业，但由于小时候学习过书法，业余时间也可以写写字，也可以欣赏字，也可以收藏字。在房子里面挂一两幅字欣赏，也是很有乐趣的。到了老年，有书法的爱好和基础也会使生活充满乐趣。比如我七十岁退休以后，就比较集中精力来写字，也取得一些进步。我想，我老年的兴趣是从哪儿来的？我得感谢我在六七岁的时候曾经学过一点写字，这个书法的种子点下去以后，尽管过了六七十年，它现在仍然能够发芽、开花。吴先生有一个比喻非常恰当。他说学书法就像学骑自行车一样，学会了以后终生忘不了。所以我觉得少儿时期学习书法可以陪伴他一生。因为人在少儿时期根本不会想他中年时期怎么样，老年时期怎么样。但在老年时期他会回过头来想：那些事情在少儿时期给了我影响，甚至影响我一生努力的方向，影响到晚年。因为晚年生活需要有各种爱好，有了小时候的基础就非常好。所以我觉得家长现在培养孩子学习书法，这些幼儿到了 21 世纪后期，他们都是七八十岁的时候，他们会很自豪，我在 21 世纪初期学习了书法，所以我现在可以很好地发挥，使我的生活很充实、很愉快。

师道师说

杨辛 卷

评钱绍武大型雕像《孙中山三洲田起义纪念碑》

　　著名雕塑家钱绍武创作的"愈挫愈奋"——孙中山领导的三洲田首义大型雕像，不仅体现了当代雕塑的新水平，而且闪耀着一种崇高的美学光辉。

　　孙中山作为历史的伟人，他领导人民推翻了在中国延续了两千多年的帝制，创建了民国，他的一生都献给了振兴中华民族的壮丽事业。钱绍武为了塑造孙中山的光辉形象，翻阅了大量的史料，研究了这时的孙中山的形象，特别是首义时比较年轻，失败后的忧愤比较显露等等。当然更重要的是他的宏伟理想和坚韧不拔的意志，这就是孙中山在《建国方略·序言》中所写："愈挫愈奋、再接再厉，用能鼓动风潮，再造时势……"严酷的革命斗争是带有悲剧性的，三洲田首义虽然失败了，但在英雄的牺牲中却显示出巨大的精神力量。由挫到奋就像燧石被打击，打击愈重溅出的火花就愈灿烂。由挫到奋，关键在"奋"，这件作品对人物精神特征的刻画就着力在这个"奋"字上。这个"奋"字体现了人民的觉醒，体现了振兴中华的坚定信念。这个"奋"字不仅是 20 世纪初的曙光，也对 21 世纪的人民事业起着鼓舞作用。孙中山三洲田首义雕像是一曲时代精神的颂歌。

　　孙中山三洲田首义雕像本身具有宏大的气势，宽 27 米，高 10 米，纵深 10 米，用花岗石近 2000 吨，仅头部所用石料即达 88 吨，但雕像的体量仅是构成宏大气势的一个因素，关键在于艺术家能把深厚的精神内涵与完美的艺术形式统一起来，把雕像与四周的自然环境融为一体。

　　作者为了表现历史伟人的崇高、开阔、坚毅的精神特征，经过艰苦的探索，先后十易其稿，在艺术处理上独具匠心：

一是横与直的对比。孙中山三洲田首义雕像的正面是横向两层起义的客家群众，雕像衬景和背面的荔枝树林，也是倾斜的横线，而头部却是直线。由于横直的对比，作为主体的中山像显得更加高峻，表现出一种上升的节奏，生动地体现了"愈挫愈奋"的精神特征。孙中山三洲田首义雕像的整体呈现为三角形，底部宽平，头部位于三角形顶端，更增强了挺拔的气势。

二是动与静的对比。两层的起义群众，人物的装束都具有当地人的特点，都是侧面进行战斗及群众支援的姿态，人群高低错落，有强烈的动势，有如大海的波涛，表现了一种风起云涌的革命气势。孙中山三洲田首义雕像前的通道也是一个由南到北逐渐升高的斜坡。孙中山的胸像则是正面的形象，处于一种静态，有如波涛中屹立的巨石，表现了人物的信念和凛然正气，在静态中蕴含无限活力。

三是虚与实的对比。虚实相生是中国传统艺术中的重要表现方法。孙中山三洲田首义雕像是"实"，雕像四周的空间是"虚"，这种开阔的空间，对实体起着烘托的作用，仿佛伟人的形象是屹立在天地之间。从雕像本身看也体现了虚实的结合，例如雕像的头部较实，眼神和眉宇的刻画很精到，眼部的阴影和微皱的眉头表现孙中山坚毅的性格和深邃的思想。胸部的处理则很简洁，显得明亮而开阔。在胸部下方与起义群众相连接的部分，也是通过"虚"的方法过渡，有些近似中国画中远山与近山之间的烟云过渡。两层起义群众则是下层实，上层虚，类似中国山水画中近实远虚的表现方法，由于采取这虚实结合的方法，使表现的主题很鲜明，结构上层次清晰，同时避免了群雕中人物堆砌的毛病。

四是色彩深浅的对比。作者从创作构思开始就考虑到雕塑与环境的结合，由于孙中山三洲田首义雕像周围都是绿化环境，所以采用了亮色的花岗石。在大片深绿色的树林的衬托下，浅色的雕像很醒目，加上大面积的花园与草地，使环境更加宁静、清新、富有生机。

由于雕像与环境的有机结合，应该说是一个好范例。钱绍武和公园领导多次踏看全园，最后才选定在西南处，背靠小山，面对大海。如在秋冬两季，中午以后光照角度也比较理想。地点确定以后，公园配以园林景观建设，大刀阔斧开出一放射形广场，使孙中山三洲田首义雕像处于小山底部，两边山体作放射形展开，由高而低，由窄而宽。观众进门之后，随着宽广的叠水台阶，历级而上，两旁小山拱卫，绿林四衬，花团锦簇，于广场深处即见雕像巍然，一种宏大雄伟之气油然而生，并赋予孙中山三洲田首义雕像以更浓郁的诗意。

由于雕像与环境的有机结合，使雕像的意境更加扩展、深化。在不同的距离观赏雕像，在感受上会产生微妙的变化。所谓远观势，近观形，势指整体，形指局部。在远距离看雕像，突出的是雕塑与自然环境的整体感受，这是一种天人合一的开阔境界，能使人联想到"伟人长留天地间"。从广场底部的巨像向外作放射形展开，纵深而开阔的台阶形成一道逐渐升高的斜坡，孙中山三洲田首义雕像则位于斜坡的尽头，一切局部都从属于整体的和谐。从近距离看，雕像本身的崇高感更加强烈了，雕像的头部超出了背景的树林，直入云霄，犹如泰山拔地而起，雕像的细节历历在目，使起义群众的姿态、神情、装束、道具均可细细赏析。在近距离观看时，对雕像的整体也可以从不同侧面去观赏，在"形"的观察中又丰富了对"势"的感觉。

广西花山岩画欣赏

关于花山岩画，已经有不少学者进行了专题的研究，并发表过文章、专著，如岩画是什么时候创作的，为什么创作，以及怎样创作等等。我去看了花山岩画后，也有一些感受，这里主要从欣赏的角度谈几点粗浅的看法。

关于花山岩画的欣赏，虽然与岩画产生的历史背景有密切的联系，但欣赏活动在历史上并不是一成不变的。因为欣赏是一种再创造的审美活动，随着时代的发展，每一个时代的人面对同样的岩画其感受虽有相同处，却都不会完全一样，都会有一些自己的独特感受。这些不同的感受可以丰富对岩画的欣赏。尽管作为历史文物来考察，有些问题并没有完全标清楚，但它并不妨碍我们去欣赏它。

下面就花山岩画的欣赏谈几点看法：

一、岩画中所表现的"天趣"，是一种很高的艺术境界。所谓"天趣"指最高明的艺术技巧，是看不到技巧的痕迹。花山岩画的天趣表现在它以一种生动的稚拙的形式真实地反映了当时壮族人民的生活，这是一种情感的自然流露。从主体人物的形象看，最主要的人物双臂张开上举，下肢作蹲势站立，呈现为一种非常庄严、刚健、沉稳的形象。尽管对画面的具体情节有多种不同的解释，但画面所表现的壮族人民的精神状态是带有某种确定性的。中国的美学思想很强调天趣。中国的文学、绘画、书法里都把天趣作为一种审美境界。例如李白的两句诗"清水出芙蓉，天然去雕饰"，是说莲花刚从清水里长出来，非常自然，没有任何雕饰。

二、岩画与环境的密切联系。岩画是一曲对人和自然的颂歌。这里所说的环境包括社会环境、自然环境，社会环境指岩画中所反映的社会活动内容，目前对此有不同解释。有的认为画面的情节是正在祭祀祖先，有的认为在庆祝战功。至于自然环境，由于时间已很久远（一些学者认为，约在从战国到东汉时期），这之间自然环境会有很多变化。但我们可以从今天对岩画的自然环境的感受作出一些揣测。绿水环流翠竹掩映，在白云蓝天下，山峰高耸入云。山的形象很突出，而且岩画又画在山上，山的形象就更显得突出。我看了之后，总是情不自禁地感觉主要人物形象可能是山的象征，它具有一种山的刚健、雄强的性格。而主要人物的周围，一些侧身妇女的舞蹈，很柔和，手的动作好像是在一上一下地流动，仿佛绿水缓缓地绕山而过。历史上有人把水看作是女性，把山看成是男性。山有阳刚之美，水有阴柔之美。从这个角度看，花山岩画也可说是对人和自然的颂歌。至于人物周围的众多的圆形的图像，可能是铜鼓的象征，也可能是天体的象征。这使我联想到当时人们是不是对山有一种崇拜。在原始的崇拜中曾有过对山石的崇拜。还有一种说法，认为岩画中崇拜山石是为了镇水。目前研究材料更多的解释认为岩画内容体现了生殖崇拜。主体人物形象是蛙的象征，蛙孵卵是多产的。这体现了人们要繁衍自己种族的愿望。当地民间流传一种蛤蟆舞。古代铜鼓上有过青蛙的装饰。这些都是有实物可证的。岩画中主体人物下方的动物形象，有人认为是一种祭品。这与对山的崇拜也有关系。当然有些问题我现在还不清楚，在漫长的历史中自然环境有很多变化，花山岩画为什么出现在那个时期，在那个时期的社会生活以及人和自然的关系中，有没有什么特殊事件发生。这些都有待于进一步研究。

三、花山岩画，体现了壮族人民美的创造。当时壮族人民画岩画时，主要并不是追求美，有一种比美更崇高的追求。但是这里面包含着美的创造，体现了当时人们在美的创造中所达到的水平。关于岩画中美的创造问题，我想到以下几点：

1. 画面的整体感。美在于整体。花山岩画整体的和谐，首先表现在岩画画面和周围环境的协调。从形式上看，岩画以周围的自然环境作为美的镜框。周围的蓝天、翠竹、绿水与红黄色岩画形成冷暖色调的对比。特别是在碧水中，岩画的倒影非常美，我曾经写过一首小诗："碧水环流翠竹边，赤霞烂漫落崖前。千年之谜君共析，不知何处是仙源。"这说明岩画与周围自然环境在色调上很和谐。其次，就岩画本身看也是一个整体，体现了多样的统一，简洁、质朴但并不单调。岩画中的形象变化，如男性主体人物刚健，侧身女性人物显得柔和，主体人物高大，周围人群相对短小，人物形象有正面也有侧面，但在变化之中仍保持突出中心，形成围绕主体人物的完整的画面，可说是多而不乱，生动地表现了一种歌舞欢庆的场面。特别是色彩的处理，基本色调是暖色调，妙在配用的颜料，是就地取材用当地岩石中的赤铁矿。画在岩石上就好像是岩石中长出来似的。我曾问一位当地人这画是怎么画上去的，他庄重地回答："可不是画上去的，这是从岩石里长出来的。"这位老乡的说法虽然有几分神秘，但岩画的色彩的确与岩石本身的色彩很近似。有一次我在花山附近爬山，看到路边一块石头，好像是岩画，细看才发现是岩石本身的深浅变化。还有一点使我很感兴趣，岩石表面凹凸不平，但并没有因凹凸不平而影响艺术效果，相反，更增加了激荡和欢乐的歌舞气氛，像红色的波涛一样，给人以动荡起伏的感觉。在形象的塑造上整体感很强，形象概括性能把握人物最主要的特征（如男性的刚健）。在画面上，根据环境的特点，不可能画得很细，在岩画中也没有必要去烦琐地刻画人物的细节（如眼睛、瞳孔）。汉代的画像砖，也是把握主要特征，不去追求琐细的描绘。中国绘画理论中提出不要"谨毛失貌"，而要把握总体主要特征。这就要求有高度提炼。2. 节奏感。岩画表现的是一种舞蹈场面，因此有强烈的节奏感。在艺术中舞蹈是最直接最强烈的表情方式。《乐记》中曾说："长言之不足故嗟叹之，嗟叹之不足，故不知手之舞之，足之蹈之。"花山的岩画，表现的是热烈的舞蹈的场面，是对人和自然的颂歌，当有鲜明的节奏。这节奏可从人的动作上看。主要人物是男性人物，双臂上举，两腿张开，下蹲的姿势，这是一系列动作之中的一瞬间。这是一收一放，一弛一张，正向两侧展开。当地人排练的岩画的舞蹈，他们一收一放的表演动作，先是将双手收缩在胸前，然后向两侧放开，连手指头也是放开的。男性主体人物是非常有节奏的，有很强的力度，很刚健。岩画中表现的是"放"的瞬间，也是"张"的瞬间，这种连续的动作表现了一种节奏感。在主体人物的周围，纵队有的向左，有的向右，都是环绕主体人物的妇女。有的背后有辫子，曲背弯腿，向前，动作一上一下，一曲一伸，表现了柔和而轻快的节奏。整体画面上节奏很有变化，有的从左向右，有的从右向左，就像是水流的波浪，一起一伏。

在主体人物周围，还有铜鼓的形象。从舞蹈上看铜鼓实际上是一个鼓点，舞蹈的节奏是伴随着鼓点展开的。这很巧妙。若是画出一些人拿着鼓在敲敲打打就显得太实了。岩画是非常天真烂漫的，不受任何拘束，怎样最简洁，最明了，就怎么去表达。为表达音乐、舞蹈、热烈的场面，用许多大小和形状不同的圆圈，在画面上形成许多错落的点。点是铜鼓，线是人物，点线的结合使画变得很生动。敦煌的飞天也是点线的结合。飞天的衣裙是线条，在天空中飘扬，周围的花朵是点，点线结合就使画面生动了。

《陈硕石画集》序

陈硕石先生是我国书画界以诗、书、画、印完美结合、技艺精湛、成就卓著的一代艺术大师。他师承齐白石先生，借鉴古今画家之长并发展创新，自成一派，把我国书法绘画艺术推向一个新的境界。他的作品通达洗练、挥洒自如、信马驰骋、气度恢宏，他治学严谨，为人坦荡，深得我国书画界的推崇和美誉。

在和硕石先生的交往中，感到他在绘画实践中不仅勇于探索，而且在理论上也有深入的研究。他说到底什么是中国画，这个问题他一直在思考。他认为研究中国画的特点应放在中国文明发展史的大背景中去考察。中国画是中国的国粹，源远流长，在殷商时期金文、甲骨文属于象形文字，近于绘画；后来书画虽独立发展，但仍相互渗透，情系手足；在中国画的进一步发展中，由于与文学融汇，诗、书、画、印的结合赋予中国画以更高审美境界。中国哲学中"天人合一"的思想，更对中国画产生深刻影响。

硕石先生的绘画实践正是在继承中国优秀传统的基础上，不断进行新的探索。他擅长中国画中的大写意，重视对意境的追求，他的作品不是滞留于物象，而是化景物为情思，充分体现了"象外之境"，成为画家心灵的写照。把自然中的精粹与艺术心灵美融为一体。

硕石先生在艺术素养上强调画内功与画外功的结合。他认为画内功虽然是艺术专业的基础，但是衡量艺术成就的大小、境界的高低，最后还在于画外功，即艺术家的人格精神及整个文化素养。陈子庄有一个很妙的比喻："只以画法入画不行，须从文学、书法、哲学、历史等各方面全面提高才能在画业上有进步，道理很简单，大力士不能举起自己。"硕石先生通过几十年的求索创新，积淀了丰厚的底蕴，他全身心地投入

师道师说

杨辛 卷

创作，由心传笔、由笔传墨、笔墨纵横、立意新奇、惟妙惟肖，硕石先生不但绘画艺术达到炉火纯青，而且书法金石篆刻也风格独到，自成一派。书法与绘画天缘巧合，妙趣横生，金石篆刻、刀笔神功、纵横开阖、刚柔并济、巧夺天工，足见硕石先生艺术造诣之深。

硕石先生的作品具有刚健的艺术特色，刚健作为艺术风格是属于阳刚之美（壮美），它较之阴柔之美（优美），更能激励人生，鼓舞人生，因此，也更为我们时代所需要，"天行健，君子以自强不息"，"健"不仅是一种艺术风格，也体现了我们民族精神。这里面也包含了硕石先生在坎坷的人生历程中所锻炼形成的坚毅性格。

"艺无止境"，艺术家总是在不断探索。硕石先生在艺术上同样经历了一个发展过程，不同时期有不同特色，早年时期的作品气吞山河、叱咤风云、奇雄谊放、美不胜收。晚年的作品趋于"平淡"。所谓"平淡"是一种美学境界，平淡是一种素质的美，是"豪华落尽见真淳"。硕石先生在中国画的笔墨运用上有很深的造诣。在用墨方面他认为"墨难于色而胜于色"。他精于用焦墨，善于把用墨与用笔相结合，强调以书法入画，增强笔墨的表现力。硕石先生的光辉成就和艺术创新，为我国书法、绘画艺术的发展起到了积极推动作用。他的作品像耀眼繁星熠熠生辉，丰富了我国书法绘画艺术的宝库，他的人品与艺术风范为我们提供了许多宝贵的启示。他的执着追求、大胆创新精神隐含着书画艺术的不断进步、不断创新、不断完美之奥妙，与人类文明、社会进步融为一体，这对弘扬我国优秀的民族文化是很有意义的。

1998 年

《杨光素油画集》序

　　杨光素是旅法的著名中国女画家，这本油画集（包括风景、肖像、人体、静物等）的出版反映了她在艺术上的杰出成就。她的油画作品获得了法国国际艺术沙龙等金奖 18 个、大奖 3 个、一等奖 4 个，还有各种优秀奖。她的艺术成就受到法国艺术界很高的评价，并作为艺术专家列入法国具有权威性的《专家指南》。这不仅是杨光素个人的殊荣，也是我们民族的骄傲。

　　杰出的艺术都蕴含着一种美学思想。它体现了艺术家美的理想和追求。杨光素的艺术成就可以说是中国绘画美学思想的种子在法国艺术土壤中的开花结果。她去法国前在绘画艺术上曾师从著名画家颜文梁、胡善一。1955 年她毕业于中国中央美术学院，经过写实主义的严格训练，特别是中国传统美学中"天人合一"的精神，"外师造化，中得心源"的原则对她的创作奠定了理论基础。她在创作实践中既不是纯客观地去逼真描写自然，也不是脱离自然抽象地表现主观精神。"天人合一"的精神在艺术上集中地表现为对意境的追求。她把意境视作绘画的灵魂，在意境中心灵与自然完满地融合，把自然化作情思，或者把情思融入自然，使万物生辉。

　　1982 年杨光素到了世界艺术之都——巴黎，开始了她艺术创作道路上的一个新的起点。当时法国的艺术发展经过辉煌的 19 世纪已进入当代艺术多元发展的时期。巴黎的各种博物馆陈列着众多艺术流派艺术大师的精品，为她提供了极为珍贵的艺术环境。正如法国著名艺术评论家塞拉克所说："这位来自中国的画家，一踏上法兰西共和国的领土，就被浪漫主义、印象主义、唯美主义和现实主义的潮流所吸引。所有这些不同风格的画派大师以及众多的博物馆，都为她提供了得天独厚的艺术土壤，凭借着对艺术的追求和个人的才华，杨光素女士在相当长时间内，不断地临摹法兰西各派画家的作品，以使她探索和寻找出当代艺术中现实主义大师们诗一般的意境。"在1982年至1986年期间，她曾在法国卢浮宫博物馆研究传统油画，临摹过柯罗、格侯日、瓦格纳、大卫、雷诺阿、马奈、莫奈等画坛大师的作品数十幅。这说明杨光素在法国艺术多元发展中保持着自己独立的思考和选择。她把自己原有的中国绘画的美学精神和法国现实主义中诗的意境相融合，并刻苦地钻研了西方各流派油画技巧的丰富经验。因而使自己在艺术上获得新的生命。她认为艺术的创新不能与传统相割裂。她说："有一种误解，就是中国画家到法国的，应放弃自己在中国美术学院所受到的传统写实主义的严格训练的才能，要亦步亦趋地学最前卫的艺术，因为'传统'过时了，法国当代艺坛看不上了。然而从我多次获奖，特别是两本有分量的杂志对我的传统绘画的评价看来，当代法国画坛对所有的流派是'博爱'的，不管你是哪一种画法，只要有原创性，并达到精美的程度，一样能得到荣誉和好的评价。"

创造是艺术的生命，艺术的美源于生活，又高于生活。她的作品《女孩闻花》曾获"艺术大师"国际沙龙一等奖。这件作品的创作过程生动地体现了画家的"原创性"，意境的形成则是这种原创性的标志。画中的女孩是画家在巴黎的一个节日里，在街心公园偶然见到的，她觉得这女孩太美了，于是恳求这女孩让她写生。后来根据这一生活素材，创造了《女孩闻花》。原来节日公园里的女孩，变成了画家最想说的故事。女孩在自己浇灌的花园中，一手拿着花，一手提着水壶，闻着她"自我实现"的无比芬芳。这件作品意境清新，色调古雅，人物神态刻画很细腻，女孩闻香的姿态和表情，使人仿佛从画面闻到沁心的花香。人物和背景的虚实处理非常洗练，深色的花丛背景衬托出女孩的鲜明形象，女孩身边的花朵呈现出音乐般的韵律。在画里融合了自然的美、少女的美和画家心灵的美，体现了画家的丰富想象力与精湛的油画技巧。这也正是作品中意境的魅力所在。

杨光素在探索油画的意境时，重视对印象主义在色彩上的借鉴。色彩是美感的一种最普遍的形式。它不仅是表现外在世界的特点，更重要的是一种情感的语言。因此对于创造情景交融的意境十分重要。特别是在油画中色彩的魅力很突出。《在假日里》这幅画曾荣获 1997 年国际艺术沙龙"金奖"。这幅画清新明快，在游船上几位身着彩色衣裙的姑娘，或站或坐，或远或近，高低错落地分布在一条平行线上，很有节奏感。彩色的衣裙倒映在湖水上，形成一种色彩的交响乐。这里的色彩既是"景语"，也是"情语"。画面上仿佛传来姑娘们的欢快笑声和桨声、水声。印象主义的精湛技巧在这里对意境的创造起了重要作用。

杨光素的绘画的创造性还表现为富于变化。她的每一幅作品在构图、色调上都不重复，或疏朗，或紧密；或浓郁，或清淡。这一切变化都是从属于抒情与写景的需要。

"采花辛苦蜜方甜。"杨光素很重视深入生活，她对生活、自然都充满热爱。她认为生活是她在绘画创作中灵感的活泉。她每年都安排一两个月回到中国或去世界各地旅游，积累创作素材。《天山下牧马少女》就是她两次去新疆天山旅游所得的灵感的外化。《劳动归来》是深入云南少数民族地区写生而得的。为了创作《黄龙泉》的瀑布，她背着沉重的画箱，步行几十公里的山路，登上海拔三千米的高山去写生。《天鹅湖》则是她在瑞士的湖光山色中孕育出来的作品。她的许多作品都有着浓郁的生活气息，使人感到亲切。

保持人与自然的和谐，这是新世纪人类生活发展的一大趋势。新世纪的艺术也需要适应这种发展趋势。在杨光素的许多油画作品中，人和自然总是处在高度和谐中，表现出一种宁静而平和的意境。如曾获国际艺术沙龙金奖的《桥头垂钓》，幽静的树林、古老的石拱桥、小河中的野鸭、垂钓的年轻妇女和儿童……一切景物都充满了生活情趣，令人神驰。正如杨光素所说："我要给人的视觉最美的自然和最美的人，并把人作为美的自然的灵魂，我想可能是这个原因，塞拉克才说我的作品震惊了法国人和现代人的视线。"

中国古代艺术理论中常说"画如其人""字如其人"。杨光素的每一幅画都是她的心灵的体现。她现在已年近古稀，在坎坷的人生道路上，历尽艰辛。在苦难中锻炼了她的乐观精神和坚强的性格。在她的身上有一种不为困难压倒的奋斗精神，这种奋斗精神成为她艺术事业成功的"桥梁"。经过长期坎坷人生的锻炼，她的晚年生活更趋于宁静、平和，她的艺术境界也变得更为纯净、开朗。"艺无止境"，祝愿她在今后的艺术创作实践中取得更丰硕的成果。

2002 年 6 月 4 日
于北京大学中关园

《快乐音乐世界》序

读了《快乐音乐世界》，我感到这是一本有创造性的幼儿音乐启蒙教材，它体现了作者对培养新的一代的赤诚。

在幼儿中如何开展艺术教育是美育的整体设计中不可缺少的环节。过去蔡元培先生在谈到美育的实施方法时，曾提出"彻底的教育，要着眼于最早的一步"。这是很有见识的。尽管他提出的一些办法在当时条件下是难以实现的。但他对美育的整体思考对我们仍然有启发。我觉得《快乐音乐世界》的作者正是从美育的整体出发，着眼于这"最早的一步"。作者在幼儿音乐启蒙教育的实践中进行了深入的实验、探索，取得了可喜的成绩。

《快乐音乐世界》为幼儿音乐教育提供了一条重要经验，这就是从幼儿本身的特点出发去开展艺术活动。幼儿对唱歌、画画、游戏的喜爱几乎是一种天性，如何引导幼儿去发展这些爱好，这是老师和家长都十分关心的问题。作者采用的方法是培养孩子主动地去感受、发现美妙的音乐世界，而不是让孩子们被动地去接受音乐知识或技巧训练；也不仅是教孩子唱会几首歌曲，而是在音乐中培养孩子的感受力、想象力，启迪孩子的智慧，陶冶孩子的感情。让孩子们在一种游戏式的创造活动中去发现这美妙的音乐世界，同时在音乐的熏陶中开启了孩子们的丰富的心灵世界。作者告诉我，她曾在教学实验中让孩子们听各种不同的乐曲，其中有欢乐的舞曲、轻柔的摇篮曲、昂扬的进行曲，也有悲哀的曲子，孩子们听了各种不同的曲子在情感上受到直接的感染，而且相应地产生各种不同的动作和表情，有一次几个三四岁的幼儿听了河北民歌《小白菜》的曲子，竟被这悲哀的曲子感动得掉下眼泪，这纯真的"童心"是非常感人的。

在《快乐音乐世界》中还吸收了我国二十多个地区和民族的音乐，在内容上具有显著的民族特色，使幼小的心灵不致被那些《变形金刚》之类的影片中的噪音所充塞。这对于实施美育也是大有好处的。

作者为了解决广大农村及普通家庭缺少乐器的困难，还安排孩子们动手去制作各种简易的乐器，以便于幼儿表演。这些想法和做法都体现一种对人民教育事业的负责精神，使我体会到一个真正的美育工作者，首先自己的灵魂应当是美的。

1990 年 3 月

《中学美育》序

泉眼无声惜细流，树阴照水爱晴柔，

小荷才露尖尖角，早有蜻蜓立上头。

　　读了曹利华主编的《中学美育》，联想起宋代杨万里的这首咏初夏荷塘诗。中学的同学好像初夏的小荷，含苞待放。他们正处在人生历程的开始，对于生活中美好事物有着新鲜的感觉，特别是对于未来美好的生活充满了向往、追求。辛勤的中学老师怀着对青年一代的真挚的爱护和期待，编写了这本教材，引导青年去欣赏美、创造美。这件工作对于培养社会主义的新人很有意义，在美育的研究上也是带有开拓性的。

　　作者在编写中特别注意了对青年审美观的培养。审美观是人生观、世界观的一个组成部分。因此，美育可以启迪人生，爱美和爱生活、爱创造有密切联系。19世纪俄国的车尔尼雪夫斯基曾给美下了一个定义："美是生活"。但问题在于如何科学地理解生活的含义。我们对生活并不仅仅理解为一般的生命活动，因为生命活动是所有动物都具有的。人类生活的特点是能够从事社会实践，人类生活的意义和价值在于实践中的自由创造。在生活中哪里有创造，哪里就有美。审美中的喜悦实际上就是人类对自身创造、智慧和力量的肯定。在某种意义上也可以说，爱美是人自身作为创造主体的一种觉醒。"最爱美的人，应当是最热爱生活的人。最热爱生活的人，应当是最能创造的人。"（蒋孔阳）正是由于美与生活、创造有着这种内在的联系，所以美育对于培养青年的人生观，引导青年热爱生活、热爱创造起着重要的作用。

　　这本教材在内容的安排上重点放在艺术美方面，这是符合青年的特点和教学实际需要的。艺术美是美的集中表现。艺术美不仅集中地反映了现实美的精粹，而且在批判丑恶事物中体现了进步的审美理想。艺术本身所包含的艺术家的创造性劳动，更能培养人们的创造精神。青年对艺术的热爱体现了他们对生活、创造的热爱。

这本书的作者都是具有丰富的教学经验的老师，教材的内容和语言形式都能适应中学同学的特点，不是生硬的灌输，而是启发诱导，文字优美、流畅，读起来使人得到一种美的享受。朱光潜先生在 30 年代曾和几位朋友创办了《中学生》杂志，当时的青年读者现在已经是六七十岁的老人了。前不久有一位老朋友还和我谈起在几十年前读过光潜先生论美的文章，文章中谈到人生艺术化时曾有一句话："慢慢走，欣赏啊！"他笑着说这句话至今也没有忘掉。光潜先生的文章读起来很亲切，和青年谈话不是"俯视"，更不是耳提面命，而是"平视"、谈心。我们现在处在一个新的时代，对青年一代进行美育，更需要这样的读物。我觉得《中学美育》的编写特色正体现了作者在这方面所作的自觉的努力。这是可喜的现象。我相信这本教材在教育实践中会更加充实、完善，并在青年的心灵上开放出美丽的花朵。

1990 年 12 月

艺海诗心

杨辛诗选

泰山颂

高而可登，雄而可亲；
松石为骨，清泉为心；
呼吸宇宙，吐纳风云；
海天之怀，华夏之魂。

注：余四十四次登岱顶，纵情山水之间，求索天人之际，以泰山为师，仰之弥高，探之弥深，感生之有涯，学泰山之无涯。此诗末两句经绍武老友润色，实点睛之笔也。

赞泰山日出

天风莽荡，
云海涌奔；
晓月西沉，
红日东升；
光芒万丈，
绚丽乾坤。
生生不已，
日新又新。
日观峰啊，日观峰！
你是一座神奇的舞台，
天地人在这里大合唱，

欢唱生命的壮丽!
欢唱新世纪的黎明!
欢唱中华民族的伟大复兴!

秋日登岱顶

青松红叶秋色明,主人好客共登临,
多情恰似岱顶月,赠我云海一金轮。

注:乙丑登泰山,景区友人偕行,情极殷切。夜宿岱顶,秋月为伴,翌晨旭日相迎。主人好客,造化于我亦多情耶。

赞泰山极顶石

孰争天下雄,浑朴恒自谦;
赖有众山举,始入霄汉间;
极顶人为峰,俯览石一圈;
守微乃成大,而今识泰山。

山高水长

泰山为父,黄河为母。
山高水长,开今承古。

咏经石峪金刚经刻石

青石一帘雨,洗出千朵花;
雄浑入造化,天趣自心发;
倒看暴经石,意连泰山垭;
大匠去雕琢,至法归无法。

玉雕赞

巍巍东岳，美玉俏色；

万松拥翠，流云飞白；

幽谷曲涧，天门重叠；

主峰峻极，红日在侧；

杜诗为魂，鼓舞创业；

国之瑰宝，艺苑一绝。

注：玉雕《岱岳奇观》，国之瑰宝也，为北京玉雕厂王树森、高祥等创作。

赠泰山友人

岱顶三樽酒，香飘万里云；

盘中千滴汗，长忆泰山人。

注：此诗表达对挑山工的敬重，岱顶游人食物皆人力挑运上山。

挑山工

挑山工，挑山工，

性实在，不谈空；

步步稳，担担重；

汗如泉，劲如松；

顶烈日，迎寒风；

春到夏，秋到冬；

默默作奉献，品德人称颂；

有此一精神，何事不成功。

太阳与人

拜我不如爱我，遗汝金九一颗，
天人相与游戏，笑出红霞万朵。

注：（1）余在泰山见姑娘手托红日照片如同游戏，极富想象。（2）遗，音畏，赠与。

咏玉泉寺泰山第一松

泰山第一松，
扎根巨石中，
枝干伸劲铁，
翠盖摇天风。

游泰山桃花源、桃花峪

石绣彩云，水映赤磷，
山披绿装，人美心灵。

注：桃花源山区绿化面积达百分之九十，林区工人终年辛勤，默默无闻，而贡献极大，余谓：石美、鱼美、树美，工人心灵更美。

赠碧霞祠怀虚道长

岱顶红日万山青，
碧霞道长书入神，
一字奇绝追吕祖，
怀虚守静藏烟云。

注：2006年登岱顶过碧霞祠，怀虚道长以所书"寿"字相赠。

傲来峰

初到傲来峰，但见山高耸；
登上傲来峰，攀缘兴冲冲；
回顾傲来峰，云端留游踪；
辞别傲来峰，思念梦寐中。

游后石坞

荒阶野草北坡行，松林森森乱石倾，
群峰无语人踪绝，后坞幽冷近黄昏。

泰山周赏

岱阳轩举势入云，
岱阴幽奥意深沉，
东坡野花迷古道，
西麓碧潭听龙吟，
胜景周赏如观塑，
东西南北各有情。

秋日游泰山北坡

金针没山径，古松托翠云；
秋林幽且净，心上无点尘。

咏普照寺六朝松

泰山元气六朝根，干舞赤龙撼乾坤，

翠盖筛月织妙想，壮歌一曲听无音。

泰山喜雨

雨后山气清，蛙声幽涧鸣；
松柏翠如洗，芳草碧入云；
瀑喧溅珠玉，雾暗掩天门；
水足物态活，挥毫墨漓淋。

注：泰山数岁苦旱，1990 年喜获甘霖。

师 岱

老树着花香气浓，十载登临师岱宗，
寸草常怀春晖暖，挥毫时带万松风。

注：1991 年在泰山岱庙举办"杨辛泰山诗书展"有感而作。

仙人桥

仙人桥下白云飞，峭壁千寻万山颓，
真人不知何处去，空余巨石任风吹。

七十登岱

古稀登岱顶，松石似故人；
群峰陈华筵，摩崖列锦屏；
日月戏跳丸，赠我金与银；
飞泉泻琼浆，一醉卧白云；
此生欣有托，泰山寄微尘。

咏无字碑

大匠谢雕工，汉武遗雄风，
无中纳万有，澄怀悟岱宗。

岱顶夜眺

碧海茫茫月色昏，俯览泰安别有情；
初疑群星天边落，又似万珠落玉盆；
仙境忽觉人间美，散怀愿作泰山人。

泰山遐想

岩石的沉默，
凝结着时间的永恒；
绝顶的开旷，
展示了空间的无垠；
青松，蕴蓄着生命；
盘道，激励着攀登；
挑夫的脚印，
　　显示了意志；
刻石的妙语，
　　闪耀着聪明；
清泉为我涤虑，
　　天风为我洗心；
宏大的构思积淀着民族的文化，
那时隐时现的南天门啊，
总是在云端召唤我们前进！

赠刘炽、李容功

十载近喑哑，
一曲启心扉，
常怀一九四，
岱顶共朝晖。

注：1991年与刘炽、李容功先生同登岱顶，刘炽先生为拙作《泰山颂》谱曲，以泰山之音乐形象启我心扉。

当时刘炽先生71岁，容功女士53岁，我70岁，三人共194岁。刘炽先生戏称为"194部队"。

忆庐山秀峰黄岩瀑布

飞瀑何磅礴，清流闪银波，
曲水萦回处，玉渊映碧落，
潭净游鱼悬，涧幽奇鸟多，
征途有佳意，壮歌复轻歌。

故乡吟

北国春秋逾四十，故里重返情如炽，
满眼新城驱旧梦，惟有江声似儿时。

注：余之故乡为重庆市。

缅怀恩师汤用彤先生及师母

春风化雨，
绿草如茵，
燕南庭院，

有我双亲。

注：恩师汤用彤生前居住北大燕南园。

读悲鸿师《奔马》

鸿师画马如写隶，屈铁盘金藏骨气，

鬃尾张扬飞白舞，一片丹心撼天地。

注：悲鸿师以书法入画所画奔马雄健、奔放，气势磅礴。

赞绍武书法

一

北雄兼南秀，

至柔含至刚；

开张纳宇宙，

神韵入苍茫。

二

书坛一仙翁，

椽笔卷天风；

情随刚柔变，

象车有无中。

赠老友许直、杨园、项羊

白发童心笑语多，冀东小唱还乡河，

朝霞晚霞皆呈锦，花开花落俱是歌。

注：1947年与许直等同志投奔冀东解放区，住遵化白坊寺，《还乡河小唱》为当地民歌。此诗为1989年于北京老友重聚时所作。

游云冈、悬空寺

云冈壮气赞神工，
飘风骤雨游悬空。
天柱地轴瞻木塔，
华岩妙塑品辽风。
更喜雨后登恒岳，
飞云碧树千仞峰。

注：1995 年赴山西游览。

重游夏威夷

（1999 年 4 月与刘慧同行）

白云碧海椰风，
彩虹细雨游踪。
小楼绿茵花丛，
春意融融，
阿罗哈，喜相逢。

怀　念

你走了，
我不相信你会消失；
我找遍了宇宙，
却无处寻觅。
终于发现了你，
你就在我的心里，
你就在我的诗里，
你就在我含着的眼泪里。

注：写于梦真去世当年。

"小丫"

伴随着春天，
带着新生命的喜悦，
你回来了，
在枝头的嫩芽上，
在叶间的花蕾里，
在小鸟的啼声中，
你轻轻地对我说：
"我的名字还是叫'小丫'。"
注：写于梦真去世三年之后，"小丫"为梦真童年小名。

庆香港澳门回归

日破浪花出，
心逐霞彩飞。
神州春无限，
碧海燕双归。

赠潘文石

三百万年一奇绝，
天真赢得环球悦。
潘君爱尔满腔热，
能化秦岭千秋雪。

游青城山
（与庄守经同行）

仙雾没青城，
云车入上清。
幽谷春长驻，
玉山碧洗心。

2001 年元旦登香山

跨入新世纪，
登上香炉峰，
笑对鬼见愁，
壮怀迎天风。

帆

风的鼓舞，
海的召唤，
黎明启航，
霞光灿烂。

晚　年

老来多爱好，
万事不烦心，
夕阳无限好，
妙在近黄昏。

迎 春

人生七十已寻常，
八十逢秋叶未黄，
九十枫林红如染，
期颐迎春雪飘扬。

人生感悟

品艺术而赞美，
登泰山而悟生，
赏荷花而好洁，
重友谊而贵诚，
崇奉献而知乐，
爱人民而怀恩。

长 春

春为岁之始，
夏乃春之生，
秋是春之成，
冬实春之藏。
是谓长春。

暮年人生遐想

在遥远的太空，
我蓦地发现了一颗明亮的星，
她的名字叫"地球"。

白云覆盖着无际湛蓝的海洋，

大陆上布满山岳、平原、森林、河流……

这是一个充满生命的世界：

鸟在飞翔，

兽在奔跑，

鱼在潜游，

花草散发着芬香，

还有一种精巧的动物，

名字叫"人"。

人是宇宙的精灵，

精于思维，

富于情感，

善于创造。

人常常把自我视作宇宙的中心，

觉得自己很伟大。

但忘记在宇宙的无限时空中，

作为生命的个体多么渺小。

人嘲笑昆虫："夏虫不可语冰"，

但人的寿命，就算活到"百岁""千岁""万岁"……

在宇宙的历史长河中不过是"白驹过隙"，短暂的"一瞬"。

"天人合一"才是人类最伟大的性灵，

当人自觉到自己是宇宙的一份子，

他才会变得与宇宙同样伟大。

人生不是一条直线而是一个圆，

圆周上任何一点，

都既是起点也是终点。

人的生与死都不过是永恒宇宙的一种变化，

就像水加热会变成气体一样。

人从自然中来，

又回到自然中去，
物质不灭，
死亡不过是自然的回归。
个体的生命消失了，
却融入宇宙的大生命中。
与"天地同寿"，
与"日月同辉"。
人的一生，是"上帝"送给你的一团泥土，
由你自己去塑造，
人生是一个过程，
有今天、昨天、明天，
"今天"是"实"，
"昨天""明天"都是"虚"，
虚实结合，
才能积点成线。
要笑对人生，
热情地拥抱今天，
愉快地期待明天，
幸福地回忆昨天。
生活永远像春天。
但任何光明都离不开阴影，
生活中永远存在着真善美与假恶丑的斗争。
对社会、对人民充满爱心，
奉献才是快乐持久源泉。
从友谊中感受温暖，
在艺术里品味人生。
人的心灵，
像温润的白玉，
像透明的水晶，

像光泽的珍珠，
让真善美的光辉，
照亮整个生命的历程！

高谊师友

《荷风》序

北宋周敦颐《爱莲说》中有名句，为后人广为传颂："予独爱莲之出淤泥而不染，濯清涟而不妖，中通外直，不蔓不枝，香远益清，亭亭净植，可远观而不可亵玩焉。"

他接着又写道："予谓菊，花之隐逸者也；牡丹，花之富贵者也；莲，花之君子者也。噫！菊之爱，陶后鲜有闻。莲之爱，同予者何人？"如今，周敦颐先生若在天有灵，一定会知道：同周先生者，杨辛先生是也。

杨辛先生喜欢荷花，在北大老幼皆知。他将大半生的积蓄，用来收集各种荷花题材的工艺品。日久天长，所藏之物，种类繁多，争奇斗艳，可与北大未名湖、朗润园后湖和勺园小湖的荷花媲美。

现在这些荷花艺术品，杨先生都已无私捐献给母校北大，陈列在北大万柳学生公寓杨辛先生工作室，向师生开放。这里不仅是荷花艺术的殿堂，还是教育部和北京市关心下一代工作委员会的实践教育基地。杨先生还在校友和企业家们的帮助下，设立了北京大学杨辛荷花品德奖，奖励品学兼优的学生。

我们感谢杨辛先生，感谢他向学校捐献荷花艺术品，更感谢他关心北大学子全面成长的一片热心。

这本画册将杨先生所捐献的荷花艺术品汇集在一起，奉献给广大读者，让我们共同分享荷花的香远益清、亭亭净植，体悟杨辛先生的乐观豁达、助学为荣。

吴志攀

2015 年 5 月 15 日

美学的耕耘　人生的求索

　　杨辛自述　回想我从事美学所走过的道路，可以说是从爱艺术发展到爱美学的。1946年我从四川到了北方，在北平艺术专科学校西画系学习，当时直接指导我的老师是董希文先生，他对我学画曾给予热情的鼓励和帮助。徐悲鸿先生是艺专的校长，他对同学很关心，常为同学陈列他所收藏的一些中外艺术作品，并给我们讲解。

　　我在50年代末曾写过一些美学论文，但往往停留在一些经验性的描述上。1960年参加王朝闻同志主编的《美学概论》的编写工作。我重新阅读了马克思的《关于费尔巴哈的提纲》《1844年经济学—哲学手稿》和恩格斯的《劳动在从猿到人转变过程中的作用》。马克思的观点好像一把钥匙打开了我的思路。美是人在实践中创造、智慧和力量的显现。从这个高度来分析美学史上所提出的关于美的各种论点，对于其中的价值和局限就有了新的理解。

　　近年来我和甘霖同志在编写《美学原理》中对美的理论作了进一步思考。例如对美和人的自由创造的关系问题，为什么人在自己所创造的对象世界中直观自身会引起愉快，如何从哲学上，从人的本质上加深对自由创造的理解。我们认为自由创造是人的最珍贵的特性，它有着具体的历史内容。其所以珍贵，在于：1. 自由创造体现了人类自由自觉的活动，这是人类区别于动物的本质特性；2. 自由创造是人类社会存在发展的基础；3. 人类在自由创造中发展了自身的智慧、灵巧和各种美好品质。如果说美在生活，生活的意义就在于创造，生活中的创造带来朝气、进步和欢乐；生活中失去创造，那就会陷于停滞、死沉、落后。

为了进一步了解美和自由创造的关系，就需要了解真善美的内在联系。人的自由创造是合目的性与合规律性的统一。任何创造都不是为创造而创造，而是有着一定社会功利目的，就是说离不开善；任何创造也离不开对客观规律的认识，这就是离不开真。所以美作为自由创造的显现是以真善为前提和基础的。但是美并不等于真和善，因为真是客观规律，真可以离开实践主体而存在，而美作为自由创造的显现，却不能离开实践主体。美也不等于善，善具有直接的功利性，而美的功利性却是潜在的、间接的，在美的事物中功利性深化在形象中。特别是由于形式美具有相对独立性，有些以形式美取胜的事物，甚至可以突破某种实用的功利性而引人喜欢。从内容和形式的关系上看，善的事物虽然也讲究形式，但强调的是功利内容，而美的事物却是在内容和形式统一的基础上，强调善的内容要显现为生动的形象，形式对于美的事物有着特殊的意义。

　　通过对真善美关系的研究，使我加深了对自由创造的内涵的理解，特别是对美学与人生的关系有了进一步理解，真善美的结合是人生追求的最高境界，而真善美的统一只有在实践创造中才可能真正实现。

　　在美学研究中除了要求哲学的深度外，我觉得还应当结合五光十色的感性世界来探索美的理论，因此，我对研究美的各种具体形态很感兴趣。在研究美的各种形态的特点中，既加深了对美的本质和特征的理解，又培养了对美的事物特别是对艺术美的敏锐感觉。我在研究故宫建筑的特点时，曾经 20 次去实地观察。在教学中我曾收集大量艺术作品进行分析比较。我很愿意和一些艺术专业的同志交往，他们是我的朋友和老师。在可能条件下我自己也搞一点艺术创作，例如学点书法，有时也写点诗。

　　今后我准备用更多的时间和精力从事于基本理论的运用。对部门艺术问题，将有重点地作些研究。对于美育工作也很感兴趣，我觉得能在美育方面为青年做一点有益的工作，是我生活中的一种快乐。

1987 年 2 月 5 日于北京大学

杨辛，1922年5月生，四川省巴县人。40年代就读于北平艺术专科学校，深得徐悲鸿先生教诲，曾担任北平艺专学生美术研究会副主席，并积极参加了当时的进步学生运动。

　　建国前后，杨辛曾先后在解放区冀察热辽分局、中共锦州市委、中共中央东北局等单位工作，并于1956年调到北京大学哲学系，担任著名哲学家汤用彤先生的助手。

　　从1959年到现在，杨辛同志一直在北京大学哲学系美学教研室从事教学和科研工作，先后任副教授、教授，并长期担任教研室主任。杨辛教授是全国美学学会常务理事、全国高等院校美学研究会副会长，还担任了北京市美学研究会副会长和北京市哲学研究会理事等。

　　早在50年代，杨辛就积极参加了当时的美学大讨论，后来又参加了王朝闻主编的《美学概论》一书的编写工作。在繁忙的教学和行政工作外，撰写了大量学术论文，并与甘霖副教授合著了《美学原理》一书。

　　杨辛为人朴实、谦虚谨慎，他与中国美学界的几位老前辈如朱光潜先生、宗白华先生、王朝闻先生等，都有着深厚的友谊和诚挚的感情，经常向他们请教，获益匪浅。对于晚辈和学生，平易近人、诲人不倦，言传身教，深受学生敬爱。

一

　　早在50年代，杨辛就开始了对美的本质的研究。在三十多年的时间里，他潜心研究了西方美学史上关于美的本质问题的不同流派和不同观点，归纳出了美学史上探索美的本质的几种主要途径：第一种，从精神上探索美的根源。以柏拉图、康德、黑格尔和克罗齐为主要代表，把美的本质的根源归结为绝对观念，或主观意识、审美感受，他们在哲学根本问题上颠倒了物质与意识的关系。但是，在这些美学家们的思想中往往包含着辩证法的因素，对艺术形式如何表现特定的精神作了许多细致深刻的分析，尤其是在论述主客体的关系时，抽象地发展了人的主观能动因素。第二种，从客观现实、物质属性上探索美的根源。以亚里士多德、达·芬奇、荷迦兹、博克和狄德罗为代表，从客观世界的自然特征出发探索美的本质，把美的本质归结为自然事物本身的某种感性特征和属性，肯定了美的客观性，在美的问题上坚持了唯物主义观点。然而，由于他们机械唯物主义的缺陷，使他们不能从主客体在实践中辩证关系的角度来探讨美的本质，带有明显的直观片面性和形而上学的缺点。第三种，从社会生活来探索美的根源。车尔尼雪夫斯基关于"美是生活"的定义，既坚持和肯定了美的客观性，批判了黑格尔唯心主义的美学观点，同时又把美建立在广阔的生活基础上，比起以前唯物主义美学仅仅把美归结为事物的自然属性和感性特征来前进了一大步。不过，由于车尔尼雪夫斯基的哲学思想是费尔巴哈的人本主义，离开了人的社会性，不懂得社会生活在本质上是实践的，仍然不能不落入旧唯物主义美学的窠臼。杨辛感到，美学史上对美的本质的认识和其他认识一样，都是在实践基础上经历了一个从低级到高级、由片面到全面的发展过程，其中每一个新的进展都和哲学的发展状况有着密切的联系。对美的本质的科学解决有赖于科学世界观的产生，辩证唯物主义与历史唯物主义的指导，对于美的探索有着极其重大的意义。

经过长期的思索，杨辛感到："在考察一些复杂的现象时，为了认清它的本质，首先要看某种现象在历史上是怎样产生的，研究美的本质问题也是如此。"[①] 人类劳动是从制造工具开始的，工具制造最明显地体现了人类有意识有目的的活动，因而，在工具造型的演变上最能充分体现出人类自由创造的特性，说明美的产生是使用价值先于审美价值。从旧石器时代早期北京周口店猿人—旧石器时代中期丁村人（山西襄汾县）—旧石器时代晚期山顶洞人—新石器时代西安半坡村和山东大汶口出土的石器上，杨辛发现了美的产生和发展的历程。早期石器的造型完全是由实用需要决定的，如作为投掷武器的石球和切割兽肉的尖状器等；直到旧石器时代晚期和新石器时代，随着制作技术的不断提高，不

---

① 杨辛、甘霖：《美学原理》，北京大学出版社 1983 年版，第 87 页。

但提高了石器的实用效能，而且在造型上美的特征（如光滑、匀称、方圆变化等）也更加明显，尤其是山东大汶口出土的玉斧，更是具有了明显的审美特征，虽然它仍然保留了工具的形式，但主要并不是为了实用，而是作为权力的象征和审美的标志。杨辛认为，彩陶的造型和纹饰更是体现出人类进一步自觉地美化产品。陶器的出现对人类生活有着重要的影响，作为生活用品，陶器的各种造型自然都是首先从属于器物的实用目的，如作为汲水器的尖底瓶，之所以设计成上重下轻的造型，是为了接触水面时得以倾斜汲水，而作为炊器的鬲，之所以设计成带椭圆形的空心三足造型，是为了扩大受热面和放置安稳。但是，"彩陶不仅是为了实用，而且有很高的艺术价值。它是实用性和艺术性的结合。陶器和石器比较，有更明显的审美特征……石器上所体现的形式感是直接和物质生产的实用目的相联系的，而陶器是在实用的基础上更自觉地美化产品"[1]。这是因为，陶器的造型和装饰具有更多的自由和想象的成分，体现出人的精神特征，尤其是体现出人类已经能够比较自觉地娴熟地运用形式美的法则，如图案中的对称、调和、对比、变化、多样统一等等，体现出人类在研究和掌握形式美上的巨大进步。

通过对石器和彩陶漫长的历史演变过程的考察，杨辛指出，美的根源在于社会实践，在美的感性形式中凝聚着人的劳动和创造，成为人的智慧、灵巧和力量的标志。在生产实践中，主体与客体处于一种相互影响相互作用的辩证关系之中，人类通过社会实践创造了美，自觉地按照形式美的法则（如对称、均衡等）去进行创造，既满足实用需要，又满足审美需要。在创造美的过程中又提高了人自身的审美能力和审美需要。因而，石器和陶器的发展过程，既是物的发展过程，也是人的发展过程，在这个过程中，人的实践活动和自由创造起着决定性的作用，因此，"当对象以表现创造活动内容的感性形式特征而引起人的无比的喜悦时，这个对象就被称为美的"[2]。或者换句话讲，"美是内容和形式的

---

① 《美学原理》，北京大学出版社 1983 年版，第 95 页。
② 同上书，第 61 页。

统一，是对象的形式特征表现人的自由创造活动内容的感性形象"①。

杨辛在解决美的本质问题时，遵循了马克思的思维逻辑。虽然马克思没有直接谈到美的本质问题，但在《1844 年经济学—哲学手稿》中，马克思关于"美的规律"的论述，已给我们指出了探寻美的本质的根本途径，马克思认为"美的规律"离不开"物种的尺度"和"内在的尺度"这样两个方面。人在劳动实践中，一方面是有意识地去掌握客观世界的规律，掌握事物的"内在尺度"，并依照客观规律来改造客观世界；另一方面，人又在劳动实践中充分发挥主体的创造力，按照人的"物种尺度"自由地创造，并在人创造的世界中"直观自身"。正是在人的实践活动中，客观规律性与主观能动性、客体与主体、自然与人、必然与自由得到了有机的统一，美的本质是自然属性与社会属性二者的有机统一。从最高的哲学意义上来讲，美的本质就在于自由和必然的统一，这种统一必须通过实践才得以实现。

在杨辛的理论指导和具体帮助下，笔者对美的本质也作了一些初步的探索，提出：美的本质应当是社会属性和自然属性的有机统一，美是实践中人的本质力量通过客体自然属性的形象显现。"一方面，人的本质力量通过自然属性在对象身上显现出来；另一方面，对象自身的自然属性也由于人的本质力量凝聚到它们之中，从而使它们具有了美学意义。"② 这一探索，源于杨辛教授的启迪和教诲。

二

杨辛在研究美的本质的基础上，又对美的存在形式和美的范畴作了探讨。

按照一般的分类法，通常把美的存在形态分为社会美、自然美和艺术美三大类，而杨辛在它们之外又加上了形式美。为什么这样呢？康德

---

① 《美学原理》，北京大学出版社 1983 年版，第 64 页。
② 彭吉象：《从"劳动创造了美"看美的本质》，《北京大学学报》1983 年第 1 期。

曾经讲过："在绘画、雕刻艺术，以至一切造型艺术中，在建筑、庭园艺术，在它们作为美术这范围内……对于鉴赏重要的不是感觉的快感，而是单纯经由它的形式给人的愉快。"① 杨辛在艺术实践与艺术鉴赏中，他深深感到，"人们对美的感受都是间接由形式引起的，在长期的审美活动中人们反复地直接接触这些美的形式，从而使这些形式具有相对独立的审美意义，即人们接触这些形式便能引起美感，而无须考虑这些形式所表现的内容，仿佛美就在形式本身，而忘掉它的来源"②。其实，我们或许都曾有过这样的体验，当走进美术馆展览大厅时，突然被某一幅画或某一幅书法所吸引，这种强烈的美感来得如此迅速，以至于使我们无暇顾及它的内容，纯粹被它的形式美所打动。审美活动中的这种现象，越来越引起现当代美学家们的注意，现代格式塔心理学更是主要研究艺术的"形"，包括形的本质、形的效果和作用、形的各种形态等，试图用异质同构论来解释这种审美现象，认为在外部事物、艺术式样与人的知觉、内在情感之间，存在着根本的统一，它们都是力的作用模式，一旦这几个领域的力的作用模式达到结构上的一致时，就会激起强烈的美感。格式塔艺术心理学的研究成果，固然可以给我们许多有益的启示，但这种外在世界的力（物理的）和内在世界的力（心理的），究竟如何能异质同构，尚有待于生理学、心理学、脑神经学等学科的进一步发展，即使找到了这种同形同构的心理——生理机制，它也并不是一种单纯的生理反应，而是有着更为复杂的社会历史实践原因。

正是在这方面，杨辛在多年的艺术实践和理论研究中，发现所谓形式美的法则，不过是人类在审美活动中对现实中许多美的形式的概括反映。形式美法则来源于客观事物，在人类创造美的长期活动中，逐渐发展了人对线条、色彩、形体、声音等等形式因素的敏感，并逐渐掌握了这些形式因素各自的特点。因而，形式美法则体现了人类审美经验的历史发展，形式美本身也有一个从简单到复杂、从低级到高级的发展过

---

① 康德：《判断力批判》上卷，商务印书馆 1985 年版，第 63 页。
② 《美学原理》，北京大学出版社 1983 年版，第 151 页。

程。杨辛联系现实生活与艺术实际，详尽分析了形式美的几种主要法则，例如作为最简单的形式美的"整齐一律"，在差异中保持一致的"对称均衡"，以及"调和""对比""节奏""韵律"，直到作为形式美高级形态的"多样统一"等等，说明形式美的法则概括了现实中美的事物在形式上的共同特征，研究形式美是为了推动美的创造，因而，十分需要提倡在艺术的创作实践与鉴赏活动中，不断培养自己对于形式的敏感。

同样，在对于自然美、社会美、艺术美的研究中，杨辛仍然从社会历史实践的视角，揭示出它们的现象和根源，并且把自己对于形式美的研究成果融汇其中。例如，当谈到自然美中，未经改造的自然如天空、大海、原始森林等，何以能成为美的对象时，杨辛认为："未经改造的自然美和生活实践的联系有一个重要中间环节，就是形式美的问题……由于人们在审美活动中，直接感受到的是美的事物的形式，经过成千上万次的重复，人们仅仅看见美的事物的'样子'（形式）而不去考虑它的内容，便能引起美感。"[①] 蔚蓝的天空、晶莹的月亮，虽然并不体现劳动创造，但这些未经改造的自然，由于其色彩、形状等形式因素符合了生活中的形式美法则，尤其是通过实践活动中"自然的人化"，使得这些自然物直接以感性特征引起人的美感，成为美的客体。

美学范畴，是人对客观世界审美态度最集中和最普遍的反映。人的审美认识和审美评价能力的主要范畴包括美、崇高、悲剧、喜剧等。杨辛对于这些美学范畴进行了比较深入的研究。在他看来，悲剧和喜剧这两个美学范畴，不应当等同于作为艺术种类的悲剧和喜剧，前者的含义和范围更为广泛，不仅在戏剧中，而且在文学、绘画、电影等绝大多数艺术种类中，也都可以找到运用悲剧和喜剧美学范畴的大量例子。悲剧和喜剧这两个范畴，乍一看来似乎是互相对立的，实际上二者又相互联系，在一定条件下还可以相互转化、相互渗透。高度的喜剧性经常接近于悲剧性，这种通过眼泪发出来的笑声是许多艺术形式和艺术家们所推

---

① 《美学原理》，北京大学出版社 1983 年版，第 137 页。

崇的；反之，在描绘具有深刻悲剧性的各种现象时，艺术家们则广泛采用了喜剧性所特有的表现手段和色彩。

杨辛指出，喜剧性艺术的特征是"寓庄于谐"。"庄"是指喜剧的主题思想体现了深刻的社会内容，"谐"是指主题思想的表现形式诙谐可笑。他认为："在喜剧中'庄'与'谐'处于辩证的统一，失去深刻的主题思想，喜剧就失去了灵魂；但是没有诙谐可笑的形式，喜剧也不能成为真正的喜剧。"① 联系中国古代喜剧理论，从丰富的民族文化宝库中汲取营养，杨辛结合大量艺术作品实例，指出掌握喜剧的特点，需要注意两点：一是在倒错（自相矛盾）的形式中显示真实，如川剧《望江亭》中冒充风雅的杨衙内在赏月吟诗中暴露出愚蠢腐朽；一是通过夸张乃至变形来产生明显的喜剧效果，如电影《大独裁者》中兴格尔演说时由于情绪狂热以致烤弯了麦克风支架。不过，虽然"寓庄于谐"是一切喜剧性艺术的共同特征，但由于作品反映的内容不同和性质不同，因此在表现形式上多种多样，使得喜剧性又区分为幽默、嘲讽与讽刺等多种形式。杨辛还进一步探讨了讽刺喜剧与歌颂喜剧之间的关系。他认为，讽刺喜剧往往与丑联系在一起，通过笑声来撕开丑的伪装，对丑进行无情的鞭挞，而歌颂喜剧则往往与美联系在一起，通过笑声来满足人的精神需要，提高人的精神境界。二者的共同之处在于，都是在倒错、背离、自相矛盾的形式中去反映生活的本质。

三

在对艺术美的研究中，杨辛特别注意与艺术家们交朋友，从他们的艺术创作实践中不断吸取丰富的养料，例如他与中央美术学院雕塑系主任钱绍武教授结成知己，经常虚心听取钱教授艺术创作中的体会与甘苦，从中加深自己对艺术美的认识。杨辛认为，艺术美是艺术的一种重要特性，艺术美来源于客观现实生活，艺术美又是艺术家创造性劳动的

---

① 《美学与美学史论文集》，新疆人民出版社 1982 年版，第 128 页。

产物。他感到，生活是艺术家进行创造的前提和基础，艺术家的创作激情和创作素材都来源于现实生活。中国古代美学思想非常强调以自然为师，画论中强调要"外师造化，中得心源"①。所谓"外师造化"，就是强调对客观对象的观察和研究。唐代画马大师韩幹曾说：陛下厩马万匹皆臣之师。北宋李公麟善画马，也是每欲画，必观群马，以尽其态。徐悲鸿曾给一位青年写信说：学画最好以造化为师，故画马必以马为师，画鸡即以鸡为师，细察其状貌、动作、神态，务扼其要，不尚其细。齐白石画虫鸟，提出"为万虫写照，为百鸟传神"。有创造性的艺术家在创作中都十分重视生活的基础。杨辛认为，这有三个方面的原因：首先，生活是想象的土壤，艺术家在生活中所积累的感性材料愈丰富，想象就愈自由；其次，生活孕育了艺术家的激情，情感是在社会实践中所形成的对事物的态度，在现实生活中激发起来的感情，会成为艺术家创作时内在的巨大动力；再次，生活推动着艺术家技巧的发展，杜甫自述"读万卷书，行万里路"的成功秘诀，便是最好的例证。

从辩证法的高度来考虑，杨辛感到，艺术美虽然来自生活，但是不等同于生活。"生活内容与艺术家的思想感情相结合形成意象，意象是在艺术家头脑中所形成的艺术形象的'蓝图'，也可说是孕育着艺术形象的胚胎。由意象变为作品中的艺术形象，还需要艺术家的一种实际创造的本领，即在长期的创作过程中所形成的表达内容的技巧。"② 郑板桥把画竹的过程分为"眼中之竹""胸中之竹""手中之竹"。所谓"眼中之竹"是指现实中竹的客观形象作用于画家的感官而产生的印象；"胸中之竹"是指现实中竹的形象和画家思想感情相结合而形成的意象，意象中竹的形象，不仅不同于生活原型，也不同于表象，它已经是客观的形象与理性、情感的结合体；而"手中之竹"则是经过画家的笔墨技巧和创造性劳动所表现出来的形象，是把头脑中的意象物化为典型的艺术形象，然后形成具体的作品，也就是创造出艺术美。当然，

---

① 《中国美学史资料选编》（上），中华书局 1990 年版，第 281 页。
② 《美学原理》，北京大学出版社 1983 年版，第 177 页。

在不同的艺术种类中主观与客观的结合具有不同的特点，这里暂不赘述。

杨辛还分析了中国美学史上有关艺术美的两个重要问题——意境和传神。意境是我国美学思想中的一个重要范畴，在艺术创造和艺术批评中，常常把"意境"作为衡量艺术美的一个标准。意境是客观（生活、景物）与主观（思想、感情）相熔铸的产物。意境是情与境、意与境的统一，在意境中主观与客观的统一具体表现为情景交融。杨辛以他对艺术美中主客观因素的辩证关系为理论依据，分析了"意境"的形成。他认为，意境中"境"是基础，情、意是主导。脱离了"境"，情与意就无从产生，也无所寄托；但是在艺术中出现的"景"，并不是生活中自然形态的"景"，而是浸透着艺术家的情感。在"意境"中艺术家的情、意对自然特征的选择和提炼起着潜在的指导作用，染上了浓郁的情感色彩。自然，由于再现艺术和表现艺术的区分，使得"意境"这个美学范畴具有不同的表现形式，情与景的统一，在绘画中表现为景中情，而在音乐中表现为情中景。中国古典美学中另一个重要范畴——"传神"，也同样体现出主观因素与客观因素的辩证统一。所谓"传神"，主要是指在艺术中表现人物的性格特征，也包括为花、鸟、虫、鱼传神。传神最鲜明的特征是形神兼备。传神就是通过人物的外部感性特征去表现人的内在精神，通过形与神的统一体现出人物形象的本质特征，同时也表现出艺术家对生活和人物的理解。杨辛认为，"如果说意境是寓情于景，传神则是寓情于人"[1]。他感到："过去一些文章研究传神的理论常常侧重于分析被反映的对象，即客观方面，对艺术家主观方面的作用往往未给予重视，忽略了在创作传神的作品时艺术家思想感情的支配作用，实际上作品中所传的对象的'神'，正是艺术家对对象的审美评价，是艺术家把自己的爱憎溶化在对象中。"[2]

40年前，一个身材瘦削的年轻人来到徐悲鸿先生任校长的北平艺术专科学校，从此就和艺术结下了终身不解之缘，杨辛出于对悲鸿先生

---

[1][2] 《美学原理》，北京大学出版社1983年版，第217页。

致力于艺术教育的热诚，始终怀着最真挚的崇敬，对徐悲鸿的美学思想进行了认真深入的探讨。尤其值得指出的是，杨辛在从事这种探索时，充分运用了艺术辩证法，使徐悲鸿的美学思想闪耀出更加夺目的光辉。杨辛指出，徐悲鸿的一生不仅为我们留下了大量杰出的艺术作品，而且在他的艺术实践中继承和发扬了我国美学思想中的现实主义优良传统，突出表现在他的"师法造化"和"寄托高深"的美学追求。杨辛说："徐悲鸿先生不仅从理论上阐述了为什么要师法造化，而且对如何师法造化提出了自己的深刻见解。他认为师法造化并不是机械模仿自然，而是要做到'尽精微，致广大'。"① 所谓"尽精微"，就是要对客观对象作深入细致的观察；所谓"致广大"，首先要求艺术家放开眼界，其次是强调艺术形象的统一性、整体感和概括力，在有限中表现无限，在简洁的形象中概括丰富的生活内容和思想感情。从艺术辩证法的视角来看，"徐悲鸿先生主张艺术家师法自然，但并不把艺术等同于自然，充分肯定在深入生活的基础上，艺术家主观因素的决定作用。他认为艺术形象应当是'寄托高深，喻意象外'"②。所谓"寄托高深"是指作品中应当体现艺术家的审美理想和抱负，以深刻的意蕴给人以精神影响；所谓"喻意象外"是指艺术应当超越具象，表现高尚的人格精神。

此外，对于徐悲鸿先生关于"妙"和"肖"的论述，杨辛运用艺术辩证法加以阐释。徐先生认为"妙属于美，肖属于艺"，杨辛解释说，"肖"属于对自然的摹仿，是一种技艺；而"妙"是一种创造，不是机械地再现自然，而是心手相应的产物，既反映了对象的神致，又表现了艺术家的思想感情，是一种不同于生活原型的"新景象"，体现出主客观的有机统一。但是，如果达到"妙"，里面便包含了"肖"，"妙"与"肖"的关系，实质上就是神似与形似之间的辩证关系，"肖"是"妙"的基础，"妙"是"肖"的升华。杨辛运用艺术辩证法对"妙"和"肖"所作出的这种解释，颇得悲鸿先生美学思想的精髓。

---

① 杨辛：《徐悲鸿美学思想初探》，收入《徐悲鸿诞辰 90 周年纪念文集》。
② 《徐悲鸿美学思想初探》。

在美学史和艺术史上曾经对艺术真实提出过不同观点，一种看法是把艺术真实理解为对事物外形的逼真描写，另一种看法则把艺术真实理解为追求神似。杨辛运用艺术辩证法，对艺术真实提出了自己的理解和看法。他认为，在艺术真实中包含了主观因素和客观因素，在艺术形象中所传的神，不过是艺术家对对象的理解或情感体验。这种真实，我们也可以称为双重的真实。艺术作品中不仅包含了生活的真实，同时还体现了艺术家的创造、智慧、情感、想象和精湛的技巧。艺术家应当从生活中取得真实感，而把握人物性格的特殊性又是"艺术真实"的核心，这就需要多侧面地表现人物性格，在对比中刻画性格，在情节发展中塑造性格，尤其是把性格放到历史环境中去刻画，在整体结构与细节刻画中显示艺术真实，不仅要求细节的真实，而且要真实地表现典型环境中的典型人物。

此外，将历史唯物主义贯彻始终，则是杨辛美学活动和研究方法的另一特色。他不但在考察美的本质时，从历史唯物主义出发，从社会历史实践的视角来揭示美的本质，而且在分析艺术作品时，也注意以历史唯物主义作为指导。在他与于民合写的《西汉帛画初探》（载《北京大学学报》1973 年第 2 期）一文中认为，从《楚辞·招魂》到西汉帛画，从一个侧面反映了战国末期到西汉数百年间宗教迷信思想的发展过程，反映了这个过程中不同历史条件下的不同特点。在西汉帛画中，墓主与四周环境的和谐反映了汉初封建统治阶级地位的趋向安定和巩固，表现了在汉初经济发展的基础上剥削阶级欲望的增长。因此，在以往宗教思想发展的基础上，人世间剥削享乐的发展反映为向非人世间境界的进一步延伸，物质享受领域的发展反映为向精神领域中的进一步扩张。从画面看，在拄杖而立的墓主形象上，体现出一种安闲、自得的形象，即当时道家宣扬的"清静恬愉"，也是一定时期物质经济生活条件的反映。杨辛感到，西汉帛画是我国古代艺术史上的一件珍品，它反映出汉初政治、宗教思想的某些特点和当时的艺术水平，对研究我国古代思想和艺术的发展具有重要的价值。

杨辛教授还从故宫和人民大会堂的对比中，来分析不同时代美的创造。故宫建筑体现出私有制条件下美的创造的特点，"一方面，故宫作为精神产品，它体现了统治阶级的意志，成为封建帝王至高无上的象征；另一方面，故宫作为物质产品，它又是劳动创造的象征，是由劳动者的血汗所造成的精美的产品，凝聚着劳动者的智慧、灵巧和力量"①。故宫的"深"造成一种神秘而严肃的气氛，故宫的"宽"使人精神上感到一种威慑和震惊，故宫的"高"更是体现出封建帝王的至尊至上，从建筑上反映出封建的中央集权制度的特点；然而，故宫的建筑艺术又生动地体现了劳动者的智慧，宫殿的屋顶、脊饰、藻井、彩绘、斗拱等，既是建筑中实用与美的自然巧妙的结合，又体现出鲜明的民族风格和民族特色。人民大会堂则体现出社会主义条件下美的创造，体现出我们时代新的美。人民大会堂的"壮丽"，不仅从整个建筑的宏伟形体，而且从坚实雄浑的石柱体现出来；它的"开朗"，既表现在浅杏黄色的暖色调，又表现在廊柱式建筑的空间变化上；它的"严整"，体现在对称的布局中突出建筑的主体；它的"亲切"，集中表现在大会堂设计的思想性，通过外部造型宽平缓徐的台阶和大会堂内"水天一色"的穹窿形顶篷体现出来。

四

"美育又称审美教育或美感教育，它是人类文明发展的必然结果，也是人类自身建设的一个重要方面。它的任务是提高和培养人们对现实世界（包括自然和社会生活）以及整个文学艺术的鉴赏和创造能力，陶冶人的情操，提高人们的生活趣味，使人们变得更高尚、积极，在思想感情上得到健康成长。美育对培养社会主义新人，对建设社会主义物质文明和精神文明都有重要的意义。"②

---

① 《美学原理》，北京大学出版社 1983 年版，第 221 页。
② 《美学原理》，北京大学出版社 2001 年第 2 版，第 330 页。

正是基于对美育重要意义的认识，从 1959 年到北京大学美学教研室从事教学和科研工作开始，在近三十年的时间里，杨辛把自己的绝大部分精力投入到繁重的美学教学之中。他不但为哲学系本科生开课，而且为全校学生开设美学公共课；不但在北大校内开课，而且先后为中央民族学院、国际关系学院、北京矿业学院、文化部干部学校等许多院校开美学课；不但面向高等院校，而且面向整个社会，他先后为北京大学出版社和中央电视大学分别摄制了各长达三十多个小时的美学原理教学录像，为美育的普及做出了自己的贡献。杨辛的教学方法深入浅出、结合实际。

杨辛深入研究了中国和西方古代有关美育的论述。他指出中国古代关于美育的论述有两点很值得注意：其一是追求以人为中心、以美善结合为基础的审美境界；其二是十分重视艺术在陶冶性情上的作用。在西方美学史上，柏拉图强调美育与德育的结合，亚里士多德则强调美育与智育的结合，席勒认为，为了克服人性的分裂，必须通过审美教育获得人的精神解放，也就是在审美的自由活动中，使人性达到感性与理性的和谐统一。在此基础上，他探讨了美育的本质与特点。杨辛认为，在实际生活中德育、智育与美育三者虽各有特点，但又是互相渗透的，在美育中包含着德育与智育。美育的特点是以情感人，理在情中，使人在情感的陶冶和观照的愉悦中接受教育；同时，美育中以情感人又是通过形象手段来实现的，也就是寓教育于娱乐之中，使人在有高尚趣味的精神享受中得到审美教育。

杨辛进一步探索了美育的任务和意义，以及实施美育的途径。美育的任务是全面地培养人，追求真善美相结合的人生境界。美育是以陶冶感情、培养情操为特征，以生动形象为手段，通过富有个性爱好的自由形式潜移默化来促进人的全面发展的一种教育方式。美育在培养全面发展的新人中起着重要作用。美育要培养人对美的敏锐的感受能力和正确的审美观，同时又要教导人如何去鉴别美，提高人对艺术美的鉴别和欣赏能力。当然，美育最根本的任务是要创造一个美好的世界，追求理想的生活。关于实施美育的途径，从社会生活来看，包括家庭教育、学校教育和社会教育三个部分，三者互相联系、互相促进；从美的形式来看，又分为艺术美、自然美和社会美三个方面，艺术美是美育的主要手段，自然美可以培养情趣寄托理想，社会美中的技术美学问题越来越引起重视。总之，多种多样的审美活动方式共同构成了审美文化，美育就是要通过审美文化来培养出具有完整人性的一代新人。

在科学研究的陡峭山路上的攀登，需要瑰丽的理想和忘我的热情。几十年来，杨辛教授在陡峭的美学之道上不断攀登，我们衷心祝愿他不断以新的成果奉献给这个伟大的时代。

彭吉象

试释杨辛书法的境界

当代的书法名家可谓多矣，我却最为关注杨辛先生的书法成就，细想起来大概有两个原因。一是私情，我对中国艺术的极大兴趣，除葛路先生外，在很大程度上要归功于杨辛先生。我读研究生时，在"美学原理"课上，杨先生对艺术的形式法则举艺术杰作一一详加说明，在对敦煌、兰州、西安、永乐宫的艺术考察中，面对任何一件壁画、雕塑、建筑作品，杨先生都能立即用形式法则予以讲解，这些讲解都是书上未曾有过的，而是先生胸中学养的具体运用。我在写作中对艺术作品的分析很多地方仍是承守"师道"的。二是公心，书法是中国古代文化的产物。随着中国的现代转型，书法所蕴含的文化意义不断流失不断变化。例如，书法的构成本身就契合了中国宇宙的构成。中国古人的宇宙是一个气的宇宙。气化流行，衍生万物。气之凝聚而成物，物之消亡而气散，又复归于宇宙流行之气。与气的宇宙最相合的是线的艺术。书法的线之流动犹如天地间气之流行。书法艺术，纸为白，字为黑，一阴一阳。纸白为无，字黑为有，有无相成。纸白为虚，字黑为实，虚实相生。宇宙以气之流动而成，书法以线之流动而成，宇宙一大书法，书法一小宇宙。当代书法家在当代文化的氛围中都不相信古代气的宇宙，而接受了科学的宇宙观，书法创造也与古代的形而上意义脱钩，而与当代的艺术理论接轨。书法艺术自近代以来的"转意"过程产生了创作与理论的紧张关系，反过来又使当代书法产生了多方面的变化。杨辛先生近年来的书法成就就是这种变化的一个重要方面。杨辛先生书法的独特风貌使我感受到了一种传统与现代结合的成功方式。

一、书中有画

中国书法本就是中国绘画的基础。中国画以线为主，笔法是线在浓淡、枯湿、肥瘦、粗细、疾徐中流动，墨法是线从块面、层次、明暗、远近、聚散中呈出。对绘画笔墨的欣赏，在很大程度上是对线之美的欣赏。书画同源是古代的共识，这个命题的重要性不仅在对本源的追寻，更在于对书画现实关联的支持。在中国的艺术门类中，最重要的，除了诗文，就是书画。古代文化造就了书画相通的氛围，从绘画中看出书法之美，从书法中领悟绘画之韵，是不言而喻之事。然而在近代以来的演进中，艺术等级制发生了极大的变化，书法从与绘画同等降为低于绘画。绘画本身也翻滚着风云，西方油画入主中土，声势浩大，写实主义原则成为主流。中西画互渗的主要结果之一，就是改变了绘画欣赏的习惯定式，走向了以西方艺术分类原则为基础的由形状色彩构成的形象欣赏，而与书法、诗词没有什么关系。而书法欣赏也逐渐转变成为一种对抽象美的欣赏。在当代书画欣赏分途的氛围中，杨辛的书法明显地呈出一种对画意的追求。这是一种回归？要以一种独特的艺术方式去让人们回忆起书画的传统联系？这是一种追寻？要呈现出各门艺术背后蕴含的统一本性？可以肯定的是，这是一种创造，他开拓了一种独特的书法境界：书中有画。

书中有画是进入杨辛书法欣赏的一道法门，他的"荷风送香气，竹露滴清响"一幅，有淡淡的荷花与荷叶为背景，当观者由书法进入诗句而体会到一种诗境的时候，背景的画意立刻被识认，转诗入画，再细味笔墨，"荷"字所具有的花姿，"风"字使你感到飘动，"滴"字的三点仿佛就是三颗晶莹的水珠在向下滴，诗境画意全都充实到这十个字的风采中来了。背景的画意和字体的画意相互辉映，一种特殊的画境从书法中飘出。在"云破月来花弄影"一幅中，背景由疏疏密密的墨点构成摇曳的曲线，营造了一种朦胧的氛围，似乎是月光下摇曳的花影，它一下就使我们以一种特殊方式去理解由"破月来"三字形成的朦朦胧胧影影绰绰摇曳流动的独特姿味。它是书法，但充满画意。更有意思的是一幅"龙",中国繁体字的龙,本就是龙的象形,通过杨辛先生的书法创造,在神采上真具有了龙的风姿。龙字右边,宛如龙身体的曲折飞腾,反过来使人觉得字形左边仿佛是龙头的雄姿。这幅字的背景上也衬有淡淡的白色褐色块面,深浅不一,形断意连,飘曲畅卷,似雾似云,与字形形成了绝妙的配合。特别是中间的一小片,遮蔽了字形的一段,造成了龙在云中飞腾的艺术感觉。

杨辛先生书法的画意追求形式是多样的,如果说上面所举可称为字中有画,以画境衬书境的话,那么另一种类型不妨叫作字外画。他有两幅李白的与月亮有关的诗句:一是"明月出天山,苍茫云海间。长风几万里,吹度玉门关",一是"花间一壶酒,独酌无相亲。举杯邀明月,对影成三人……"全诗。两幅字内皆无画,然而诗全写在一圆形之中,一眼就感受到了一轮皓月,圆形带来的月感与诗句中的月境不知不觉地就加入进书法的美姿之中,真是无画而画意出焉。不过说起来,它毕竟还有外形之圆,真正称得上无画而画意出焉的,是杨辛的一些"一字书"。杨辛非常醉心于取一字来写成一幅,这一字总是意味非常深长之字,面对一字,澄怀味象,举笔挥毫,神在字中。这些"一字书"几乎全为杨辛书法的精品,又全都充满画意。"春",线条的柔美流动,那韵味,那节奏,那律动,满幅的春意盎然而出,不似画,胜似画。"荷",线条的浓淡畅卷,那形体,那姿态,那风韵,不与那夏日里一塘荷花的感受略同?"舞",线条的曲圆畅张,真有如唐人诗句形容舞蹈的"褰褰袖欲飞","流香动舞巾","风带舒还卷","虹晕轻巾掣流电"的神韵。"道",一条有着形断神连,墨隐意在的,充满舞姿和韵味的曲线。书幅边上有小字:"古人云书之至者妙与道参所谓一阴一阳之谓道即太极图说中国书画深得此理"。这注,欲给当代观者更好地理解中国书法,同时也是给理解本幅书法中深层意蕴一些帮助。这"道"字被创造为一条曲折圆转、断连显隐的线的流动,是流行而生万物的宇宙之气?是中国各门艺术都共享的"线"的风采?是中国文化象征的龙的腾跃?"道可道,非常道。"(《老子》)面对着这充满画意的"道"字,观赏着这是书而似画,似画而非画的书法,不会产生一种由书入意，得意忘书的感受？

在杨辛先生的"一字书"中，有些是背景有"画"的，如前面所讲的"龙"，有些是无画的，如刚才讲的"道"，后者就是真正的无画而画意出焉。而这一类型的重要，在于它是理解杨辛先生书法特点的一个关键。一旦对这一类型的欣赏有所得，再去看杨辛的其他任何行草作品，会发现，他对自己写的每一个字，都力求显出该字的画意。这画意一般是从两方面考虑，一是一字本身的画意，二是该字与整体的关系。如"明月松间照，清泉石上流"一幅，"松"字，追求一种苍劲厚实感，"清泉"二字，呈出水的湿润和流动，这是字本身的画意。"照"字显得模糊影绰，是考虑到整体的意境，是月下松间之"照"，得传出月夜的朦胧。"石"，因为是泉上之石，水在石上流的效果，特别是通过一撇的停留枯湿，表现得淋漓尽致。

画意追求对当代书法来说，具有多重意味，它增添丰厚了书法的欣赏内涵；它明显地引导观者脱离认字阶段，进入字的非字阶段，凭借着字又超越了字而通向了艺术欣赏；它使书法欣赏达到一种艺术通感效果；它使传统的书画诗一体有了新的结合，从而使书法理论回归本土文化资源，与用抽象美来解释书法形成一种必要的张力。它为正在走向一种对书法的现代新诠释提供新的作品基础。

也许，杨辛先生的画意追求只是他个人学养的一种天然构成，是他艺术本性的一种自然流露。杨辛先生本就是学画的，1946 年就读于北平艺术专科学校，虽然 1947 年赴冀察热辽解放区参加革命，1956 年到北京大学任教讲授美学，但一直没有停止过对绘画的热爱和研究。在一堂堂的授课中，他对古今中外绘画精品的深刻理解，给作为学生的我留下了深刻的印象。以内蕴万幅名画的胸襟来写书法，无意于画意而画意出焉。

二、字境、诗境与书境

书中有画是杨辛先生书法的一个方面，书中有诗是杨辛先生书法的另一个方面，这两方面一而二，二而一。从上面的论述中已不难体会，杨辛先生书法的画意追求很多时候是为了完美一种诗意。杨辛先生的绝大部分书法都是书写古代诗词的名篇名句，从而他的书法创造，不仅是一种书的形式美的创造，又是一种诗境的创造。通过诗词的书写，流出一个美的书法世界，同时又通过书法的笔墨风采，呈现出各种独特诗词意境。中国书法不同于西方乃至世界任何抽象美之处，就在于它是写"字"，它的线条笔墨之美始终是要受"字"的规律所制约的，或者说，它要依靠字形的"帮助"来形成独特的书法世界。这造就了书法与文字之间奇特的辩证关系：它写字但不是为了字，而恰恰是要超越字；超越字又从写而来，因此超越不是全盘抛弃字，而是减弱乃至堵塞字的实用流向，让字的审美性质极大地突出，从认字而求义变为赏字而求美，书法是字之美，这美由认字和赏字的合力共同产生艺术质变而成。在文字组合里，审美特质最突出的是诗，诗突出了字之美，用书法写诗，字境、诗境皆入书境，三者相互汇通，相互彰显，共同朝向一种审美的生成。书中有诗，从较浅的层面讲，在观者方面，可以更快地产生从认字到赏字的审美心理转换，在书者方面，可以更快地进入艺术思维；从较深的方面讲，它可以使作者观者升腾上浑元的艺术本体，再落实为具体的书法创造和欣赏，由书法而超书法，又由超书法而书法。杨辛先生的书中有诗，就是通过诗的书写，产生了特殊的字境、诗境的创造，而达到了一种新的书境开拓。前面举的"明月松间照，清泉石上流"，一方面是画意的创造，从本节的角度看，又是一种字境、诗境的创造。"清泉石"三字的字形笔墨是杨辛先生的独创，"清"字的三点水，"泉"字的流水味，一字是一字之字境，书中的每一字又服务于两句诗所表达的诗境，有整句的诗意，才有"石"字的一撇上明显的水流意趣，有整体的诗境，才有句中每一字特殊的大小、枯湿、刚柔、向背、断接、应拒的姿态形趣。然而这字境、诗境化出了一种独具个性的书境创造。

有意识的书中有诗的追求不仅使杨辛先生写了大量的诗词，有的名篇警句反复书写，而且使他的非诗词的书法创作也明显地有了浓郁的诗意。前面所讲的一字书"龙""道""荷""舞"，无一不包含着各自独

师道师说

杨辛 卷

特的字境和诗境。诗画一律是古人的名句，诗书互通是古人的心得。深于诗者，从书法中可以窥见诗境，深于书者，从诗词中以悟得书意。郑谷诗"扬子江头杨柳春，杨花愁杀渡江人。数声风笛离亭晚，君向潇湘我向秦"，可以体会到线的无限缠绵然后突然分为两边惨然而去。杜甫诗"……白日放歌须纵酒，青春作伴好还乡。即从巴峡穿巫峡，便下襄阳向洛阳"。读到后两句的"穿"字，仿佛觉得书法的突然昂扬，一笔从幅顶一气写到幅底的书意。秦观词"有情芍药含春泪，无力蔷薇卧晚枝"，能不让人联想起一幅柔美的书法？杨辛先生的书法充满了诗意，我想在很大的程度上，是因为杨辛先生本就是一位诗人。他写古体诗。1983 年我与同学多人随葛路、杨辛二先生长途艺术考察时，杨先生一路皆有题咏。其诗独有一种胸襟气韵。1991 年在泰山之巅举办过"杨辛泰山诗书展"。且录一首以见其韵致：

> 青松红叶秋色明，
> 主人好客共登临。
> 多情恰似岱顶月，
> 赠我云海一金轮。

写到这里，恐怕又得套一句上一节说过的话：以诗人的胸襟作书，不意于诗意而诗意出焉。

三、书法、艺术与文化

画意和诗意本身不是书法，它们的有无并不是书法达到上乘境界的必要条件。然而重要的画意诗意在杨辛先生书法中的存在，除了表征一种特殊的书法境界追求之外，还意味着他对书法的艺术本性和文化本性的直觉而深刻的理解。书中有画，并不是真有画的线条和色彩，而是有画意；书中有诗，也是有诗意；诗画之"意"，就是超越诗画形式本身，而趋向于艺术通性的东西。杨辛书法的诗意画意透露出他以一种阔大的艺术胸襟来进行书法创造，他的书法创造直抵艺术的本体。从艺术通性和艺术本体立论，书法所通不仅是诗意画意，而是天地精神，古人反复讲"诗者，天地之心也"（《诗纬》），作画是"以一管之笔，拟太虚之体"（王微），书法"情动形言，取会风骚之意，阳舒阴惨，本乎天地之心"（孙过庭）。因此，从艺术的范围和艺术的共通性讲，可以谈书法的诗意和画意，从更高上说，则是超越诗意画意的宇宙精神。在这里，不仅是书与诗画的互通，而且是书与天地万物同韵。杨辛先生在《书法的审美特征及其他》一文中说："怀素'夜闻嘉陵江水而草书益进'，为什么江水会有助于草书呢？因为水流的节奏感正是怀素奔放流畅的草书所需要的。怀素还说过'观夏云多奇峰尝师之'，为什么奇峰对草书有启示呢？因为奇峰的崇高气势对于草书的布局结构产生影响。黄庭坚也曾说：'余居寺元开之怡思堂，坐见江山，每于此中作草，似得江山之助。'自然界的千变万化的运动、节奏都可以作为草书的借鉴，故清人翁方纲尝言：'世间无物非草书。'书法中临帖对于丰富点画的表现力很重要，我觉得除了临有字之帖，还可以临'无字之帖'。自然就是'无字之帖'。前两年我在泰山观赏一株汉柏，古老的树干盘回屈伸表现了强大的生命力，书法用笔中所谓'中锋''涩笔'，'无垂不缩，无往不收'以及刚柔、屈伸、方圆变化等等，都包含在这汉柏的形象中了。当时我完全沉浸在一种书法趣味之中，仿佛面对的不是一株汉柏，而是在临一件汉碑拓片。"这段话显出了杨辛先生对书法数千年来的文化承负的深刻认识，同时也呈示了杨辛先生对数千年来书家胸怀的历史承传。

对杨辛先生的书法慢慢看去，看他对古代优秀诗词、古人格言警句、重要哲学范畴、关键文化词汇的反复书写，一种文化追寻的主题会渐渐浮出。"明月出天山，苍茫云海间。长风几万里，吹度玉门关。""大江东去，浪淘尽，千古风流人物。""落红不是无情物，化作春泥更护花。"……对这类诗词的书写，是为了寻出那诗境？是为了创造那书境？不也是为了去接近那悠古的文化之魂？杨辛先生把"道"字写得那样的气韵生动，其中没有包含他对"道"的深刻体悟？他把"龙"字写得如此的意味深长，其中没有包含他对这一内容复杂深厚的文化象征的当代思考？看着那难以用语言来表达其妙处的"舞"字，你会不信杨辛先生在表现中国艺术精神和中国文化精神上所达到的上乘境界？

"天行健"是一幅杨辛先生的行草。"天行健，君子以自强不息"，这句《周易》名言既是一种宇宙精神，又是一种人格力量。"宁静以致远，淡泊以明志"是杨辛先生的一幅隶书，这一陶潜的诗句传达出了一种古今相通的心性。然而最令我注意的是杨辛先生用隶书写的杜甫诗句："乾坤千里眼，时序百年心"，这是最能表现中国文化精神的宇宙胸怀，这也是杨辛先生一生孜孜以求的胸怀。你看杨辛先生的一首咏泰山诗：

> 高而可登，雄而可亲。
> 松石为骨，清泉为心。
> 呼吸宇宙，吐纳风云。
> 海天之怀，华夏之魂。

吟咏此诗而观杨辛先生书法，也许会对杨辛先生的书法境界有一种新的理解。

张　法

美伴人生

小　序

　　2010 年 12 月 7 日，九十华诞的北京大学杨辛教授在中国美术馆举办以《泰山颂》（书法）与《荷梦》（收藏）为主题的"美伴人生"艺术展，这是他在国内外举办书法艺术展的最近一次。在展览会上，杨辛教授向参展的来宾赠送了一本又厚又大的《美伴人生》的书籍，书中辑录了他的美学论著、书法以及以荷为主题的藏品。

　　为表达对他的祝贺和崇敬，我们曾写了一首拙诗：

　　　　夕阳无限好，妙在近黄昏。

　　　　原句李商隐，改字属杨辛。

　　　　新句寓新意，彰显乐观心。

　　　　毕生追求美，弘扬中华魂。

　　翻阅或搜索杨辛教授的简介资料，展现在我们面前的首先是：他曾是全国美学学会常务理事、中国高等学校美学研究会副会长、北京市美学会副会长、北京大学书法所资深教授、山东省泰山世界遗产研究委员会泰山研究所名誉所长等等。这诸多名衔，对杨辛教授来说，是当之无愧的。

　　概括地说，他有许多美学论著；他有那独具风格、如诗如画的书法艺术；他有着博采中西深厚的文化素养和具体感性的艺术经验。

　　再往深处说，更有他那洁净的内心世界：感人肺腑的高尚人生追求；继往开来的创新思维；情不自已、孜孜不倦地毕生追求美，为祖国和人民无私奉献美的火热之心和眷眷深情！

杨辛教授一再强调："讲美学的真善美，首先自身的内心要真善美。要以美启真，以美导善。"①

他是这样说的，也是这样做的。以美启真：他为人真诚、朴实、坦然、豁达，追求真理；以美导善：他善良、无私、谦虚、关爱他人、助人为乐，不计较名利，一生只为奉献；以美伴生，他的一生与美和艺术融为一体，以创造美、传播美为己任。这些高尚品格，凝聚在他的美学著述和教学中，融化在他创作书法艺术的美学实践中，并外化为与人交往的无形的感化他人的魅力。北京大学校长周其凤是这样评价的："杨辛教授治学、从教、艺术创作的经历，活到老、学到老，干一事、成一事的精神，值得我们每一个人认真学习。他大力提倡以美启真，以美导善，他满腔热情地推广书法艺术，把满足别人的艺术追求作为自己最大的快乐，无论是艺术界同行，还是寻常百姓，都为他的朴实、热情与无私深深地感动。杨辛教授创造美、传播美、实践美，他的美学成就不仅仅在于他创作的艺术美学，更在于其身体力行的人格美学和人生美学。"② 在我们的心目中，他确是一位德高望重、平易近人、和蔼可亲、业绩卓著的师长，是教人如何做人、如何从业的楷模。

美学——哲理与艺术经验的融合

杨辛教授的美学业绩，有他自己的特点。在思辨与实践的关系上，他更注重将美学推向社会。用他的话说，"从思辨美学家的理论创造中获得启迪，确立自己的美学理论根基，以自己有限的能力，把美学和艺术作为事业尽量普及到群众中去"。所以，可以说，他是在奠定美学哲理与具体艺术经验结合的基础上致力于普及美学的一位实践型的美学家。这一特点，伴随他的一生。

---

① 凡是引用杨辛教授的话语，有的是文章中的，有的是与作者的当面谈话，均不再注明出处。

② 引自《世界华人周刊——北大杨辛书法艺术专辑》，第 14 页。

在这里我们集中回顾他的美学教育——北京大学的美学教学与向全社会传播美的美学教育。

杨辛教授撰写和主编的美学论著主要有《美学原理》（合著）、《美学原理新编》（合著）、《建筑》（合著，中文版、法文版、意大利文版）、《艺术欣赏教程》（主编）、《青年美育手册》（主编）、《泰山的美学探索》等。他的这些论著在国内外都有其广泛的影响。以聚焦全球华人、弘扬中华文化为主旨的《世界华人周刊》为杨辛教授出版了《艺术专辑》，足见杨辛教授的美学论著和美学实践在国内外产生的广泛影响。

《美学原理》是杨辛与甘霖二位教授据在北京大学开设的美学专题课整理而成的专著。伴随 20 世纪 50 年代中后期到 60 年代初期我国出现第一次美学热，二位教授开设了美学专题课。杨辛教授最近回忆当年的心境时说："为了向学生传播美，引导学生追求美，我们在两个方面下功夫：一是寻求奠定美学的哲理根基，从人类文化史的高度，在主、客体的关系中探索美，让学生明白人类是怎样从对实用美的追求进而创造、欣赏艺术美的，让美得到真与善的支撑，防止学生把美庸俗化，去一味追求时髦，追求低级趣味。为此，他精读了马克思《1844 年经济学—哲学手稿》和《关于费尔巴哈的提纲》等有关著作，选定以马克思的美学思想作为哲理基础。马克思的美学思想就像一座灯塔指引着我们的教学与研究。二是要让学生欣赏到人类文化史上的典型审美对象，特别是艺术作品，使学生形象地、有血有肉地体验前人创造美的经验，懂得美与真、善的统一，掌握美的形式规律。否则，哲理里讲的美就是空的。只有将两者融合一起，才能使学生懂得什么是美，进而树立美与真、善统一的哲理观念，有规律可循地去追求美，把美溶化于生命中。"正是由于他把深奥的美学哲理和具体的艺术实践有机地结合起来进行教学，所以，他讲的美学课哲理清晰，形象具体，生动活泼，有血有肉，引人入胜，富有启迪性，深受学生欢迎。据当时的学生回忆：最初一个课堂两百多人，后来听课的学生越来越多，发展到一个礼堂六百多人。有位学生在有关悲剧考题的答卷中说，他从善恶和美丑的对立、从主人公被摧残而仍然坚持奋进中悟到了人生如何不屈不挠地去追求真善美。《美学原理》1983 年由北京大学出版社出版，1989 年获国家教委优秀教材奖，成为高等院校广泛采用的美学教科书。此后，一版再版。有位读过这本书的网友评价说："无疑，作为一本高校美学教材，它对培育学生和读过这本书的人的审美素养具有深刻的影响。所以，这本书的发行量巨大，至今犹再版不断。"

我们这些 70 岁上下的美学工作者永远不会忘记 1980 年聆听他在第一届全国美学教师进修班上讲授的美学课。他的独特之处，是把美学理论和审美实践完美地结合起来，通过对中外艺术大师的创作经验和大量审美对象的剖析，并配以幻灯片、图片欣赏，糅进个人的审美感悟，进行深透的讲解，因此，受到学员们的极大欢迎。这些学员回到各自的教学岗位上，多是按照杨辛老师的教学模式进行教学，收到了很好的教学效果。

杨辛教授从北大校内到全国美学教师进修班，培养了一大批美学研究生和美学教师，对我国高等学校的美学教学做出了很大的贡献。1992年国务院授予他对国家高等教育事业有突出贡献的表彰证书。此外，电视台第一次通过电视向全社会普及美学，是由杨辛教授讲授的。他重新写了深入浅出的普及教材，编排了幻灯片、录像带。据电视台统计，除了正式学员外，收视此讲座的达十万人以上。在《中国传统文化 100讲》中，就美学部分，杨辛教授讲了 9 讲。鉴于杨辛教授对普及美学的贡献，北京市授予他劳动模范的称号。

《青年美育手册》是杨辛教授主编的，向青年乃至全社会普及美学的一本综合工具性的通俗读物。20 世纪 70 年代后期到 80 年代，我国掀起了第二次美学热，广大青年对美学产生了空前的兴趣。许多美学工作者从美的哲学进入美学史与各艺术门类，如建筑、绘画、雕塑、音乐、舞蹈、小说、戏剧、电影、书法等的美学研究。杨辛教授与时俱进，为主编这本涵盖上述艺术门类的美学手册，他不耻下问、登门造访，向各艺术门类的专家、学者请教并约稿，经过艰苦的努力，最终编辑成近三十万字的宏篇巨著。虽然经历艰辛，但心中快乐，杨辛教授在回忆进行这一工作的心情时说:"我活着的意义,就是为普及美学的。我永远忘不了恩师汤用彤的教导:学术的境界与人生的境界要化为一体,做到高度统一。辛苦的过程也始终伴随着愉悦。因为普及美学知识,向社会传播美,是我一生的追求,所以,也是乐在其中的。"

《泰山的美学探索》是杨辛教授为泰山申报世界文化自然遗产申报书而撰写的美学部分,是他对泰山的独特自然美、悠久历史积淀与泰山博大精深的审美文化相结合的精到之作,是与他晚年书法理论研究与艺术实践密切结合进入化境的创新之作。2004年6月,申报泰山为世界文化自然遗产的主持人——国家建设部城建司园林处曹南燕先生在北京大学举办的杨辛书法艺术展来宾签到簿上,给北大的领导写下了这样的文字:"泰山于1987年被批准为世界文化自然遗产。泰山申报世界遗产申报书被联合国教科文组织称赞为'第三世界最好的一本申报书',申报书中的美学部分是杨辛先生亲自撰写的。他对泰山申报世界遗产做出了很大的贡献。建议在杨辛先生的简历中增加这方面的内容。杨先生所做的工作,不单是对中国的贡献,也是对世界的贡献。"泰安市副市长林华勇在2009年12月22日北京大学举办的"情融泰山颂——杨辛书法艺术展"开幕式致辞中,把杨辛教授关于泰山的作品评价为"新时期泰山美学研究的奠基之作"。国家建设部评泰山文化研究为一等奖,杨辛教授名列主持人之后的第二位。

书法艺术——从心里流淌出来的中华魂

理论是灰色的,生活是常青的。美学理论与所有理论一样,只有在实践中创造美的作品,才有生命力,才能充分发挥美化人生的作用。记得朱光潜先生曾一再强调,搞美学的人,一定要重点研究一点部门艺术。杨辛教授在青年时代师从徐悲鸿、董希文等大师时,已经积累了绘画、书法的基本经验。20世纪90年代初我们就曾在拍卖会上拍到他20世纪60年代用隶书写的一幅秀美的书法作品——《淡泊明志宁静致远》。他离休以后,将自己的美学理论和艺术经验集中于创造书法艺术美，把对艺术美的追求在书法中加以实践。

英国著名美学家克莱夫·贝尔曾说，"艺术是有意味的形式"。书法艺术与音乐艺术一样，其意味更是透彻于心灵。正如古人所云，书法是"心画"，书如其人。钱钟书先生在谈到书法时也曾说："书之妙境在于得心应手，又得手应心。得心难，应手亦难，得心应手更难，唯在二者及二者之融通上下苦功夫者，才能成为大家。"[①] 一生追求完美的杨辛教授深谙此道。他认为"书法是中国的传统艺术，亦是心灵的艺术。不仅要用手写，更要用心写，才能写出味道和神韵"。他的书法艺术，既讲求形式美，更注重内蕴美，将心手合一的妙法发挥得淋漓尽致，达到了形式美与内蕴美的有机统一。他那学者型、独创性的书法艺术驰名中外，在国内外举办过多次展览，广受好评。在美国旧金山、休斯敦、法国巴黎举办的书法艺术展以及在美国斯坦福大学、戴维斯大学、夏威夷大学、日本东京"亚洲美术会议"上所作的"中国书法艺术"讲演，均受到国际友人的真情赞誉。

首先，我们恭请读者欣赏杨辛教授创造的"杨氏一字书"，进而透视其蕴含的内心世界。

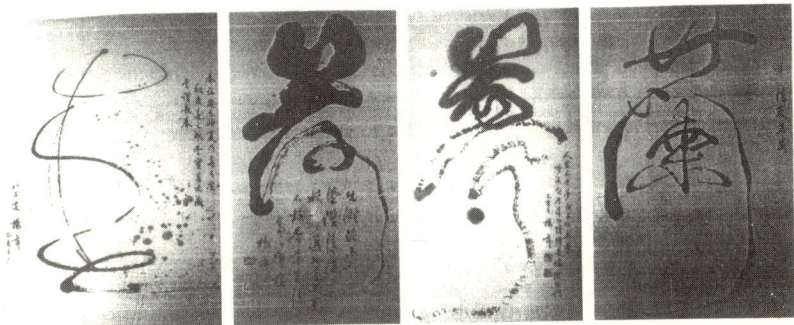

书写一字，古今不乏其人，但像杨辛这样以中国水墨画的技法将绘画的线条与色彩结合一起用于书写一字，实属罕见，是书法艺术的奇迹。这正应了沈尹默所云：世人公认中国书法是最高艺术，就是因为它能显示出惊人的奇迹：每一个字都如诗如画、意蕴深浓、个性鲜明；每

---

① 《钱钟书论学文选》第5卷，花城出版社1990年版，第345页。

一个字，都达到了非画而具图画之意境，无声而有音乐之和谐；每一个字都给人以广阔的想象空间。泰国报纸对他的"一字书"有如此赞誉："春字刚柔酣畅生气旺然；荷字具君子之风；兰字有清婉神韵；鹰字展矫健风采；虎字显刚健之美；龙字营粗狂动感；梦字寄深情厚意。"①应当说，上述品字生感的赞语的想象力是难能可贵的。

"书则一字已见其心"（唐张怀瓘），"书本心画可以观人"（清莫友芝）。许多年轻的美学和书法工作者及爱好者在杨辛书法展上表示，他们更想透过类似上述评价去了解、体味杨教授创造一字美的内心世界。对此，杨辛教授是这样说的："我的独字书法是通过一种精练的形式，表达我对人生与自然的感悟，体现了书以载道的追求。"熟悉或与杨辛有深交的人都知道：他的每一个字都凝聚着几十年的心血，都是顺着挥毫的经络流淌出来的那颗品格高尚和坚忍不拔追求美的心！以下仅析四字：

这"春"字是"杨氏一字书"的铸鼎之作。当时他虽年近古稀，但其内心却总是春意盎然。所以，他写"春"字，不仅是表现季节的春，而且是对一种人生感悟的心中的春。读者从他为"春"字的题跋，不难看出，他的内心一年比一年更"春"："岁岁新春春不老，柳枝婀娜东风早"，"岁岁写春春不老，舞姿更比去年好"，"春为岁之始，夏乃春之生，秋乃春之成，冬乃春之藏，是谓长春"。他说，写春，"每次都不是简单的重复，而是对春的深深感悟。在我看来，春不是季节，而是我生命的象征、精神的支柱，人生不论何时都应该是春天，是长春"。又像在朱自清的散文中所说，"我心里的春，就像母亲怀里刚刚落地的婴儿，从头到脚都是新的。春是永远不老的"。他喜欢送给朋友他写的春字，希望人人心中都有春。他不仅送给国内的朋友，在国外书法展上，也挥毫送给许多外国友人。2004 年在巴黎举办书法展时，他把"春"字送给了法国总统希拉克；2005 年他把"春"字又送给了首访大陆的中国国民党主席连战先生。

以下是杨辛教授写的一首描述他"春伴人生"心境的诗：

---

① 《暹罗日报》1999 年 12 月 20 日。

热情地拥抱今天，

愉快地期待明天，

幸福地回忆昨天，

生活永远像春天。

正是在这种心境的支配下，这个伴以绿色洒斑、一条曲线刚柔相济、枯润、粗细、断连妙变而一笔挥就的"春"字跃然纸上。他怀着愉悦的心情，练了写，写了再练；练就是写，写就是练，整整练写了19年！

"荷"即莲也。欣赏"荷"字，人们会情不自禁地联想到北宋周敦颐的《爱莲说》、朱自清的《荷塘月色》。荷花固有的洁净、淡雅的素质美，历来被誉为人格高尚的象征。杨辛教授之所以对荷特别钟爱，常常穷其积蓄重金收藏以荷为题材的作品。他长期以来珍藏的琳琅满目、多姿多彩的各种荷题材艺术品，正是他追求"出淤泥而不染，濯清涟而不妖"的品格和心灵的写照。季羡林先生曾说，梅、兰、竹、菊旧称四君子，荷出淤泥而不染，实君子中之君子也。荷花艺术是自然与心灵的交响曲，是美好心灵的象征。唐代诗人孟浩然有"看取莲花净，方知不染心"的名句，杨辛教授爱荷、写荷，是他的君子风范和"不染"心灵的体现。荷的全身从根、茎、叶、花、果都奉献给人来食用、药用和观赏，这正契合杨辛教授对无私奉献精神的追求；荷有着自己清净的风节和情愫：阳光明媚时，它不张扬，历经风雨时，它不怨诉，更不随波逐流，不管风吹雨打，它依然坚挺而又柔韧地舞动在池塘里。这也象征着杨辛教授一生不论经历顺利或坎坷都不改变的人生气节，他不受混世污泥的干扰，鄙弃"钱权至上"，一心追求高洁、清雅、沉静之美。

"梦"字蕴含着杨辛教授对人生的美好憧憬。此字初源于他对纯洁爱情的思念，进而联想到如何对待梦想的人生哲理。杨辛教授与夫人梦真，相濡以沫，美满和谐。十几年前夫人病逝后，他日夜思念，多次梦到老两口鹊桥相会。醒来时，从睡梦中走出，浮想联翩，灵感涌动，顿悟人生之梦。他在"梦"字的题跋中写道："人生不是梦，但不能无梦，梦是对未来的憧憬，是朦胧的诗。"在他看来，有睡眠中朦胧虚幻之梦，更有清醒时对人生、对事业追求完美之梦。前者是梦，后者是人生有所追求的梦想。人都会有梦想，只要它切合实际，就要励志奋斗去争取实现。当"神舟五号"在太空翱翔时，杨辛教授欢欣鼓舞，把一幅"梦"字送给了载誉归来的杨利伟，上题"圆古国千年飞天梦，英雄气概，浪漫情怀，世人同钦"，并盖上"飞天"图形的肖形章，突出千年之梦今日圆的意境。①

兰为"四君子"之一，历来也是文人学者追求人格修养之楷模。欣赏其"兰"字，真可谓"幽兰报春春意闹，兰花吐芳芳四溢"。而揣摩他写"兰"的心境，可谓"气若兰兮长不散，心若兰兮终不移"。

钱绍武先生为杨辛《一字书》出版写的序中这样写道："往往一字之得，积思数年，实乃十余年之精粹也。"如果再对这"十余年之精粹"追根溯源，那便是他受教于徐悲鸿、董希文等大师而潜入头脑的做人风范、绘画技艺，与从事美学教学、研究所积淀的真善美融贯一体的文化心理结构，以及在此基础上自然生发的创造性思维，"如风过水，自然成文"。一句话，他将内心的这一切，外化为风格异特的、亦书亦画的书法艺术美，为书法艺术百花园增添一朵奇葩。

在这里我们再请读者一起探求他的《泰山颂》及其中所彰显的中华魂。

"泰山颂"，在杨辛有关泰山的书法中有广义与狭义之分：广义的，包括他写的三十余篇誉美泰山的书法艺术；狭义的，就是下面专指的《泰山颂》：

> 高而可登，雄而可亲。松石为骨，清泉为心。呼吸宇宙，吐纳风云。海天之怀，华夏之魂。

这一诗作，镌刻于三处 3 米 × 4 米的巨石上：一处草书靠泰山脚下，一处隶书靠山上，另一处则由钱绍武先生书写镌刻于岱庙碑林。这三处"泰山颂"，都是旅游接待着重介绍的景点，被很多游者赞誉为"当代歌颂泰山的经典之作"。

---

① 参见《美术家》特刊，第 50 页，王旭晓文。

杨辛教授之所以能够写出如此刚健豪放、气势磅礴的书法，那是因为他做到了对泰山"贵观于明识""巧密于精思"（顾恺之语），从而达到以书寄神的境界。翻开杨辛教授在《泰山的美学考察》等文章中的表述，我们就会探求到他心里的"明识""精思"以及所寄之"神"。他认为，泰山的美并不仅限于自然特征，还涉及人和自然的关系。泰山的美和我们民族的历史有着密切的联系。泰山的壮美给人以阳刚之气，泰山象征着民族巨人，蕴含着中华民族自强不息、勇于攀登的华夏之魂。听听我国著名作曲家刘炽为这一诗作谱写的"泰山颂"大合唱，我们会情不自禁地联想到冼星海《黄河大合唱》中的"黄河颂"和刘炽写的《祖国颂》——从歌颂祖国山河的乐曲中体味它所彰显的民族精神，以激励今天人们的爱国之情。正如杨辛教授所说的："一个民族如果没有一种精神是没有生命力的。泰山传统文化中蕴含的民族精神正是我们时代所需要的。"泰山文化蕴含的哲理与他内心之奋进精神交互投射，熠熠生辉，书写出以上寓意深邃的诗句。

　　书法与绘画一样，都是"外师造化，中得心源"。杨辛教授与泰山结缘始于1979年。三十余年，他迷上了泰山的雄壮之美及其蕴含的文化积淀，豪情满怀地登泰山，学泰山。有人曾问他为什么这么爱泰山？他说，"这有主客观两方面的因素：从客观上说，泰山的美及其蕴含的浓重文化吸引着我；从主观上说，它与我的人生经历有密切联系。坎坷的经历激励我养成只能靠奋斗、进取来跟上时代的要求，以实现一生的理想；而泰山的精神恰恰给了我心灵的寄托。泰山孕育着的激人乐观、进取、攀登奋进、步步向上的精神，即天行健自强不息的生命哲学，这与我的心灵相吻合，诱我去追求或进入天人合一的境界"。所以，"登泰山是置身于一种浓郁的、充满哲理的文化氛围中，使我加深对人生的思考和理解，给我无穷的力量，生有涯，学泰山无涯……，欲得泰山神，当识泰山人"。正是出于这种思想境界，身体瘦弱的杨辛教授42次攀登泰山，其中37次是徒步攀登上南天门的。试想，这对一个八十多岁的老人来说，要有多大的毅力呀！写到这里，我们想起宋代苏东坡说的一句话，"古之立大事者不惟有超世之才亦必有坚韧不拔之志"①。正是凭着这超人的坚韧不拔之志，他走遍泰山的山山水水。泰山积其"明识"，促其灵感，成其"精思"，聚其神韵，"登山则情满于山，观（云）海则意溢于海"，挥毫写出《咏泰山极顶石》《太阳与人》《挑山工》《玉碒颂》《秋日登岱顶》等誉美泰山精神的书法艺术（包括一字、几字、对联）。其中10篇石刻于峰岚沟壑，8篇木刻于坊门柱轩，与镌刻的古代大家的书法，如"从善如登""云步跻天""峰回路转"等等一起，成为泰山的文化景观中传世千古的佳作，而其思想深度超越于古人。

除此之外，杨辛教授还创作了很多书录古代诗词名句和他创作的其他内容的书法作品。这里不再赘述。

总之，究其"心源"，从《一字书》到《泰山颂》，使杨辛教授在这个领域取得令人赞佩成就的是一颗什么样的心呢？

是一颗有人生哲理指引的心。

是一颗全心全意实践美学的心。

是一颗积淀着中外文化艺术素养和绘画经验的心。

是一颗迎难而上、坚韧不拔永攀高峰的心。

是一颗为追求美、奉献美，既激励自己又引领国人自强不息、奋斗不已的心。

奉献是回报　回报是愉悦

更值得我们赞佩和学习的是杨辛教授无私奉献的核心价值观。他毕生追求美是为了奉献美。他奉献美不是当作个人对社会的给予，然后从社会获取回报，相反，他把奉献视为个人对社会的回报。当他与我们谈论这一问题时，他首先引用马克思《1844年经济学—哲学手稿》中的思想说，人是社会的存在物，人所从事的科学或艺术活动不是个人行

---

① 见苏东坡《晁错论》。

为，"不仅我的活动所需的材料，甚至思想家用来进行活动的语言本身，都是作为社会的产品给予我的，而且我本身的存在就是社会的活动"①。然后，他又深情地说，"我的出身，不是书香门第，而是贫寒之家。我今天所拥有的一切，无论是物质的还是精神的，都是社会给予的，祖国和人民养育的。具体点说，在解放前，是北平艺专及其恩师徐悲鸿、董希文等哺育的。在解放后，是北京大学及其恩师汤用彤以及朱光潜、宗白华等老师的教导赋予的。再扩展点说，是受像钱学森、邓稼先等为祖国无私奉献并做出关系国家存亡的卓越贡献而不计个人得失的科学家的高尚品格感召而来的。所以，我所做的一切是对上述一切的回报"。接着，杨辛教授连续说了七个发自内心的排句：

奉献是我的人生追求。

奉献是我对哺育我的祖国和人民的回报。

奉献是我对培育我的恩师们的报恩。

奉献是我审美实践的动力。

奉献是我对那些为祖国做出卓越贡献科学家崇敬或怀念的真情流露。

奉献是我一生最大的快慰。

奉献是我追求美、传播美的持久因素。

杨辛教授讲奉献，不仅是发自内心的，而且是以实际行动实践的。我们仅举几例，便足以证明：

2009 年为缅怀恩师徐悲鸿，他书写了赞悲鸿师画作《奔马》的书法：

鸿师画马如写隶，屈铁盘金藏骨气。

鬣尾张扬舞飞白，一片丹心撼天地。

2001 年在钱学森九十华诞时，他挥毫书录宋代石延年的诗句《古

---

① 参见《马克思恩格斯全集》第 42 卷，人民出版社 1979 年版，第 122 页。

松》贺寿，表示崇敬之情。书曰：

> 直气森森耻屈盘，铁衣生涩紫鳞干。
> 影摇千尺龙蛇动，声撼半天风雨寒。
> 苍藓静缘离石上，绿萝高附入云端。
> 报言帝座抡才者，便作名堂一柱看。①

2002年他满怀亲情地书写缅怀恩师汤用彤及师母的诗句：

> 春风化雨，绿草如茵。燕南庭院，有我双亲。

他缅怀先烈书录杰出科学家两弹元勋邓稼先的遗诗：

> 红云冲天照九霄，千钧核力动地摇。
> 二十年来勇攀后，二代轻舟已过桥。

杨辛教授无私奉献观最令人感佩的是：他将自己在中国美术馆展出的书法和几十年重金收藏的荷（莲）玉雕、木雕、瓷塑等全部无偿赠送给他所在的学校——北京大学。

结　语

记得朱光潜先生说过，艺术为人生。杨辛教授又加了一句，"人生如艺术"。当我们与这位老人谈论人生时，他说，"我对人生有两点感悟：一是做人，做一个高尚的人，一个关爱社会、关爱他人的人；二是敬业，热爱自己的专业，把做人的真谛贯彻到美学理论和具体实践中去，以有限的能力有效地为社会服务"。当你有幸到这位老者家做客，你就会发现他的人生真正是融入在艺术之中：书房上下左右的书画、物件都是美；他的言谈三句话不离美与艺术；谈到他攀登泰山的感受和他书写泰山美时，他情不自已，美意盈溢；指点他收藏的那些用各种材质

---

① 该诗一版本"绿萝"作"丝萝"，"帝座"作"帝室"。

雕塑的以莲律己的荷花，他开怀大笑；手握毛笔展纸书写，他神情关注、潇洒自如；他的生命完全浸透在美和艺术之中：美就是他的信仰，他的宗教。美就是他的生活，或者说，他的生活真是艺术化、审美化了。他曾这样回忆："在欣赏美、创造美、传播美中度过一生，这种人生追求或许可说是美伴人生一路行吧！"为追求和奉献美，使他返老还童，"含德之厚，比于赤子"（老子语）；为奉献美，他生活很简朴但却很愉快，觉得很幸福；为奉献美，他更加奋进，活得更有意义。他业绩显著，却说只是刚刚"渐入佳境"。他已年逾九十了，但他仍然以今天为起点，无止境地追求、攀登。

马克思曾这样写道："在科学上没有平坦的大道，只有不畏劳苦沿着陡峭山路攀登的人，才有希望达到光辉的顶点。"[1] 科学上如此，艺术上也是如此。

> 如果你想得到艺术的享受，那你就必须是一个有艺术修养的人。如果你想感化别人，那你就必须是一个实际上能鼓舞和推动别人前进的人。[2]

我们尊敬的杨辛教授就是这样的人。

最后，我们以小诗结束本文：

> 论美倡艺九十春，品德高尚业精深。
> 丹心豪情攀东岳，妙笔心铸中华魂。

张帆　李范

---

[1] 《马克思恩格斯全集》第 23 卷，人民出版社 1972 年版，第 26 页。
[2] 《马克思恩格斯全集》，人民出版社 1972 年版，第 155 页。

赏荷花而好"洁" 崇奉献而知"乐"

　　他是一位美学家，不仅用书法书写美，而且用行动诠释美；他是一位教育家，他用理论丰盈学生的智慧，他用自己不懈的付出和奉献启发学生的心灵；他身居斗室，却倾其所有为教育事业无偿捐赠；他大爱尽洒，却常常感慨母校的"涌泉之恩"无以为报……

　　他就是"全国离退休干部先进个人"——北京大学哲学系教授、离休干部杨辛先生。

　　杨辛，1922年5月生，中共党员。北京大学教授。当代美学家、书法家。中华美学学会顾问，中国紫禁城学会顾问，中国文化书院导师，中国东方文化研究会学术委员，山东省泰山世界遗产研究委员会泰山研究所名誉所长，中国书法家协会会员，中国美术家协会会员。

　　杨辛先生早年就读于北平艺术专科学校，师从徐悲鸿先生和董希文先生。新中国成立后，他调入北京大学，长期从事美学研究与教学工作，先后编著《美学原理》《美学原理纲要》《艺术赏析概要》等。

　　1991年，杨辛先生离休后痴心研习书法，他的书法作品强调自然之美，风格独特，多次在国内外展出。书法之美，是杨辛先生的艺术追求；而奉献之美，是杨辛先生的人生实践。

　　2010年12月，杨辛先生在中国美术馆举办"美伴人生——杨辛书法展"。在展览开幕式上，他宣布此次展出的百余件作品，他将全部无偿捐献给北京大学，把书法的艺术之美作为对母校的深情回报。杨辛先生表示，这些作品倾注了他丰富的情感，多是中国传统文化与时代精神的结合，希望自强不息和无私奉献的精神能够绵延长久。

　　谈起捐赠的初衷，杨辛先生说是"感恩"，他常常表示，"进入晚年后，常有感恩之心，将之化为对集体、对他人的奉献精神，做到老有所为、老有所乐、老有所学，是个人晚年幸福的源泉"。

2012年6月，杨辛先生出资100万元，在北京大学哲学系设立汤用彤奖学金、杨辛助学金。其中汤用彤奖学金60万元，用于奖励哲学系学业突出的学生；杨辛助学金40万元，用于帮助哲学系家庭贫困的学生完成学业。奖助金的设立，饱含了杨辛教授对学校的深厚感情、对教育事业的无私付出，更凝结了对后辈学生的殷切希望。

受助学生尹新然表示："面对这样一位真诚坦荡、无私奉献的长者，我的心中满是敬意和感动。我敬他历经艰苦却不曾屈服的坚韧，受人之恩定涌泉相报的真挚，一心为他人却不求回报的纯真，以及蕴含灵气与生命的艺术心灵。杨老师提供给我们的不仅是经济上的帮助，还有这瓣人格的馨香。"

面对赞誉，杨辛先生的反应很平静。他表示，"我的这个捐赠是'涌泉之恩，滴水以报'，一般所说的是'滴水之恩，涌泉以报'，而我的实际情况却是'涌泉之恩'，因为北大对我的恩情太重，我做一点事情非常轻微"。

有君子之风的杨辛先生喜爱荷花，收藏了许多珍贵的荷花艺术藏品。2013年，杨辛先生将珍藏的136件荷花艺术藏品无偿捐赠给学校，建成了北京大学荷花艺术藏品展馆。2014年，学校将展馆建设为北京大学首个"立德树人教育基地"。作为一名教育家，杨辛先生希望在青年学生中"以美引真，以美导善"，"从教育的角度来说，通过艺术品来进行教育，就是把美育和德育结合在一起，使得人们在欣赏这些艺术作品的同时，人生的境界变得更高尚"。

93岁高龄的杨辛先生不辞辛劳，亲自为展览做解说。他结合自己的人生感悟对藏品做了详细的讲解，生动地讲述了荷花的高洁品质和乐于奉献的时代精神，并表达了自己不断追求人生目标，生生不已，奋发有为的人生梦想。北京大学原党委书记王德炳在参观展览后表示："荷花艺术藏品展馆是教育青年学生的鲜活教材，杨辛先生的人生哲理和精美的荷花艺术品对青少年有非常好的教育意义。"

与此同时，杨辛先生再次捐资，设立了基金规模达 100 万元的"杨辛荷花品德奖"，用于奖励品德高尚的学生楷模。这是北京大学历史上首次设立学生"品德"的奖项。北京大学党委书记朱善璐在捐赠仪式上表示，设立"杨辛荷花品德奖"，引导北大青年学子敦品厉行、一心向善、学会感恩，对于北京大学培养中国特色社会主义高素质建设者和可靠接班人，以及加快创建世界一流大学具有不可替代的重要意义。

　　"夕阳无限好，妙在近黄昏。"杨辛先生写的这幅字，正是他离休生活的真实写照。杨辛先生将自己的所有都献给了教育事业，自己至今仍然住在一套仅几十平方米、几乎没有装修的老旧单元房里。但他笑着说："在拥有精神财富方面，我可以称得上是'富翁'。"

　　2012 年，杨辛被授予"北京大学哲学教育终身成就奖""北京大学老有所为先进个人""第六届中国财富人物公益慈善终身成就奖"。2013 年，杨辛被授予"北京大学杰出教育贡献奖""北京教育系统离退休干部健康标兵"。2014 年，杨辛被授予"北京教育系统关心下一代工作先进个人"，同年荣获中组部"全国离退休干部先进个人"称号。

　　品艺术而赞"美"，登泰山而悟"生"，赏荷花而好"洁"，重友谊而贵"诚"，崇奉献而知"乐"，爱人民而怀"恩"。杨辛先生将人生雕琢成一件艺术品，历久弥珍。

花开花落都是歌

不久前，北京大学设立了以"品德"命名的学生奖励项目"杨辛荷花品德奖"，以鼓励青年学子敦品厉行、从德向善，这是北京大学创立一百多年来设立的第一个"奖德金"。为"荷花品德奖"出资并无偿捐赠荷花艺术藏品的杨辛先生，是美学界德高望重的耄耋长者，他一向艰苦朴素、省吃俭用，过着极为普通的生活，却把省下来的钱和义卖书法作品的钱，多次无偿捐赠给教育事业。

两年前，杨辛先生向北京大学哲学系捐赠了100万元，用60万元设立"汤用彤奖学金"，40万元设立"杨辛助学金"，用于奖励哲学系学业突出的学生和帮助哲学系家庭贫困的学生完成学业。杨辛说："在我的人生道路上有几次重要转折点，都得到汤用彤先生的帮助和关爱，出资设立'汤用彤奖学金'是为了感恩、纪念汤先生，设立'杨辛助学金'也是这个目的。在汤先生身上，学术境界与人生境界高度统一，'关爱人'已成为一种精神境界，体现了仁者的风范，里面凝聚着中国传统文化的精髓。我要把这种人格精神传递给后人。"

一

93岁的杨辛老人出生在重庆，10岁到12岁时，父母相继去世。读六年级时，他的成绩优异，却因父母离世无法升学，甚至连住的地方也没着落。最困难的时候他变卖家里的东西维持生计。为了尽早就业，他在亲友的帮助下上了一个职业学校，还没毕业就到民生轮船公司在重庆朝天门码头的一个仓库里做油料科练习生。几年后，公司里的一个上级赏识杨辛的勤奋，便好心资助他到重庆南开中学，念高中一年级。由于这一机缘，杨辛结识了汤一介。

1943年，杨辛到南开中学读书时，与小他五岁的汤一介是同班同学。汤一介那时就开始出墙报写哲学文章了，杨辛则因画漫画在全校出了名，还一个人办了一个漫画壁报，名叫"偶尔"。一年后，抗日战争更加激烈，汤一介回到在昆明的父亲汤用彤身边。怀着一片抗日救国的热忱，杨辛等二十来个南开高中学生，报名参加了印缅远征军，军衔是下士。经印度到了缅甸，接受步兵训练。这期间，他了解到国民党军队的种种腐败，心中升起对延安的向往。

抗日战争末期，日寇已是强弩之末，中国远征军陆续回国，南开中学的同学到曲靖时，听说国民党打算把这支队伍调到东北对付共产党，而且又目睹了国民党军队的腐败，又向往继续求学，杨辛等三个要好的同学商量，趁夜晚兵荒马乱的时候，三个人留下枪，坐上了去昆明的火车。在途中，幸运地遇到一个从昆明来的同学，见到追赶他们的军人已赶到前一站等着抓他们。生死一线之际，杨辛等人匆忙下车后，躲在老百姓家里，后来搭乘一辆货车，逃到昆明。

到昆明后，杨辛与汤一介取得了联系，汤一介跟父亲讲了杨辛的情况，也讲了军队腐败的事实，汤用彤先生答应杨辛住在他家里。尽管当时汤用彤是西南联大哲学系的系主任，但生活十分清苦，就在杨辛到汤家之前，汤一介的哥哥生病去世了，汤一介的妹妹、汤用彤先生最心爱的女儿，也因误诊去世，但汤用彤先生从未流露出失去儿女的伤痛。杨辛对此毫不知情，他和汤一介同住在一间破旧的很小的木板楼房里。

在汤一介家里，得到汤用彤夫妇关爱的，还有一个人是邓稼先。邓稼先的父亲邓以蛰与汤用彤私交很好，原本两家都在北平。汤用彤到昆明后，汤一介的母亲还在沦陷区北平。当时年轻人上学经过日本人站岗的地方都要敬礼，邓稼先宁可绕路走也不去敬礼。他非常想离开北京，于是在汤一介的母亲去昆明时，邓稼先化名汤一介哥哥汤一雄的名字，随汤一介母亲一起到了昆明。

汤一介、邓稼先和杨辛三个人年岁差不多，常在一起聊天，邓稼先喜欢文学，英文也好，有时讲些英文小说里面的故事给大家听，还讲到他很想北平的冰糖葫芦。杨辛从未去过北方，不知道冰糖葫芦什么样子，却从此有了念想。

那段时期非常困难，杨辛住在汤家，靠卖报纸和做家庭教师赚些伙食费，也帮汤用彤先生抄写些文稿，汤用彤先生的代表作《魏晋玄学流别略论》文稿，杨辛用小楷抄写过工工整整一万多字。杨辛在西南联大听过课，认识了闻一多的儿子闻立鹤，在他的书架上第一次看见了《新民主主义论》，接触了一些进步思想。闻立鹤带杨辛见过闻一多，想请他帮忙推荐杨辛进先修班。

抗日战争胜利那年圣诞，生活困窘之际，大家在汤一介家里非常狭窄的小楼上，举办了一台别开生面的小晚会。两张床单拼挂起来做幕布，杨辛和汤一介做演员。杨辛带了顶红色帽子，贴上用棉花做的胡子化妆成圣诞老人，把头和手露在幕布缝外，汤一介两只手从幕布缝伸出来，假扮圣诞老人的手，杨辛的双手套上鞋变成圣诞老人的脚，演了一出幽默的双簧。观众有汤一介的父母、弟弟，还有同院子住的一对教授夫妇和闻立鹤。在最困难的民族危难时期，杨辛在汤一介家中感受到家庭生活的无限真情与温暖，乐观积极地投身抗日救亡运动。他卖过《学生报》和费孝通教授办的《自由论坛》报，还画漫画，与汤一介联名写诗，揭露国民党政府的丑恶嘴脸，挂在西南联大学生为四烈士设的灵堂里。

二

1946 年下半年，西南联大解散，北大、清华和南开在平津复校，杨辛很想继续到北方上学，就来到北平。但是因为举目无亲，没地方可去，就又住在汤用彤先生家里。那时汤用彤先生是北大文学院院长，可是生活仍很艰难。

时逢北平艺专第一年招生，徐悲鸿任校长，杨辛就去报了名，并以第一名的成绩入了学。杨辛学习所在的班，班主任是董希文，钱绍武也在班里，后来他们成了挚友。到了北平艺专，他继续参加学生运动，还曾作为学生代表三次到徐悲鸿先生家里商量罢课的事。当时徐悲鸿已是有名的大画家，但对学生非常亲切，有一次还带着一年级新同学看俄国 19 世纪油画展，边看边讲解。

平时徐悲鸿校长很关心学生们的学业，曾请齐白石为学生们现场作画，创造学生们向大师学习的机会。学生们围站在四周，有的站在桌子上，有的站在凳子上，徐悲鸿亲自给齐白石递笔，正面画完，还反过来在纸的背面加上几笔，以展示不同的效果。第一年艺专新年晚会上，徐悲鸿先生别出心裁地发明了一个游戏。他在讲台上摆了一张纸，画前不预定画什么题材，自己上去画头一笔，然后让各位老师依次上去一笔一笔即兴往下画，最后出现了"刘海戏金蟾"的画面，有意思极了。

在北平艺专学习的两个学期，杨辛都是第一名，课余时间他还演戏，演《雷雨》，他演周朴园，后来成名的香港导演李翰祥那时与杨辛同年级不同班，在剧里演鲁大海。演出时，杨辛摸胡子时不小心把胡子拽掉了，他急中生智，趁转身的时候及时粘上了胡子。那段日子是杨辛人生中最活跃的阶段。

后来，杨辛等六七个在艺专牵头搞学生运动的人，被国民党政府列入了黑名单。这种情况下，中共地下党组织帮他们转移到解放区。到解放区后，杨辛先是参加土改，后被调到中共冀察热辽地区分局城市工作部工作。1948 年临近辽沈战役时，杨辛转到辽西，解放军打下锦州后，进城接管，杨辛在中共锦州市委研究组，做工商业者的工作。那段时期，杨辛认识了团市委的一位锦州姑娘，1951 年步入婚姻殿堂。后来，杨辛被调到沈阳，在东北局工作，后调到吉林省委党校教哲学。

三

1956 年，时值中央提出向科学进军，汤用彤先生任北京大学副校长，为了完成科研规划，他亲点了两个人到北大做助手，一个是在北京市委党校工作的儿子汤一介，一个就是杨辛。这次调动是杨辛一生中最重要的转折，此后他在北大度过了近六十个春秋直至现在。

在汤用彤先生的关怀下，1959年前后，北大哲学系美学组成立时，杨辛因学过艺术而转到美学专业。1960年系里正式成立美学教研室，也是国内大学里设立的第一个美学教研室，系里任命杨辛为主任。当时，教研室有美学前辈朱光潜、宗白华和邓以蛰先生，以及中青年教师甘霖、于民、阎国忠、李醒尘。杨辛说，中国的美学事业是在老一代美学家带领下发展起来的，给他留下印象最深刻的就是朱光潜先生，他们亦师亦友，朱先生信任杨辛，"文化大革命"期间曾将自己的译稿存放在他家里。朱光潜先生晚年与杨辛交往很多，杨辛也深切了解先生晚年思想转变的艰苦过程，以及视学术为生命的精神。一次，朱先生生病住院后，家人将他的书房搬到楼上，目的是让他休息不要再工作了。然而一天晚上，朱先生因为觉得《新科学》译稿中的一条注释有问题，就一级一级爬上楼梯去修改。

1960年国家教委组织全国高校教材编写，美学方面准备编写《美学概论》《西方美学史》和《中国美学史》三本教材。《西方美学史》由朱光潜负责，《中国美学史》由宗白华负责，《美学概论》由王朝闻负责。杨辛参加了《美学概论》编写组的工作，和马奇一起担任副组长。后来马奇因人民大学工作需要离开了编写组，便由杨辛承担起大部分组织工作。这个时期，他经常与王朝闻书信交流，这些珍贵的书信有的现在还保存着。这一阶段，杨辛也集中踏实地做了很多学术研究，后来他与甘霖合著，重印46次的《美学原理》就是在此基础上结合教学实践完成的。

杨辛到哲学系工作一段时间后，汤用彤先生就因病去世，杨辛下决心，以后不管做什么工作，都不能辜负汤先生对自己的培养。杨辛曾在北大图书馆举办个人书法展览时，含泪写下："春风化雨，绿草如茵，燕南庭院，有我双亲。"在杨辛心里，汤先生的和蔼、慈祥中蕴藏着一种深刻的人格精神——对人的关爱，这种人格精神融入了儒家"仁者爱人"、佛教"慈悲为怀"和道家"上善若水"的思想，是汤先生学术境界的一种"化境"。杨辛说汤先生和汤师母从未对自己讲什么做人的大道理，而是通过言行，像春风化雨滋润万物一样，让年轻人的心灵受到熏陶。

四

做学问与做人高度统一，人生境界和学术境界高度统一，对杨辛而言就是汤先生留下的最宝贵的精神财富，也是最需要感恩的。晚年，杨辛更加偏重于精神的追求与对社会的奉献和回馈，将作为专业的美学融进生活和艺术实践，又在生活和艺术实践中，不断丰富对真善美的认知，过得充实而愉快。

对杨辛精神生活产生重要影响的一件事，就是学习泰山文化。他离休前，1979年在济南参加美学研讨会后，与友人结伴登临泰山。当泰山呈现在眼前，他沉浸在敬仰和兴奋的心情中，泰山给他留下的印象主要还是它在外部特征上的雄伟。真正和泰山结缘是在1986年，他参加了北大组织的泰山风景区资源综合考察，参加这项工作的北大教授有二十多人，杨辛分担美学方面课题，写成"泰山美学考察"。这次考察为泰山申请联合国的世界文化遗产提供了学术论证。1987年，泰山申遗成功。

杨辛在这段考察期间走遍泰山的各个主要景点，全方位地审视和体会泰山，将泰山雄伟的自然特征和深厚的历史文化内涵相结合，深切地体会到泰山是中华民族精神的象征。这次泰山美学考察还激发了杨辛在诗歌和书法上的创作热情，1986年，他写成了《泰山颂》："高而可登，雄而可亲。松石为骨，清泉为心。呼吸宇宙，吐纳风云。海天之怀，华夏之魂。"这首诗，由钱绍武为中央的会议厅书写过大幅草书，杨辛先生也自书过刻在南天门景区和山下天外村，以及由人民大会堂收藏。

从1979年首次登泰山到现在，已经35年，杨辛深深感到登泰山有如上了一次人生大学，泰山给了他晚年新的生命。他感到泰山对他的精神影响是多方面的，但对他影响最深刻的，还是哲学上的，如果用一个字来表达，就是"生"字。泰山文化的精华就是以生命为中心的天人之学，其最大魅力就是能激发人的生命力。对个人和国家皆是如此。泰山不但给了杨辛精神上的陶冶，更成为他艺术创作的灵感来源。离休后，他专事书法艺术创作，逐渐形成了自己独特的艺术风格，享誉海内外，先后在法国、美国、日本举办过多次书法展览，并赴美国、日本、中国香港等地的大学举行中国建筑或书法艺术讲演。

杨辛说自己书法上的成就得益于泰山的精神与灵气，他把自己的书房取名为"师岱堂"，还曾以《师岱堂集墨》的名字出版了书法集。他认为，中国书法古代称之为"心画""心迹"，也就是心灵的艺术，是人的精神美的表现，而且长于直接地抒发人的性灵。杨辛的书法作品，不仅是用手写的，更重要的是用心写成的，像大幅的"泰山颂"书法，是灌注了他全部生命在进行创作。每一个字都是他对人生、对自然的感悟。在漫长岁月中，书法成了他生活中的精神支柱。在艺术上，他力求把现代艺术品位与中国传统书法相融合，虽带有画意，但并不与绘画争功，即便色彩融入，也是从属于意境的需要。

在书法实践中，杨辛还有一个特别的体会，就是书法使人"忘老"，而忘老则是养生最高明的办法。这些年，他忘情于书法之中，从未去想自己是否老了，反而使得他的身体经受了一次次疾病的考验，使得他的精神一直屹立，永远不倒。李商隐有诗云："夕阳无限好，只是近黄昏。"他改动了两个字变成："夕阳无限好，妙在近黄昏。"一种乐观豁达、豪迈自信之美消散了原诗中的悲观和凄凉。

除了书法，杨辛还特别喜好收藏各类荷花艺术品，包括石雕、玉雕、木雕、青铜雕、根雕、牙雕、瓷器、紫砂、刺绣、剪纸、摄影、书法、绘画等十多个艺术门类。几乎无一不是精品、珍品。然而，收藏荷花艺术品，并非仅仅作为消遣与赏玩。他想通过对荷花的收藏与展出，弘扬荷花所代表的民族精神，唤醒人们热爱、尊重和亲近自然的情感，在全社会倡导一种洁身自好的高尚人格，发掘荷花艺术的文化意义。泰山之刚健雄浑、巍峨挺立正是杨辛人格和艺术的风骨，而荷花之清纯不染、幽然独立则是先生心灵和艺术的韵致。

如今，无论是理论研究还是艺术实践，杨先生都堪称大家，但他始终冲淡平和，恬静谦退，93岁高龄仍在为公益事业奔走，不辞辛劳地募集资金，无偿奉献给教育事业。照顾杨先生十几年的黄阿姨得到杨辛的一项特别帮助，就是学习书法，她用篆书书写杨辛先生的《泰山颂》

等作品多次为人收藏。杨辛说，"自己生活得好，也要让周围的人生活好一些"，他很感激前几年病重时，黄阿姨的日夜守护，有意教她书法，也是一种回报，让她以后多一项谋生手段。

回首近一个世纪的风雨历程，杨辛无怨无悔。艰苦岁月的磨难历练了他坚强的意志，愈挫愈奋的精神培养了他乐观豪迈、昂扬向上的生活态度，恩师朋友危难之际伸出的援手造就了他时刻感恩的心灵和奉献而知乐的情怀。"人生七十已寻常，八十逢秋叶未黄，九十枫林红如染，期颐迎春雪飘扬。"对杨辛先生来说，生命没有局限，每天都有真善美的向往，"朝霞晚霞皆成锦，花开花落都是歌"。

在杨辛先生的捐赠帮助下，去年，北京大学建成了首个以荷花为主题的艺术馆，并以此作为"立德树人教育基地"。在艺术馆落成典礼上，杨辛先生说：荷花文化，一是高洁，出淤泥而不染；一是奉献，荷花从根到茎、到叶、到花、到果，全部奉献给人类。我在北京大学工作近六十年，北大是我成长的摇篮，没有学校的关怀，没有恩师的培养，没有同事挚友的扶持，就不会有我的现在。我总怀着一种感恩之情！

林琳　徐碧辉

松石为骨　清泉为心

"高而可登，雄而可亲。松石为骨，清泉为心。呼吸宇宙，吐纳风云。海天之怀，华夏之魂。"雄伟矗立于泰山的巨石上，镌刻着一首大气磅礴的《泰山颂》，其创作者和书写者就是我国著名的美学家、书法家杨辛。

93 岁高龄的杨辛先生清癯瘦削、纯朴淡然。走进书房，一眼就可以看到墙上高悬的墨宝《泰山颂》。"松石为骨，清泉为心。"这既是对泰山精神的概括，也是杨辛先生自己的人生写照。

少年坎坷　美伴人生

杨辛的一生坎坷而充满传奇色彩。"12 岁时，我父母就去世了，只能住在寺庙或茶馆里，生活非常困难。16 岁时，我在民生轮船公司做练习生，有好心人见我年纪虽小，工作却非常努力，就资助我继续上学。"杨辛回忆说。

抗日战争时期，杨辛参加了印缅远征军。回国后，因对国民党军队不满，他离开部队来到昆明，寄住在同学汤一介家，一同参加学生运动。1946 年，杨辛以第一名的成绩考取北平艺术专科学校西画系，师从著名画家徐悲鸿、董希文，并继续参加学生运动。

"后来，因为国民党逮捕参与进步运动的学生，我只好中断学习，离开艺专到了东北解放区。1956 年，我被调到北大哲学系担任汤用彤先生的助手，从此就在北大教书。这可以说是我人生重要的转折点。"杨辛说。

在北大执教期间，他与甘霖先生合写的《美学原理》一书，生动形象、深入浅出，启迪许多青年人认识与追求美。"研究美学，要注重两点，一要有哲学的深度，二要培养对形式的敏感。要想有哲学的深度，就不能满足于经验性描述；而培养对形式的敏感，则要依靠坚持不懈的艺术实践。"杨辛说："要多看、多听、多研究，所谓操千曲而后晓声，观千剑而后识器，要靠实践经验培养艺术敏感。"

情系泰山　大德曰生

泰山对于杨辛来说，有着非同寻常的意义。他说，对泰山的理解和热爱，源于自己苦难而坚韧的人生经历。他的人生就像艰难而历险的攀登，虽历尽坎坷，却始终追求进步和光明。

1979年，杨辛在济南参加美学研讨会，会后与友人第一次登临泰山。在广阔的天地之间，望层峦叠嶂，赏万壑烟霞，他被泰山的壮美深深折服。20世纪80年代中期，泰山申报世界自然与文化遗产，杨辛参与论证泰山的文化价值，并撰写了《泰山的美学考察》一文。自此，他与泰山结下了不解之缘。

"到现在为止，我登泰山已有44次，徒步登上去就有37次。尽管我已90多岁，但去年还登了两次泰山。每次去泰山，我都有新的感悟。"在杨辛看来，泰山的壮美以自然美为基础，更离不开历史文化的凝结和丰富，它通天接地、包容万物，体现了中华民族厚重、宽容、坚韧、进取的品格。

"如果用一个字表达泰山留给我的深刻印象，那就是'生'。天地之大德曰生，泰山最大的魅力就是激发了人的生命活力。它将'天行健，君子以自强不息'的精神融入我的血脉之中，培养了我乐观进取的精神，使我的晚年获得了新的生命。"杨辛告诉记者。

喜莲高洁　冲淡平和

闲暇时，杨辛喜欢收藏有关荷花的艺术品。正如唐代孟浩然诗中所说"看取莲花净，方知不染心"，他正是欣赏荷花的高洁、淡雅、沉静之美。

几十年来，杨辛收藏了大量珍贵的荷花工艺品，他将其中 136 件精品无偿捐献给北京大学，并捐资由北大设立了"杨辛荷花品德奖"。谈及这些，杨辛谦虚地说："我一生坎坷，受到过很多帮助。如今做的这些事，只是涌泉之恩，滴水以报。"

作为著名的书法家，杨辛的"独字体"书法个性脱俗、别具一格，字虽少而意无穷。他把中国水墨画的技法融入书法，书中有画，神在字中。"书法是一种心灵艺术，中国古代曾用'心画'二字概括书法，即从心里流淌出来的线条。"杨辛说，中国的书法艺术强调字内功和字外功的结合。字内功指写字的基本素养，如用笔、结构、布白等；字外功指书写者的人格和文化素养。如果只有字内功，没有字外功，书法就失去了灵魂。

杨辛曾写过一首诗："人生七十已寻常，八十逢秋叶未黄，九十枫林红如染，期颐迎春雪飘扬。"杨辛从事美学教育和研究五十多年，一生都在欣赏美、收集美、创作美、传播美。晚年的他更是冲淡平和、心境开阔，正如他所说，"夕阳无限好，妙在近黄昏"。

宗　敏

美伴人生一路行

采访时间：2007 年 11 月 14 日

采访地点：中关园杨老师家

记者：黄德生、李芳芳

采访对象及简介：

杨辛，1922 年 5 月生，重庆市人，北京大学教授。中华美学学会顾问、山东省泰山世界遗产研究委员会泰山研究所名誉所长、中国东方文化研究会学术委员。中国书法家协会会员、中国美术家协会会员（1946—1947 年就学于北平艺术专科学校西画系，师从著名画家徐悲鸿、董希文）。曾任中华美学学会第一、二届常务理事、全国高等学校美学研究会副会长。1960—1988 年任北京大学哲学系美学教研室主任，1989—1990 年任北京大学艺术教研室主任、北京大学艺术教育委员会副主任。长期从事美学教学和研究工作。1989 年，被评为北京市文教工作劳动模范，1992 年国务院为其颁发了对国家高等教育事业有突出贡献表彰证书。主要著作有《美学原理》（合著）、《建筑》（合著，法文版、意大利文版和中文版）、《师岱堂集墨》、《杨辛诗书选》。主编有：《青年美育手册》和《艺术赏析概要》等。书法作品曾入选《当代中国书法艺术大成》《北京大学名人手迹》和《二十世纪北京大学著名学者手迹》。近 20 年来从事泰山美学研究，徒步登泰山达 37 次，1990 年在泰山举办"杨辛泰山诗书展"，1999 年、2000 年自书《泰山颂》诗先后刻石于泰山南天门景区和泰山天外村。1998 年在美国旧金山、休斯敦举办"杨辛书法艺术展"，同年在美国斯坦福大学、戴维斯大学作"中国书法艺术"讲演，1995 年、1999 年赴美国夏威夷大学讲学。1996 年在日本东京亚洲美术会议上作"中国书法美学"讲演。2001 年和 2005 年在法国巴黎举办"钱绍武、杨辛书画展"。2002 年参加"北京当代著名学者书法展"（于中国美术馆展出）。2006 年在北京大学举办"杨辛泰山颂书法艺术展""荷花艺术展——杨辛收藏"。2007 年参加北京迎奥运国际书法双年展。晚年侧重于研究中国传统文化，在北大国学院主编的《中国传统文化 100 讲》中有其 9 讲，在北大哲学系为外国文化团体作中国传统文化专题讲座上百次。

记者采访手记：

勤奋治学、锲而不舍，百折不挠、乐观进取，这就是杨老师的人生态度。曲折的人生道路不但没有挡住杨老师追求的脚步，反而让他愈挫愈奋，不断追求进步，追求光明。杨老师有五个"一"工程，充分体现他对所从事的事业的专注和热爱，对真善美的执着追求。"艺术为人生，人生如艺术"，杨老师的艺术人生充满了传奇色彩，也充满了智慧。兼具泰山阳刚之美、荷花出尘之韵的他，总能让人感觉到睿智和豁达。"夕阳无限好，妙在近黄昏"，杨老师之妙，即在有着这样高境界的追求，有着这样透彻的世界观和人生观。"美伴人生一路行"，杨老师的通达乐观和艺术化的生活启发我们对人生进行更深刻的思考和定位，给予我们青年一代漫漫人生路上指向的路标。

记者：杨老师，您好！我们今天主要是想与您聊一下您参加革命工作的经历，以及您在北大的工作经历，并谈谈您对青年学生的想法或寄语。

杨辛：我是 1946 年到北方的，到现在已经是 60 多年了。我父亲是做药材生意的，母亲是家庭妇女。那个时候生活比较困难，我父亲整年在外头奔跑收购药材。在我的印象中，他只是在快过春节时才回家。

记者：那您小时候是受母亲的影响要大一些吗？

杨辛：是的，我 10 岁时父亲就去世了，12 岁时母亲也去世了，家里就只剩我和哥哥两人。父母去世以后，生活就没有着落了。我在小学学习成绩还是不错的，六年级时成绩是全班第一。但是母亲去世了以后，我连学费都成问题了。

记者： 那时候您一定很艰难吧？

杨辛： 是的。父母双亡以后，没地方住，有时候住在茶馆，晚上没有客人了，就能腾出一点空地方给我睡。还有一段时间住在庙里头。经济最困难的时候，我就变卖家里的东西维持生活。后来为了尽早就业，上了职业学校。

记者： 您小学毕业之后就去念职业学校？

杨辛： 小学毕业以后我有一段时间没有上学。后来在亲友的帮助下在重庆益商职业学校上学，相当于初中的程度，学的是会计、簿记之类，学习成绩也是全班第一名。学了大概一年，哥哥介绍我去他所在的民生轮船公司的油料科工作，当练习生（相当于学徒），学记账，办公地点就在现在重庆朝天门码头的一个仓库里。我就在那里干了4年。抗日战争爆发后，日本鬼子对重庆搞"疲劳轰炸"，上万人因缺氧闷死在较场口防空洞里，我亲眼看见死难者的尸体像小山一样被堆在码头上，从朝天门运到远郊掩埋，这给我留下极为痛心的记忆。

记者： 您在民生公司工作了4年，那之后是去参加了革命，还是选择继续就学或工作？

杨辛： 1943年秋离开民生公司后，我到南开中学高中部学习。南开中学是所很有名的中学，对学生要求很严格。因为在入学前我已工作了几年，所以一去就念高一。语文、历史对我来说都比较轻松，但是数学不行，那个时候经常开夜车，晚上偷偷地跳过宿舍的窗户，到食堂里头去做习题。就这样，很勉强地通过考试升级。当时我的兴趣偏于文科，小时候就喜欢画画、写字。

记者： 那您后来研究艺术和美学，就是从那时候开始的吗？

杨辛： 在南开中学时我喜欢画漫画，我的漫画在全校都出名了。我自己一个人办了一个漫画壁报，名叫"偶尔"，常有很多人围着看。除了画漫画，我也写诗。

记者：看来您很早就知道朝着自己的兴趣去发展。

杨辛：在南开高中升到二年级，数学老师要求特别严格，布置作业也很多。后来学习愈来愈困难，不知自己该怎么办才好。那时候我曾想到去延安。

记者：您是说想参加革命吗？

杨辛：因为我从小生活比较贫苦，所以对共产党有一种向往。我曾找到重庆化龙桥新华日报编辑部，说我想到延安去。编辑部的一位同志跟我说，国民党包围圈很严，根本进不去，他劝我留在南开，在什么地方都可以为革命工作。那时候已经是 1944 年了，抗战形势很紧张，日寇进逼重庆，政府号召青年参军，我就和二十来个南开同学一起报名参加了印缅远征军，参军的目的就是为了打日本鬼子。入伍前我曾经去拜访过张伯苓校长，当时他的家就在校园里。入伍后我先是到印度，后来到缅甸，军衔是下士，每人发了一支步枪，每天接受单调枯燥的步兵训练。

记者：那段时间应该挺艰苦的。

杨辛：很艰苦。但是在那段时间也了解了国民党军队的腐败和黑暗。到了晚上军官在操场上训话，我没兴趣听，常常看着天上的星星，向往延安。大约在 1945 年 4 月，希特勒快倒台了，日寇也成了强弩之末。印缅远征军回国了，我们属于辎重营，一个人牵一匹骡马走回来，从缅甸走到昆明的曲靖，2000 里地，走了有两个来月。这次行军经过云南西部最贫困的地区，每天都会接触到老百姓，因此使我对老百姓的疾苦有了较深刻的感受。我每天写日记，有时边写边落泪。当时一般每天要走五六十里。云南西部，特别是边界地带，一会儿倾盆大雨，一会儿太阳出来又很热，晚上睡觉的地方很潮湿，每天到目的地以后还要搭帐篷，生活非常苦。

到了曲靖，听说国民党打算把我们这支军队调到东北去对付共产党，但我们最初参军的目的是为了抗日，冒着生命危险到印度、缅甸就是为了打日本。知道国民党另有企图，加上国民党军队的腐败，同时自己也很想继续上学，于是我们三名同学就商量逃跑。到曲靖的当天晚上，我们就坐火车跑到了昆明。到了昆明就放心了，西南联大是民主堡垒。那时闻一多、张奚若都在那儿。我就住在南开同学汤一介家里。汤一介正好也从南开回到昆明，他的父亲汤用彤当时是西南联大哲学系系主任。老教授的生活都很清苦，汤一介的妹妹和哥哥都在困苦中得病死去。我就住在汤家，靠卖报纸和做小孩的家庭教师维持生活，也帮助汤先生抄写些文稿。我在西南联大听过课，听过闻一多的讲演。后来爆发了"一二·一"学生运动，抗议国民党对青年学生的迫害。在西南联大为四烈士设了灵堂，我虽然不是联大的学生，但是我画了漫画，揭露国民党反动派的嘴脸，还写了诗。诗和画都挂在灵堂，四烈士出殡的时候我随游行队伍沿路卖学生报。当时费孝通教授办了一份叫《自由论坛》的报纸，是支持学生运动的。我卖过这个报，还写了卖报的体会面呈费孝通先生，曾在《自由论坛》上发表了。那一段生活对我的一生起到了一个很重要的作用，因为当时接触了一些进步的思想。我拜访过闻一多，和他的儿子闻立鹤也比较熟悉。到了 1946 年，西南联大解散，北大、清华和南开在平津复校，我很想在复员以后继续到北方上学，但是在北方我举目无亲。1946 年夏我到了北平，没地方住，又住在汤用彤先生家里。那时汤用彤先生虽然是北大文学院院长，生活还是很困难。到北平后不久，正好碰上了北平艺术专科学校招生，当时艺专的校长是徐悲鸿。1946 年北平艺专第一年招生，我去应考，结果考了第一名。我在艺专学了一年，那个时候叫西画系，系主任是吴作人，班主任是董希文。我记得那一年我的学习成绩在全年级也是第一名。我还加入学生社团组织，参加学生运动。1947 年，北平的大学生举行了"反饥饿，反内战"大游行，这就是有名的"五·二〇"学生运动。当时我在艺专学生的美术研究会中任副主席，是艺专学生运动的负责人之一。后来国民党就发现了我们这些牵头的人，要逮捕我们，艺专有六七个人都被列入黑名单。在这种情况下，地下党组织帮我们转移到解放区。走的路线是经过唐山到冀东解放区，然后再转到冀察热辽解放区。

记者：那时是什么时候了？

杨辛：1947 年 6 月。那个时候到解放区要通过国民党的封锁线，听说如果被敌人抓住了会被活埋的。我们事先策划好，去的时候带了画架和油画颜料。过封锁线的时候，国民党岗哨要是盘问，我们就说出去画写生。离开北平前我只告诉了两个人，一位是艺专我的导师董希文（名画《开国大典》《春到西藏》的作者），临别时董希文先生还送给我一些油画颜料；另一位是北大法学院院长钱端升，因为我当时做他小孩的家庭教师，钱先生的家在东总布胡同，艺专附近。钱先生十分支持我的行动，他的学生中有些也已去了解放区。到了解放区以后，根据工作的需要，先是参加土改，然后我被调到中共冀察热辽地区分局城市工作部工作。1948 年，临近辽沈战役了，我们就转到辽西，锦州的外围，准备解放军一打下锦州马上就进城接收这个城市。锦州解放后，我在中共锦州市委负责研究组工作，工作很勤奋，曾被评为市委直属机关的模范干部。1949 年 3 月我加入了中国共产党。当时市委机关就设在原来国民党"剿共"司令部的大院，我们就在那里办公。后来我被调到沈阳，在东北局工作。东北大区撤销后，我又到了吉林省委党校教哲学。

记者：杨老师，您是什么时候到北大工作的？

杨辛：1956 年正值中央提出向科学进军，当时汤一介的父亲汤用彤教授任北大副校长。汤用彤教授在中国哲学界是一位德高望重的学者，为了完成科研规划，他需要助手，应汤用彤教授的要求，北大组织上把汤一介和我调来北大（汤一介原在北京市委党校，我原在吉林省委党校任哲学教师）。这次调动是我一生中一次最重要的转折，此后我就在北大度过了 50 个春秋，我的大半生都是在北大工作的。回顾自己成长的过程，深深感到如果没有北大前辈学者的培养，没有北大学术环境的哺育，就没有自己的现在。前辈学者对我影响最深的一点，就是他们的学术境界和人生境界的高度统一，他们有一种人格魅力。季羡林先生曾写过一篇文章——《回忆汤用彤先生》，他在文中写道："自己已经到了望九之年。过去八十多年的忆念，如云如烟，浩渺一片。在茫茫的烟雾中，却有几处闪光之点，宛如夏夜的晴空，群星上千万，其中有星数颗，熠熠闪光，明亮璀璨。……我对于汤用彤先生的回忆就是最闪光之点。"我感到自己很幸运，能有一段时间生活在汤先生身边；我也很惭愧，汤先生给了我一个学习的机会，我却未能真正帮助汤先生做些事情。汤先生不仅有深厚的学问、严谨的治学精神、正直善良的品德、淡泊名利的人生观，而且充满热忱地培养青年一代。可惜我到哲学系一两年后，汤先生就病重了，不久后不幸去世。那时汤先生的家就在北大燕南园。2002年我在北大图书馆举办个人的书法展览，曾书写了一首怀念汤先生、汤师母的诗："春风化雨，绿草如茵，燕南庭院，有我双亲。"我是含着眼泪书写的。汤先生、汤师母对我的恩情，我终生铭记在心。在北大还有马寅初、张岱年、朱光潜、宗白华等学术前辈，他们的精神境界都让我深感崇敬。

1959年前后，哲学系有个美学组，由于工作需要，我过去又学过艺术，我的工作就转到美学专业。当时美学组的组长是王庆淑，她对北大美学专业的创建是很有贡献的，但她主要的工作是担任哲学系党总支书记。后来由于她在总支的工作太忙，就让我接替她负责这方面的工作，并给我很多鼓励。1960年，哲学系正式成立美学教研室，由我担任教研室主任。当时教研室的成员除甘霖、于民、李醒尘、阎国忠和我属于中青年教师外，还有美学前辈朱光潜、宗白华、邓以蛰先生。我们很幸运能和他们一起工作，经常接受他们的教诲。那时全国大学中设立美学教研室、系统开设美学课的只有北京大学和中国人民大学。在北大美学开了3门课，朱光潜先生主讲西方美学史（有李醒尘和阎国忠参加），宗白华先生讲中国美学史专题（有于民参加），美学原理主要由我和甘霖分别讲授。在哲学系美学原理是必修课（在全校是公共选修课），中西美学史是选修课。可以说在"文化大革命"前的五六年里为北大美学专业的发展打下了良好基础。当时的中青年教师在学术前辈的指导下，在教学与科研方面后来都取得了显著的成就，并出版了有关美学和中西美学史专著。"文化大革命"以后，美学教研室的师资力量不断充实，新增加的在编教师先是叶朗、高克地、葛路、张中秋，我离休后又增加朱良志、章启群、王锦民、彭锋等人。他们的工作富有开拓精神，在各自的美学研究领域做出了非常重要的贡献，使北大的美学事业呈现出新局面。叶朗、朱良志担任了美学博士生导师，在学术上取得了

师道师说

杨辛 卷

卓越的成就。我感到北大美学教研室是一个经历过近半个世纪成长期的很好的集体，在成长过程中免不了风风雨雨，但不经风雨，怎能见彩虹？

记者： 作为一项具有开拓性的工作，您能不能具体谈一谈美学原理课建设和教学中的体会呢？

杨辛： 在美学原理课的建设中，我认为美学教学不仅要传授知识，而且要和人生境界的追求紧紧结合，要以美引真，以美导善，通过美学学习在青年中培养一种真善美相结合的人生观和美学观，使人变得更高尚，更热爱生活，在创造中享受人生的乐趣。我认为美学是人自身的建设。过去有的朋友曾问我，为什么在哲学系开设美学课？在长期美学研究中我们体会到对美学基本理论的研究离不开哲学的指导。在 20 世纪 50—60 年代开展的美学讨论，争论美是主观的、客观的，还是主客观的统一，这些争论便涉及美学的哲学基础。这种探讨虽然是必要的，但是如果不联系实际，便容易流于晦涩抽象，使人感到美学很神秘。所以我在美学教学过程中努力做到理论与实际相结合，把美学原理的阐述和大量的形象资料相结合，在教学中既不是完全抽象地探讨，也不停留在对审美现象的经验描述上，而是结合大量中外艺术史上的杰出作品，也包括生活、自然中的典型事例，阐述美学基本理论。这种教学方法在实践中取得了好的效果。

记者： 您能说说当时开设美学原理课时遇到过的困难以及后来取得的成就吗？

杨辛： 十年动乱期间，谈"美"色变，美学不仅完全停顿，而且成为批判对象。在"文化大革命"期间我被打成"黑帮"，做过木工、管工和锅炉工。"四人帮"垮台后，恢复美学课，再次出现美学热。有一学期我开的美学原理课，曾换了三次教室，一次是 200 人教室，同学挤不下，换了一个 300 人的，还是容纳不下，最后改在办公楼礼堂，可以坐下五六百人。这种现象体现了青年人在"文化大革命"之后精神上的解放，任何人都阻挡不了他们对人生中美的追求，我作为一名美学教师也深深为同学们的精神所鼓舞。现在回想起这段时光，感到这种师生关系是我人生的幸福。在"文化大革命"后，我以更高的热情把美学推向社会，在中央电大开设"美学原理"课，由我担任主讲教师，大部分课时由我讲，电大刘荣凯也讲一部分。运用现代科技，面向全国系统讲授美学，这在国内还是首次。在授课时屏幕上可以出现绘画、雕塑、建筑、电影等图像，还可以插入音乐，教学效果在有些方面比课堂授课要好。据电大一位教师告诉我，在我授课期间，听课的学生人数不下十万人。从20世纪80年代中期开始，我在中央电大讲课有十多年，曾两次被评为优秀主讲教师。此外，我还为北京市五十多所高校的政治课教师学习班开设了美学原理课，对推动美学的普及起了一定的作用。

记者：我们知道你们写了一本书，在美学教学中是非常优秀的一本教材，叫作《美学原理》。

杨辛：是的。在美学教学中有一项很重要的工作就是教材建设，1960年时国家教委组织全国高校教材编写，当时成立了一个《美学概论》教材编写组，主编是著名的艺术理论家王朝闻，我和人民大学的马奇担任编写组的副组长（后来马奇因人民大学工作需要离开了编写组）。当时集中了国内的美学人才，北大美学教研室有甘霖、李醒尘、于民和我四人参加。编写了三年，完成了新中国第一本《美学概论》（"文化大革命"后正式出版）。1983年甘霖同志和我结合教学实践，另写了一本《美学原理》。这本书出版后被许多高校用作教材，并被国家教委评为优秀教材。二十多年来重印过二十多次，印数达到九十万册，现在每年仍重印两三万册。这本书仍准备再作修订。

记者：这实在是一本既有开拓性又有持久生命力的著作。杨老师，您现在早已是桃李满天下了，像你们这一辈的老师，给了我们非常大的影响和启发。除了教学之外，您是否还参加其他社会工作？

杨辛：最初全国美学学会，朱光潜先生是会长，我是常务理事。后来又成立一个全国高校美学研究会，马奇同志是会长，我是副会长。另外还有一个北京市美学研究会，我也担任副会长。校内我曾经担任北大艺术教育委员会副主任，主任由原副校长张学书、王义遒担任。

记者：那您离休之后还继续担任这些职务吗？或参加了其他工

作吗?

杨辛:离休以后不再担任了。离休以后担任了全国美学学会的顾问、中国紫禁城学会顾问等。

记者:杨老师,我觉得您特别乐观豁达。虽然您经历过这么多苦难、不同寻常的艰辛经历,您能够克服过来,并取得如此丰硕的成果,让人非常敬佩。当您面对这许许多多困难的时候,是什么样的动力在支持着您不断前进呢?

杨辛:确实有种动力在支持自己。这就是对进步社会理想的追求。在青年时期痛恨蒋管区的黑暗,投奔解放区,不惜放弃自己最喜爱的艺术环境,这都是一种对理想的追求。参加革命后,不管外在环境如何变化,但是为人民服务的思想始终成为自己工作和生活的动力。在北大工作50年,目的只有一个,就是为教育事业作贡献,在奉献中享受人生的快乐。现实生活中总会有些不顺心的事,但是我都能够化解它,主要就是心境要开阔。

离休以后进入老年阶段,这是人生的一个新阶段。我曾经写过两句诗可以表达我这个阶段的心情,就是"夕阳无限好,妙在近黄昏"。李商隐的诗原来是"只是近黄昏",带有惋惜、惆怅的情绪,而我把它改成"妙在近黄昏",是一种不同的境界。这完全体现了我现在的心态。"妙在近黄昏",就是妙在晚年可以更好地感悟人生、享受人生,精神比较超脱,能保持一种平和的心境,做一些自己喜欢做的事情,而且可以把几十年积累的经验都融入现在的成果中。例如我在晚年从事书法,就把我过去的人生经历以及在绘画、文学、哲学研究等方面的积累融合在里面,形成自己书法的一些特色,所以我的晚年生活过得充实而愉快。"妙在近黄昏"这句话,实际上是自己晚年的精神写照。我的晚年生活更接近自然和艺术,特别是艺术使我过得充实而愉快。我常说:"艺术为人生,人生如艺术。""艺术为人生"这句前人说得很多,而"人生如艺术"是我自己的体会。晚年我追求人生艺术化,人生就是由自己去雕琢的一件艺术品。在老年生活中能保持人与自然的和谐、人际关系的和谐以及自己身心的和谐。在晚年我从事书法、研究泰山、收藏荷花艺术品，这些工作都是为了发扬中国优秀的传统文化，也是一种精神享受。你们今天来采访我，我觉得和年轻人在一起交谈也是一种享受。有时我笑着对朋友说："在拥有精神财富方面，我可以称得上是'富翁'。"

记者：我们在和您交谈中，不但深深敬佩您学术研究上的造诣，更被您的乐观精神和快乐心态所感动。杨老师，我们都知道，您对泰山和荷花的研究都非常深入，您能不能和我们具体谈一谈？

杨辛：好的，我是 1979 年开始登泰山的。

记者：那时您五十多岁了吧？

杨辛：对，57 岁的时候。有一次趁在济南开会的机会到泰山去。第一次去泰山感觉很新鲜，因为从小就熟悉"重如泰山""稳如泰山""有眼不识泰山"等词语，现在一下子看见了泰山了，真是很雄伟。但是第一次看见泰山还只是对泰山外部特征的感受，后来真正比较深入地研究泰山是在 80 年代。1985 年，有一个任务就是要为泰山申请世界文化遗产，北大去了二十多位教授，全面地考察、论证泰山的科学、历史、美学价值。我承担研究泰山的美学价值。考察过程中，就得到泰山东南西北实地看看，才能作出全面评价。1987 年泰山申请世界遗产被联合国教科文组织正式批准，据建设部一位负责同志说，联合国教科文组织认为这份申请书在第三世界国家中是写得最好的一份申请报告。

记者：这样的评价是相当高的。

杨辛：对泰山的美学研究是一件具有开拓性的工作。泰山的雄伟属于壮美，这种壮美不仅是指自然特征，而是雄伟的自然特征和深厚的历史文化内涵相结合。所以我研究泰山的方法是把学习泰山的历史文化和攀登泰山的实地感悟相结合。从登泰山中感悟人生，把泰山精神融入自己的生命中，成为一种天人合一的乐观进取的人生境界。我曾把泰山比作一所人生的大学，它启迪人生，激励人生。我每登上一次泰山，就感到是对自己生命的一次肯定，在攀登泰山过程中领悟到"天行健，君子以自强不息"的精神。泰山的壮美蕴含着深厚的精神内涵，它使我晚年获得新的生命。泰山是东岳，泰山主生，东方是太阳升起的地方，太阳使万物生长，是生命的象征。在泰山最早的祭祀是祭祀太阳神。一位哲学家曾说，太阳每天都是新的。在泰山看日出，山顶上的群众都在欢呼，那是一种生命的颂歌。

记者：我觉得您对泰山的研究已经深入到您的人生哲学中，和您的人生哲学完全融合在一起了。

杨辛：我热爱泰山，可能和我的人生经历也有关系。因为我的人生就是一条曲折的道路，但是不管怎么曲折，越是受挫折，越是奋力向上，这和泰山精神是相吻合的。

记者：您在北大工作五十多年了，您觉得北大有没有这种精神呢？或者说有没有类似的一种精神？

杨辛：北大有这种开拓精神，有这种自强不息的精神。北大每一个时期都有自己新的目标，而且培养出来的都是一代代新人，不断有新的成就。北大的校训"勤奋、严谨、求实、创新"，也是这种精神的体现。我曾写了三十几首歌颂泰山的诗，其中有一首《泰山颂》已刻在泰山的南天门景区和天外村的四五米宽的石头上，书法也是我写的。诗的内容是："高而可登，雄而可亲。松石为骨，清泉为心。呼吸宇宙，吐纳风云。海天之怀，华夏之魂。"

记者：杨老师，您写的诗实在是很多，很多同学都很崇拜您。

杨辛：除了研究泰山文化，我离休以后还做了一件事情，就是荷花艺术的收藏。荷花艺术的收藏我做了二十年，收集了约三百件荷花艺术的精品。为什么我还要提一下荷花呢？因为泰山是阳刚之美，荷花是阴柔之美；泰山是壮美，荷花是优美。而且荷花也是一种人生境界，是人格精神的象征。古人赞美荷花的诗文很多，宋代周敦颐有"出淤泥而不染"的名句，唐代孟浩然有"看取莲花净，方知不染心"。所谓"不染"，就是高洁的品格。我研究荷花艺术，也是为了弘扬我们一种民族的精神，所以它和泰山是一刚一柔。每一种名花或每一座名山都有它的特点，不能够互相代替，而只能互相补充丰富。荷花具有一种内在的品质，它是一种"君子之花"，前人说梅、兰、竹、菊是"四君子"，季羡林先生认为荷花出淤泥而不染，是"君子中之君子"。荷花艺术是自然与心灵的交响曲，更能象征人的美好心灵。我对荷花艺术品的研究和收集也大约有 20 年，它对我的精神也有重要的影响，使我的心境更加清纯、宁静。

除了泰山、荷花，还有一个就是书法。书法是一门具有民族特色的艺术，它体现了我们民族的创造和智慧。中国书法是一种心灵的艺术，古人称之为"心画"。我的晚年可以说是沉浸在书法的乐趣中，使我忘记衰老。我觉得写字是一种美的追求，带来自己身心的和谐以及人际关系的和谐。我的书法活动除了写一些诗文名句之外，我的独字书法是通过一种精炼的形式，表达我对人生与自然的感悟。我努力把现代艺术品位与中国传统书法相结合，例如我写的"春"字，它不仅是表现季节的春，而是一种人生的感悟，体现了"书以载道"的追求。我在春字旁题了一行小字："春为岁之始，夏乃春之生，秋是春之成，冬实春之藏。是谓长春。"这个"春"字是一笔完成的。有人说它像一个姑娘在跳舞，把绿色洒向人间。这个"春"字是我到法国展览的时候作为礼物送给希拉克的。连战上一次到北大来讲演，学生代表送给连战夫妇的纪念礼物也是我写的这个"春"字，中央台也播报了。这个"春"字我写了 14 年。

记者：非常有韵味。

杨辛：写了 14 年呢。你看我现在写字眼不花，手也不抖，可以说这些字都是一种生命的象征。

记者：您在写字的时候几乎达到了忘我的境界，把自己的人生体会也深深融入到笔墨中去了。杨老师，我觉得您无论在学术研究方面还是在人生艺术方面，都给了我们这一代年轻人极大的影响和鼓舞。那么最后，杨老师您能不能把您的人生和事业做个简短的总结呢？

杨辛：有一次我和朋友聊天，谈到我的一生从事教书育人，但限于自己的学力，只做了很有限的几件事情，它们可以概括为五个"一"：一本书，指我和甘霖教授合著的《美学原理》；一座山，指我对泰山的美学研究和诗歌创作；一种花，指我对荷花艺术品的收藏和研究；一支笔，指我对中国书法的实践和美学思考；最后是一所学校，指我对大半生生活、成长和归宿的北京大学的热爱。

　　谈到北大，在这里我想多说两句。我深深感到个人的工作总是有限的，而人所从事的事业却是无限的。在北大几十年过去了，也常常想念过去在一起生活的同学，他们在各种不同工作岗位上都取得了杰出的成就。北大美学专业培养的研究生中有许多人都成为现在美学界的骨干。有的同志虽年届退休，仍退而不休。北大周围的环境变化很大，但有时我走在校园里，觉得有一点没有变，那就是在校园里川流不息的始终是生气勃勃的青年人，一批老同学毕业，一批新同学又入学了。教师队伍也是这样，一部分教师退休了，一部分富有朝气的中青年教师又上来了。古诗云："芳林新叶催陈叶，流水前波让后波。"薪火相传，生命之树总是常青的。还有一点也是没有变化的，那就是未名湖和博雅塔。北大的校园很美，也是校友们梦魂萦绕的地方，在那里留下了校友们年轻时代的足迹。前些年我早上常去未名湖岛亭打太极拳，在岛亭眺望太阳从东操场的树丛中升起。我拍了不少照片，还撰写了一副对联："立地顶天博雅塔，含珠蕴玉未名湖"，上联是阳刚之美，下联是阴柔之美。这副对联对未名湖的意境似乎有一种新的感受，把自然风光与北大精神内涵融为一体。

　　刚才说到五个"一"，朋友听了我的想法，笑着说："你这是'五一'工程。"虽然谈不上"工程"，但在一生中能充满乐趣地做几件事情，而且认真地去做，在欣赏美、创造美、传播美中度过一生，这种人生追求或许可以说是"美伴人生一路行"吧！

朝霞晚霞皆呈锦　花开花落俱是歌

　　盛夏的 8 月，我有幸与杨辛先生相约，共同探讨美与人生。尽管采访前收集了相关的材料，但是我依然惴惴不安。

　　到杨先生家的时候，杨先生已经等了一会儿。从举止中可以看出，杨先生对这次采访作了很认真的准备。在客厅中，他一边招呼我，一边大致介绍了他的客厅——杨先生的客厅很简朴，没有多少惯常所见的客厅装饰品，这里有的只是书，大量的藏书占满了客厅的两面墙壁。身在客厅，仿佛是在知识的海洋中遨游。在客厅的大写字台上，还整整齐齐地摆放着一摞装裱好的书法作品，看来杨老还经常"书"耕不辍。与其说是客厅，不如说是一间精妙的书屋。对此我虽然有所预料，但依然深深地为这里所散发出来的浓厚的书香气息所感染。

　　站在书架下的杨老精神矍铄，清癯的脸庞，宽大的眼镜，挺拔的腰身，让我一下就联想到了泰山的松——虽历经沧桑却依然挺拔、苍劲。我怎么也无法把他与 81 岁高龄联系在一起，杨老为我的疑惑找到了答案，那就是：美育能使人一生幸福。我们的谈话就由此展开。

让美育陪伴人的一生

　　记者（以下简称"记"）：我们都知道，在您的生活中，美育一直与您相伴。您能否就此简单谈一下感受？

　　杨辛（以下简称"杨"）：人到老年，就常常喜欢对人生做些反思，经过几十年风风雨雨，不论是逆境，还是顺境，感到都能从美育中吸取精神力量。我觉得美育不仅是指教师对学生的教育，也是一种自我教育，不论在青少年时期，还是中年、老年时期都需要美育，可以说美育陪伴人的一生。

我觉得美育的作用主要是通过艺术来培养人的精神境界，使人的精神境界达到真善美的统一。就此而言，美育本身是一项灵魂工程，是人自身的建设。杰出的艺术都体现了真善美的统一，以美引真，以美导善。美的欣赏是直接的，真善的影响是潜在的，美离开了真善就无从培养人的精神境界。

人的精神境界实际上就是人的生命存在的状态。同年龄段的两个人，健康状况基本相同，但精神境界有所差异，那他们的生命质量一定迥然不同。我自离休以后的近 20 年时间里，主要潜心于集"诗、书、画"为一体的书法创作和泰山文化研究，将两者与美学相结合，寻找它们之间的必然联系。通过做这两件事，我得到了极大的乐趣，提高了自己的精神境界。

记：您刚才说，人生的每个时期都需要美育。那么，在这些不同时期中，美育对人的影响呈现出怎样不同的特点？

杨：是的，不同时期美育的影响当然不同。童年时期，在孩子的眼里，世界的一切，社会、自然都是新的，而其中特别是艺术对孩子有强烈的吸引力，在孩子的心中播下了美的种子。孩子学艺术不仅对开发右脑、促进左右脑均衡发展起重要作用，而且会在漫长的人生岁月中开花结果。我大约在五六岁就学写字，先是描红，然后临帖，从汉字的结构和用笔中受到美的熏陶。当时看到老师在临帖的作业上画满了表示夸奖的红圈，心里别提多美了。

到了青年时期，也是人生成长的重要时期，人们充满了对未来的追求，对现实生活的反应特别敏锐。艺术对青年人精神的影响更为深刻。在美育中，特别是杰出的艺术往往影响到人生道路的选择，记得在我青年时期很喜爱德国女画家柯勒惠支的作品，她有一幅作品叫《面包》，表现了旧时德国劳苦大众的贫穷饥饿，画面上两个孩子哭嚷着向妈妈索食，母亲背着身子在抽泣，一只手在擦眼泪，一只手把仅有的一点面包屑塞给身边的孩子。这幅画通过粗犷有力的线条，表现了画家的炽热情感，这是对德国当时苦难现实的控诉。正是在这些作品的影响下，我积极追求进步，投身革命工作。一直到后来我在北大给学生讲美学时还常常赏析这件作品。

在中年时期，人处在事业的拼搏阶段，紧张繁重的工作，生活中的各种矛盾，使一些人无暇顾及艺术或者仅把艺术作为一种业余的消遣。其实，在这种情况下也仍然需要美育，需要艺术对人生的滋润、启迪和激励。回想七八十年代，经过"文化大革命"的苦难历程，我并没有从此消沉下去，而是更加奋发地工作。这和美育有关系，从美学高度对历史进行反思。"悲剧性"使我认识到悲剧是把美毁灭给人看，从而更加珍惜美，认识人生道路上并不都是花前月下，而是充满矛盾、曲折，实现伟大理想需要付出代价甚至付出生命的代价。悲剧中英雄人物的崇高品质有如燧石在受到猛烈打击下飞溅出璀璨的火花。

人到老年，心境趋向平和，艺术成为老年人的精神寄托，"美意延年"，美育成为一种乐生、养生之道。晚年的美育主要是一种自我教育。我曾改写过两句古诗"夕阳无限好，妙在近黄昏"。原诗是"只是近黄昏"，我把"只是"改为"妙在"。妙在何处呢？我觉得妙在晚年不仅有更多闲暇，而且有几十年人生经验的积累，对事物的理解更深刻了，把这种积累融化在现有成果中，比如我在晚年从事书法实践，里面蕴涵着过去对美学、文学、绘画、建筑的种种体验，体现了对人生的各种感悟，不仅使字写得好看，而且使书法成为一种心灵的艺术。书法使我晚年的人生境界更开阔、乐观。我曾写过这样两句诗："朝霞晚霞皆呈锦，花开花落俱是歌。"这是我晚年心境的真实写照。

记：现在我国很重视美育的发展，大家普遍认识到美育对于人的发展的重要性。那么，您认为当前的美育发展中还应注意什么问题？

杨：目前，在美育中应注意弘扬中国的传统美学思想。我国的传统文化艺术，如书法、国画、京剧等，都是整个人类文化的重要组成部分。应当说，各个民族文化艺术的特殊性是整个人类文化艺术的丰富性和多样性的前提，我们对于中国的传统文化艺术以及蕴藏于其中的传统美学思想必须予以高度的重视，而不能妄自菲薄。例如，中国传统美学中所强调的"意境"，它既不是追求逼真写实，又不是脱离物象的完全抽象的表现，而是在似与不似之间唤起人们的想象，所谓"言有尽而意无穷""意在言外，使人思而得之"。我国著名美学家宗白华先生对于意境的分析，尤其是他对"虚室生白"的论述对我启发很大。他从情与景、诗与画、虚与实等多方面分析意境的特点，认为艺术的意境是情与景的结晶，虚与实则是说明艺术意境的结构。不能处理好虚实关系，就难以表现深刻的意蕴。宗先生从多方面论述意境在理论上融会贯通，使哲学的深度和审美的敏感达到高度统一。记得有一次我请宗先生谈谈庄子所说的"虚室生白"与意境的关系，宗先生说，过去儒家对庄子的一些深刻思想未注意去阐发，庄子的艺术观不是纯客观地去表现事物，而是强调在艺术中表现意蕴。他认为"虚室生白"可以用来解释艺术意境的结构，而理解这句话的关键在于这个"白"字。我问宗先生，从艺术美角度看，是否可以把"白"字理解为一种"清辉"，也就是艺术的"意蕴"和"美"。他认为可以这样理解，还风趣地说，一间屋子如果被杂乱的东西塞得满满的，那就没有什么"清辉"了。

书法艺术与美育

记：大家都知道，您长期从事书法创作。您刚才也说，您从书法创作和泰山文化研究中得到了极大的乐趣。那么，对于人的审美修养而言，您认为我们可以从书法艺术中得到什么收获？

杨：是的，我对于书法艺术的美育作用有很多切身的体会。书法是一门修心养性的艺术。年纪越大，越能感悟到书法美给人带来的心情愉悦。书法既讲究形式美，更注重内蕴美。书法不仅要用手写，更重要的是要用"心"写。只有心灵的产物，才能唤起欣赏者的共鸣。中国的书法是以汉字为基础，以用笔、用墨、结构、布白为表现手段，通过点画运动以表现情感和意韵的艺术，它是中华民族审美经验的集中表现。同时，它也是一门具有哲学意味的艺术，它和自然中普遍存在的对立统一规律相通，刚柔、虚实、大小、长短、粗细、枯润、浓淡、正欹等变化，生动体现了艺术的辩证法。

记：我国书法艺术的历史可以说是非常悠久的。

杨：我国的书法艺术不仅历史悠久，还形成了各种书体、流派，同时也在发展中吸收了姊妹艺术（如绘画、音乐、舞蹈、建筑等）的经验，丰富了自身的表现力。因此，中国的书法具有很重要的审美价值。它把人的情感、自然的节奏、点画的形式熔为一炉。三者之中的关键在"情"。自然节奏、点画运动都从属于表现人的情感。人们常说"文如其人"，其实，一字足以见其心。

记：您能否结合一些具体的例子，来讲一下。我知道您创作了一些很有艺术特色的书法作品。

杨：好的。我就以常写的四个字"乐、春、荷、梦"来做例子吧，我觉得可以很好地说明这一问题。

乐字，乐在其中

孔子云："知之者不如好之者，好之者不如乐之者。"而这幅"乐"字隐含于"其"字中，体现了其乐无穷，乐在其中。"知之者"指知道应该去做；"好之者"指出自兴趣、爱好去做；"乐之者"指充满热爱去做。所以"乐"字是一种对事业的精神境界。"乐"是一种心态，引导我们在乐趣中去体验生活的真谛，去感受生活的"美"一天。

春字，春不老

"岁岁写春春不老，柳枝婀娜东风早。""春"字犹如春风飘拂的柳丝下，一位婀娜的少女正翩翩起舞。淋漓酣畅的曲线一笔写成，其中蕴涵着刚柔、断连等变化，令人感受到一派春光下的勃勃生机。"春"是一种人生的感悟，心不老，自然春长在。

荷字，君子之风

"荷"字运笔多变化，起笔润如带雨荷叶，收笔枯若残荷之梗，层次分明，浓淡相宜，可谓妙趣天成。纵观画面素洁淡雅，顿挫相间，似有"出淤泥而不染，濯清涟而不妖"的"君子之风"，这正是我所期望的一种人生态度。

梦字，圆梦情深

"生活不是梦，但不能无梦，梦是对未来的憧憬，是朦胧的诗。"

师道师说

杨辛 卷

"梦"缘起于我对已故爱妻王梦真的切切思念。梦中相见，唏嘘不已，缠绵悱恻，书字寄情。枯笔逆锋似将未了情无限延伸，淡墨点画成圆，寓意深远悠长。

记：听完您的分析，我似乎已经能体会到书法艺术作品所给予人的那种美的享受了。

杨：你说的体会，其实是你和作者之间进行的一种沟通和心灵感悟。因为，书法作品主要是要反映作者对人生的感悟和对自然的体验，让人能感悟到一种"书肇于自然"的和谐之美，讲求的是"功夫在字内，亦在字外"。"字内功夫"是指书法本身的训练，"字外功夫"指书写者的人格和文化素养。内功是基础，外功是灵魂，二者结合才能产生佳作。特别是书法与文学的结合，更加深了书法的精神内涵，使书法成为一种表达深刻意境和高尚情操的民族艺术。

记：我们还了解到，在非典肆虐中国大地之时，您创作出了 17 幅书法作品，无偿捐献给白衣战士表示慰问。您能否介绍一下这方面的情况?

杨：当时我看了很多有关白衣战士无私无畏与非典斗争的报道，很受感动。我创作的这些作品，不仅是用手写的，更重要的是用心写的。例如，其中一幅字"微笑"源自我凌晨 4 点在床上想的词："病室中白衣天使的微笑，是人间最美的心灵，它带给患者对生命的信念和力量。"凌晨 5 点起床后我立即书写了这幅作品。我觉得白衣战士不愧是真善美的象征，体现了很高的人生境界。"真"就是用科学战胜非典，不仅从生理而且从心理上为患者治病。"善"就是白衣战士的无私奉献精神，人的生命是珍贵的，但白衣战士为了拯救病人的生命，而不顾自己生命的安危，甚至献出自己的生命，这是一种崇高的道德境界。"充内形外之谓美"，白衣天使的崇高品德、光辉形象就是美，这是由内而外的表现。我赠送这些作品，是为了表达我对抗击非典中白衣战士的崇高敬意和深切谢意。

泰山文化研究与中国传统美学

记： 您什么时候开始研究泰山的？

杨： 我是 1979 年开始研究泰山文化的。当时我到济南参加一个美学研讨会，会后我和一位友人一起登上了泰山，被泰山的雄伟、壮美震撼了。我就开始注意到泰山文化。20 世纪 80 年代中期，泰山申报世界自然与文化遗产，北京大学的部分教师帮助考察论证其科学、美学和历史价值。当时我参加了这一工作，对泰山进行美学考察，深深为泰山雄伟壮丽的自然景观和博大精深的历史文化所折服。后来，我就开始了专门的泰山文化研究。

记： 您所说的泰山文化研究，主要内容是什么呢？

杨： 结合到刚才我们谈的书法，其实我在书法艺术上取得的点滴成绩都是坚持中国传统美学思想的结果。我从事的泰山文化研究，其实也是对于中国传统美学思想的一种研究，是对于中华民族精神文化的一种研究。我对泰山有着一种特殊情感。我认为泰山是中华民族精神文化的缩影，是民族精神的象征。泰山给予人精神上的影响，既是审美的，又是哲理的。泰山是炎黄子孙、华夏历史的根源之山，是中华民族的精神文化之山。

记： 听说您已经是 40 次徒步登泰山？

杨： 对啊。其实我每次登山的体会都是不同的，总会有新的发现，对泰山的理解、认识也一步步升华。由景观的外部特征到泰山的文化内涵，由对自然美的理解发展为自然美与人文的结合，并扩展到对人生、民族、时代的思考。正是由于对于中国传统美学有了新的认识，从而在书法艺术上也取得了一些突破。

不知不觉中，跟杨老已经谈了两个小时，杨老依然谈锋甚健。但我不愿耽误他太多的时间。走出杨老的家，我的心情久久不能平静，一位耄耋之年的老人将人生升华到了真善美的境界，将艺术融进生命的全部。他欣赏"生活上知足常乐，艺术上精益求精"这两句话，他不仅做到了，而且做出了成绩。他认为，人生就是一件艺术品，而这艺术品的雕塑者就是自己。我从他的身上看到的是一个大写的"美"字，这里透着他对人生追求的美，透着他对艺术执着的美，透着他对泰山无限眷恋的美。在这个"美"字后面，我们分明看到了杨老在美学研究道路上的伟岸人生。

张夏菲

我以泰山喻中华

杨晓华： 从 1979 年首次登泰山以来，您坚持登泰山，一往情深，老而弥笃。您和泰山为何有如此深挚之缘分？

杨辛： 中国文化哺育的每一个人都和泰山有着一定的精神联系。我们从记事起，就不断听到"稳如泰山""安如泰山""泰山压顶""泰山北斗""有眼不识泰山""一叶蔽目，不见泰山""或重于泰山，或轻于鸿毛"等熟语，泰山作为一种精神基因，已经深深嵌入中国文化传统之中。在汉语的古文字中，泰与"大""太"同义，在中国人看来，泰山几乎就是"平安""伟大""崇高"的同义词，所以孟子说：孔子登泰山而小天下。

1979 年，中华美学会在山东济南召开工作会议，会议期间，我和武汉大学的刘纲纪教授同游泰山。在岱顶，我们晚上住在两元钱一宿的简陋棚子里，但是第二天清晨，我们看到了一生中最为壮丽辉煌的泰山日出，激动不已。从此，我被泰山的雄伟深深折服，每年坚持登山，有的年份不止一次，到现在总计 42 次，其中徒步登山 37 次。80 多岁以后，我坐车到中天门再往上登。今年我还准备再去。每一次登山，我都经历一次精神的沐浴和更新。如今虽是 92 岁，仍然觉得心志顽强，精神不老，这和泰山给我的激励直接相关。

杨晓华： 不仅是登泰山，作为一个美学家，先生还参与到了泰山文化的研究、创造和发扬之中。先生认为泰山是"华夏之魂"。中国的名山大川为数众多，各有千秋，为什么先生独对泰山有如此崇高的评价？

杨辛： 早期我登泰山，主要还是从亲近自然，怡情悦性的角度感受泰山。1986 年，泰山准备申请联合国的世界文化遗产，北大受命进行学术论证，成立了一个专家小组，我负责美学方面。1987 年泰山申遗

师道师说

杨辛 卷

成功，我们的报告被联合国专家认为是第三世界国家中最好的一份。正是在准备报告期间，我有幸从不同路径、不同视角，全方位地审视和体会泰山，我对泰山的认识、超越个人的心志体验而进入学术文化的梳理、鉴赏和阐发当中。

我认为，在自然美中有两种美的类型，一是壮美，一是优美，或称作"阳刚之美"和"阴柔之美"。泰山是阳刚之美，这种阳刚之美具有自然风貌的基础：泰山"拔地通天"与周围平原丘陵形成强烈对比；泰山山势累叠，如大海巨澜，从一天门到中天门再到南天门，一浪高过一浪，气势磅礴，节奏鲜明，《诗经》中以"泰山岩岩"状之，实乃传神妙语；泰山是大自然鬼斧神工的巨大雕塑，基础宽阔，形体浑厚，沉雄稳重，可谓"泰山如坐"；泰山以坚硬的花岗岩为主要岩体，巨石交叠，形貌多姿，赫然矗立，动人心魄；泰山的苍松郁郁葱葱，虬枝峥嵘，占谷为林，顺风成韵，美不胜收；泰山的万壑烟霞呼吸天地，流动嬗变，清代叶燮形容是"天地之至文"。

泰山的壮美虽然以自然美为基础，但也离不开历史文化的凝结和丰富。泰山以"朝天"为中心的宏大构思，道路、溪水与山谷的妙合无垠，人文营构与自然景物的浑然一体，这一切一方面深化了泰山壮美的主体风格，另一方面增加了泰山娱人怡情的玄机和妙趣，使得泰山具有了天、地、人亲密无间，相互依仗，相互激发的空灵和博大的境界。

"高而可登，雄而可亲。松石为骨，清泉为心。呼吸宇宙，吐纳风云。海天之怀，华夏之魂。"这是我对泰山最见性情的描写。这首诗被做成泰山的摩崖石刻，据说在当地已经广为流传了。

杨晓华：您还认为人们对泰山的审美方式存在历史的阶段性变迁。

杨辛：这种变迁经历了"自然崇拜""比德"和"畅神"三个阶段。远古时代，生产力低下，民智未开，自然神秘而庄严，人们对大山的伟岸、雄壮和气象万千产生深深的敬畏，人们希望从山的恩赐和保护中获得财富和力量，泰山因为结合了太阳崇拜，具有了更加崇高的地位，连汉武帝刘彻都对着泰山击节赞叹："高矣、极矣、大矣、特矣、壮矣、赫矣、骇矣、惑矣。"

"比德"作为一种观物方式，在春秋战国就较为普遍。《诗经》中的比兴，《楚辞》中的香草美人即是明证。孔子说："仁者乐山，智者乐水。"因为山的安稳厚重和仁者的敦厚相似，大山蕴藏万物，好比仁者施惠于人。在这种观照中，山的特点和人的精神世界互相映照，成为伦理秩序和文化力量的象征。

在前两种认知中，都存在一定的审美空间，但是审美是依附性的，自然和道德威严还有可能造成对人的精神世界的恫吓和压制。大约在魏晋时期，中国的审美意识逐步走向独立。曹植《飞龙篇》云："晨游泰山，云雾窈窕。"注意力已经转移到审美世界。唐代杜甫《望岳》云："岱宗夫如何？齐鲁青未了。造化钟神秀，阴阳割昏晓。荡胸生层云，决眦入归鸟。会当凌绝顶，一览众山小。"已经从自然审美的激发中产生了人生体验的豪迈和超越。南宋宗炳所谓"峰岫峣嶷，云林森渺……万趣触其深思……畅神而已"。当然，在历史上这三个阶段是相互交错的。

杨晓华： 泰山被定为"五岳独尊"，这种地位有着明确的典籍根据吗？这种地位的获得最主要的原因是自然的，还是政治的、文化的？

杨辛： 泰山又称东岳，在五岳当中，海拔是第三位，它之所以获得"五岳独尊"的地位，主要是历史文化的缘由。中国人崇拜太阳，太阳温暖、光明，普照人间，滋养万物。泰山耸立于齐鲁平原，东临苍茫大海。海上日出，泰山之巅是想象中最先可以观瞻到的地方，因此人们很自然把对太阳的崇拜转化为对泰山的尊崇。《史记集解》载："天高不可及，于泰山上立封禅而祭之，冀近神灵也。"这种尊崇，后来就导致帝王封禅，泰山成为政治文化的重要组成部分。据《史记》记载，在秦始皇之前就曾有 72 个帝王在泰山祭祀。帝王的祭祀活动深刻影响了人们的泰山崇拜心理，一般学者认为，最迟在汉代，五岳之说、泰山之尊就确定了。

依我之见，泰山的文化内容包含丰富，意蕴深刻，至少有四个方面的人文价值可以探究。首先从政治而言，泰山通天接地，是国家统一、天下安定的象征，是政治清明、国运昌盛的表现。其次，从哲学上讲，泰山构筑了天人交契的博大时空，体现了"天行健，君子以自强不息"的精神，是民族生命力的象征。第三，从伦理学上讲，泰山包容万物，厚德载物，体现了中华民族厚重、宽容的人格精神。第四，从美学上讲，泰山的自然和人文景观整体呈现了一种阳刚之美，具有宏伟远大的气魄。从这几个方面考察，泰山确是我们民族精神的象征。泰山和黄河一样，象征着中国人民的伟大、质朴、刚健、进取、智慧和坚韧。

杨晓华：作为学者，您超越了普通的游嬉心态，对泰山文化的绎解丰富而深刻，您还身体力行参与到了对泰山文化的继承和发扬之中。我想知道，就您个人而言，是什么使得您如此动情地亲近泰山、颂扬泰山？

杨辛：前几年，我和清华大学吴良镛先生同去泰山。清华建筑学院的一位朋友问我："您可否用一个词来概括泰山对您的最深刻的影响？"我竟一时凝塞。后来还是从哲学上想到，这个词应该是生命的"生"。

泰山文化是以生命为中心的天人之学，其最大魅力就是能激发人的生命力。对个体和国家皆是如此。儒家经典《周易》云："天地之大德曰生。"天地最大的德行就是使万物生生不息，人要向天地学习就要厚德载物，自强不息。和泰山的因缘改变了我对世界和人生的看法。

在泰山，最惊魂摄魄的体验就是观泰山日出。泰山日出不是温和、秀雅，以妖娆示人，而是在天风莽荡、云涛汹涌中腾跃而起，喷薄而出，刹那间光芒万丈。这是一曲壮美的生命的赞歌。李白观其大美而言道："平明登日观，举手开云关，精神四飞扬，如出天地间。"我登泰山共有七八次看到日出，其中只有两三次看得最充分。

不仅是日出，还有泰山松，其生存条件最为酷劣——泰山是坚硬的石头山，缺少泥土。泰山松生长在石缝中，破石为土，云雾作乳，硬是从石头缝里的贫瘠泥土中汲取营养而生长。"泰山第一松""迎客松""卧龙松"等造型奇特，征显自然生命力之顽强。

泰山挑山工，则是人文存在中最直接的显像。他们是泰山孕育的优秀子民，"性实在，不谈空；步步稳，担担重，汉如泉，劲如松；顶烈日，迎寒风，春到夏，秋到冬"。

在 20 世纪 80 年代，有一段我疾病染身，形销骨立，体重只有 43 公斤，甚有颓唐萧瑟之感。但是我坚持登泰山、感受泰山，向泰山学习，十分幸运地走出了生命的低谷。

泰山的自然和人文气象熏陶和激发了我的生命活力，更重要的是在精神上激励了我的学术、文化生命。我的美学思想，书法、诗歌作品，超越桑榆晚境的囿限，得有持续的精进和升华。我为泰山写了 30 多首诗歌，新出版的《全泰山诗》即选了 29 首。我有诗云：人生七十也寻常，八十逢秋叶未黄，九十枫林红如染，期颐迎春雪飘扬。生命从自然中来到自然中去，似如圆周运转，不必设定终点，任何一点都可以是起点。即使个体生命结束了，也可以融入大千宇宙，与日月同光、天地同寿。

杨晓华：无论多么高深的哲学思想还是丰富的文化意蕴，作为一座大山，这一切都只有在登临之中才会有真切的体验，这应是您不断攀登的原因所在。

杨辛：的确如此。泰山文化是自然和人文景观的完美结合。一位联合国教科文组织的官员认为，泰山的自然和人文景观融合得这样好，是中国人的一个创造。但是"泰山之妙在于登"，登山的乐趣不仅在于目标极顶，在真切的攀登之中，历史文化、天人幽思，才会融入自己的血液，化为充沛的精神气脉。在攀登中，人和自然成为一个和谐的整体，山势险峻，路在山谷，道奇且险，但人心平稳，仿佛在泰山的怀抱中亲切地拾级而上，真正体验到"雄而可亲"。人与人之间也显得分外和谐，登山中你很少看见愁眉苦脸，即使很累人们也是面带笑容，萍水相逢也亲切地招呼。还有就是人的身心之间的和谐，要注意登山的强度要和自然肌体的状况相适应，才能尽得其乐。

杨晓华：泰山的高妙还在于，把艰苦的攀登变成了一种审美的过程，甚至是人生过程的一种隐喻。当我了解到您的一生经历的时候，我还明白了，坚韧的攀登，其实一直是您生命的基本状况和体验。

师道师说

杨辛 卷

杨辛：对泰山的理解，对攀登的热爱，确实和我的人生经历有一定关系。我12岁时父母亲就去世。经济最困难的时候，住在破庙里。16岁到民生轮船公司做学徒。我亲眼看见，日本鬼子搞"疲劳轰炸"，上万人闷死在重庆较场口防空洞，死难者的尸体在朝天门码头上堆积如山。为了打日本鬼子，后来我和中学的同学报名参加了印缅远征军。当部队要调往东北打共产党的时候，又和同学逃跑到昆明，受到进步思潮影响参加学生运动。后考入北平艺专上学，又因参加学生运动被列入国民党黑名单，就投奔冀察热辽解放区，参加革命。1956年中央提出向科学进军，汤用彤先生把我从吉林调到北大，从此就一直在北大教书。"文化大革命"期间，我被打成"黑帮"，挂黑牌，做过木工、砸煤工。

我的人生确实就像一种艰难而历险的攀登，虽历尽坎坷，始终追求进步和光明。当我以超脱的心境在泰山的怀抱中攀登的时候，当我到达岱顶欣赏人间的无边景色的时候，我的生命更加昂扬和激越。我90岁时写下人生感悟："凭艺术而赞美，登泰山而悟生，赏荷花而好洁，重友谊而贵诚，崇奉献而知乐，爱人民而怀恩。"这是我的人生观，也是我的艺术观。

杨晓华：您对泰山精神的认识和总结，灌注了您的美学思想和人生体验。而今，又是什么因素在鼓舞您，以90多岁的高龄，执着于弘扬泰山精神？

杨辛：其实，对泰山精神文化的价值的高度认同和推重，非我一人之心。季羡林先生认为泰山是"国之魂魄，民之肝胆"，他认为："泰山是中国文化的主要象征之一，欲弘扬中华文化，必先弘扬泰山文化。"我个人觉得，泰山虽在历史上曾经被视为神山，披上了封建神权和特权的外衣，但在新的时代，我们要通过批判继承，在新的精神高度对泰山文化加以提炼和概括。

我们已经进入了21世纪，实现中华民族伟大复兴的梦想，如洪钟大吕，激荡人心。就像抗日战争时期《黄河大合唱》用雷霆万钧、奔腾前进的黄河来激励人们的斗志一样，我们现在也需要一种大气磅礴充满阳刚之气的精神文化坐标，来激浊扬清、提振人心、充实魂魄，弘扬主旋律。泰山显造化之神力，聚自然之精华，续古今之文脉，历万古而弥新，其厚重、包容、和谐、坚韧和自强不息，都是当代中国人需要不断砥砺和发扬的民族精神的重要内容，都是当代中国需要不断补充的正能量。

杨晓华

为北京大学哲学系国外短期班举办讲座概况

一、时间：自 1990 年至今已 20 年。

二、讲座次数：130 余次。

三、聆听讲座人数：千余人（尤其以美国人数最多）。

四、听讲者国别：美国、加拿大、德国、丹麦、日本、韩国。

五、为国外大学举办讲座的有：美国普林斯顿大学、美国夏威夷大学、美国匹兹堡大学、美国雷德兰兹大学、美国俄克拉荷马州立大学、德国图宾根大学、威尔斯堡大学、日本早稻田大学、日本女子大学、日本大正大学。

六、听讲座对象：有大学教师、在校大学生以及美国俄克拉荷马州教育部官员，另外美国俄克拉荷马州州长和家人也曾到场与该州教育部官员一起聆听了杨辛教授关于中国书法艺术的讲座。

七、对杨辛教授讲座的反响：凡是听过杨辛教授讲座的国外学员都一致给予了极高的评价，有的学员说听了杨教授的讲座，使他们对中国悠久的历史文化有了比较深刻的了解和认识，使他们重新认识了中国。有一位美国中学老师在听过杨教授讲座之后激动地流下了眼泪，她很有感慨地说："我是第一次来中国，来中国之前，我对中国的了解都是从美国媒体上知道的，来中国之后看到北京城市建设得那么漂亮，中国人对我们非常热情和友好，与美国媒体宣传的完全不一样，特别是听了杨教授的讲座不仅使我对中国文化有了了解，而且从杨教授身上感受到了中国人的一种精神，感受到中国人对自己民族文化和世界文化的热爱。杨教授的讲座改变了我的人生，我回到美国后要告诉我的学生，中国是一个历史文化悠久，对美国人民热情友好的国家，让他们也要到中国来走一走看一看，了解一个真实的中国。"

作者年表

1922 年 6 月 23 日出生于四川巴县（现属重庆市），父亲傅德畴，经营药材生意，母亲陈子范。12 岁时父母均已去世，曾寄居在亲戚和寺庙中。

1934 年 在重庆开智小学毕业，后入重庆职业学校学会计。

1939—1943 年 在重庆民生轮船公司船务处当练习生、助理员和办事员，做账务工作。

1943—1944 年 进入重庆南开中学高中部学习。曾参加同班同学汤一介、张岂之创办的《文拓》社，自己也办了一个漫画刊物《偶尔》，当时笔名叫"SK"，学习丰子恺的画风。

1944—1945 年 在南开中学报名参加印缅远征军，后随部队辎重营从缅甸步行回国。

1945 年 对国民党军队中种种腐败现象深为憎恶，迫切希望复学，在部队到达行军终点站云南曲靖的当天晚上，和另外两位南开中学同学逃离部队到了昆明。住在同学汤一介家中，靠做家庭教师、卖报纸为生，还帮助汤用彤先生抄录文稿。积极参加"一二·一"学生运动，曾拜访过闻一多、费孝通教授。

1946 年 秋天，考入北平艺术专科学校西画系师从徐悲鸿、董希文先生。与钱绍武、陈若菊同在一个班学习。

1947 年 参加学生运动，在"5·20"反饥饿、反迫害、反内战游行示威时担任联络工作，担任北平艺专美术研究会副主席。
经唐山到冀东解放区，后转到热河、宁城参加土地改革，土改后期调到中共冀察热辽分局城市工作部工作。锦州解放后，在中共锦州市委研究组工作。

1949 年　批准入党，被评为市委机关模范干部。

1950 年　调到沈阳，在东北局秘书处做党内资料工作及党刊编辑工作。

1954 年　转到北京，在中央东北地区工作部工作。在此期间，参加中央党校举办的学习班学哲学。

1955 年　被分配到长春，在吉林省委党校哲学组担任教学工作。

1956 年 6 月　调到北大做汤用彤教授的助手，工作编制在哲学系中国哲学史教研室。后被调到辩证唯物主义教研室美学组工作。

1960 年　北大哲学系成立美学教研室，任教研室主任。

1961 年　参加王朝闻主编的《美学概论》教材编写工作，担任编写组副组长。

1982 年　在中央广播电视大学主讲"美学原理"。

1983 年　杨辛、甘霖合著《美学原理》，由北京大学出版社出版。

1984 年　《美学原理》录像教材 30 学时由北大出版社出版。由市里举办学习班，为北京市 60 所高校德育教师讲授"美学原理"课。

1982—1990 年　与甘霖一起指导三期硕士研究生共 10 人。

1986 年　参加北大谢凝高组织的泰山风景区资源综合考察，写成《泰山美学考察》，考察过程中还创作了《泰山颂》等诗歌。

1987 年　挚友钱绍武将《泰山颂》末二句作了修改，书写成大幅横幅，悬挂在中共中央政治局会议厅；

主编的《青年美育手册》由河北人民出版社出版。

1989 年　被评为（1985—1988 年度）北京市高教系统劳动模范。与甘霖合著的《美学原理》获国家教委优秀教材二等奖。

1989—1990 年　担任北京大学艺术教研室主任，北大艺术教育委员会副主任。

1991 年　万依、杨辛合著《故宫——东方建筑的瑰宝》由北大出版社出版；

与著名作曲家刘炽夫妇同登泰山，刘炽为《泰山颂》一诗谱曲。

1992 年　获国务院颁发的对国家高等教育事业有突出贡献的表彰证书。

1993 年　《泰山颂》一诗被选入《山东省志·泰山志》（中华书局 1993 年版）。

1994 年　被国家电化教育委员会评为（1982—1994 年度）"全国优秀主讲教师"。

1995 年　赴美国夏威夷大学讲学，讲题有北京故宫、长城、中国书法艺术等。讲课录像曾数次在夏威夷电视台播放。

1996 年　与钱绍武教授一同参加日本东京亚洲美术会议，在会上作"中国书法美学"讲演。

1998 年　书"古槐荫山"刻石于泰山岱庙；

《师岱堂集墨——杨辛泰山诗书集》出版（第二版）；

为庆祝北京大学百年校庆，应邀在美国旧金山南海艺术中心举办"杨辛书法艺术展"，展览期间在美国斯坦福大学、戴维斯大学作了"中国书法艺术"讲演；

书"罗汉崖""仙境""梦"等字刻石于泰山南麓罗汉崖。

1999 年　为泰山普照寺书写楹联"长松筛月不辨今古，黑豆未芽何分儒佛"；

书《泰山颂》诗（草书）刻石于泰山南天门景区朝阳洞北；

被中央广播电视大学评为（1995—1999 年度）"全国优秀主讲教师"；

在日本岩手大学讲学，讲题为《故宫建筑艺术》《中国书法美学》。

2000 年　书《泰山颂》（隶书）刻石于泰山天外村；

为南天门内未了轩书写楹联"听天门长啸松涛依旧，凌绝顶远眺风物日新"和匾"未了轩"。

2001 年 7 月　在香港艺术学院讲学，题目是"中国书法美学""北京故宫建筑艺术"。

2005 年　书"雨花遗韵"刻石于岱庙雨花道院遗址；

书"怡然"刻石于泰山桃花峪。

412　师道师说

杨辛 卷

2007 年　在新加坡讲学，讲题是《书法与人生》；

书法作品参加北京迎奥运国际书法双年展。

2008 年　为迎接北京奥运会书写大幅乾隆诗作悬挂在天坛接待室；

为北京奥运会期间的奥运冠军论坛题写"奥运冠军论坛"，出版《杨辛独字书法艺术》，并作为"奥运冠军论坛"活动中赠送外宾的礼品之一；

书写李白《庐山谣》诗句，刻石于庐山天合谷，并刊登在《庐山刻石》一书中；

书大幅《泰山颂》（人民大会堂收藏）。

2009 年　应人民大会堂邀请，陪同廖静文先生在现场书写了多幅作品赠送人民大会堂；

在北京大学图书馆举办"《泰山颂》——杨辛书法艺术展"。

2010 年 5 月　在泰山岱庙举办"《泰山颂》——杨辛书法艺术暨荷花艺术藏品展"，并将这次展出的书法作品《泰山颂》义卖 20 万元，全部捐赠给一所泰山的小学。

2010 年　北大召开"世界美学大会"期间，在北大图书馆举办了题为"自然与心灵的交响曲·杨辛书法艺术与荷花艺术藏品展"的展览，并结合展览内容在大会分组会上作了"自然和心灵的交响曲"的发言。

世界华人周刊刊登《北大杨辛书法艺术专辑》。

2011 年 9 月　为河南"冯友兰纪念馆"题写圗文。

2012 年　被授予"第六届中国财富人物公益慈善终身成就奖"。

2012 年 6 月　捐资 100 万在北大哲学系设立"汤用彤奖学金"（60 万元）、"杨辛助学金"（40 万元）。

2012 年　被授予"北京大学哲学教育终身成就奖"。

2010 年 12 月　在中国美术馆举办"美伴人生——杨辛书法展"（由北京大学主办），2013 年经过整理在北大图书馆展出，并举行捐赠仪式向北大无偿捐赠。

2013 年　被授予"北京大学杰出教育贡献奖"。

2013 年 12 月　向北京大学无偿捐赠荷花艺术珍品 136 件，并捐资 100 万元由北大设立"杨辛荷花品德奖"。

2013 年　被授予北京教育系统离退休干部"健康标兵"；
建立"北京大学荷花艺术藏品展馆"，并定为北大首个"立德树人教育基地"。

2014 年　被授予"全国离退休干部先进个人"。

2015 年　被授予"北京教育系统关心下一代工作先进个人"。

2015 年　杨辛《艺术人生邮票珍藏册》出版。

2015 年 4 月　任北京大学荷风学社（学生社团组织）顾问；
首届（2013—2014 年度）"杨辛荷花品德奖"颁奖。受奖学生 10 人。

2015 年　《杨辛文集》出版。

编后记

　　编者自幼练习书法，这为后来结识杨先生提供了一个很好的契机。记得当年刚到北京大学工作不久，便深感北大文化氛围之厚重，后经友人介绍便认识了杨辛先生。初见杨先生，给人一种健朗、质朴的感觉，恬静自然的处事风格，让我突然觉得，如不是友人特别引荐，在我身上肯定会再度上演"新生让季羡林看行李"的经典桥段。

　　随着与杨先生沟通交流机会的增多，我才慢慢体会到，初识"健朗、质朴"的感觉，其背后有着何其深厚的积淀。杨先生一生所学涉猎广泛，大到绘画、书法、诗词、收藏等文雅逸事，小到会计、编辑、文宣等事务杂项不一而足，而其在美学上的造诣更是堪称翘楚，对"真、善、美"的领悟发人深省，他编写的《美学原理》享誉国内外。他从美学角度探究恩师徐悲鸿的美学思想，品评书法中的美学思考，追思我国故宫、长城、天坛、颐和园等物质文化遗产中所传承的蕴含千年之久的中华美学根源，这几方面的建树在国内实可谓独树一帜，视角卓绝。而杨先生的散文随笔、人生感悟、回忆纪念文集也都隐隐流露出一种美学认识和哲学思考，可以看到杨先生对美的理解与诠释已经渗散在其各类作品和日常的言谈处事当中。

　　但与杨先生接触时间长了，就会发现其在各类美学研究事物当中所耗精力和所费笔墨是不同的。杨先生深喜五岳之一的"泰山"和不染不妖的"荷花"。杨先生爱自然、爱生活，更热爱艺术，艺术之美有的壮美，有的优美，有的阳刚，有的阴柔，这是自然的本源也是对美的终极认识，而泰山与荷花正好体现一刚一柔。泰山者壮哉，阳刚之美也。杨先生非常喜爱泰山，从1979年开始，先后上山四十余次，徒步三十七次，泰山所体现出的生命与刚健对其影响极大，杨先生以泰山为师、以登山为乐，并从中感悟颇多，先后撰写三十多首歌颂泰山的诗词，其中一首《泰山颂》已镌刻在泰山的三个地方，收录进《山东省志·泰山志》。荷花出淤泥而不染，濯清涟而不妖，优柔之美也，杨先生也非常喜爱荷花，其留心收集荷花艺术品已二十余年时间，这不仅是爱一种花，而是一种人生追求。荷者"清"也，通过赏荷净化人心，净化人生，以花言志，体现了一种人生追求。这也解明了为何我初见杨先生时所深切感受到的健朗和质朴。

    杨先生现年高龄已九十有三，他常言自己这一生过得充实而愉快，其在北大从事美学教育五十余年，一直在收集美、欣赏美、创作美、传播美，以美引真，借美导善。而我有幸能担纲此书的编者，贯览杨先生的名篇典文，犹如接受了一次真善美的洗礼，幸甚至哉。我也希望本书的读者能通过此篇后记，从另一个侧面了解杨先生，从而能以更加全面的视角认识杨先生，感悟杨先生，领悟真善美。

皮 巍

甲午年丙子月 于北大燕园

总后记

时间过得真是很快，《九秩导师文集》好像就是昨天的事情，转眼间，今天就要忙《八秩导师文集》的编选出版了。

三十年间，我们一些导师进入了历史，尤其可痛的是，在2014年的9月9日晚9时，我们的创始院长汤一介先生，在教师节前夜，在院庆前夕，永远地告别了我们……

为了筹备中国文化书院院庆三十周年的节日，我们翻阅着一张又一张泛黄的照片，查阅着一条又一条昨天的消息，看着先生们熟悉的笑脸，回忆着如梦如烟的往事，我们的情感沉浸在历史的记忆里，我们如同要回家的孩子，寻找着我们的"大先生"，那个"可以领我们回家的人"。

孔子云：三十而立。

面临而立之年的"中国文化书院"，依然"脚踏大地，仰望星空"，三十年来，我们为"理想、梦想、现实与历史责任"而努力着，追求着，坚持着，我们不曾放弃过自己，力争做好中国文化传统的守望者努力推动中西文化的对话。

这套《八秩导师文集》，比起《九秩导师文集》而言，似乎更容易执行，那些按九十岁为标准，如果今日健在都已百岁的老人，很多先生都已经成为历史的过往，其子女后人，其学生弟子的寻找，也真的不是一件容易的事，而书院同仁坚持努力，有三年余，方有十五卷《文集》的问世。

《八秩导师文集》，如同另起炉灶，过程艰辛，不必细言。自定议之日，依然延续《九秩导师文集》之定位，献礼"中国文化书院建院三十周年"，同期出版的还有《中国文化经纬丛书》20卷、《中国文化书院大事记》等，不揣浅陋，以"家底"示人，与海内外学术界文化界同仁分享，其高义并非能简单地说，我们希图助力"中华民族文化的伟大复兴"……

三十年的生命历程，三十年的尘烟往事，我们仅以神圣的虔诚的名义，用我们的心、汗水、泪水，献给母院——永远的"中国文化书院"三十岁的生日，并以孩子们的名义，向先贤致敬，向先生致敬，向未来致敬！

《八秩导师文集》能够刊行，特别要感谢东方出版社的鼎力支持。也要感谢江力同志，这套文集的编辑历经两年，他从约稿、审定、编辑，做的工作最为辛苦。

谢谢为这套丛书著者付出辛劳、作出贡献的家属、亲友及学生们！

王守常

2014 年 12 月 12 日